YES24 22~25년
고입검정 부문 월별/주별
**베스트셀러
1위**

단독 제공!
2025년 제1·2회
기출문제 수록

교육방송교재

검스타트
검정고시
중졸 과학

**2026
최신판**

단원별 개념정리 + 적중예상문제 + 최신기출 2회분

검스타트 고득점 합격 로드맵

기출이 답이다
최신 기출문제
+ 무료 강의

연습은 실전처럼
온라인 모의고사
+ 상세 해설

빈틈 없는 마무리
시험장에서 보는
5분 정리집

빠른 결과 확인
가답안 문자 예약
+ 자동 채점

시험 안내

중졸 검정고시는 부득이한 이유로 정규 중학교 과정을 마치지 못한 사람들을 대상으로 실시하는 국가 자격 시험으로, 중졸 검정고시에 합격한 자는 중학교를 졸업한 자와 동등한 자격을 인정받습니다.

※ 자세한 사항은 각 시·도별 공고문을 참고하십시오.

① 시행 기관

- 시·도 교육청 : 시행 공고, 원서 교부 및 접수, 시험 실시, 채점, 합격자 발표
- 한국교육과정평가원(KICE) : 문제 출제, 인쇄 및 배포

② 시험 일정*

구분	공고 기간	접수 기간	시험일	합격자 발표
제1회	1월 말 ~ 2월 초	2월 초 ~ 중순	4월 초·중순	5월 초·중순
제2회	5월 말 ~ 6월 초	6월 초 ~ 중순	8월 초·중순	8월 하순

※ 상기 일정은 시·도 교육청 협의에 따라 변경될 수 있습니다. 반드시 해당 시험 공고문을 참조하세요.

③ 시험 과목 및 시간표

구분	1교시	2교시	3교시	4교시	중식	5교시	6교시
시간	09:00~ 09:40	10:00~ 10:40	11:00~ 11:40	12:00~ 12:30	중식 12:30~ 13:30	13:40~ 14:10	14:30~ 15:00
	40분	40분	40분	30분		30분	30분
시험 과목	국어	수학	영어	사회		과학	선택 과목

※ 필수 과목 : 국어, 수학, 영어, 사회, 과학(이상 5과목)
※ 6교시 선택 과목은 '도덕, 기술·가정, 체육, 음악, 미술, 정보' 중 1과목(총 6과목 응시)
※ 유의 사항 : 1교시 응시자는 시험 당일 08:40분까지, 2~6교시 응시자는 해당 과목 시험 시간 10분 전까지 지정 시험실에 입실하여야 합니다.

④ 출제 형식 및 배점

- 문항 형식 : 객관식 4지 택 1형
- 출제 문항 수 및 배점

구분	문항 수	배점
중졸	각 과목별 25문항 (단, 수학은 20문항)	각 과목별 1문항당 4점 (단, 수학은 1문항당 5점)

5 합격자 결정 및 취소

- 전과목 합격 ➡ 100점 만점 기준으로 결시 없이 평균 60점 이상 취득한 자(과락제 폐지)
- 과목 합격 ➡ 과목당 60점 이상 취득 과목
- 합격 취소 ➡ 응시 자격에 결격이 있는 자, 제출 서류를 위조 또는 변조한 자, 부정행위자

6 응시 자격 및 제한

◆ 응시자격 및 응시과목

응시자격	응시과목
초등학교 졸업자 및 이와 동등 이상의 학력이 있는 자	• 국어, 수학, 영어, 사회, 과학 【필수 : 5과목】 • 도덕, 기술·가정, 체육, 음악, 미술, 정보【선택 : 1과목】
초등학교 졸업학력 검정고시 합격자	
초·중등교육법시행령 제29조의 규정에 의하여 학적이 정원외로 관리되는 자	
보호소년 등의 처우에 관한 법률 시행령 제69조 제2호에 해당하는 자	
3년제 고등공민학교 및 중학교에 준하는 각종학교의 졸업자 또는 졸업예정자	국어, 수학, 영어 【총 3과목】
'92.9.3 이전 사회교육법시행령 제7조 제1항의 규정에 의한 중학교 교육과정에 상응하는 사회교육 과정을 이수한 자	
만 18세 이후에 평생교육법 제23조 제2항에 따라 평가 인정한 학습과정 중 고시과목에 관련된 과정을 교육부장관이 정하는 바에 따라 과목당 90시간 이상 이수한 자	국어, 수학, 영어 【3과목】 + 미이수 과목

◆ 응시 자격 제한
- 중학교 또는 초·중등교육법시행령 제97조 제1항 제2호의 학교를 졸업한 자 또는 재학 중인 자 (휴학 중인 자 포함)
- 공고일 이후 초등학교 졸업자
- 공고일 이후 '제1호'의 학교에 재학 중 학적이 정원외로 관리되는 자
- 고시에 관하여 부정행위를 한 자로서 2년이 경과되지 아니한 자

7 제출 서류

- 검정고시 응시원서(소정서식) 1부
- 사진(최근 3개월 이내 촬영한 탈모 상반신 3.5㎝×4.5㎝) 2매
- 최종학력증명서 1부(아래에 해당서류 중 한 가지)
  - 초졸 검정고시 합격자 : 초졸 검정고시 합격증서 사본(원본 지참)
  - 중학교 정원외 관리자 : 중학교 정원외 관리증명서(유예증명서 아님)
  - 중학교 변제사 : 중학교 면제증명서
  - 중학교 제적자(의무교육이전) : 중학교 제적증명서
  - 초등학교 졸업 후 상급학교 미진학자 : 검정고시용 초등학교 졸업증명서, 미진학사실확인서
    ※ 졸업증명서는 반드시 검정고시용으로 제출하여야 함
  - 귀국자 : 귀국자 학력 인정 및 제출서류 내용에 따름
- 과목 면제자 : 과목합격증명서, 평생학습이력증명서(해당자에 한함)
- 장애인등록증 사본 또는 복지카드 사본(원본 제시) 1부(장애인으로 등록되어 있는 자에 한함)

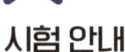

8 **출제 수준, 세부 출제 기준 및 방향**

◆ 출제 수준
  - 중학교 졸업 정도의 지식과 그 응용 능력을 측정할 수 있는 수준

◆ 세부 출제 기준 및 방향
  - 2015 개정 교육과정에서 출제
  - 각 교과의 검정(또는 인정) 교과서를 출제 범위에 활용
    - 가급적 최소 3종 이상의 교과서에서 공통으로 다루고 있는 내용으로 출제
      (단, 국어와 영어의 경우 교과서 외의 지문 활용 가능)
  - 문제은행(기출문항 포함) 출제 방식을 학교 급별로 차등 적용
    - 초졸 : 50% 내외, <u>중졸 : 30% 내외</u>, 고졸 : 적용하지 않음.
    - 출제 비율은 과목에 따라서 달라질 수 있음.
  - 출제 난이도 : 최근 5년간 평균 합격률을 고려하여 적정 난이도 유지
  - 중졸 검정고시의 '사회' 과목에 역사(한국사만 출제, 세계사 제외)를 포함하여 출제

9 **응시자 시험 당일 준비물**

◆ 중졸 및 고졸

> **(필수) 수험표, 신분증, 컴퓨터용 수성사인펜**
> **(선택) 아날로그 손목시계, 수정 테이프, 도시락**

※ 수험표 분실자는 응시원서에 부착한 동일한 사진 1매를 지참하고 시험 당일 08시 20분까지 해당 고사장 시험 본부에서 수험표를 재교부 받을 수 있다.
※ 시험 당일 고사장에는 차량을 주차할 수 없으므로 대중교통을 이용해야 한다.

검정고시 온라인 원서 접수, 이렇게 해요!

※ 사전 준비 : 본인의 '공동인증서' 발급 받기

1. <u>온라인 접수 기간</u>에 시·도 교육청의 검정고시 서비스 사이트에 접속

http://kged.sen.go.kr

2. 검정고시 전체 서비스 메인 화면에서, 화면 왼쪽의 `검정고시 온라인 접수` 클릭

3. 왼편의 검정고시 온라인 접수에서 해당하는 '시·도 교육청'을 선택하여 이동

4. 상단의 〈온라인 원서 접수〉 메뉴에서 본인이 희망하는 자격의 검정고시 선택
   ☞ 해당 자격의 `원서 접수하기` 버튼을 클릭하면 '온라인 원서 접수 페이지'로 이동

5. 성명과 주민등록번호(또는 외국인등록번호)를 입력하고, 원서 접수 허위 사실 기재에 관한 안내 및 서약서와 개인식별번호 처리 동의에 체크(✔)한 뒤, `인증서 로그인`을 클릭한 후 본인의 공동 인증서를 통해 로그인

6. 응시자 정보 ➜ 학력 과목 정보 ➜ 고사장 선택 ➜ 접수 완료 순으로 작성

   (1) 응시자 정보에서 본인의 기본 신상 정보와 검정고시 응시 기본 정보를 입력한 후 `저장` 버튼을 클릭하여 저장 (*표시는 필수 입력 항목으로, 미입력 시 다음 순서로 진행되지 않음) ➜ `다음` 버튼 클릭
   • 사진 파일은 100kb 크기 미만의 jpg와 gif 파일만 저장 가능

   (2) 학력 과목 정보에서 응시자 본인의 학력 정보와 과목 응시 정보를 등록, 관련된 서류를 첨부한 후 `저장` 버튼을 클릭하여 저장 ➜ `다음` 버튼 클릭

   (3) 고사장 선택에서 금회차의 고사장이 조회되며, 고사장별 수용 인원이 도달할 때까지 응시자가 신청할 수 있음 ➜ `다음` 버튼 클릭
   ※ 고사장을 변경할 시에는 상단의 〈원서 조회〉 메뉴에서 '3. 고사장 선택 입력 단계 화면'에서 수정

   (4) 접수 완료에서 이전 단계에서 등록했던 주요 항목을 다시 한번 확인한 후, `제출` 버튼을 클릭하여, 최종적으로 원서 제출
   ※ 입력을 완료하였으나 제출을 하지 않을 경우 오프라인으로 재접수를 해야만 응시 가능
   ※ 제출 완료한 응시원서에 수정이 필요한 경우, 〈수정후제출〉 버튼을 클릭하여 수성

7. 상단의 〈원서 조회〉 메뉴를 통해 본인이 응시한 검정고시 원서 조회 가능(공동인증서로 로그인)

8. 상단의 〈수험표 출력〉 메뉴에서 수험표 출력 가능(해당 자격의 `수험표 출력하기` 버튼 클릭)
   ※ 식별이 가능하도록 가급적 컬러프린터로 출력하여 시험 당일 소지할 것

이 책의 구성과 특징

■ 알찬 개념 정리 + 다양한 학습장치

해당 단원에서 자주 출제되는 핵심 개념을 제시하고, 사진·그림·그래프 등의 시각적 자료를 충분히 활용하여 핵심 이론을 정리하였습니다. 또한 파트별 적중예상문제를 통해 자신의 학습 상태를 점검해보실 수 있습니다.

EBS 교육방송교재

01 중력과 탄성력

1 중력

1. 과학에서의 힘

(1) 힘의 의미
물체에 작용하여 물체의 모양, 빠르기, 운동 방향을 바꾸는 원인

(2) 힘의 표시와 단위

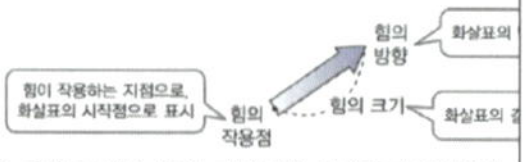

① 힘의 크기와 방향, 작용점을 화살표로 나타낸다.
② 힘의 단위: N(뉴턴)

(3) 힘의 종류
중력, 탄성력, 마찰력, 부력, 자기력, 전기력

2. 중력 : 지구가 물체를 당기는 힘

(1) 중력의 크기
① 질량이 클수록 물체에 작용하는 중력이 커진다.
② 지구 중심에 가까울수록 중력이 커진다.

(2) 중력의 방향
지구 중심 방향(연직 아래 방향)으로 작용한다.

(3) 중력에 의한 현상
① 비가 아래로 떨어진다.
② 고드름이 아래로 자란다.
③ 폭포수가 아래로 떨어진다.
④ 인공위성이 지구 주위를 돈다.

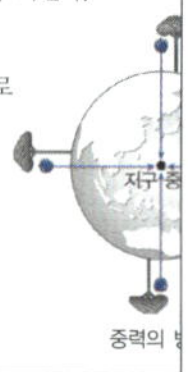

› 힘의 작용에 의한 효과
• 모양 변화
  – 공이 찌그러진다.
  – 용수철이 늘어난다.
• 운동 상태 변화
  – 공이 굴러가다 멈춘다.
  – 낙하하는 물체의 빠르기가 점점 빨라진다.
• 모양이나 운동 상태 변화
  – 축구공을 발로 차면 공의 모양이 찌그러지면서 운동 방향과 빠르기가 변한다.

EBS 중졸 검정고시 과학

(4) 무게와 질량

구분	무게	질량
의미	지구가 물체를 당기는 중력의 크기	물체가 가지는 고유한 양
단위	N(뉴턴)	kg(킬로그램)
측정	용수철저울, 가정용 저울	윗접시저울, 양팔저울
크기	측정 장소에 따라 크기가 달라진다.	측정 장소에 따라 변하지 않는다.
관계	지구에서 물체의 무게(N) = 9.8 × 질량(kg)	

› 우주 정거장에서의 무게와 질량
• 우주 정거장에서는 중력을 거의 느낄 수 없어 무게는 0N에 가깝게 측정되므로 무게를 비교할 수 없다.
• 우주 정거장에서 질량은 변하지 않으므로 질량에 따른 힘의 효과 차이로 비교할 수 있다.

🔍 빈출 유형 100점 돋보기

다음에서 설명하는 힘은?

• 지구가 물체를 당기는 힘이다.
• 힘의 방향은 지구 중심을 향한다.
• 힘의 크기는 물체의 질량에 비례한다.

① 부력　　　　② 중력
③ 마찰력　　　④ 탄성력

해설
중력은 지구가 물체를 잡아당기는 힘으로 지구 중심 방향으로 작용한다. 중력의 크기는 물체의 질량이 클수록, 지구 중심에 가까울수록 크다.　　정답 ②

오답 피하기
① 부력 : 액체나 기체가 물체를 위로 떠오르게 하는 힘
③ 마찰력 : 물체의 운동을 방해하는 힘
④ 탄성력 : 모양이 변한 물체가 원래 모양으로 되돌아가려는 힘

---

3. 전동기

(1) 전동기
자기장 속에서 전류가 흐르는 코일이 받는 힘을 이용해 회전하는 장치이다.

(2) 전동기의 회전 원리
회전축과 연결된 코일이 자석 사이에 있을 때 양쪽 도선에 반대 방향의 전류가 흘러 코일이 회전한다.

✏ 친절한 선생님 　　　　회전 원리의 이해

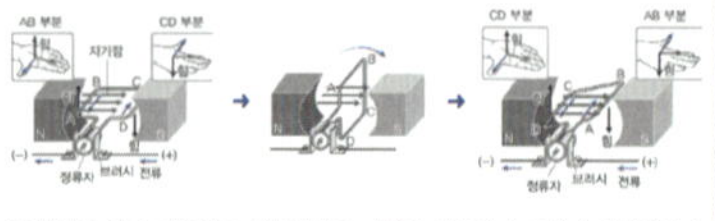

AB 부분은 위로 힘을 받고, CD 부분은 아래로 힘을 받아 코일이 시계 방향으로 회전하기 시작한 후 반 바퀴 회전 시 전류가 잠시 끊어져도 관성에 의해 회전하여 AB 부분은 아래로, CD 부분은 위로 힘을 받아 코일은 시계 방향으로 계속 회전한다.

› 자기장 속에서 전류가 흐르는 도선이 받는 힘의 크기
• 자기장의 방향과 전류의 방향이 수직일 때

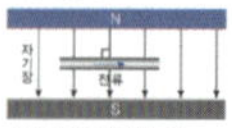

→ 가장 큰 힘을 받는다.

• 자기장의 방향과 전류의 방향이 나란할 때

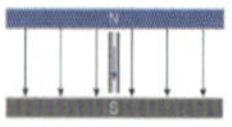

→ 힘을 받지 않는다.

› 관성
물체가 외부의 힘을 받지 않은 한 정지 또는 운동 상태를 지속적으로 유지하려는 성질

■ 최신기출문제 1, 2회분 + 상세한 해설

2025년 제1회, 제2회 기출문제를 모두 수록하여 기출 유형을 완벽하게 파악할 수 있으며, 왜 정답인지, 왜 오답인지 정확하게 파악할 수 있도록 명쾌한 해설을 수록하였습니다.

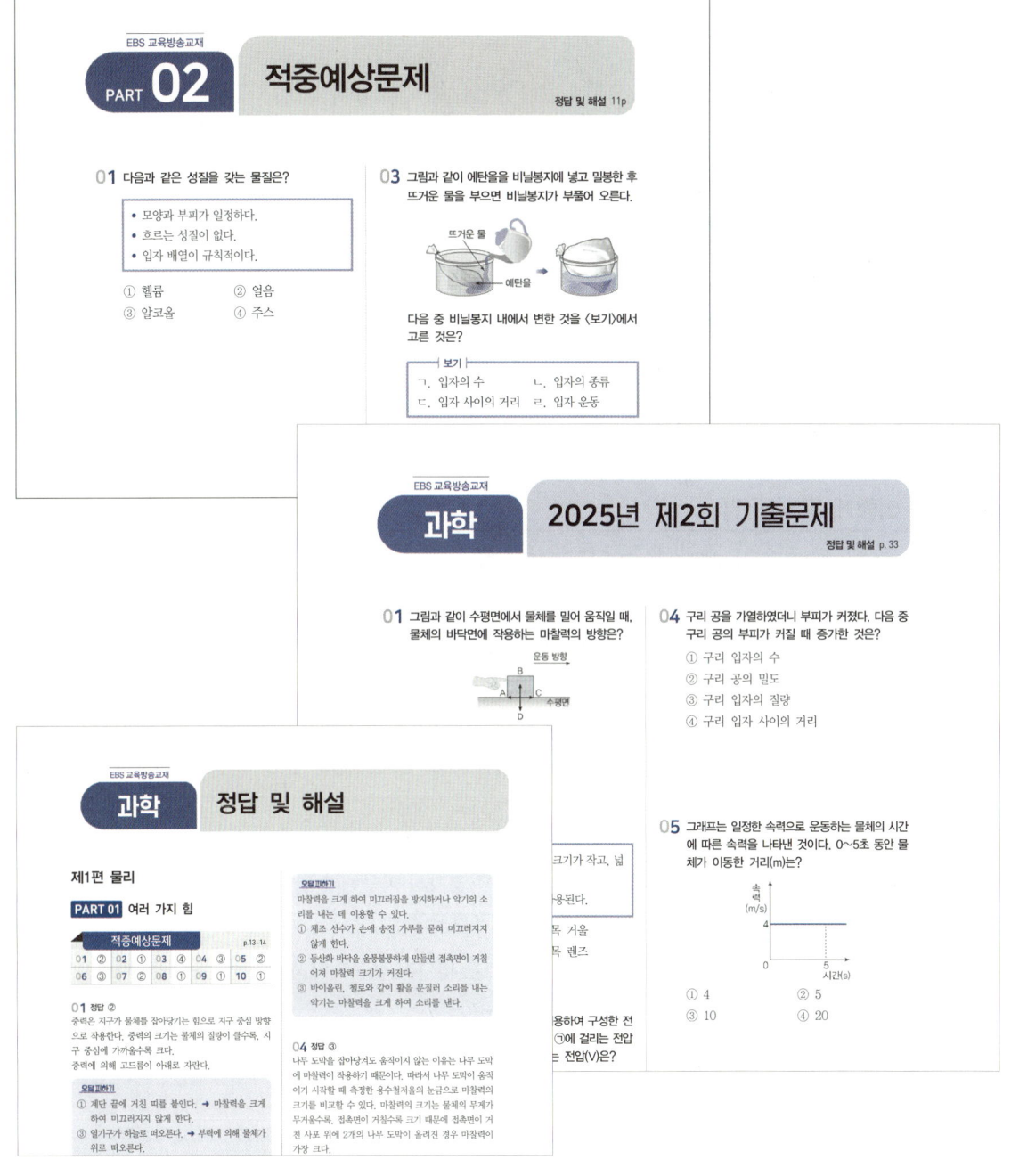

출제 경향 분석

■ 단원별 출제 빈도(중졸 과학)

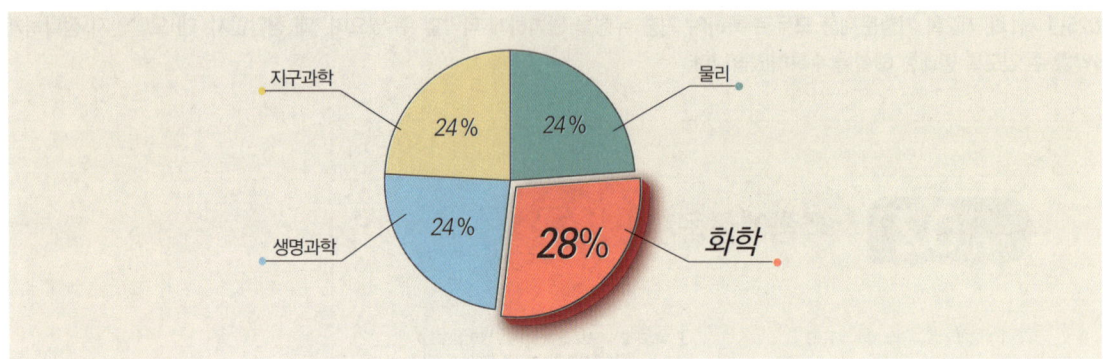

■ 최근 출제 경향

기존 출제 유형의 문제가 다수 출제되었으나, 단순히 반복형 문제에 그치지 않고 변화가 일어날 때, 변하는 요소와 변화가 일어나지 않는 요소를 구분하도록 묻는 문제의 비중이 높아졌습니다. 또한 기초 용어의 의미를 정확히 알고 있어야 해결할 수 있는 문항이 다수 포함되었습니다. 전반적으로 기본 개념과 원리를 탄탄하게 학습한 경우라면 안정적인 점수를 확보할 수 있는 수준의 시험이었습니다.

■ 과학, 이렇게 공부해요!

- **물리 영역** 자주 출제되는 힘은 종류별로 의미와 방향, 그리고 관련 현상을 구분하여 학습해 두어야 합니다. 거울과 렌즈는 혼동되지 않도록 사용 방법과 원리를 명확히 구분하는 것이 필요합니다. 전기 회로에 관한 문제는 직렬과 병렬을 정확히 구분해야 하며, 운동과 관련된 내용은 그래프를 해석하는 연습을 충분히 하여야 합니다.

- **화학 영역** 입자의 운동에서는 자주 출제되는 확산 관련 용어와 현상을 정리하고, 증발과 구분하여 기억해 두는 것이 필요합니다. 상태 변화, 밀도, 화학 반응 및 화학 반응 법칙은 단골 영역이므로 충분히 학습하는 것이 중요합니다.

- **생명 과학 영역** 생물의 분류와 광합성은 출제 빈도가 매우 높습니다. 기관계는 각 기관의 기능과 특징을 구분할 수 있어야 하며, 감각 기관과 호르몬은 용어별 의미를 정확히 파악해야 합니다. 유전 파트에서는 사람의 유전이 중요하므로, 가계도 분석 방법을 익히는 것이 필요합니다.

- **지구과학 영역** 광물의 구별법, 암석, 행성은 각각의 용어를 명확히 구분해야 하며, 지권·수권·기권은 반복적으로 출제되므로 역시 이에 대한 철저한 준비가 필요합니다.

■ 기출 분석에 따른 학습 포인트

❶ 물리
- 중력, 마찰력, 탄성력, 부력의 의미 및 생활 속 현상을 짝지을 수 있어야 합니다.
- 빛의 합성을 이해하고 물체의 색이 보이는 방식을 파악할 수 있어야 합니다.
- 빛의 반사 법칙 및 거울의 특징, 빛의 굴절 및 생활 속 현상, 렌즈를 파악합니다.
- 파동 및 소리의 3요소를 알고 파동 모습 형태를 비교할 수 있어야 합니다.
- 전류계와 전압계를 읽을 수 있고, 옴의 법칙을 활용한 계산을 할 수 있어야 합니다.
- 자기력을 알고 전류가 흐르는 코일 주변의 자기장을 파악합니다.
- 전도, 대류 복사 등 열의 이동 방법 및 단열을 이해합니다.
- 비열과 온도 변화가 반비례 관계임을 알아야 합니다.
- 열평형 그래프의 해석 및 열팽창의 예시를 파악합니다.
- 속력을 계산할 수 있고, 등속 운동 및 자유 낙하 운동을 구분할 수 있어야 합니다.
- 역학적 에너지 전환 관계를 파악할 수 있어야 합니다.
- 소비전력, 전력량의 의미 및 계산을 할 수 있어야 합니다.

❷ 화학
- 증발, 확산의 의미 및 생활 속 다양한 예시를 짝지을 수 있어야 합니다.
- 보일 법칙을 실린더 그림 및 그래프로 파악하고, 계산할 수 있어야 합니다.
- 상태 변화가 일어날 때 열에너지 출입 및 용어를 알고 생활 속 예시를 짝지을 수 있어야 합니다.
- 물질의 특성을 활용한 혼합물 분리 장치 그림을 알아 둡니다.
- 원소 기호 및 이온식을 나타낼 수 있어야 합니다.
- 물리 변화와 화학 변화를 생활 속 예시를 통해 구분할 수 있어야 합니다.
- 화학법칙을 화학반응식에 적용할 수 있어야 합니다.
- 화학 반응이 일어날 때 에너지 출입에 따른 주변 온도의 변화를 파악합니다.

❸ 생명과학
- 생물 다양성의 의미 및 생물 다양성 감소 원인 및 대책을 파악할 수 있어야 합니다.
- 종의 의미를 알고 생물의 5계 분류 체계와 해당 생물을 짝짓는 연습을 해야 합니다.
- 식물의 광합성, 증산 작용, 기공, 공변 세포에 대해 파악합니다.
- 각 기관계의 역할 및 세부적 기관의 명칭, 기능을 짝지을 수 있어야 합니다.
- 감각 기관별 세부 명칭 및 기능을 그림과 함께 알아야 합니다.
- 뉴런의 기본 구조 및 종류를 알고 중추 신경계와 말초 신경계를 그림으로 구분해야 합니다.
- 사람의 염색체를 알고 세포 분열의 의의 및 감수분열, 체세포 분열을 구분합니다.
- 멘델의 유전, 사람의 혈액형 유전, 적록 색맹 유전의 가계도를 분석할 수 있어야 합니다.

❹ 지구과학
- 지권의 층상 구조별 특징 및 암석의 순환을 이해합니다.
- 광물의 구별법을 특징 및 그림, 예시와 짝지어 생각할 수 있어야 합니다.
- 대륙 이동설의 의미를 알고 증거를 파악합니다.
- 지구의 자전과 공전, 달의 공전의 의미와 이들의 운동에 따른 현상을 파악합니다.
- 태양계를 구성하는 행성별 특징을 말할 수 있어야 합니다.
- 태양의 광구 및 대기에서 일어나는 특징을 그림과 함께 알아야 합니다.
- 수권 및 기권의 층상 구조를 구분 기준부터 각 층별 특징을 파악할 수 있어야 합니다.
- 구름 생성 과정 및 강수 이론을 그림으로 파악할 수 있어야 합니다.
- 기단과 전선을 구분하고 우리나라 날씨와 연관지어 생각합니다.
- 연주 시차와 별의 거리, 별의 밝기와 등급의 관계, 별의 색과 표면온도의 관계를 이해합니다.
- 우리은하, 은하수, 성단, 성운의 용어를 구분하여 파악합니다.

검스타트 합격 스토리!
다음 합격 스토리의 주인공은 바로 당신!

K*****

선생님들의 좋은 강의와 교재로 열심히 공부한 결과
고득점(평균 98.86점)을 받았습니다.

검스타트는 검정고시 관련 정보를 다양하게 제공하고 있어
시험 준비에 많은 도움을 받았습니다.
특히 다양한 학습자료가 정말 맘에 들었습니다.

수험생들의 학습을 위해 많은 배려를 하고 있다는 느낌을
받았고, 저렴한 수강료도 좋았지만
수험생의 합격을 위한 진실함이 있다고 느꼈습니다.

이 모든 것들이 검스타트를 선택한 배경이었습니다.

동*

전체에서 한 문제 틀렸습니다.
과학에서 아쉽게 틀려서 만점을 못 받았습니다.

첫 관문을 잘 넘었으니 이제 대학 진학이라는 더 큰 목표를
위해 더 열심히 공부하려고 합니다.

강의해 주신 선생님들 정말 감사합니다.
핵심을 잘 정리해 주시고 이해하기 쉽도록
강의를 잘 해주신 덕분에 높은 점수를 받았습니다.

검스타트 최고!!!

합***

인강 선택을 위해 제 아들과 상의하고 합격수기가 많은
검스타트를 선택했습니다.

공부한 지 오래되어 기초실력이 없기에
제일 처음 기초강의부터 반복해서 들었습니다.
이어서 이론공부를 시작했습니다.

강의와 교재를 반복해서 공부하다 보니 어느새 틀이
잡혀지고 자신감이 생겼습니다.

이론을 마치고 문제풀이. 기출풀이를 공부하니 검정고시가
그다지 어렵지 않게 느껴졌습니다.

시험을 마치고 채점을 해보니 총점은 합격점수를
충분히 넘었습니다.

ㅣ***

50대 중반 주부입니다.
38년 만에 처음으로 도전해 보았는데 혼자 공부하는 거라
처음엔 막막하고 지루하고 어려웠습니다.

검스타트 상담선생님께서 말씀해 주신 대로 쉬운 과목부터
완벽하게 준비해 나갔습니다.
기본강의, 예상문제, 모의고사, 기출문제 순서로 공부했고
무엇보다도 문제를 많이 풀어보았습니다.

특히 핵심총정리가 많은 도움이 되었습니다.
향후 사이버 대학에 도전해보려 합니다.

열심히 강의해 주신 선생님들께 감사드립니다.

심***

검스타트와 인연을 맺은 지 1년.
훌륭하신 선생님들의 헌신적인 강의에 힘입어
70 가까운 나이에 중학교 과정과 고등학교 과정을 잘 마쳤고
특히 고등학교 과정은 7과목 중 4과목을
만점을 받을 정도의 성적으로 무사히 마쳤습니다.

이 모두가 검스타트 임직원 여러분과 각 과목 선생님들의
땀과 아낌 없는 희생 덕분이라 생각합니다.

고맙습니다.
이제부터는 대입 준비 열심히 하여 대입에 도전해 보려
합니다.

이젠, 여러분이
합격할 차례입니다!

목차

제1편 물리

PART 01 여러 가지 힘

01 중력과 탄성력	4
02 마찰력과 부력	8
적중예상문제	13

PART 02 빛과 파동

01 빛과 색	16
02 거울과 렌즈	20
03 파동과 소리	26
적중예상문제	30

PART 03 전기와 자기

01 정전기 유도	34
02 전압과 전류	38
03 자기	47
적중예상문제	51

PART 04 열과 우리 생활

01 열의 이동	56
02 비열과 열팽창	62
적중예상문제	66

PART 05 운동과 에너지

01 운동	70
02 일과 에너지	75
적중예상문제	81

PART 06 에너지 전환과 보존

01 역학적 에너지 전환과 보존	86
02 전기 에너지 발생과 이용	90
적중예상문제	95

제2편 화학

PART 01 기체의 성질

01 기체의 특성	102
02 기체의 부피 변화	105
적중예상문제	113

PART 02 물질의 상태 변화

01 물질의 상태 변화	116
02 상태 변화와 열에너지	121
적중예상문제	125

PART 03 물질의 구성

01 원소와 원소 기호	130
02 원자, 분자, 이온	134
적중예상문제	141

PART 04 물질의 특성

01 물질의 특성	144
02 혼합물의 분리	151
적중예상문제	157

PART 05 화학 반응의 규칙과 에너지 변화

01 물질 변화와 화학 반응식	160
02 화학 반응의 규칙과 에너지 변화	164
적중예상문제	170

제3편 생명과학

PART 01 생물의 다양성

01 생물 다양성   176
02 생물 다양성 보전   181
🖋 적중예상문제   184

PART 02 식물과 에너지

01 광합성   188
02 식물의 호흡   194
🖋 적중예상문제   198

PART 03 동물과 에너지

01 생물의 구성과 영양소   202
02 소화와 순환   204
03 호흡과 배설   213
🖋 적중예상문제   220

PART 04 자극과 반응

01 감각 기관   224
02 신경계   230
03 호르몬과 항상성   235
🖋 적중예상문제   239

PART 05 생식과 유전

01 생장과 생식   244
02 유전   252
🖋 적중예상문제   258

제4편 지구과학

PART 01 지권의 변화

01 지구계와 지구 내부 구조   264
02 암석과 광물   268
03 지권의 변화   276
🖋 적중예상문제   280

PART 02 태양계

01 지구   284
02 달   289
03 태양계   295
🖋 적중예상문제   302

PART 03 수권과 해수의 순환

01 수권   306
02 해수의 순환   312
🖋 적중예상문제   316

PART 04 기권과 날씨

01 기권과 복사 평형   320
02 대기 중의 물   325
03 날씨의 변화   331
🖋 적중예상문제   340

PART 05 별과 우주

01 별   346
02 우주   351
🖋 적중예상문제   356

제5편 2025년 기출문제

제1회 기출문제   360
제2회 기출문제   365

정답 및 해설

100% 합격을 위한 나만의 학습 계획

◆ 『중졸 검정고시 과학』 학습 진도표

구분			진도 체크(✓)*				
			1회	2회	3회	4회	5회
제1편 물리	PART 01	01~02 / 적중예상문제					
	PART 02	01~03 / 적중예상문제					
	PART 03	01~03 / 적중예상문제					
	PART 04	01~02 / 적중예상문제					
	PART 05	01~02 / 적중예상문제					
	PART 06	01~02 / 적중예상문제					
제2편 화학	PART 01	01~02 / 적중예상문제					
	PART 02	01~02 / 적중예상문제					
	PART 03	01~02 / 적중예상문제					
	PART 04	01~02 / 적중예상문제					
	PART 05	01~02 / 적중예상문제					
제3편 생명 과학	PART 01	01~02 / 적중예상문제					
	PART 02	01~02 / 적중예상문제					
	PART 03	01~03 / 적중예상문제					
	PART 04	01~03 / 적중예상문제					
	PART 05	01~02 / 적중예상문제					
제4편 지구 과학	PART 01	01~03 / 적중예상문제					
	PART 02	01~03 / 적중예상문제					
	PART 03	01~02 / 적중예상문제					
	PART 04	01~03 / 적중예상문제					
	PART 05	01~02 / 적중예상문제					
제5편	2025년 기출문제	제1회 기출문제					
		제2회 기출문제					

*학습 완료한 날짜를 적으셔도 좋습니다.

● 진도 체크(✓) 요령

1회 해당 부분 모두를 정독(精讀)했을 때를 1회로 간주합니다. 단순히 체크(✓)하셔도 좋고 권하는 대로 해당 날짜를 적어 넣으셔도 좋습니다.

2회 해당 부분 모두를 두 번째로 정독했을 때를 2회로 간주합니다. 띄엄띄엄 부분적으로 공부한 것은 해당하지 않습니다. 반드시 해당 부분 모두를 두 번째로 정독했을 경우에만 표시하도록 합니다.

3회 해당 부분에서 취약하거나 중요한 부분을 중심으로 처음부터 끝까지 모두 공부했을 때를 3회로 간주합니다. 실력(이해와 암기)을 키우기 위한 집중 학습에 해당합니다.

4회 3회와 같은 방식으로 취약하거나 중요한 부분을 중심으로 처음부터 끝까지 다시 한번 모두 공부했을 때를 4회로 간주합니다.

5회 시험을 목전에 두고 최종적으로 해당 부분 모두를 정독했을 때를 5회로 간주합니다. 1회에서 4회까지의 학습 과정이 있었기 때문에 1회, 2회보다는 훨씬 빠른 속도로 끝마칠 수 있을 것입니다.

◆ 취약 부분 극복 계획

학습 진도 중에서 자신이 취약하다고 생각되는 부분을 적고, 이를 극복할 수 있는 방안을 고민해 봅니다.

진도 중 취약 부분	극복 방안	극복한 날
예) 시의 비유법들이 잘 구분되지 않는다 (특히 은유법). 어렵다.	예) 교재와 강의에서 비유법 관련 내용이 나올 때마다 초집중한다.	예) 7월 7일(화) 비유법 극복!

◆ 나의 다짐과 소감

본격적인 학습에 앞서 다짐의 말을 적어 봅니다. 또 주변 사람들로부터 응원의 말을 받아 보세요. 물론 스스로에게 하는 응원의 말을 적으셔도 좋습니다. 마지막 포스트잇은 합격 후에 기분 좋게 작성하세요.

● (학습 전) 나의 다짐

● 응원의 말

● 합격 소감

EBS 교육방송교재

중졸 검정고시 과학

제 1 편

물리

EBS 교육방송교재

중졸 검정고시 **과학**

PART

01

여러 가지 힘

01 중력과 탄성력

02 마찰력과 부력

- 여러 가지 힘의 의미를 파악할 수 있다.
- 각 힘의 방향 및 크기에 영향을 주는 요인을 이해한다.
- 생활 속 예시를 통해 적용되는 힘이 무엇인지 구분할 수 있다.

01 중력과 탄성력

1 중력

1. 과학에서의 힘

(1) 힘의 의미
물체에 작용하여 물체의 모양, 빠르기, 운동 방향을 변화시키는 원인

(2) 힘의 표시와 단위

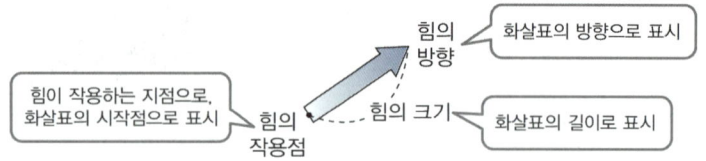

힘의 방향 → 화살표의 방향으로 표시
힘이 작용하는 지점으로, 화살표의 시작점으로 표시 → 힘의 작용점
힘의 크기 → 화살표의 길이로 표시

① 힘의 크기와 방향, 작용점을 화살표로 나타낸다.
② 힘의 단위 : N(뉴턴)

(3) 힘의 종류
중력, 탄성력, 마찰력, 부력, 자기력, 전기력

2. 중력 : 지구가 물체를 당기는 힘

(1) 중력의 크기
① 질량이 클수록 물체에 작용하는 중력이 커진다.
② 지구 중심에 가까울수록 중력이 커진다.

(2) 중력의 방향
지구 중심 방향(연직 아래 방향)으로 작용한다.

(3) 중력에 의한 현상
① 비가 아래로 떨어진다.
② 고드름이 아래로 자란다.
③ 폭포수가 아래로 떨어진다.
④ 인공위성이 지구 주위를 돈다.

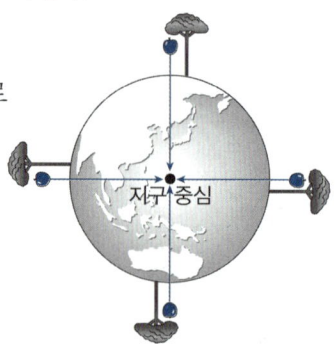

지구중심

중력의 방향

힘의 작용에 의한 효과
- 모양 변화
  - 공이 찌그러진다.
  - 용수철이 늘어난다.
- 운동 상태 변화
  - 공이 굴러가다 멈춘다.
  - 낙하하는 물체의 빠르기가 점점 빨라진다.
- 모양이나 운동 상태 변화
  - 축구공을 발로 차면 공의 모양이 찌그러지면서 운동 방향과 빠르기가 변한다.

(4) 무게와 질량

구분	무게	질량
의미	지구가 물체를 당기는 중력의 크기	물체가 가지는 고유한 양
단위	N(뉴턴)	kg(킬로그램)
측정	용수철저울, 가정용 저울	윗접시저울, 양팔저울
크기	측정 장소에 따라 크기가 달라진다.	측정 장소에 따라 변하지 않는다.
관계	지구에서 물체의 무게(N)＝9.8×질량(kg)	

> ❯ 우주 정거장에서의 무게와 질량
> • 우주 정거장에서는 중력을 거의 느낄 수 없어 무게는 0N에 가깝게 측정되므로 무게를 비교할 수 없다.
> • 우주 정거장에서 질량은 변하지 않으므로 질량에 따른 힘의 효과 차이로 비교할 수 있다.

🔍 **빈출 유형 100점 돋보기**

다음에서 설명하는 힘은?

- 지구가 물체를 당기는 힘이다.
- 힘의 방향은 지구 중심을 향한다.
- 힘의 크기는 물체의 질량에 비례한다.

① 부력   ② 중력
③ 마찰력   ④ 탄성력

해설 --
중력은 지구가 물체를 잡아당기는 힘으로 지구 중심 방향으로 작용한다. 중력의 크기는 물체의 질량이 클수록, 지구 중심에 가까울수록 크다.   **정답 ②**

오답 피하기 --
① 부력 : 액체나 기체가 물체를 위로 떠오르게 하는 힘
③ 마찰력 : 물체의 운동을 방해하는 힘
④ 탄성력 : 모양이 변한 물체가 원래 모양으로 되돌아가려는 힘

---

2 탄성력

1. 탄성력

(1) 탄성과 탄성체
① 탄성 : 변형된 물체가 원래 모양으로 되돌아가려는 성질
② 탄성체 : 탄성이 있는 물체 **예** 용수철, 고무줄, 태엽, 농구공 등

02

마찰력과 부력

1 마찰력

1. 마찰력 : 두 물체의 접촉면에서 물체의 운동을 방해하는 힘

  (1) 마찰력의 방향 : 물체의 운동을 방해하는 방향

    ① 운동하는 물체 : 물체의 운동 방향과 반대 방향

    ② 정지한 물체 : 작용한 힘과 반대 방향

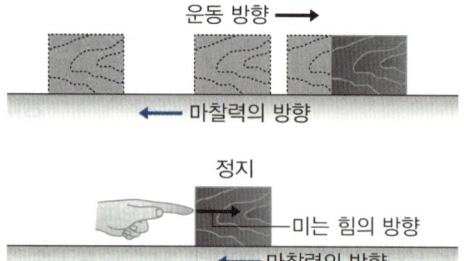

❯ 마찰력의 크기
마찰력의 크기는 접촉면의 넓이와는 관계가 없다.

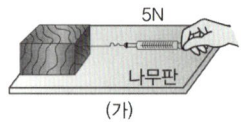

(가)

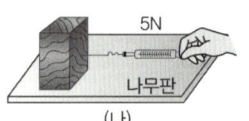

(나)

● 마찰력 크기 : (가) = (나)

  (2) 마찰력의 크기에 영향을 주는 요인

    ① 물체의 무게 : 물체의 무게가 무거울수록 마찰력이 크다.

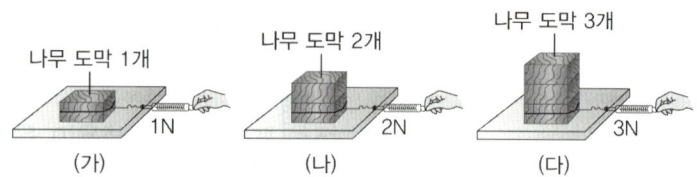

● 마찰력 크기 : (가) < (나) < (다)

    ② 접촉면의 거칠기 : 접촉면이 거칠수록 마찰력이 크다.

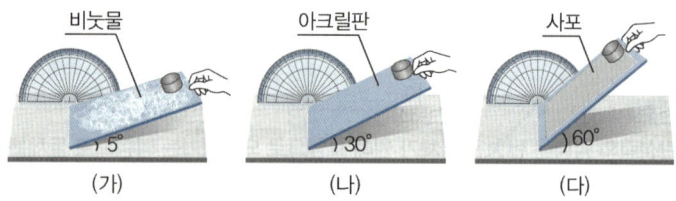

● 마찰력 크기 : (가) < (나) < (다)

2. 마찰력의 이용

(1) 마찰력을 크게 하는 예

① 계단 끝이나 볼펜 손잡이 부분에 고무를 붙여 미끄러지는 것을 막는다.

② 등산화 바닥을 울퉁불퉁하게 만들어 미끄러지는 것을 막는다.

③ 체조 선수가 손에 송진 가루를 묻힌다.

모래를 뿌린 빙판길　　거친 띠를 붙인 계단 끝　고무로 만든 볼펜 손잡이

(2) 마찰력을 작게 하는 예

① 자전거 체인에 윤활유를 뿌려준다.

② 기계 회전축에 베어링을 넣어 잘 회전하도록 한다.

③ 미끄럼틀에 물을 흘려보낸다.

  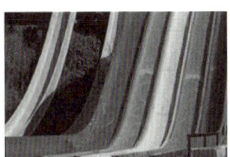

윤활유를 뿌린 자전거 체인　베어링을 넣은 기계의 회전축　물을 흘려주는 미끄럼틀

🔍 빈출 유형 100점 돋보기

다음에서 설명하는 힘은?

- 두 물체의 접촉면에서 물체의 운동을 방해한다.
- 접촉면이 거칠수록 이 힘의 크기는 커진다.

① 중력　　　　　　　　② 마찰력
③ 자기력　　　　　　　④ 탄성력

해설

마찰력은 물체의 접촉면에서 물체의 운동을 방해하는 힘으로 접촉면이 거칠수록, 물체의 무게가 무거울수록 힘의 크기가 커진다.　　　　　　　　　　　정답 ②

2 부력

1. 부력 : 액체나 기체가 그 속의 물체를 위로 밀어 올리는 힘

(1) 부력의 방향 : 중력과 반대 방향인 위쪽으로 작용한다.

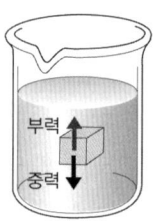

(2) 부력의 크기

① 부력의 크기는 기체나 액체 속에 잠긴 물체의 부피에 비례한다.
② 부력은 잠긴 물체의 부피가 클수록 크다.

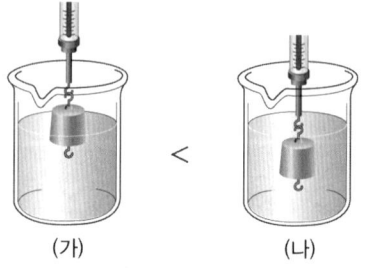

- 부피의 크기 : (가) < (나)
- 잠긴 물체의 부피 : (가) < (나)
- 부력의 크기 : (가) < (나)
- 질량 : (가) = (나)

(3) 부력의 크기 측정

① 부력의 크기 = 공기 중에서 용수철저울의 눈금 − 물속에서 용수철저울의 눈금

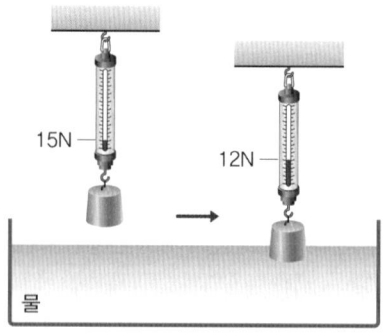

- 부력의 크기 = 15N − 12N = 3N

② 물이 가득 들어 있는 수조에 물체를 넣었을 때 부력의 크기는 넘친 물의 무게와 같다.

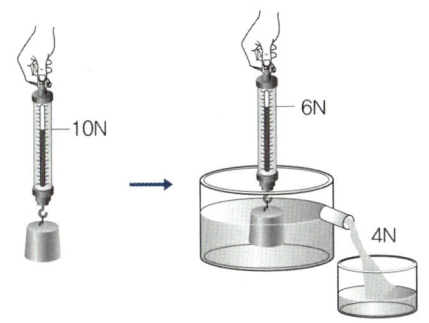

- 부력의 크기 = 넘친 물의 무게 = 4N
- 부력의 크기 = 공기 중에서 용수철저울의 눈금 − 물속에서 용수철저울의 눈금
  = 10N − 6N = 4N

(4) 부력과 중력의 비교

① 부력 > 중력 : 물체가 떠오른다.

② 부력 = 중력 : 물체가 떠 있다.

③ 부력 < 중력 : 물체가 가라앉는다.

2. 부력의 이용

(1) 물고기는 부레의 크기를 변화시켜 떠오르거나 가라앉는다.

(2) 열기구나 풍등 속 공기를 가열하여 부피를 크게 하면 부력이 커져 떠오른다.

(3) 열기구, 구명환, 부표

열기구

구명환

부표

◗ 물속에서 물체의 움직임 비교

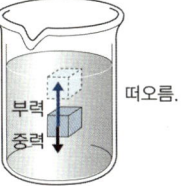

무게<부력의 크기

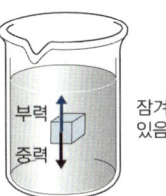

무게=부력의 크기

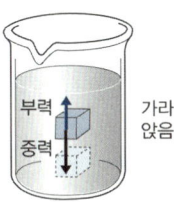

무게>부력의 크기

◗ 무게
물체에 작용하는 중력의 크기

◗ 잠수함의 원리

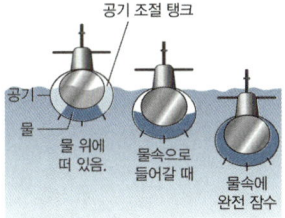

물에 잠겨 있는 동안은 잠수함의 부피는 일정하므로 부력의 크기는 변하지 않는다. 따라서 잠수함 내의 물의 양을 조절하여 무게를 변화시켜 잠수함을 뜨거나 가라앉게 한다.

그림은 물 위에 배가 떠 있는 모습이다. 다음 중 물이 배를 밀어 올리는 힘은?

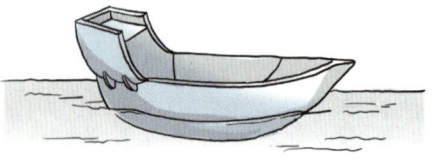

① 부력

② 마찰력

③ 자기력

④ 탄성력

해설 ---

물 위에 배가 떠 있는 이유는 물이 배를 위쪽으로 밀어 올리는 부력이 작용하기 때문이다.

정답 ①

적중예상문제

정답 및 해설 2p

01 다음에서 설명하는 힘과 관련된 것은?

> • 지구가 물체를 당기는 힘이다.
> • 지구 중심 방향으로 힘이 작용한다.
> • 질량이 클수록 크다.

① 계단 끝에 거친 띠를 붙인다.
② 고드름이 아래로 자란다.
③ 열기구가 하늘로 떠오른다.
④ 나침반을 통해 방향을 찾을 수 있다.

02 그림과 같이 수평면에 놓여 있는 나무 도막을 화살표 방향으로 10N으로 잡아당겼다. 탄성력의 방향과 크기가 바르게 연결된 것은?

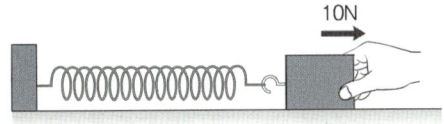

① ← 10N   ② → 20N
③ ↑ 20N   ④ ↓ 10N

03 다음 중 일상생활에서 마찰력을 이용하는 목적이 **다른** 것은?

① 체조 선수가 손에 송진 가루를 묻힌다.
② 등산화 바닥을 울퉁불퉁하게 만든다.
③ 바이올린 활에 송진을 발라 소리가 잘 나게 한다.
④ 자전거 체인에 윤활유를 뿌려준다.

04 다음은 마찰력에 대한 설명이다.

> 두 물체의 접촉면에서 물체의 운동을 방해하는 힘을 마찰력이라고 한다. 마찰력의 크기는 물체의 무게가 무거울수록, 접촉면이 거칠수록 크다.

용수철저울의 눈금이 가장 큰 것은? (단, 나무 도막 1개의 무게 및 접촉면 성질은 모두 같다.)

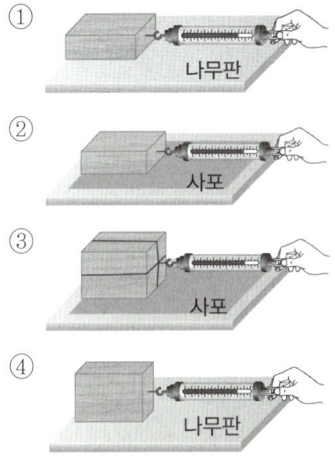

05 그림과 같이 물체를 10N의 힘으로 오른쪽으로 끌어당겼지만 물체가 움직이지 않았다.

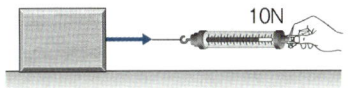

다음 중 물체가 움직이지 않는 데 관여한 힘은?

① 부력   ② 마찰력
③ 자기력   ④ 탄성력

06 다음은 용수철에 추를 매달았을 때 추의 무게에 따른 용수철이 늘어난 길이를 측정한 결과를 그래프로 나타낸 것이다.

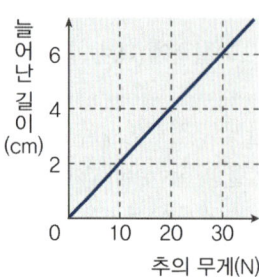

용수철에 매단 추의 무게가 100N일 때 용수철이 늘어난 길이는?

① 8cm
② 16cm
③ 20cm
④ 100cm

07 그림과 같이 달에서 윗접시저울의 왼쪽에 사과를, 오른쪽에 질량이 100g인 추 한 개를 올려놓았더니 윗접시저울이 수평을 이루었다.

이 사과를 지구로 가져가서 윗접시저울에 올려놓았을 때 수평을 이루는 추의 질량은?

① 50g
② 100g
③ 600g
④ 980g

08 그림과 같이 지표면에서 일정 높이에 있는 물체를 놓았을 때 물체가 낙하하는 방향은?

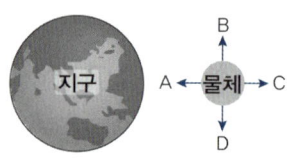

① A
② B
③ C
④ D

09 그림은 물이 들어 있는 수조에 물체를 넣었을 때 용수철저울의 눈금을 나타낸 것이다. 물체에 작용한 부력의 크기는?

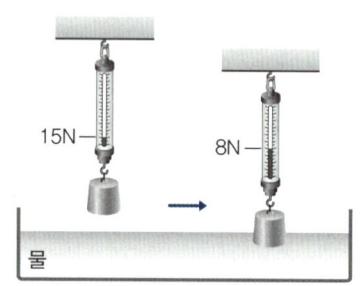

① 7N
② 8N
③ 15N
④ 23N

10 다음은 물체 A~D의 부피를 나타낸 것이다. 물체 A~D를 동시에 물이 든 수조에 넣자 모두 가라앉아 정지했다. 가장 큰 부력을 받는 물체는?

물체	부피(cm³)
A	100
B	30
C	50
D	20

① A
② B
③ C
④ D

PART

02

빛과 파동

01 빛과 색

02 거울과 렌즈

03 파동과 소리

- 빛의 합성을 이해한다.
- 거울과 렌즈의 원리 및 종류를 구분할 수 있다.
- 파동의 의미 및 파동의 형태를 이해한다.
- 소리의 3요소를 구분할 수 있다.

01 빛과 색

1 빛

1. 물체를 보는 과정

(1) 광원

① 광원 : 스스로 빛을 내는 물체

예 태양, 전등, 촛불, 번개, 반딧불이 등

② 광원이 아닌 물체 : 스스로 빛을 내지 않아 광원을 통해 볼 수 있는 물체

예 달, 지구, 사람, 거울, 종이 등

(2) 물체를 보는 과정

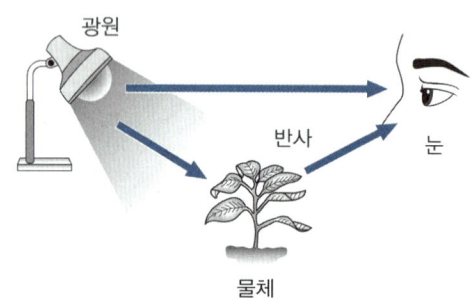

① 광원을 볼 때 : 광원에서 나온 빛이 눈으로 직접 들어오면 광원을 볼 수 있다.

② 광원이 아닌 물체를 볼 때 : 광원에서 나온 빛이 물체에서 반사된 후 눈에 들어오면 볼 수 있다.

(3) 빛의 직진

① 빛의 직진 : 빛이 곧게 나가는 성질이다.

② 빛의 직진과 관련된 현상 : 그림자, 레이저, 일식, 월식, 바늘구멍 사진기 상의 뒤집힘 등

❯ 일식과 월식
- 일식 : [태양−달−지구]로 일직선이 되어 태양의 전부 또는 일부가 달에 의해 가려지는 현상
- 월식 : [태양−지구−달]로 일직선이 되어 달의 전부 또는 일부가 지구 그림자에 의해 가려지는 현상

2. 빛의 합성

(1) 빛의 합성

① 빛의 삼원색 : 빨간색, 초록색, 파란색

② 빛의 합성 : 서로 다른 두 가지 이상의 빛이 합쳐져 다른 색의 빛으로 보이는 현상으로 빛은 합성할수록 밝아진다.

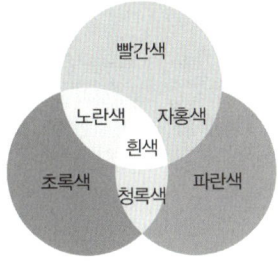

- 빨간색 + 초록색 → 노란색
- 빨간색 + 파란색 → 자홍색
- 파란색 + 초록색 → 청록색
- 빨간색 + 초록색 + 파란색 → 흰색

(2) 빛의 합성의 이용

무대 조명, 전광판, 휴대폰 화면, 점묘화

2 색

1. 물체의 색

(1) 불투명한 물체의 색

물체에 비춘 빛 중 물체에서 반사되어 나오는 빛의 색이다.

- 장미의 빨간색 꽃 : 빨간색 빛을 반사하여 빨갛게 보임.

- 장미의 초록색 잎 : 초록색 빛을 반사하여 초록색으로 보임.

❯ 점묘화

물감을 섞지 않고 원색의 작은 점을 찍어 그린 그림이다.

❯ 화소

영상 장치의 화면은 빨간색, 초록색, 파란색 빛을 내는 점인 화소로 이루어져 있으며, 각 화소에서 삼원색의 빛을 적절하게 합성하여 다양한 색의 영상을 만든다.

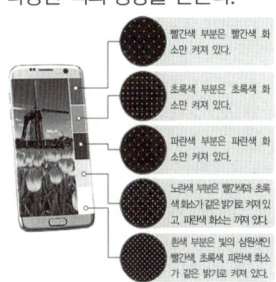

- 빨간색 부분은 빨간색 화소만 켜져 있다.
- 초록색 부분은 초록색 화소만 켜져 있다.
- 파란색 부분은 파란색 화소만 켜져 있다.
- 노란색 부분은 빨간색과 초록색 화소가 같은 밝기로 켜져 있고, 파란색 화소는 꺼져 있다.
- 흰색 부분은 빛의 삼원색인 빨간색, 초록색, 파란색 화소가 같은 밝기로 켜져 있다.

(2) 투명한 물체의 색

물체에서 투과되어 눈에 들어온 빛의 색으로 보인다.

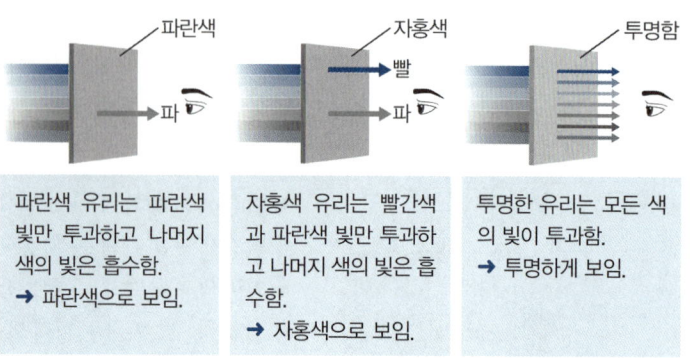

| 파란색 유리는 파란색 빛만 투과하고 나머지 색의 빛은 흡수함. → 파란색으로 보임. | 자홍색 유리는 빨간색과 파란색 빛만 투과하고 나머지 색의 빛은 흡수함. → 자홍색으로 보임. | 투명한 유리는 모든 색의 빛이 투과함. → 투명하게 보임. |

2. 조명에 따른 물체의 색

조명의 색에 따라 물체의 색이 다르게 보인다.

조명	백색광	빨간색 조명	초록색 조명	파란색 조명
물체의 모습	꽃 잎 꽃 : 빨간색 잎 : 초록색	꽃 : 빨간색 잎 : 검은색	꽃 : 검은색 잎 : 초록색	꽃 : 검은색 잎 : 검은색

- 백색광에서 빨간색으로 보이는 꽃은 빨간색 빛만 반사하므로 빨간색 조명에서는 빨간색으로 보이고 초록색, 파란색 조명에서는 빨간색이 비춰지지 않았으므로 반사하는 빛이 없어 검은색으로 보인다.
- 백색광에서 초록색으로 보이는 잎은 초록색 빛만 반사하므로 초록색 조명에서는 초록색으로 보이고 빨간색, 파란색 조명에서는 초록색이 비춰지지 않았으므로 반사하는 빛이 없어 검은색으로 보인다.

🔍 **빈출 유형 100점 돋보기**

그림은 흰 종이 위에서 빛의 삼원색을 합성시켰을 때 보이는 색을 나타낸 것이다. 이때, 빨간색과 초록색 빛이 합성되어 보이는 색 A는?

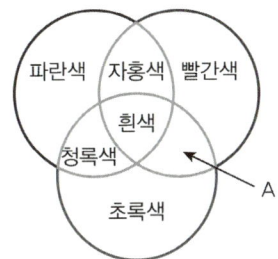

① 검은색   ② 노란색

③ 자홍색   ④ 파란색

해설

빛의 합성에 의해 빨간색과 초록색 빛을 동시에 비추는 경우 노란색으로 보인다.

정답 ②

🔍 **빈출 유형 100점 돋보기**

암실에서 흰 종이 위에 놓인 빨간색 공에 파란색 빛을 비추었을 때 관찰되는 공의 색은?

① 검은색   ② 노란색

③ 빨간색   ④ 파란색

해설

빨간색 공은 빨간색 빛만 반사하고 파란색과 초록색은 흡수한다. 빨간색 공에 파란색 빛을 비추게 되면 빨간색 공은 파란색을 흡수하여 반사되어 나오는 빛은 없다. 따라서 사람의 눈에 들어오는 빛이 없으므로 공은 검은색으로 보인다.   정답 ①

02 거울과 렌즈

1 거울

1. 빛의 반사

(1) 빛의 반사

직진하던 빛이 물체에 부딪쳐 물질의 경계면에서 되돌아 나오는 현상이다.

(2) 반사 법칙

빛이 반사할 때 입사각과 반사각의 크기가 같다.

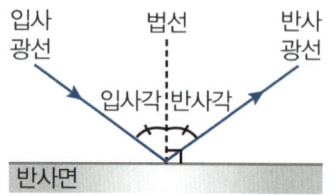

- 법선 : 거울 면에 수직인 가상의 선
- 입사각 : 입사 광선과 법선이 이루는 각
- 반사각 : 반사 광선과 법선이 이루는 각
- 입사각과 반사각은 항상 같기 때문에 입사각이 커지면 반사각도 커진다.

2. 거울의 종류

(1) 평면거울

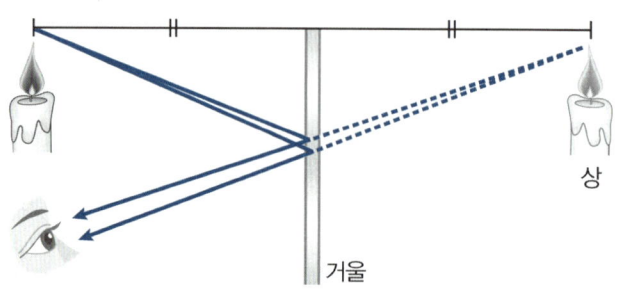

① 거울 면을 기준으로 대칭인 모습의 상이 나타난다.
② 물체의 크기와 상의 크기가 같다.
③ 거울에서 물체까지의 거리와 거울에서 상까지의 거리가 같다.
④ 이용 : 전신 거울, 자동차 후방 거울, 잠망경

▶ 잠망경
2개의 평면거울을 이용하여 물체를 직접 볼 수 없는 잠수함과 같은 곳에서 사용한다. 2개의 평면거울에 의해 좌우가 바뀌지 않고 원래 모습의 상으로 보인다.

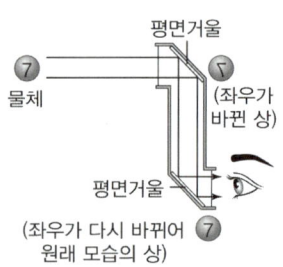

(2) 볼록 거울

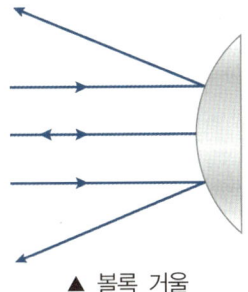

▲ 볼록 거울

① 나란하게 들어간 빛을 퍼뜨리는 성질이 있다.
② 항상 물체보다 작고 바로 선 모습의 상이 나타난다.
③ 넓은 범위를 보는 데 이용한다.
④ 이용 : 자동차 측면 거울, 상점의 보안 거울, 도로의 안전 거울 등

자동차의 측면 거울

도로의 안전 거울

(3) 오목 거울

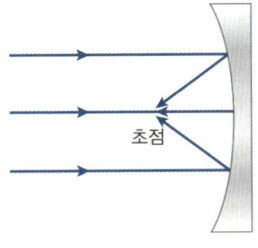

초점

▲ 오목 거울

① 나란하게 들어간 빛을 한 점으로 모으는 성질이 있다.
② 물체가 거울과 가까이 있으면 물체보다 크고 바로 선 모습의 상
　이 나타난다.
③ 물체와 거울의 거리가 멀어지면 거꾸로 선 모습의 상이 나타난다.
④ 빛을 모으거나 확대하는 데 이용한다.
⑤ 이용 : 태양열 조리기, 자동차 전조등, 손전등 반사판, 화장용
　확대 거울 등

❱ **오목 거울의 이용**

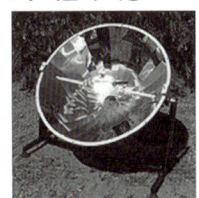

태양열 조리기

손전등 반사판

그림과 같이 평면거울 면에 입사 광선을 비추었을 때 반사 광선의 진행 경로로 옳은 것은?

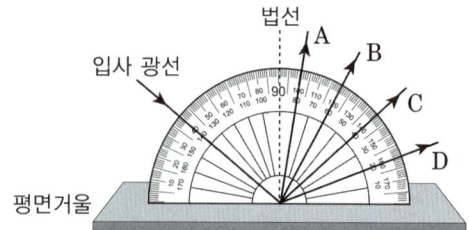

① A

② B

③ C

④ D

해설

입사각은 입사 광선과 법선에 의해 생기는 각으로 반사 법칙에 따라 입사각과 반사각은 같게 빛이 반사된다. 따라서 빛은 C로 반사된다.

정답 ③

그림은 평면거울에 비친 시계의 모습이다. 다음 중 이 시계가 나타내는 시각은?

① 03시 00분

② 06시 30분

③ 09시 00분

④ 12시 30분

해설

평면거울은 물체와 대칭인 상이 생긴다.

정답 ①

2 렌즈

1. 빛의 굴절

(1) 빛의 굴절

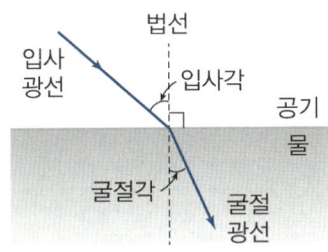

① 빛이 진행하는 물질이 바뀌는 경우 두 물질의 경계면에서 진행 방향이 꺾이는 현상이다.

② 빛이 진행하는 빠르기가 변하기 때문에 굴절이 일어난다.

* 법선 : 경계면에 수직인 가상의 선
* 굴절 광선 : 경계면에서 꺾여 다른 물질로 진행하는 빛
* 굴절각 : 굴절 광선과 법선이 이루는 각
* 입사각이 커지면 굴절각도 커진다.

(2) 굴절에 의한 현상

① 물이 담긴 컵에 빨대를 넣으면 꺾여 보인다.

② 물속의 금붕어가 크게 보인다.

③ 냇물이 실제 깊이보다 얕게 보인다.

④ 물속의 다리가 실제보다 짧아 보인다.

⑤ 컵 속에 보이지 않던 동전이 물을 부으면 보인다.

수면에서 꺾인 젓가락

 →
물을 붓기 전　　　　물을 부은 후

❯ **신기루**
물체가 실제의 위치가 아닌 위치에서 보이는 현상으로 빛이 굴절하면서 생긴다.

2. 렌즈의 종류

(1) 볼록 렌즈

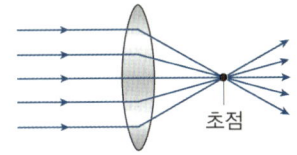
초점

❯ **아지랑이**
햇빛이 강하게 내리쬘 때 온도에 따른 빛의 굴절 정도의 차이가 발생해 공기가 지면 근처에서 불꽃같이 아른거리며 위쪽으로 흐르는 현상이다.

① 나란하게 입사한 빛이 렌즈에서 굴절하여 한 점에 모인다.
② 물체가 볼록 렌즈와 가까이 있으면 물체보다 크고 바로 선 모습의 상이 나타난다.
③ 물체와 볼록 렌즈의 거리가 멀어지면 거꾸로 선 모습의 상이 나타난다.
④ 빛을 모으거나 확대하는 데 이용한다.
⑤ 먼 곳은 잘 보이나 가까운 곳은 잘 보이지 않는 원시 교정에 이용된다.

(2) 오목 렌즈

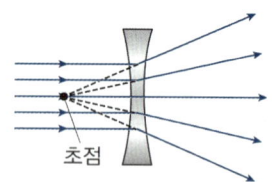

초점

① 나란하게 입사한 빛이 렌즈에서 굴절하여 퍼져 나간다.
② 항상 물체보다 작고 바로 선 모습의 상이 나타난다.
③ 가까운 곳은 잘 보이나 먼 곳은 잘 보이지 않는 근시 교정에 이용된다.

🔍 **빈출 유형 100점 돋보기**

다음 설명에 해당하는 빛의 성질은?

물에 잠긴 유리 막대가 공기와 물의 경계면에서 꺾여 보인다.

① 굴절   ② 분해
③ 합성   ④ 혼합

해설 ----------

물에 잠긴 유리 막대가 공기와 물의 경계면에서 꺾여 보이는 이유는 빛의 굴절에 의한 현상으로 물속의 다리가 실제보다 짧아 보이거나 물속의 금붕어가 더 크게 보이는 것도 빛의 굴절과 관련된 현상이다.

정답 ①

🔍 빈출 유형 100점 돋보기

공기 중에서 렌즈를 통과한 빛의 진행 경로로 옳은 것은?

①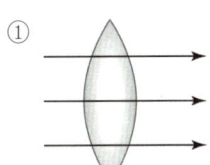

②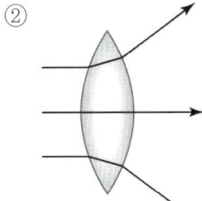

③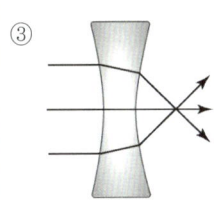

④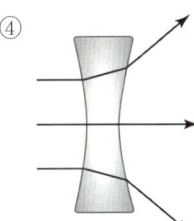

해설 --

빛의 굴절은 렌즈의 두꺼운 쪽으로 굴절된다. 따라서 가운데가 가장자리보다 두꺼운 볼록 렌즈는 나란하게 들어간 빛을 한 점으로 모으는 성질이 있고, 가운데보다 가장자리가 두꺼운 오목 렌즈는 나란하게 들어간 빛을 퍼뜨리는 성질이 있다.

정답 ④

03 파동과 소리

1 파동

1. 파동과 매질

(1) 파동

한 점에서 만들어진 진동이 주위로 퍼져 나가는 것이다.

(2) 매질

① 파동을 전달하는 물질

파동	물결파	지진파	소리	빛, 전파
매질	물	땅	주로 공기 (고체, 액체, 기체)	필요 없음.

② 파동이 전달될 때 매질은 제자리에서 진동만 하고 파동을 따라 이동하지 않는다.

③ 파동이 전달될 때 에너지만 전달된다.

예 지진으로 건물이 무너진다.

2. 파동의 종류

파동의 진행 방향과 매질의 진동 방향을 기준으로 구분한다.

(1) 종파

파동의 진행 방향과 매질의 진동 방향이 서로 나란한 파동

파동의 진행 방향

매질의 진동 방향

예 지진파 P파, 소리(음파)

○ 매질의 움직임

매질의 진동 → 파동의 진행 방향

파동이 진행할 때 매질인 물은 위 아래로만 진동하므로 물체도 제자리에서 위아래로만 움직인다.

(2) 횡파

파동의 진행 방향과 매질의 진동 방향이 서로 수직인 파동

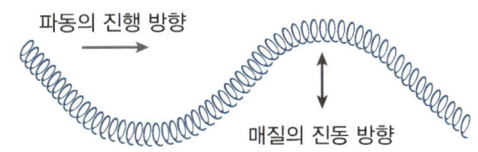

예 지진파 S파, 물결파, 빛, 전파

3. 파동의 표현

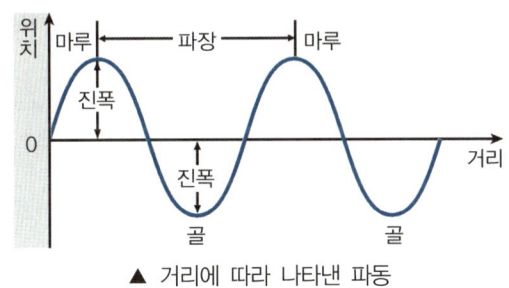

▲ 거리에 따라 나타낸 파동

(1) 마루

매질의 가장 높은 곳

(2) 골

매질의 가장 낮은 곳

(3) 파장

마루에서 다음 마루, 또는 골에서 다음 골까지의 수평 거리

(4) 진폭

진동의 중심에서 마루나 골까지의 수직 거리

(5) 주기

매질이 한 번 진동하는 데 걸린 시간, 파동이 한 파장만큼 이동하는 데 걸리는 시간[단위 : 초(s)]

(6) 진동수

매질의 어느 한 점이 1초 동안 진동하는 횟수[단위 : Hz(헤르츠)]

❯ **시간에 따라 나타낸 파동**

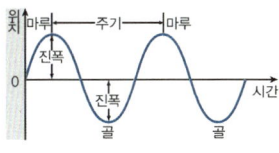

❯ **진동수와 주기**

진동수와 주기는 역수 관계

$$진동수 = \frac{1}{주기}$$

예 주기가 4초인 파동의 진동수는 0.25Hz이다.

2 소리

1. 소리(음파)

(1) 소리

① 파동의 진행 방향과 매질의 진동 방향이 나란한 종파이다.

② 매질이 없는 진공 상태에서는 소리가 전달되지 않는다.

● 소리 전달 빠르기
- 고체 매질 > 액체 매질 > 기체 매질 순으로 소리 전달이 빠르다.
- 온도가 높을수록 빠르다.

(2) 소리의 전달

① 소리의 발생 : 물체의 진동으로 발생

② 소리의 전달 과정

물체의 진동 → 공기의 진동 → 고막의 진동 → 소리 인식

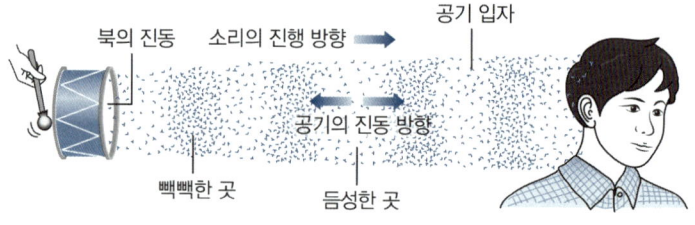

2. 소리의 3요소

(1) 소리의 크기(세기)

진폭이 클수록 큰 소리, 진폭이 작을수록 작은 소리가 난다.

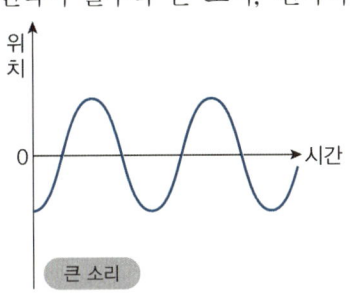

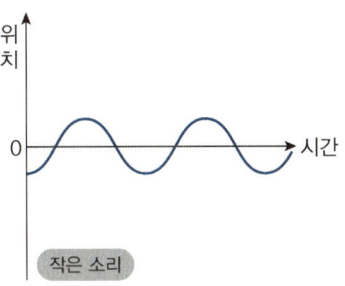

(2) 소리의 높낮이

진동수가 많을수록 높은 소리, 진동수가 적을수록 낮은 소리가 난다.

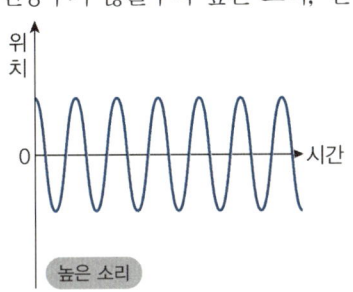

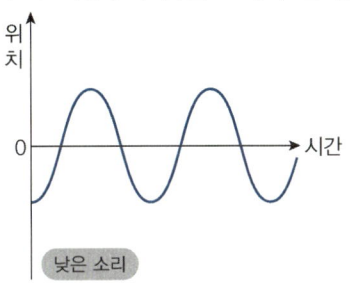

(3) 맵시(음색)

물체의 파형에 따라 서로 진동수와 진폭이 같아도 다르게 들린다.

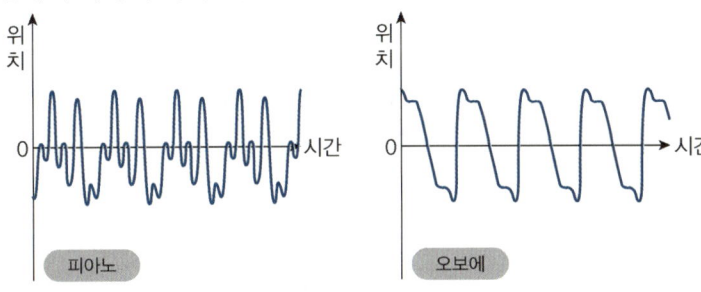

▶ 초음파
• 사람은 진동수가 20Hz ~ 20000Hz 사이인 소리를 들을 수 있는데 이를 음파(소리)라고 하고 진동수가 20000Hz 이상의 사람이 들을 수 없는 소리를 초음파라고 한다.

▶ 악기와 소리
• 소리의 세기 : 악기를 불거나 두드리는 세기를 조절하여 소리의 크기를 조절한다.
• 소리의 높낮이 : 악기가 진동하는 길이나 크기, 줄의 굵기 등을 조절하여 높낮이를 조절한다.
• 음색 : 악기마다 내는 소리의 파형이 다르기 때문에 고유한 음색이 있다.

🔍 **빈출 유형 100점 돋보기**

다음 중 소리의 3요소가 <u>아닌</u> 것은?

① 맵시　　　　　　② 방향
③ 크기　　　　　　④ 높낮이

해설
소리의 3요소는 소리의 크기(세기), 소리의 높낮이, 맵시(음색)이다.　　정답 ②

PART 02 적중예상문제

정답 및 해설 3p

01 다음 설명에 해당하는 것은?

> • 스스로 빛을 내는 물체이다.
> • 태양이 해당한다.

① 번개   ② 달

③ 거울   ④ 종이

02 흰 종이 위에 빨간색, 파란색, 초록색 조명을 동시에 비추었을 때 종이의 색은?

① 노란색   ② 청록색

③ 자홍색   ④ 흰색

03 다음 중 빛의 합성을 이용한 예가 <u>아닌</u> 것은?

① 전광판   ② 점묘화

③ 무대 조명   ④ 렌즈

04 그림과 같이 레이저 빛이 평면거울로 입사할 때 반사각의 기호와 크기가 바르게 연결된 것은?

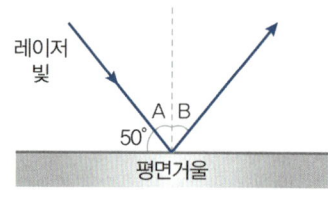

① A, 40°   ② A, 50°

③ B, 40°   ④ B, 50°

05 다음과 같은 현상이 나타나는 것과 관련된 빛의 성질은?

> 컵 속에 보이지 않던 동전이 물을 부으면 보인다.
>
> 물을 붓기 전   →   물을 부은 후

① 빛의 합성   ② 빛의 직진

③ 빛의 반사   ④ 빛의 굴절

제
1
편

06 그림과 같이 '과학'이 쓰여진 글자 카드 앞에 평면거울을 놓았을 때 거울 속에 나타나는 글자의 상으로 옳은 것은?

과학

① 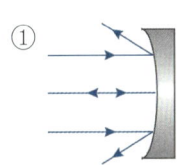　②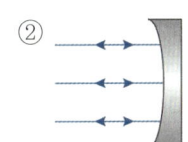

③ 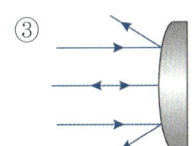　④ 과학

07 거울에 평행하게 들어오는 빛의 진행 경로로 옳은 것은?

08 다음 설명에 해당하는 것은?

> 한 점에서 만들어진 진동이 주위로 퍼져 나가는 것을 말한다.

① 매질　② 파원
③ 파동　④ 진폭

09 그림은 어떤 파동의 모습을 나타낸 것이다. 각 기호와 용어가 바르게 연결된 것은?

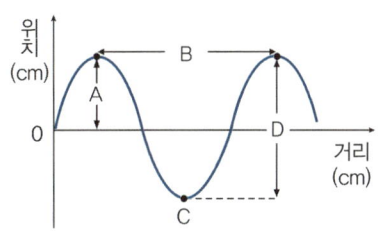

① A – 파장　② B – 마루
③ C – 골　④ D – 진폭

10 그림은 여러 가지 소리의 파형을 나타낸 것이다. (가)~(라) 중 가장 큰 소리는?

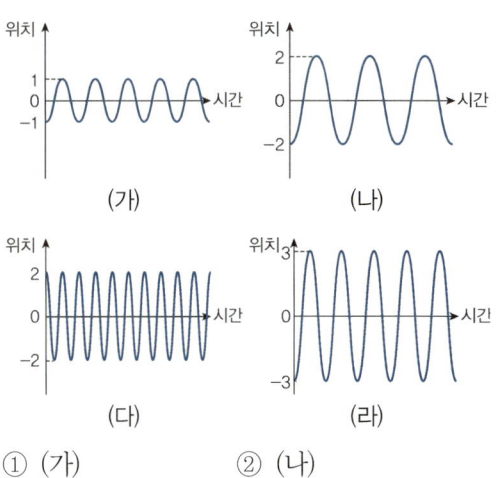

① (가)　② (나)
③ (다)　④ (라)

EBS 교육방송교재

중졸 검정고시 　과학

PART

03

전기와 자기

01 정전기 유도

02 전압과 전류

03 자기

- 정전기 유도를 익히고 이를 활용한 검전기를 이해한다.
- 전류, 전압, 전기 저항의 특징을 알고 옴의 법칙을 익힌다.
- 전류가 흐르는 도선이 자기장 속에서 받는 힘을 알 수 있다.

01 정전기 유도

1 마찰 전기

1. 전기력

(1) 원자의 구조

① 원자는 (+)전하를 띤 원자핵과 (−)전하를 띤 전자로 이루어져 있다. → 원자는 원자핵의 (+)전하의 양과 전자의 총 (−)전하의 양이 같아서 전기를 띠지 않는다.
② 물체는 중성 상태의 원자로 이루어져 있다.
③ 마찰과 같은 충돌에 의해 전자의 이동이 발생하면 원자로 이루어진 물체는 전기를 띤다.

(2) 대전과 대전체
① 대전 : 물체가 전하를 띠는 현상이다.
② 대전체 : 전하를 띠는 물체를 말한다.

(3) 전기력
① 전하를 띤 물체 사이에 작용하는 힘이다.
② 인력 : 다른 전하를 띤 물체 사이에서 서로 끌어당기는 힘
③ 척력 : 같은 전하를 띤 물체 사이에서 서로 밀어내는 힘

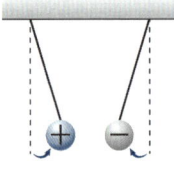 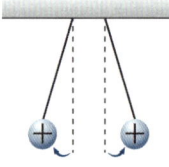 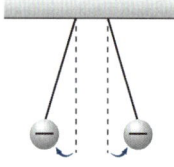

[인력] 서로 당기는 힘

[척력] 서로 밀어내는 힘

> **전하**
> 전기 현상을 나타내는 근원으로 (+), (−) 두 종류가 있다.

2. 마찰 전기

(1) 마찰 전기

① 마찰에 의해 발생한 전기를 마찰 전기라고 한다.

② 서로 다른 두 물체를 마찰하면 한 물체에서 다른 물체로 전자가 이동한다.

③ 전자를 얻은 물체는 (−)전하, 전자를 잃은 물체는 (+)전하를 띤다.

④ 마찰한 두 물체는 서로 다른 종류의 전하를 띠고 두 물체 사이에는 잡아당기는 힘이 작용한다.

예 털가죽과 고무풍선의 마찰

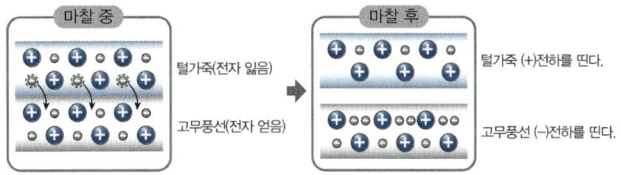

(2) 마찰 전기에 의한 현상

① 머리를 빗을 때 머리카락이 빗에 달라붙는다.

② 스웨터를 벗을 때 '지지직' 하는 소리가 난다.

🔍 빈출 유형 100점 돋보기

다음 중 대전된 풍선을 실에 매달았을 때의 모습으로 옳은 것은? (단, 풍선에 대전된 전하량의 크기는 모두 같다.)

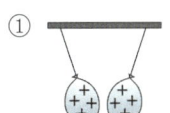 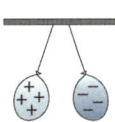 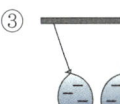 

해설

전기력에 의해 다른 전하를 띤 물체 사이에서 서로 끌어당기고, 같은 전하를 띤 물체 사이에서 서로 밀어낸다. **정답 ④**

---

2 정전기 유도

1. 정전기 유도

(1) 정전기 유도

대전되지 않은 금속에 대전체를 가까이 가져가면 대전체와 가까운

⊙ 정전기
마찰에 의해 발생한 전기는 다른 곳으로 흐르지 않고 발생한 자리에 그대로 머물러 있어서 정전기라고도 한다.

⊙ 방전
대전체가 전기적 성질을 잃어버리는 현상으로 대전체와 주변 공기 분자 사이에 전자의 이동이 일어나 발생한다.

쪽은 대전체와 다른 전하, 대전체와 먼 쪽은 대전체와 같은 전하가 유도되는 현상이다.

(2) 정전기 유도에 의한 대전

① 금속의 전자가 대전체와의 전기력에 의해 끌려오거나 밀려나기 때문에 물체의 양 끝이 전하를 띤다.

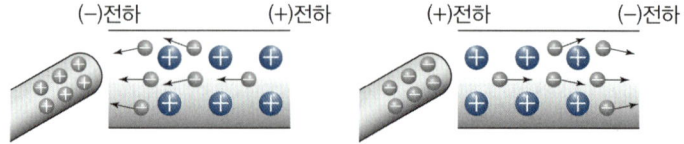

② 대전체와 가까운 쪽은 대전체와 다른 종류의 전하가 유도되고, 대전체와 먼 쪽은 대전체와 같은 종류의 전하로 유도된다.

③ 대전체와 금속 사이에는 인력이 작용한다.

2. 검전기

(1) 검전기의 원리 : 정전기 유도

(2) 검전기로 알 수 있는 것

① 물체의 대전 여부 : 중성의 검전기에 대전되지 않은 물체를 가까이하면 금속박이 벌어지지 않는다.

② 대전된 전하의 양 비교 : 중성의 검전기에 대전체를 가까이할 때 대전체에 대전된 전하의 양이 많을수록 금속박이 많이 벌어진다.

③ 대전체가 띠는 전하의 종류 : 검전기와 같은 전하로 대전된 물체를 가까이하면 금속박이 더 벌어지고, 다른 전하로 된 물체를 가까이하면 금속박이 오므라든다.

(3) 중성의 검전기에 대전체를 가까이 가져갈 때의 변화

대전체와 가까운 금속판은 대전체와 다른 전하, 대전체와 먼 금속박은 대전체와 같은 전하를 띠면서 금속박이 벌어진다.

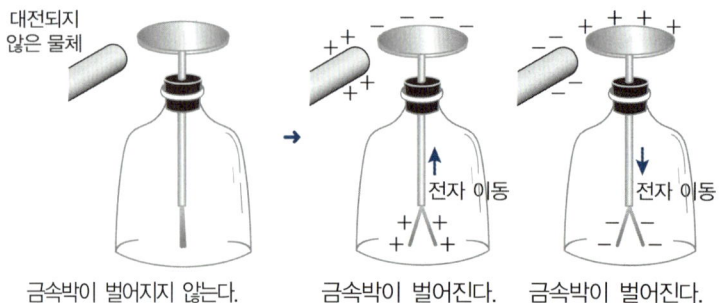

❯ 검전기의 구조

금속판

금속 막대

금속박

🔍 빈출 유형 100점 돋보기

그림과 같이 전하를 띠지 않은 두 금속구 A, B를 붙여 놓은 후 (−)대전체를 A에 가까이 하였다. A, B가 띠는 전하의 종류는?

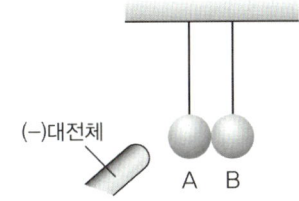

	A	B			A	B
①	(+)	(+)		②	(+)	(−)
③	(−)	(+)		④	(−)	(−)

[해설]

정전기 유도에 의해 (−)대전체와 가까운 금속구 A는 대전체와 다른 전하인 (+)전하, 대전체와 먼 금속구 B는 대전체와 같은 전하인 (−)전하로 대전된다. 이때 전자의 이동 원리는 금속구 A 전자의 일부가 (−)대전체에 의해 금속구 B로 이동하여 금속구 A는 (+)전하, 금속구 B는 (−)전하를 띤다. **정답 ②**

🔍 빈출 유형 100점 돋보기

그림과 같이 (−)전하로 대전된 플라스틱 막대를 알루미늄 막대에 가까이하였을 때, 알루미늄 막대의 양 끝 ㉠과 ㉡에 대전되는 전하의 종류는?

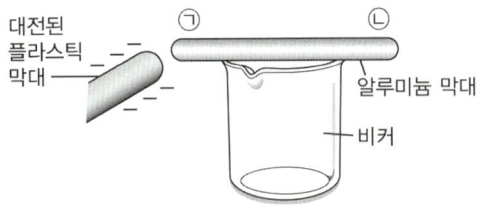

	㉠	㉡			㉠	㉡
①	(+)	(+)		②	(+)	(−)
③	(−)	(+)		④	(−)	(−)

[해설]

정전기 유도에 의해 대전체와 가까운 쪽은 대전체와 다른 전하, 대전체와 먼 쪽은 대전체와 같은 전하가 유도된다. **정답 ②**

❱ **정전기 유도에 의한 현상**

• 번개 : 대전된 구름의 아랫부분에 의해 지표면에 전하가 유도되다가 어느 순간 전자가 빠르게 이동하며 구름이 방전되는 현상이다.

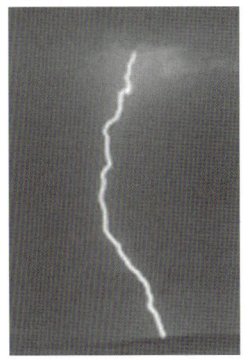

• 먼지떨이 : 솔을 문질러 대전시킨 후 정전기 유도를 이용하여 주변의 먼지를 끌어당긴다.

02 전압과 전류

1 전류와 전압

1. 전류

(1) 전류

전하의 흐름

▶ 전류의 방향과 전자의 이동 방향이 반대인 이유

전류를 전지의 (+)극에서 (−)극으로 이동하는 것으로 약속하고 다양한 이론이 정립된 이후 전자가 발견되었다.
발견된 전자의 이동 방향은 전지의 (−)극에서 (+)극으로 이동하는 것이었지만 과학자들은 전류의 방향을 그대로 사용하기로 정하였다.

(2) 전류와 전자의 이동 방향

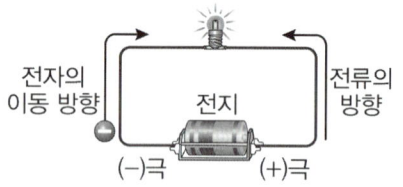

① 전류의 방향 : 전지의 (+)극 → 전지의 (−)극
② 전자의 이동 방향 : 전지의 (−)극 → 전지의 (+)극

(3) 도선 속 전자의 이동

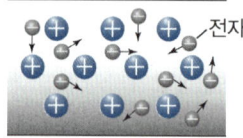 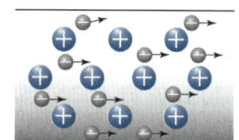

전류가 흐르지 않을 때   전류가 흐를 때 전자의 이동

전류가 흐르지 않을 때는 전자가 무질서하게 움직이지만, 전지를 연결하면 전자는 전지의 (−)극에서 (+)극 방향의 일정한 방향으로 이동한다.

(4) 전류의 세기(I)

① 전류의 세기 : 1초 동안 도선의 한 단면을 통과하는 전하의 양
② 전류의 단위 : A(암페어), mA(밀리암페어) (1A = 1000mA)
③ 전류계 : 전류의 세기를 측정하는 장치(전기 기호 : —Ⓐ—)

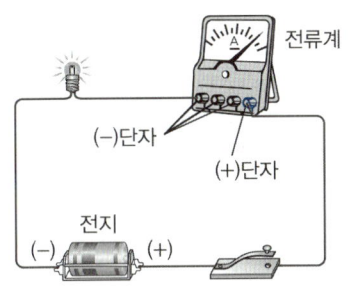

친절한 선생님 — 전류계 사용법과 전류계 읽기

▶ 전류계 사용법

- 측정하고자 하는 장치에 직렬로 연결한다.
- (+)단자는 전지의 (+)극에 연결, (−)단자는 전지의 (−)극에 연결한다.
- 측정 값이 예상되지 않을 때는 최댓값이 큰 (−)단자에 연결한다.

▶ 전류계 읽기
연결된 (−)단자에 해당하는 눈금을 읽어준다.

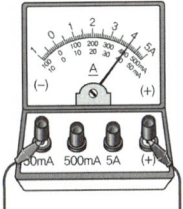

연결된 (−)단자	전류의 세기
50mA	40mA
500mA	400mA
5A	4A

2. 전압

(1) 전압(V)

회로에 전류를 흐르게 하는 능력을 말한다.

(2) 전압의 단위

V(볼트)

(3) 전압계

전압을 측정하는 장치(전기 기호 : −Ⓥ−)

> ● 전지
> 회로에서도 전류를 흐르게 하기 위해서는 전압을 계속 유지해 주는 전지가 필요하다.
>
> ● 전지의 연결
> - 직렬 연결 : 전지의 (+)극과 (−)극을 교대로 연결하는 방법으로 전지를 연결할수록 전압이 커진다. 따라서 높은 전압을 얻을 수 있다.
> - 병렬 연결 : 전지의 (+)극은 (+)극끼리, (−)극은 (−)극끼리 연결하는 방법으로 연결한 전지의 개수와 관계없이 전압은 항상 일정하므로 높은 전압을 얻을 수는 없지만 전지를 연결한 수만큼 오래 사용할 수 있다.

✏️ 친절한 선생님

전압계 사용법과 전압계 읽기

▶ 전압계 사용법

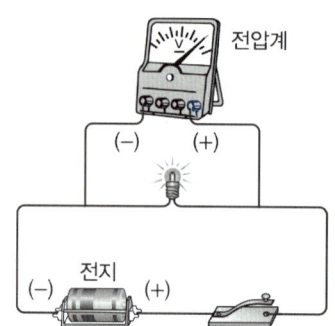

- 측정하고자 하는 장치에 병렬로 연결한다.
- (+)단자는 전지의 (+)극에 연결, (−)단자는 전지의 (−)극에 연결한다.
- 측정 값이 예상되지 않을 때는 최댓값이 큰 (−)단자에 연결한다.

▶ 전압계 읽기
연결된 (−)단자에 해당하는 눈금을 읽어준다.

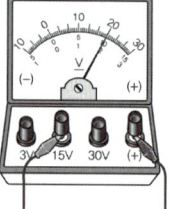

연결된 (−)단자	전압
3V	2V
15V	10V
30V	20V

3. 물의 흐름과 전기 회로

(1) 물의 흐름과 전기 회로의 비교

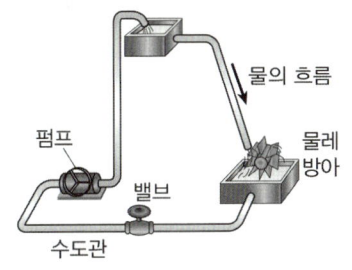

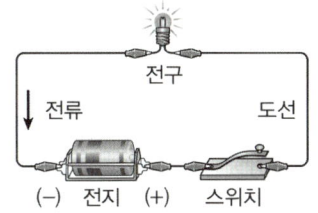

물의 흐름	전기 회로
펌프	전지
물의 흐름	전류
수도관(파이프)	도선
밸브	스위치
물레방아	전구

(2) 전기 기호

전지	—⊢⊢—	전구	—Ⓞ—
스위치	—o⟋o—	저항	—⋀⋁⋀—
전류계	—Ⓐ—	전압계	—Ⓥ—

🔍 빈출 유형 100점 돋보기

그림에서 전구 (가)와 (나)에 흐르는 전류의 세기가 다를 때, A~D 중 전구 (가)에 흐르는 전류의 세기를 측정하기 위한 전류계의 위치는?

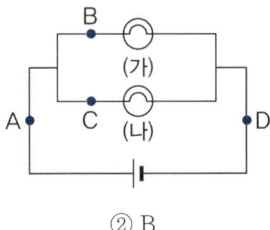

① A   ② B

③ C   ④ D

해설

전류계는 측정하고자 하는 장치에 직렬로 연결한다.   정답 ②

빈출 유형 100점 돋보기

그림은 전기 회로에 연결된 전류계의 모습을 나타낸 것이다. 전류의 세기는?
(단, (−)단자가 5A에 연결되어 있다.)

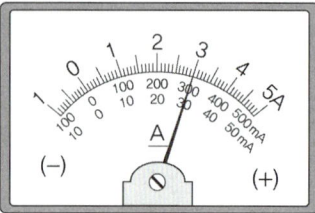

① 1A   ② 2A

③ 3A   ④ 4A

해설

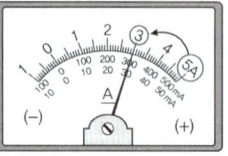

전류계의 눈금은 연결한 (−)단자에 해당하는 눈금을 읽는다. (−)단자가 5A에 연결되어 있으므로 5A에 해당하는 눈금을 읽어준다.

정답 ③

---

2   저항의 연결

1. 전류, 전압, 저항의 관계

(1) 저항(R) (전기 기호 : $-\text{\scriptsize WW}-$)

① 전류의 흐름을 방해하는 정도를 말한다.

② 전기 저항이 생기는 까닭 : 전류가 흐를 때 도선 내부에서 이동하는 전자들이 원자와 충돌하기 때문이다.

③ 전기 저항에 영향을 주는 요인

   ㉠ 물질의 종류에 따라 전기 저항이 다르다.

   ㉡ 같은 물질의 경우 전기 저항은 도선의 길이에 비례하고 도선의 단면적(굵기)에 반비례한다.

④ 전기 저항의 단위 : 옴(Ω)

❱ **전기 저항이 생기는 까닭**

도선   자유 전자   원자

(−)   (+)

전류가 흐를 때 도선 내부에서 이동하는 자유 전자들이 원자와 충돌하기 때문에 전기 저항이 생긴다.

❱ **전기 저항에 영향을 주는 요인**
물질의 종류, 도선의 길이, 도선의 굵기

도선의 저항 $\propto \dfrac{\text{도선의 길이}}{\text{도선의 굵기}}$

(2) 옴의 법칙

① 저항에 흐르는 전류의 세기는 전압에 비례하고 저항에 반비례한다.

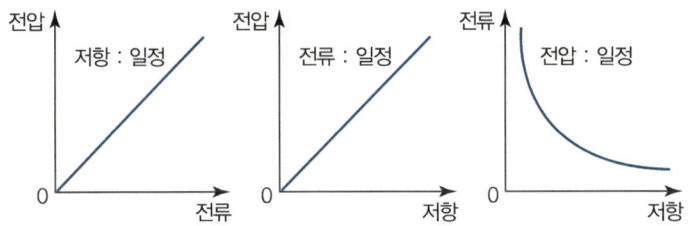

$$\text{전류의 세기}(I) = \frac{\text{전압}(V)}{\text{전기 저항}(R)}$$

$$\rightarrow I = \frac{V}{R}, \ V = IR, \ R = \frac{V}{I}$$

전압 / 저항 : 일정 / 전류

전압 / 전류 : 일정 / 저항

전류 / 전압 : 일정 / 저항

◐ 옴의 법칙의 기호와 단위

의미	기호	단위
전류	I	A(암페어)
전압	V	V(볼트)
저항	R	Ω(옴)

◐ 옴의 법칙

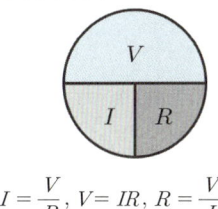

$$I = \frac{V}{R}, \ V = IR, \ R = \frac{V}{I}$$

✎ **친절한 선생님**   계산 연습

▶ **전기 회로의 해석**

저항(R) 구하기	전압(V) 구하기
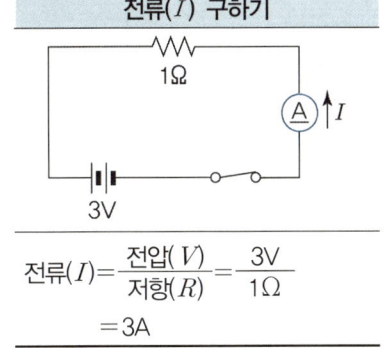 R / Ⓐ1A / 3V	2Ω / Ⓐ↑3A / V
$\text{저항}(R) = \dfrac{\text{전압}(V)}{\text{전류}(I)} = \dfrac{3V}{1A}$ $= 3Ω$	$\text{전압}(V) = \text{전류}(I) \times \text{저항}(R)$ $= 3A \times 2Ω = 6V$

전류(I) 구하기

1Ω / Ⓐ↑I / 3V

$$\text{전류}(I) = \frac{\text{전압}(V)}{\text{저항}(R)} = \frac{3V}{1Ω}$$
$$= 3A$$

▶ 그래프의 해석

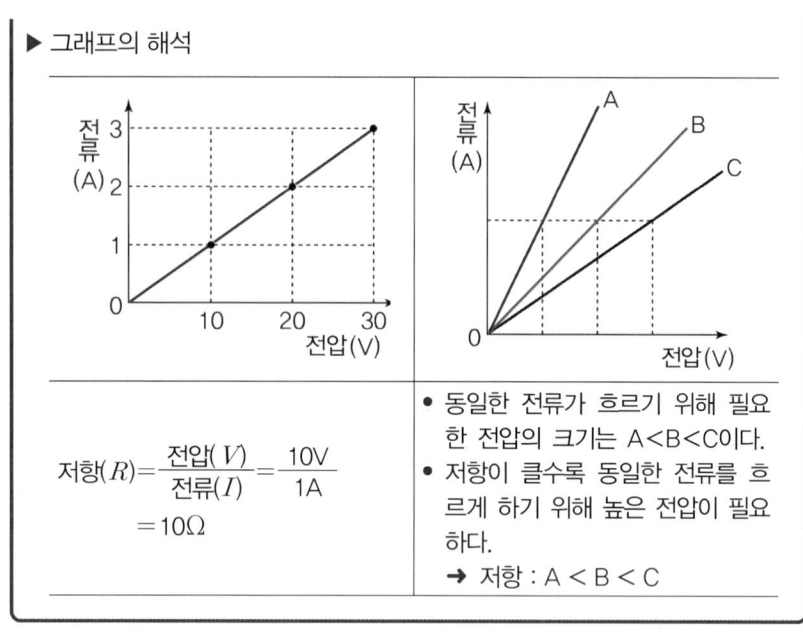

$$저항(R)=\dfrac{전압(V)}{전류(I)}=\dfrac{10V}{1A}$$ $$=10\Omega$$	• 동일한 전류가 흐르기 위해 필요한 전압의 크기는 A<B<C이다. • 저항이 클수록 동일한 전류를 흐르게 하기 위해 높은 전압이 필요하다. → 저항 : A < B < C

2. 저항의 연결

(1) 직렬 연결

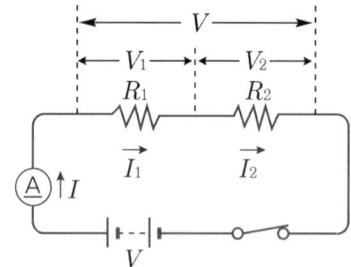

$$\bullet\ I=I_1=I_2$$
$$\bullet\ V=V_1+V_2$$
$$\bullet\ R=R_1+R_2$$

① 직렬로 연결된 각 저항의 전류의 세기와 전체 전류의 세기는 같다. $(I=I_1=I_2)$
② 전체 전압은 각 전압의 합과 같다. $(V=V_1+V_2)$
③ 전체 저항은 각 저항의 합과 같다. $(R=R_1+R_2)$
④ 저항 중 하나가 끊어지면 회로 전체에 전류가 흐르지 않는다.
⑤ 이용 예 : 퓨즈, 화재경보기

✏️ **친절한 선생님** 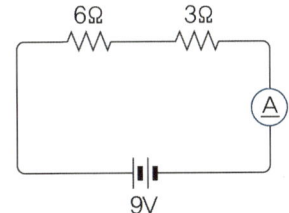 계산 연습

- 전체 저항 : $6\Omega + 3\Omega = 9\Omega$
- 전체 전류의 세기 : 전체 전류$(I) = \dfrac{\text{전체 전압}(V)}{\text{전체 저항}(R)} = \dfrac{9V}{9\Omega} = 1A$
- 직렬로 연결된 각 저항의 전류의 세기와 전체 전류의 세기는 같으므로

  $R_{6\Omega} : R_{3\Omega}$ 전류비 $= 1A : 1A = 1 : 1$
- $R_{6\Omega}$ 전압$(V) =$ 전류$(I) \times$ 저항$(R) = 1A \times 6\Omega = 6V$

  $R_{3\Omega}$ 전압$(V) =$ 전류$(I) \times$ 저항$(R) = 1A \times 3\Omega = 3V$

  $R_{6\Omega} : R_{3\Omega}$ 전압비 $= 6V : 3V = 2 : 1$

  ➡ 각 저항에 걸리는 전압은 저항의 크기에 비례한다.

(2) 병렬 연결

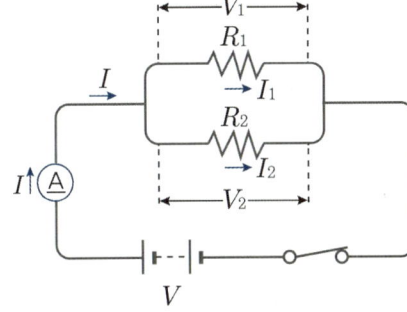

- $V = V_1 = V_2$
- $I = I_1 + I_2$
- $\dfrac{1}{R} = \dfrac{1}{R_1} + \dfrac{1}{R_2}$

① 병렬로 연결된 각 저항의 전압은 전체 전압과 같다.

  $(V = V_1 = V_2)$
② 전체 전류의 세기는 각 저항의 전류의 세기 합과 같다.

  $(I = I_1 + I_2)$
③ 저항을 많이 연결할수록 전체 저항의 크기는 작아진다.

  $\left(\dfrac{1}{R} = \dfrac{1}{R_1} + \dfrac{1}{R_2}\right)$
④ 두 저항 중 하나가 끊어져도 다른 저항에는 전류가 계속 흐른다.
⑤ **이용 예** : 멀티탭, 가정용 전기 기구

❯ **가정에서의 전기 기구 연결**

전등　냉장고　세탁기　TV

가정에서는 전기 기구가 병렬로 연결되어 있다.
- 병렬 연결된 전기 기구에는 일정한 전압이 걸린다.
- 하나의 전기 기구를 꺼도 다른 전기 기구에 영향을 끼치지 않는다.

✏️ 친절한 선생님 계산 연습

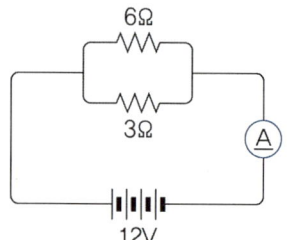

- 병렬로 연결된 각 저항의 전압은 전체 전압과 같으므로 모두 전압이 12V로 같다.

  $R_{6\Omega} : R_{3\Omega}$ 전압비 $= 12V : 12V = 1 : 1$

- 각 저항에 흐르는 전류의 세기는 전압에 비례하고 저항에 반비례한다.

  $$전류(I_{6\Omega}) = \frac{전압(V_{6\Omega})}{저항(R_{6\Omega})} = \frac{12V}{6\Omega} = 2A$$

  $$전류(I_{3\Omega}) = \frac{전압(V_{3\Omega})}{저항(R_{3\Omega})} = \frac{12V}{3\Omega} = 4A$$

  전체 전류의 세기 $= 2A + 4A = 6A$

- 전체 저항

  $$\frac{1}{R_{전체}} = \frac{1}{R_{6\Omega}} + \frac{1}{R_{3\Omega}} = \frac{1}{6\Omega} + \frac{1}{3\Omega} = \frac{1}{2\Omega}\ 이므로\ R_{전체} = 2\Omega$$

🔍 빈출 유형 100점 돋보기

그림은 저항값이 같은 두 개의 저항 R_1, R_2를 병렬로 연결한 전기 회로도를 나타낸 것이다. R_1에 걸리는 전압 V_1과 R_2에 걸리는 전압 V_2의 비는?

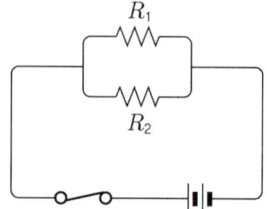

$V_1 : V_2$		$V_1 : V_2$
① 1 : 1		② 1 : 2
③ 1 : 3		④ 1 : 4

해설 --------

저항을 병렬 연결하면 병렬 연결된 저항에 걸리는 전압은 모두 같다. 정답 ①

03 자기

1 자기력과 자기장

1. 자기력

(1) 자기력
  ① 자석과 자석, 자석과 쇠붙이 사이에 작용하는 힘을 말한다.
  ② 두 자석 사이에는 인력과 척력이 작용한다.
    ㉠ 인력 : 자석의 다른 극끼리는 당기는 힘
    ㉡ 척력 : 자석의 같은 극끼리는 미는 힘

(2) 자기력선
  ① 자기장의 모양을 선으로 나타낸 것이다.
  ② 나침반 바늘의 N극이 향하는 방향이다.
  ③ 자기력선은 자석의 N극에서 나와 S극으로 들어간다.
  ④ 자기력선은 중간에 끊어지거나 교차하지 않는다.
  ⑤ 자기력선이 촘촘할수록 자기장의 세기가 세다.

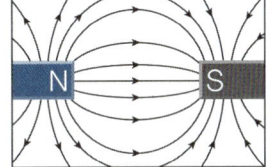

2. 자기장

(1) 자석 주위에 자기력이 작용하는 공간이다.
(2) 나침반을 놓았을 때 나침반 바늘의 N극이 가리키는 방향이 자기장의 방향이다.

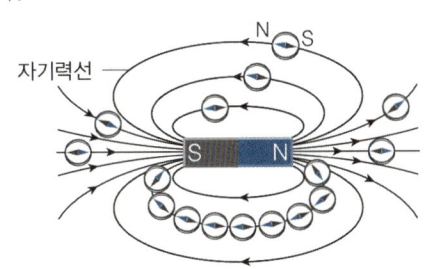

> **인력과 척력**

인력	척력
자기력선이 연결되어 있다.	자기력선이 떨어져 있다.

> **지구 자기장**
나침반 바늘의 N극이 북쪽을 향하는 것은 지구가 자기장을 만들기 때문이다. 지구는 내부에 북쪽이 S극, 남쪽이 N극인 커다란 자석이 있는 것과 같은 모양의 자기장을 만든다.

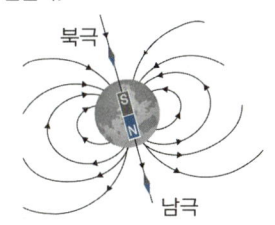

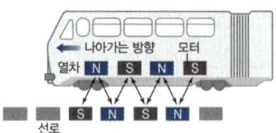
2 자기장 속에서 전류가 받는 힘

1. 코일 주위의 자기장

(1) 도선에 전류를 흘려주면 도선 주위에 자기장이 만들어진다.

(2) 코일 주위의 자기장

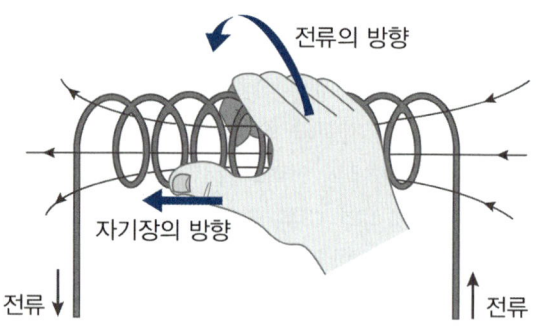

① 자기장의 방향 : 오른손의 네 손가락을 전류의 방향으로 감아쥐고 엄지손가락을 폈을 때, 엄지손가락이 가리키는 방향이 코일 내부에서 자기장의 방향이다.

② 자기장의 세기

㉠ 코일에 흐르는 전류가 셀수록 세다.

㉡ 코일을 촘촘하게 많이 감을수록 세다.

2. 자기장 속에서 전류가 받는 힘

(1) 자기력

자기장 안에서 전류가 흐르는 도선이 받는 힘을 말한다.

(2) 자기력의 방향

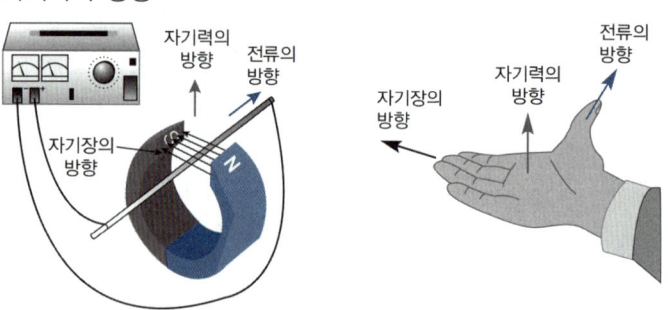

오른손을 펴서 엄지손가락을 전류의 방향으로, 네 손가락을 자기장의 방향으로 향하게 할 때 손바닥이 향하는 방향이 자기력의 방향이다.

(3) 자기장 속에서 전류가 흐르는 도선이 받는 힘의 크기

    ① 전류의 세기가 셀수록, 자기장의 세기가 셀수록 힘의 크기는 커진다.

    ② 도선이 자석의 방향과 수직일 때 가장 크고, 나란할 때는 힘을 받지 않는다.

(4) 이용

    전동기, 전류계, 전압계 등

3. 전동기

(1) 전동기

    자기장 속에서 전류가 흐르는 코일이 받는 힘을 이용해 회전하는 장치이다.

(2) 전동기의 회전 원리

    회전축과 연결된 코일이 자석 사이에 있을 때 양쪽 도선에 반대 방향의 전류가 흘러 코일이 회전한다.

✏️ 친절한 선생님   회전 원리의 이해

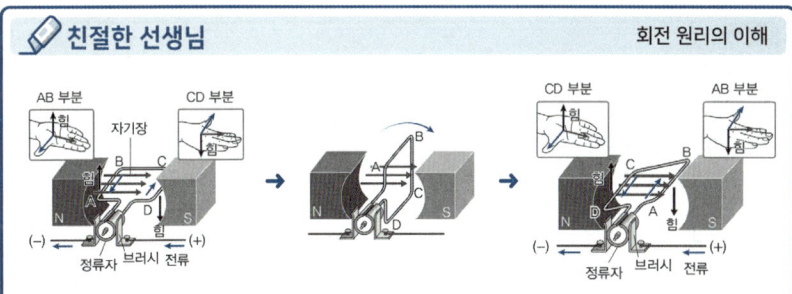

AB 부분은 위로 힘을 받고, CD 부분은 아래로 힘을 받아 코일이 시계 방향으로 회전하기 시작한 후 반 바퀴 회전 시 전류가 잠시 끊어져도 관성에 의해 회전하여 AB 부분은 아래로, CD 부분은 위로 힘을 받아 코일은 시계 방향으로 계속 회전한다.

---

(3) 전동기의 회전 방향

    전류의 방향이 바뀌거나 자기장의 방향이 바뀌면 반대로 회전한다.

(4) 전동기의 회전 세기

    전류의 세기가 셀수록 코일을 감은 수가 많을수록 큰 힘을 받아 회전한다.

❯ 자기장 속에서 전류가 흐르는 도선이 받는 힘의 크기

- 자기장의 방향과 전류의 방향이 수직일 때

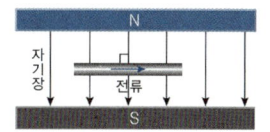

→ 가장 큰 힘을 받는다.

- 자기장의 방향과 전류의 방향이 나란할 때

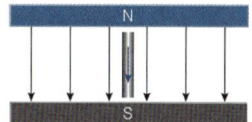

→ 힘을 받지 않는다.

❯ 관성

물체가 외부의 힘을 받지 않은 한 정지 또는 운동 상태를 지속적으로 유지하려는 성질

(5) 전동기의 이용

세탁기, 선풍기, 전류계, 자동차 등

 빈출 유형 100점 돋보기

그림은 전류가 흐르는 원형 코일 옆에 놓인 나침반을 나타낸 것이다. 전류가 흐르는 방향이 반대일 때, 나침반의 모습은? (단, 전류에 의한 자기장만 고려한다.)

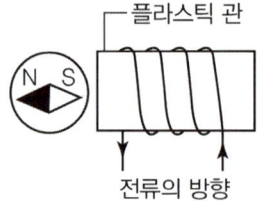

플라스틱 관

전류의 방향

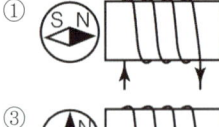

① ②

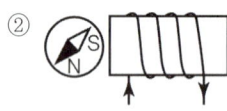

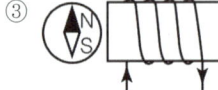

③ ④

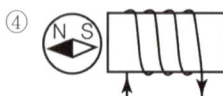

해설

도선에 전류를 흘려주면 도선 주위에 자기장이 만들어진다. 원형 코일에 전류를 흘려주는 경우 오른손의 네 손가락을 전류의 방향으로 감아쥐고 엄지손가락을 폈을 때, 엄지손가락이 가리키는 방향이 코일 내부에서 자기장의 방향이다. 이 같은 자기장의 방향은 전류의 방향이 바뀌면 바뀐다.

따라서 나침반의 바늘도  에서 반대인  로 바뀐다.   **정답** ①

01 그림은 절연된 실에 매달린 대전된 물체를 나타낸 것이다.

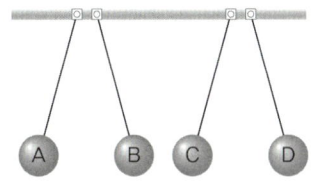

같은 종류의 전하로 대전된 물체끼리 바르게 짝지어진 것은?

① A, B

② A, C

③ A, D

④ B, C

02 그림과 같이 대전되지 않은 금속 막대의 A부분에 (+)대전체를 가까이하였다.

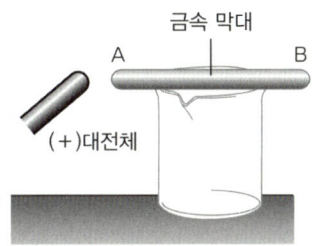

이에 대한 설명으로 옳지 **않은** 것은?

① A는 (−)전하를 띤다.

② B는 (+)전하를 띤다.

③ A의 전자가 B로 이동한다.

④ 대전체와 A 사이에는 인력이 발생한다.

03 다음 중 대전되지 않은 검전기의 금속판에 (−)대전체를 가까이 가져갈 때 검전기의 모습으로 옳은 것은?

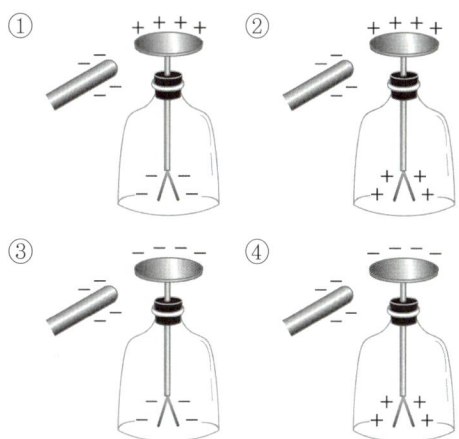

04 그림은 도선 속 전자의 움직임을 나타낸 것이다.

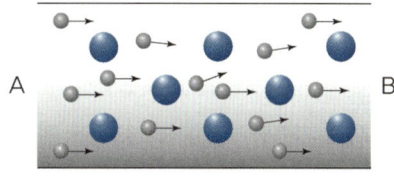

A와 B가 연결된 전지의 극을 바르게 나타낸 것은?

	A	B
①	(+)극	(−)극
②	(+)극	(+)극
③	(−)극	(−)극
④	(−)극	(+)극

05 다음 중 전기 회로에서 사용하는 전기 기호와 명칭이 잘못 연결된 것은?

① 전지 —||—

② 전류계 —Ⓥ—

③ 저항 —WWW—

④ 전구 —◯—

06 다음은 그림과 같이 연결된 전기 회로의 전류계 모습이다.

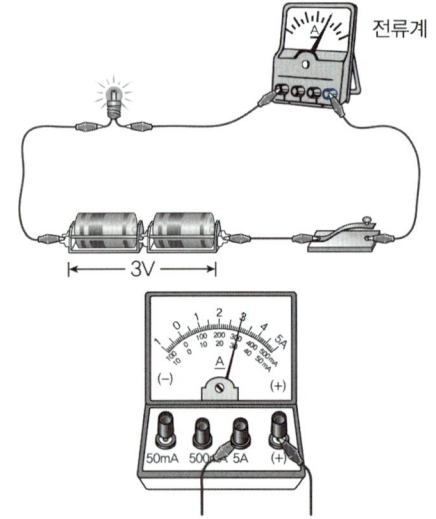

전기 회로에 연결된 전구의 저항의 크기는?

① 1Ω   ② 3Ω

③ 9Ω   ④ 10Ω

07 다음과 같은 회로에서 각 저항에 흐르는 전류의 세기 비는?

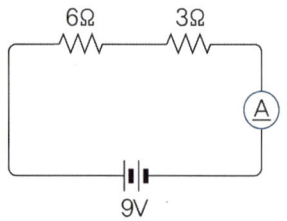

<u>6Ω : 3Ω</u>

①   1 : 1

②   1 : 2

③   1 : 3

④   1 : 4

08 그림은 어떤 니크롬선에 걸어준 전압에 따른 전류의 세기를 나타낸 것이다. 이 니크롬선의 저항은?

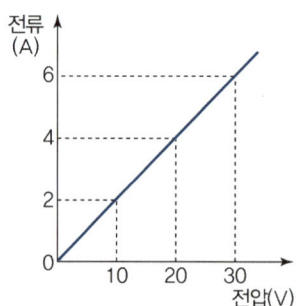

① 1Ω   ② 3Ω

③ 5Ω   ④ 10Ω

09 그림은 저항값이 다른 두 개의 저항을 병렬 연결한 전기 회로도를 나타낸 것이다.

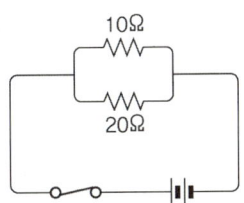

10Ω에 걸리는 전압이 20V일 때 20Ω에 걸리는 전압의 크기는?

① 10V   ② 20V

③ 30V   ④ 40V

10 그림은 자석의 두 극 사이에서의 자기력선을 나타낸 것이다.

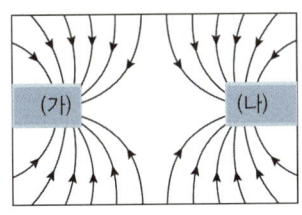

(가)와 (나)의 극이 바르게 연결된 것은?

	(가)	(나)
①	N극	S극
②	S극	S극
③	N극	N극
④	S극	N극

11 다음 중 자기장에서 전류가 흐르는 도선이 받는 힘의 방향으로 옳은 것은? (단, 오른손을 이용하여 힘의 방향을 찾는다.)

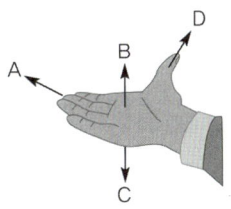

① A   ② B

③ C   ④ D

12 다음 중 자기장에서 전류가 흐르는 도선이 받는 힘을 이용한 장치는?

① 선풍기   ② 온도계

③ 나침반   ④ 바이메탈

EBS 교육방송교재

중졸 검정고시 **과학**

열과 우리 생활

01 열의 이동

02 비열과 열팽창

- 온도의 개념을 알고 열평형을 이해한다.
- 전도, 대류, 복사를 구분할 수 있다.
- 비열의 의미를 알고 비열을 활용한 예시를 구분할 수 있다.
- 열팽창을 이해하고 생활 속 열팽창을 고려한 장치 등을 익힌다.

01 열의 이동

1 열평형

1. 온도와 입자 운동

(1) 온도

① 온도 : 물체의 따뜻하고 차가운 정도를 수치로 나타낸 것이다.

② 온도의 종류

구분	섭씨온도	절대 온도
정의	1기압에서 물이 어는 온도를 0℃, 물이 끓는 온도를 100℃로 하고 그 사이를 100등분한 온도	물질을 이루는 입자들의 운동이 활발한 정도를 나타낸 온도
단위	℃	K
관계	절대 온도(K) = 섭씨온도(℃) + 273	

(2) 온도와 입자 운동

① 온도는 물체를 이루는 입자의 운동이 활발한 정도를 나타낸다.

② 입자 운동 : 물질을 이루는 입자의 움직임을 말한다.

→ 온도가 높을수록 입자 운동이 활발해진다.

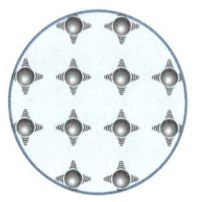 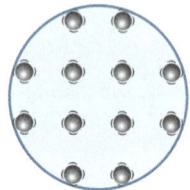

입자 운동 활발 　　　 입자 운동 둔함
(온도가 높은 물체) 　 (온도가 낮은 물체)

2. 열평형

(1) 열

① 열 : 온도가 다른 두 물체가 접촉했을 때, 온도가 높은 물체에서 온도가 낮은 물체로 이동하는 에너지를 말한다.

② 열의 이동과 입자 운동

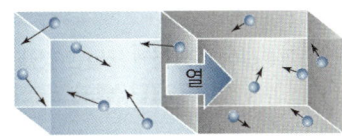

뜨거운 물체　　　차가운 물체

뜨거운 물체	차가운 물체
열을 잃음.	열을 얻음.
온도가 낮아짐.	온도가 높아짐.
입자 운동이 둔해짐.	입자 운동이 활발해짐.

(2) 열평형

① **열평형 상태** : 온도가 다른 두 물체가 접촉했을 때 온도가 높은 물체에서 낮은 물체로 열이 이동하여 두 물체의 온도가 같아진 상태를 말한다.

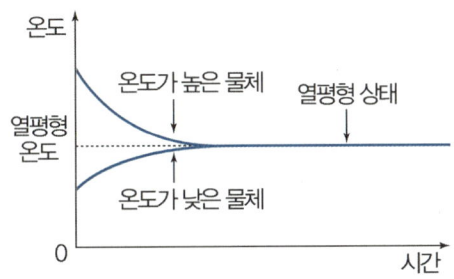

② 온도가 높은 물체의 변화 : 열을 잃어버려 온도가 낮아지다 열평형 상태에 도달한다.

③ 온도가 낮은 물체의 변화 : 열을 얻어 온도가 높아지다가 열평형 상태에 도달한다.

④ 온도가 높은 물체가 잃어버린 열량과 온도가 낮은 물체가 얻은 열량은 같다.

⑤ 온도 차이가 클수록 이동하는 열의 양이 많다.

(3) 열평형의 이용

① 온도계를 이용하여 물체의 온도를 측정한다.

② 냉장고 안에 음식물을 넣어두면 음식물을 차갑게 보관할 수 있다.

---

❶ **온도가 다른 물체를 접촉했을 때 입자 운동의 변화**

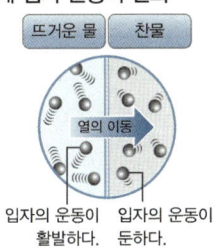

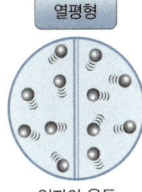

입자의 운동이　입자의 운동이
활발하다.　　　둔하다.

시간이
지난 후

열평형

입자의 운동
상태가 같다.

❶ **열량**
- 온도 차이에 의해 이동한 열의 양을 말한다.
- 단위 : kcal(킬로칼로리), cal(칼로리)

그림은 두 물체 A, B가 접촉하여 열평형에 도달한 것을 나타낸 것이다. 이때 A가 잃은 열량이 30kcal라면 B가 얻은 열량은? (단, 열의 외부 출입은 없다.)

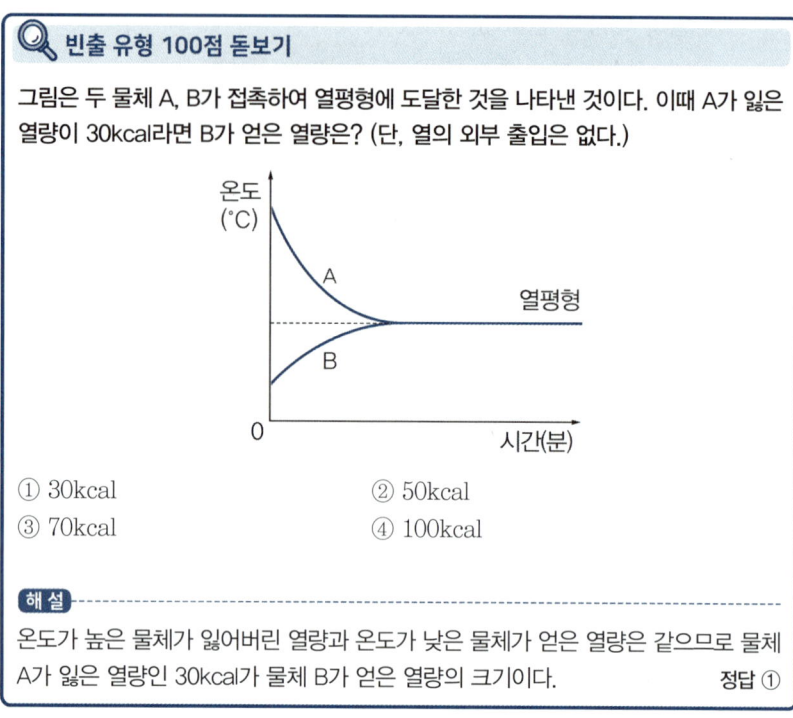

① 30kcal
② 50kcal
③ 70kcal
④ 100kcal

해설

온도가 높은 물체가 잃어버린 열량과 온도가 낮은 물체가 얻은 열량은 같으므로 물체 A가 잃은 열량인 30kcal가 물체 B가 얻은 열량의 크기이다.

정답 ①

2 열의 이동

1. 열의 이동 방법

(1) 전도

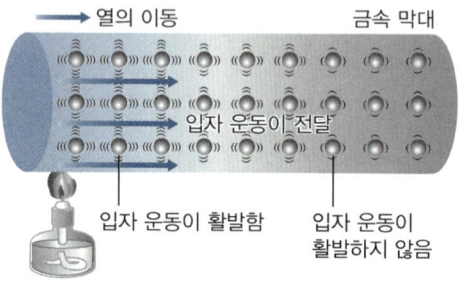

❯ 물질의 종류에 따른 전도
추운 겨울날 밖에 있는 나무 의자와 금속 의자는 모두 공기와 열평형 상태로 온도가 같지만 나무 의자보다 금속 의자에 앉을 때 더 차갑게 느껴진다. 이는 나무보다 금속이 열의 전도가 빨라서 몸에서 금속 의자로 열의 전도가 더 잘 되어 체온이 빨리 내려가기 때문이다.

① 물체를 이루는 입자의 운동이 이웃한 입자에게 전달되는 방법이다.
② 주로 고체에서 일어나고 물질마다 열이 전도되는 정도가 다르다.
　　예 냄비 바닥은 전도가 잘 되는 금속으로, 손잡이는 전도가 잘 되지 않는 플라스틱으로 만든다.

③ 전도에 의한 현상

ㄱ 뜨거운 국에 국자를 넣었더니 국자가 뜨거워졌다.

ㄴ 추운 겨울 운동장의 철봉을 맨손으로 잡았더니 손이 차가워 졌다.

(2) 대류

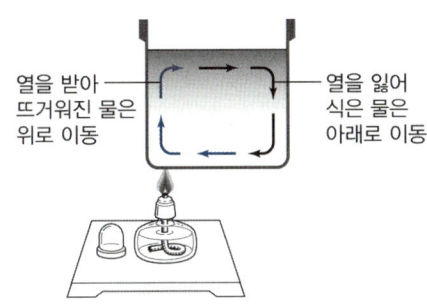

열을 받아 뜨거워진 물은 위로 이동

열을 잃어 식은 물은 아래로 이동

① 액체나 기체 입자가 직접 이동하여 열을 전달하는 방법이다.

② 따뜻한 공기는 위로 이동하고 차가운 공기는 아래로 이동하므 로 냉방기는 위쪽에, 난방기는 아래쪽에 설치하는 것이 효과적 이다.

③ 대류에 의한 현상

ㄱ 물을 한쪽만 가열해도 물 전체가 뜨거워진다.

ㄴ 에어컨을 켜면 방 전체가 시원해진다.

▶ **냉방기와 난방기의 설치**
대류를 고려하여 냉방기는 위쪽 에 설치하고, 난방기는 아래쪽에 설치한다.

(3) 복사

태양   지구

① 열이 물질의 도움 없이 직접 전달되는 방법이다.

② 복사에 의한 현상

ㄱ 햇빛이 비치는 곳에 있으면 따뜻함을 느낀다.

ㄴ 전기 난로를 향한 손바닥이 손등보다 따뜻하다.

ㄷ 토스터로 빵을 구울 수 있다.

2. 단열

(1) 단열

① 열의 이동을 막는 것을 말한다.

② 단열재 : 단열을 목적으로 사용하는 재료나 물질

　예 솜, 스타이로폼

③ 전도, 대류, 복사에 의한 열의 이동을 모두 막아야 단열 효과가 높다.

(2) 여러 가지 단열 장치

① 이중창

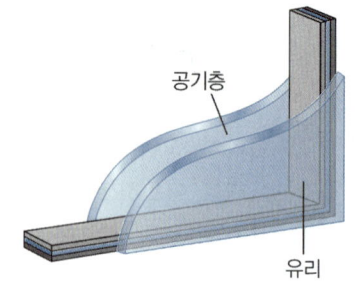

공기층

유리

㉠ 공기는 열의 전달 속도가 매우 느리다.

㉡ 이중창의 창과 창 사이에 공기가 채워져 있어 전도에 의한 열의 이동을 막는다.

② 보온병

진공

이중벽

은도금을 한 유리병

㉠ 이중벽 사이 진공 : 전도와 대류로 인한 열의 이동을 막는다.

㉡ 은도금을 한 유리병 : 복사에 의한 열의 이동을 막는다.

🔍 빈출 유형 100점 돋보기

다음 설명에 해당하는 열의 이동 방법은?

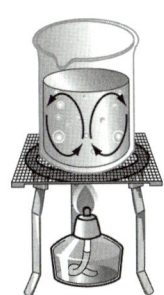

- 액체나 기체 상태의 물질이 직접 이동하면서 열을 전달한다.
- 비커에 든 물을 가열하면 따뜻해진 물은 위로 올라가고, 위에 있던 찬물은 아래로 내려온다.

① 대류   ② 복사   ③ 비열   ④ 삼투

해설

대류는 액체나 기체를 이루는 입자가 직접 이동하여 열을 전달하는 방법이다. 대류에 의해 따뜻해진 물은 위로 올라가고 찬물은 아래로 내려오면서 물 전체의 온도가 뜨거워진다.   **정답 ①**

오답 피하기

② 복사 : 물질의 도움 없이 직접 열이 전달되는 방법
③ 비열 : 물질 1kg의 온도를 1℃ 변화시키는 데 필요한 열량
④ 삼투 : 물이 농도가 낮은 쪽에서 농도가 높은 곳으로 이동하는 현상

🔍 빈출 유형 100점 돋보기

다음 설명의 ㉠에 해당하는 것은?

(㉠)은/는 열이 물질을 거치지 않고 직접 이동하는 현상이다.

① 단열   ② 대류   ③ 복사   ④ 전도

해설

복사는 열이 물질의 도움 없이 직접 이동하는 현상이다.   **정답 ③**

오답 피하기

① 단열 : 열의 이동을 막는 것을 말한다.
② 대류 : 입자가 직접 이동하여 열을 전달하는 방법이다.
④ 전도 : 물체를 이루는 입자의 운동이 이웃한 입자에게 전달되는 방법이다.

02 비열과 열팽창

1 비열

1. 비열

(1) 열량

    ① 온도가 높은 물체에서 온도가 낮은 물체로 이동한 열의 양이다.

    ② 단위 : kcal(킬로칼로리), cal(칼로리)

    ③ 열량(kcal) = 비열(kcal/(kg · ℃)) × 질량(kg) × 온도 변화(℃)

(2) 비열

$$열량 = 비열 × 질량 × 온도\ 변화$$
$$→ 비열 = \frac{열량}{질량 × 온도\ 변화}$$

    ① 물질 1kg의 온도를 1℃ 변화시키는 데 필요한 열량이다.

    ② 단위 : kcal/(kg · ℃)

    ③ 비열은 물질마다 서로 다르다.

(3) 비열과 온도 변화

    ① 같은 질량의 물질에 같은 양의 열을 가하면 비열이 큰 물질이 온도 변화가 작다.

    ② 비열은 온도 변화에 반비례한다.

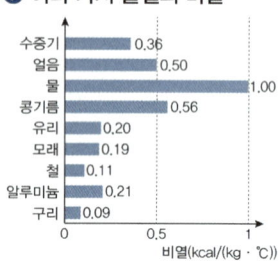

▶ 여러 가지 물질의 비열

물질	비열(kcal/(kg · ℃))
수증기	0.36
얼음	0.50
물	1.00
콩기름	0.56
유리	0.20
모래	0.19
철	0.11
알루미늄	0.21
구리	0.09

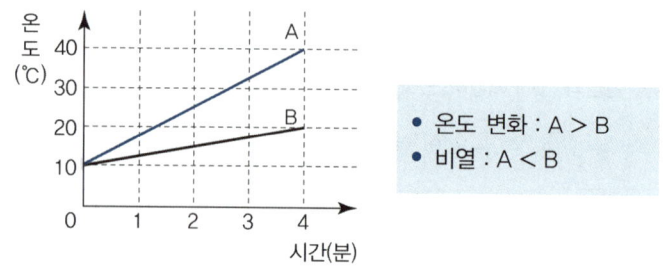

- 온도 변화 : A > B
- 비열 : A < B

2. 비열의 활용

(1) 비열이 큰 물질의 이용

① 찜질 팩 속에 비열이 큰 물을 넣어주면 온도 변화가 작다.

② 비열이 큰 뚝배기나 돌솥에 음식을 담아두면 음식이 잘 식지 않는다.

③ 자동차의 열을 식히는 데 이용되는 냉각수는 비열이 큰 물을 사용한다.

(2) 비열이 작은 물질의 이용

비열이 작은 양은 냄비는 빠른 시간에 음식을 조리할 수 있다.

(3) 해륙풍의 원리

[낮 : 해풍]

[밤 : 육풍]

① 바다는 육지보다 비열이 커서 온도 변화가 작고, 육지는 비열이 작아 온도 변화가 크다.

② 육지와 바다의 비열 차이로 낮에는 바다에서 육지로 바람이 부는 해풍, 밤에는 육지에서 바다로 바람이 부는 육풍이 분다.

🔍 빈출 유형 100점 돋보기

다음 설명에 해당하는 것은?

- 어떤 물질 1kg의 온도를 1℃ 높이는 데 필요한 열량이다.
- 여름철 맑은 날 낮에 해변의 모래가 바닷물보다 더 빨리 뜨거워진다.

① 무게   ② 밀도
③ 부피   ④ 비열

해설
비열은 물질 1kg의 온도를 1℃ 변화시키는 데 필요한 열량으로 비열이 큰 물질은 온도 변화가 작고 비열이 작은 물질은 온도 변화가 크다. 모래는 바닷물보다 비열이 작아 온도 변화가 크고 이로 인해 낮에는 해풍, 밤에는 육풍이 분다.   정답 ④

🔍 **빈출 유형 100점 돋보기**

25℃의 물 1kg에 열량 5kcal를 가했을 때 물의 온도 변화량은? (단, 물의 비열은 1kcal/(kg · ℃)이다.)

① 5℃   ② 10℃

③ 15℃   ④ 20℃

해설

'열량＝비열 × 질량 × 온도 변화'이므로

온도 변화량 $= \dfrac{열량}{비열 × 질량} = \dfrac{5kcal}{1kcal/(kg · ℃) × 1kg} = 5℃$이다.   **정답** ①

2 열팽창

1. 열팽창

(1) 열팽창

① 온도에 따라 물체의 길이, 부피가 변하는 현상을 말한다.

② 열팽창 원리

> 온도가 높아짐. ➔ 입자 운동이 활발해짐. ➔ 입자 사이 거리가 멀어짐. ➔ 물질의 길이, 부피가 커짐.

(2) 물질의 상태와 열팽창

① 고체와 액체는 물질의 종류에 따라 열팽창 정도가 다르다.

② 기체는 물질에 관계없이 온도가 높아질 때 부피가 늘어나는 정도가 같다.

❷ **기체의 열팽창**
기체의 종류에 관계없이 압력이 일정할 때 기체의 부피는 온도가 1℃ 상승할 때마다 0℃일 때 부피의 $\dfrac{1}{273}$씩 증가한다.

2. 열팽창의 이용

(1) 고체 열팽창의 이용

선로의 틈   다리 이음매   가스관, 송유관

① 다리나 철로 레일의 이음매 부분에 틈을 두어 열팽창에 의해 휘어지거나 뒤틀리는 것을 막는다.

② 가스관이나 송유관을 군데군데 구부린 형태로 만들어둔다.

③ 치아와 충전재 사이의 균열을 방지하기 위해 치아와 열팽창 정도가 비슷한 물질을 치아 충전재에 사용한다.

④ 외벽의 균열을 방지하기 위해 열팽창 정도가 비슷한 철근과 시멘트를 사용한다.

⑤ 바이메탈

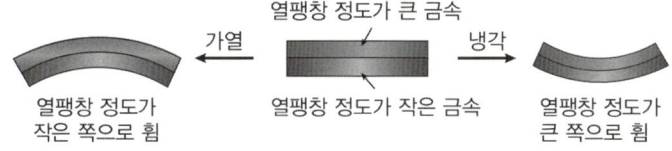

열팽창 정도가 큰 금속

가열 → 냉각

열팽창 정도가 작은 금속

열팽창 정도가 작은 쪽으로 휨

열팽창 정도가 큰 쪽으로 휨

㉠ 열팽창 정도가 다른 두 금속을 붙여 만들어놓은 장치로 온도가 변하면 한쪽으로 휘어진다.

㉡ 이용 : 전기 다리미, 전기 주전자 등의 자동 온도 조절 장치

(2) 액체 열팽창의 이용

① 알코올 온도계는 유리관 속 알코올의 열팽창 정도를 활용하여 온도를 측정한다.

② 열팽창에 의해 부피가 증가할 것을 고려하여 음료수를 병에 넣어 포장할 때 병을 가득 채우지 않는다.

❍ **송전탑의 전선**
전선은 여름에는 열팽창하여 늘어지고 겨울에는 수축하여 팽팽해진다.

여름

겨울

PART 04 적중예상문제

01 섭씨온도가 100℃인 물체의 절대 온도는?

① 100K   ② 273K

③ −273K   ④ 373K

02 그림은 온도가 다른 두 물체 A와 B를 접촉시켜 놓았을 때 시간에 따른 온도 변화를 나타낸 것이다.

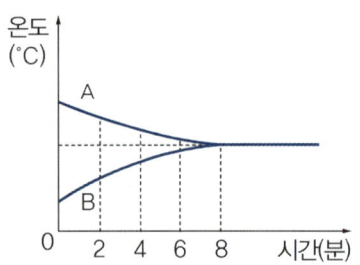

이에 대한 설명으로 옳은 것을 〈보기〉에서 모두 고른 것은? (단, 외부와의 열에너지 출입은 없다.)

┤ 보기 ├
ㄱ. 열은 B에서 A로 이동한다.
ㄴ. 2분에 물체 A의 입자 운동이 물체 B보다 활발하다.
ㄷ. 열평형에 도달할 때까지 걸린 시간은 8분이다.

① ㄱ, ㄴ   ② ㄱ, ㄷ
③ ㄴ, ㄷ   ④ ㄱ, ㄴ, ㄷ

03 그림은 물질을 이루는 입자의 운동을 나타낸 것이다.

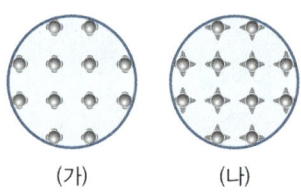

(가)   (나)

이에 대한 설명으로 옳은 것은?

① (가)가 (나)보다 입자 운동이 더 활발하다.
② (나)의 온도는 (가)보다 높다.
③ (가)와 (나)를 접촉하면 (가)는 열을 잃어버린다.
④ (가)와 (나)를 접촉하면 (나)의 입자 운동은 더 활발해진다.

04 다음 빈칸에 들어갈 알맞은 말은?

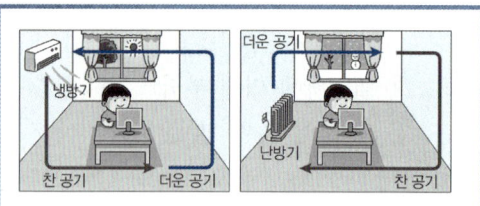

냉방기와 난방기는 (   )을/를 고려하여 냉방기는 위쪽에 설치하고, 난방기는 아래에 설치한다.

① 대류   ② 복사
③ 단열   ④ 반사

05 물 10kg에 열을 가하자 물의 온도가 5℃가 증가했을 때 물이 받는 열량(kcal)은?
(단, 물의 비열은 1kcal/(kg · ℃)이다.)

① 5kcal
② 10kcal
③ 20kcal
④ 50kcal

06 20℃의 물 2kg에 열량 100kcal를 가했을 때 물의 온도 변화량은?
(단, 물의 비열은 1kcal/(kg · ℃)이다.)

① 5℃
② 15℃
③ 50℃
④ 70℃

07 그림은 동일한 가열 장치로 가열한 질량이 같은 물질 A~D의 시간에 따른 온도 그래프를 나타낸 것이다.

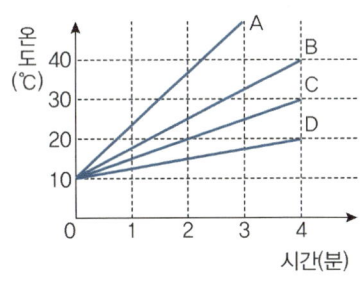

물질 A~D 중 비열이 가장 큰 물질은?

① A
② B
③ C
④ D

08 다음 빈칸에 공통으로 들어갈 알맞은 말은?

- 찜질 팩 속에 (　　)이 큰 물을 넣어주면 온도 변화가 작다.
- 바다와 육지의 (　　) 차이로 해안가에서 낮과 밤에 바람의 방향이 바뀌는 해륙풍이 발생한다.

① 단열
② 열평형
③ 비열
④ 합성

09 다음은 무엇에 관한 설명인가?

- 온도에 따라 물체의 길이, 부피가 변하는 현상을 말한다.
- 기체는 기체의 종류에 관계없이 온도가 높아질 때 부피가 늘어나는 정도가 같다.

① 비열
② 열팽창
③ 화학 변화
④ 온도

10 다음 중 열팽창을 활용한 예가 <u>아닌</u> 것은?

① 다리 이음매
② 온도계
③ 바이메탈
④ 자동차의 냉각수

EBS 교육방송교재

중졸 검정고시 과학

PART

05

운동과 에너지

01 운동

02 일과 에너지

- 등속 운동과 자유 낙하 운동의 특징을 알 수 있다.
- 위치 에너지와 운동 에너지를 구분하고 계산할 수 있다.
- 일을 계산할 수 있고, 일과 에너지의 전환 관계를 이해한다.

01 운동

1 등속 운동

1. 운동

(1) 운동

① 시간에 따라 물체의 위치가 변할 때 물체가 운동한다고 한다.

② 운동하는 물체의 빠르기 비교

  ㉠ 같은 거리를 이동할 때 : 걸린 시간이 짧을수록 빠르다.

  ㉡ 같은 시간 동안 이동할 때 : 이동한 거리가 길수록 빠르다.

(2) 속력

① 단위 시간 동안 물체가 이동한 거리를 나타낸 값이다.

$$\text{속력} = \frac{\text{이동 거리}}{\text{걸린 시간}}$$

② 속력의 단위 : m/s(미터/초), km/h(킬로미터/시간) 등

③ 평균 속력 : 전체 이동한 거리를 걸린 시간으로 나누어 구한 속력

$$\text{평균 속력} = \frac{\text{전체 이동 거리}}{\text{걸린 시간}} \quad (\text{단위} : \text{m/s}, \text{km/h})$$

2. 등속 운동

(1) 등속 운동

① 물체가 운동할 때 시간에 따라 속력이 변하지 않고 일정한 운동이다.

② 등속 운동하는 물체 : 무빙워크, 에스컬레이터, 스키장의 리프트 등

◐ 등속 운동하는 물체

무빙워크　　에스컬레이터

스키장의 리프트

(2) 등속 운동 그래프

시간 – 이동 거리 그래프	시간 – 속력 그래프
기울기 = $\dfrac{\text{이동 거리}}{\text{시간}}$ = 속력	넓이 = 속력×시간 = 이동 거리
• 원점을 지나는 직선 모양 • 이동 거리는 시간에 비례한다.	• 시간 축에 나란한 직선 모양 • 시간에 관계없이 속력은 일정하다.

(3) 등속 운동의 일정 시간 간격으로 촬영한 사진

운동 방향

① 물체와 물체 사이의 간격이 일정하게 나타난다.
② 속력이 빠른 물체의 경우 물체 사이 간격이 멀다.

◐ 다중 섬광 사진
일정한 시간 간격으로 운동하는 물체를 촬영하여 기록하는 장치로 물체 사이의 간격이 멀수록 물체의 운동은 빠르다.

운동 방향

✏ **친절한 선생님**　　　운동하는 물체의 빠르기 비교

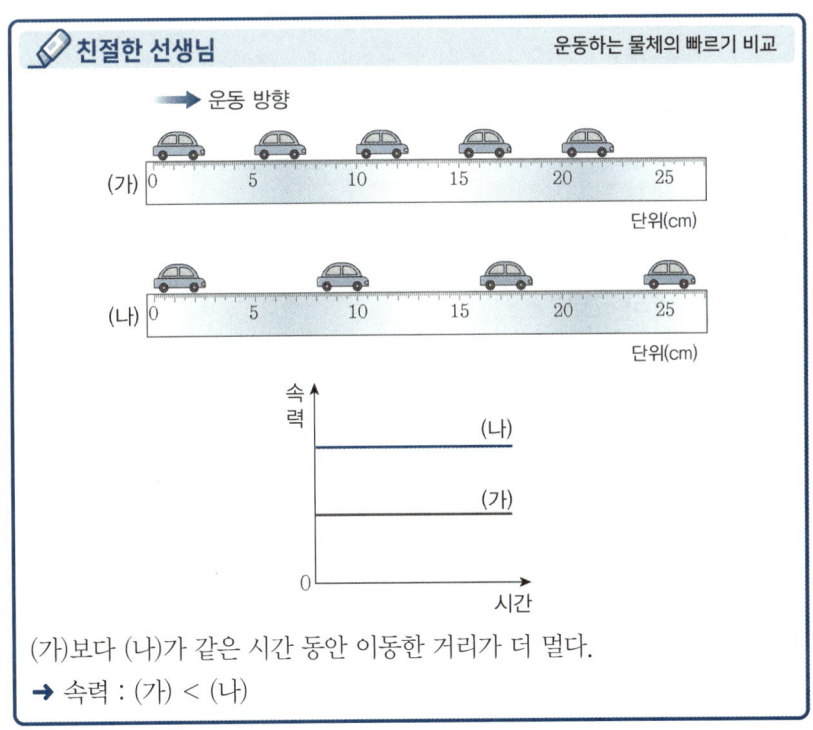

(가)보다 (나)가 같은 시간 동안 이동한 거리가 더 멀다.
➜ 속력 : (가) < (나)

그림은 등속 운동을 하는 물체의 시간에 따른 속력을 나타낸 것이다. 이 물체가 0~4초 동안 이동한 거리는?

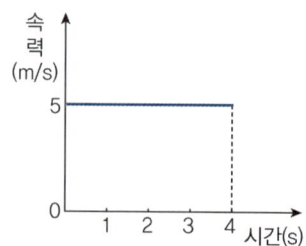

① 5m   ② 10m
③ 20m   ④ 40m

해설

| 풀이 1 |
물체는 5m/s로 등속 운동했으므로 1초당 5m씩 일정하게 이동한다.
따라서 4초 동안 이동한 거리는 1초당 이동한 거리의 4배인 20m이다.
| 풀이 2 |
시간 – 속력 그래프에서 아랫부분의 넓이는 이동 거리를 의미한다.
따라서 4초 동안 이동한 거리는 5m/s × 4초 = 20m이다.
| 풀이 3 |
속력 = $\dfrac{\text{이동 거리}}{\text{걸린 시간}}$ 이므로 '이동 거리 = 속력 × 걸린 시간'이다.

따라서 4초 동안 이동한 거리는 5m/s × 4초 = 20m이다.   정답 ③

2 자유 낙하 운동

1. 자유 낙하 운동

(1) 자유 낙하 운동

① 공기 저항이 없을 때 공중에서 가만히 놓은 물체가 연직 아래 방향으로 떨어지는 운동이다.

② 물체에 작용하는 힘 : 연직 아래 방향으로 중력만 작용한다.

③ 물체의 운동 방향 : 중력과 같은 방향인 지구 중심 방향이다.

(2) 자유 낙하 운동하는 물체의 속력

① 물체의 질량과 관계없이 매초마다 9.8m/s씩 증가한다.

② 물체의 운동 방향으로 중력이 작용하기 때문에 속력이 일정하게 증가한다.

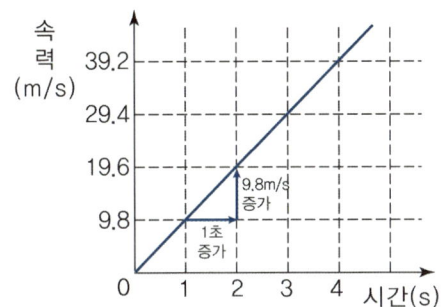

(3) 일정 시간 간격으로 촬영한 사진

물체와 물체 사이의 간격이 점점 넓어진다.

➜ 같은 시간 동안 물체가 이동한 거리는 점점 증가

➜ 속력이 일정하게 증가하는 운동 (힘의 방향과 운동 방향이 같은 경우 속력이 증가한다.)

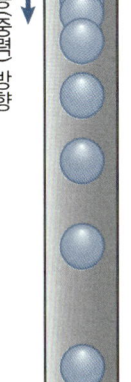

운동(중력) 방향

2. 물체의 무게

(1) 물체의 무게

① 무게 : 물체에 작용하는 중력의 크기를 말한다.

$$무게 = 9.8 \times 질량$$

② 무게의 단위 : 힘의 단위인 N(뉴턴)을 사용한다.

(2) 중력 가속도 상수

자유 낙하 운동하는 물체의 1초당 속력 변화량인 9.8을 말한다.

(3) 물체의 질량과 자유 낙하 운동

① 자유 낙하 운동을 하는 물체는 질량에 관계없이 1초마다 9.8m/s씩 증가한다.

② 같은 높이에서 동시에 자유 낙하하는 물체는 질량에 관계없이 지면에 동시에 도달한다.

❷ 쇠구슬과 깃털의 운동 비교

• 진공 중(공기 저항이 없을 때) : 물체에는 중력만 작용하여 물체의 크기나 질량에 관계없이 속력 변화량이 같다.

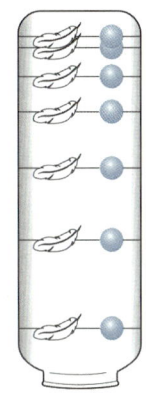

쇠구슬과 깃털이 지면에 동시에 도달한다.

• 공기 중(공기 저항이 있을 때) : 물체에는 공기 저항과 중력이 작용하므로 공기 저항을 많이 받는 깃털이 더 늦게 떨어진다.

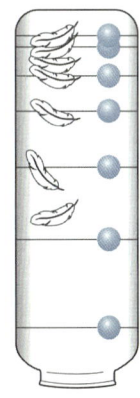

깃털이 쇠구슬보다 천천히 떨어진다.

❷ 중력 가속도 상수

자유 낙하하는 물체의 초당 속력 변화값으로 지구에서의 중력 가속도 상수는 9.8이다. 중력이 커지면 중력 가속도 상숫값도 커진다.

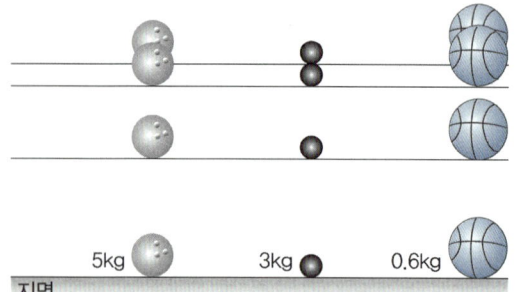

5kg   3kg   0.6kg
지면

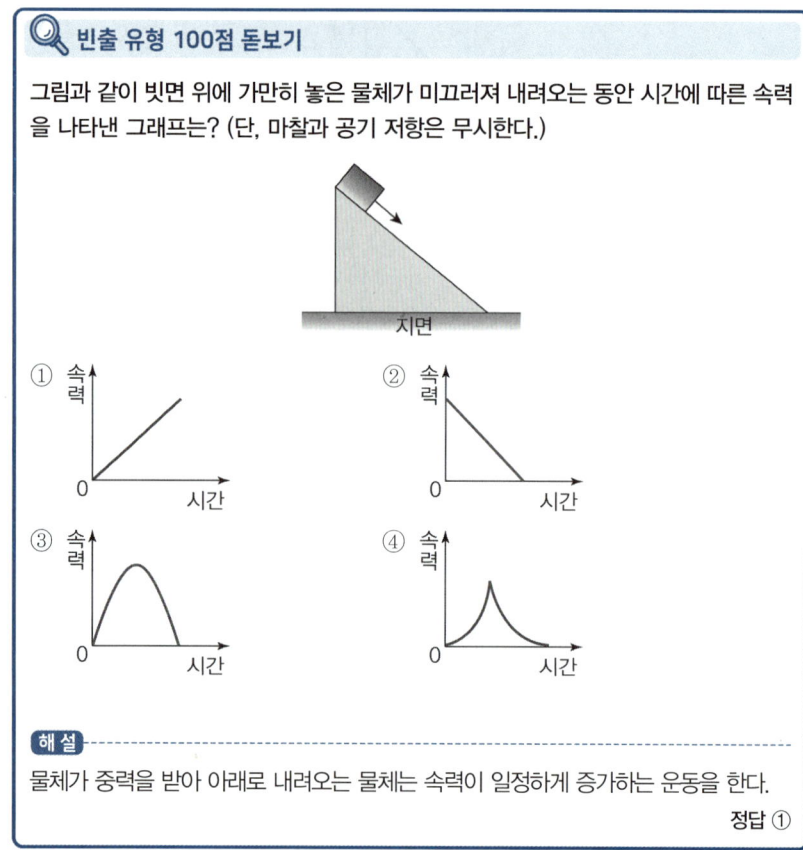

02 일과 에너지

1 일

1. 일

(1) 과학에서의 일

물체에 힘이 작용하여 물체가 힘의 방향으로 이동했을 때 힘이 물체에 일을 했다고 한다.

(2) 일

① 물체에 작용한 힘의 크기와 물체가 힘의 방향으로 이동한 거리의 곱으로 구한다.

$$일(J) = 힘(N) \times 이동\ 거리(m)$$

② 일의 단위 : J(줄)

③ 일의 구분

㉠ 수평 방향으로 당기는 일 = 힘(N) × 이동 거리(m)

㉡ 중력에 대하여 한 일(= 들어 올리는 일)
= 물체의 무게(N) × 들어 올린 높이(m)

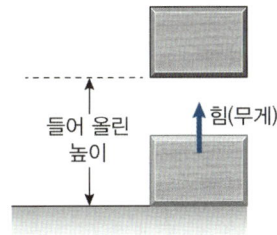

> ● 과학에서의 일이 아닌 경우
> ● 오늘은 할 일이 많다.
> ● 책상에 앉아 밤새도록 일을 했다.(이동 거리 없음)

> ● 1J
> 1J은 물체에 1N의 힘을 작용하여 힘의 방향으로 1m만큼 이동할 때 한 일의 양

ⓒ 중력이 한 일(＝자유 낙하 운동)＝중력(N) × 떨어진 거리(m)

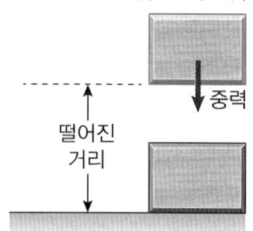

(3) 이동 거리와 힘의 그래프

아랫부분의 넓이는 한 일의 양과 같다.

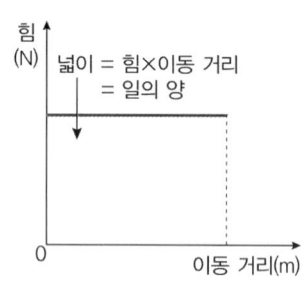

(4) 한 일이 0인 경우

① 물체에 작용한 힘이 0인 경우

　예마찰이 없는 얼음판 위에서 일정한 빠르기로 움직였다.

② 물체의 이동 거리가 0인 경우

　예물체를 들고 가만히 서 있었다.

③ 힘의 방향과 물체의 이동 방향이 수직인 경우

　예물체를 들고 수평 방향으로 걸어갔다.

2. 일과 에너지

(1) 에너지

① 물체가 가진 일을 할 수 있는 능력을 말한다.

② 단위 : 일의 단위와 같은 J(줄)을 사용한다.

(2) 일과 에너지 관계

① 일과 에너지는 서로 전환될 수 있다.

② 물체가 일을 받았다. ＝ 물체의 에너지가 증가한다.

③ 물체가 일을 했다. ＝ 물체의 에너지는 감소한다.

❷ 등속 원운동

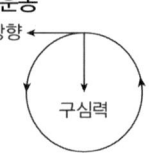

일정한 빠르기로 회전하는 등속원
운동은 힘의 방향과 이동 방향이
수직인 운동으로 한 일이 0이다.

🔍 **빈출 유형 100점 돋보기**

그림은 사람이 물체에 5N의 힘을 가해 힘의 방향으로 4m 이동시킨 것을 나타낸 것이다. 이 사람이 물체에 한 일의 양은?

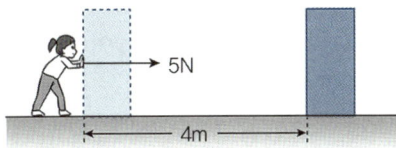

① 10J 　　　　　　　② 20J
③ 30J 　　　　　　　④ 40J

해설

사람이 물체에 한 일＝힘 × 이동 거리＝5N × 4m＝20J이다. 　　　　**정답 ②**

🔍 **빈출 유형 100점 돋보기**

그림과 같이 무게가 10N인 물체를 지면으로부터 높이 1m까지 들어 올렸을 때 사람이 중력에 대하여 한 일은? (단, 공기의 저항은 무시한다.)

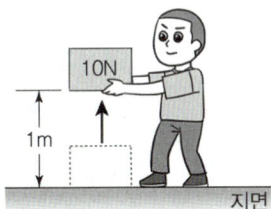

① 5J 　　　　　　　② 10J
③ 15J 　　　　　　　④ 20J

해설

사람이 중력에 대하여 한 일＝물체의 무게 × 들어 올린 높이＝10N×1m＝10J이다.
　　　　정답 ②

2 에너지

1. 중력에 의한 위치 에너지

(1) 중력에 대하여 한 일

① 중력에 대하여 한 일은 물체를 들어 올리는 일을 말한다.

② 물체를 들어 올리는 데 필요한 힘은 물체의 무게, 물체의 이동 거리는 물체를 들어 올린 높이와 같다.

> 중력에 대하여 한 일(J) = 힘(N) × 이동 거리(m)
> = 물체의 무게(N) × 물체를 들어 올린 높이(m)
> = 9.8 × 질량(kg) × 물체를 들어 올린 높이(m)

(2) 중력에 의한 위치 에너지

① 물체를 들어 올리면 중력에 대하여 물체에 한 일의 양만큼 물체는 일을 받았으므로 중력에 의한 위치 에너지가 증가한다.

② 중력에 의한 위치 에너지 : 중력이 작용하는 공간에서 기준면보다 높은 곳에 있는 물체가 가지는 에너지를 말한다.

③ 중력에 의한 위치 에너지 크기

> 중력에 의한 위치 에너지(J) = 9.8 × 질량(kg) × 높이(m)
> = 물체의 무게(N) × 높이(m)

④ 중력에 의한 위치 에너지는 기준면에 따라 높이가 달라지므로 기준면이 바뀌면 위치 에너지가 달라질 수 있다.

◎ 일과 에너지 관계
물체를 들어 올리는 일을 함.
● 물체의 높이 증가
● 물체의 중력에 의한 위치 에너지 증가

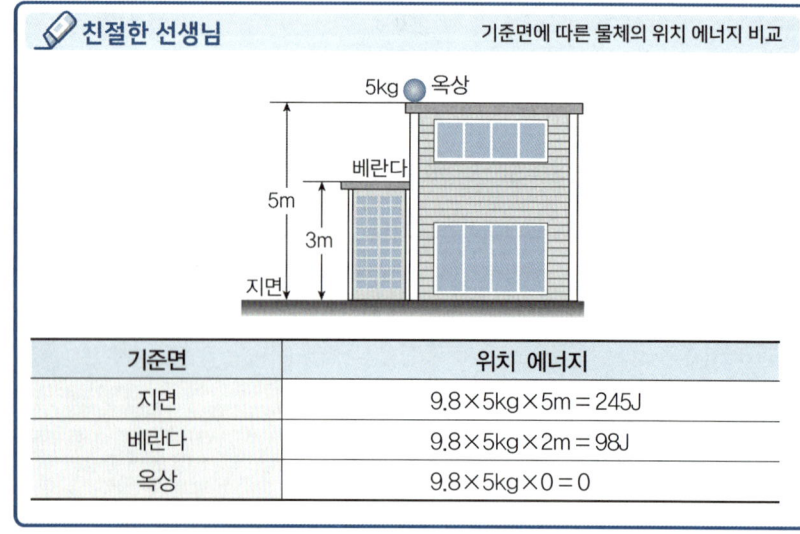

✏️ **친절한 선생님**   기준면에 따른 물체의 위치 에너지 비교

기준면	위치 에너지
지면	9.8×5kg×5m = 245J
베란다	9.8×5kg×2m = 98J
옥상	9.8×5kg×0 = 0

(3) 중력에 의한 위치 에너지와 물체의 질량 및 높이 관계

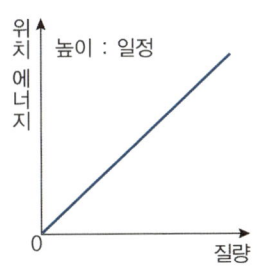

▲ 중력에 의한 위치 에너지와 질량의 관계

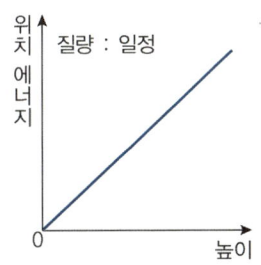

▲ 중력에 의한 위치 에너지와 높이의 관계

① 물체의 높이가 일정할 때, 중력에 의한 위치 에너지는 물체의 질량에 비례한다.

② 물체의 질량이 일정할 때, 중력에 의한 위치 에너지는 물체의 높이에 비례한다.

(4) 중력에 의한 위치 에너지를 가지고 있는 예

① 수력 발전소의 댐에 저장된 물

② 하늘에 떠 있는 구름

③ 나무에 열린 사과

④ 벽에 걸려 있는 액자

◎ 추의 위치 에너지와 나무 도막의 이동 거리 비교

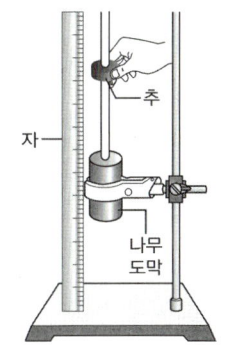

- 높이가 같을 때 추의 질량을 2배, 3배로 하면 나무 도막의 이동 거리도 2배, 3배가 된다.
  → 추의 위치 에너지는 질량에 비례한다.
- 질량이 같을 때 추의 높이를 2배, 3배로 하면 나무 도막이 이동하는 거리도 2배, 3배가 된다.
  → 추의 위치 에너지는 높이에 비례한다.

🔍 빈출 유형 100점 돋보기

표는 물체 A~D의 질량과 지면으로부터의 높이를 나타낸 것이다. A~D 중 위치 에너지가 가장 큰 것은? (단, 물체의 위치 에너지는 지면을 기준으로 한다.)

물체	A	B	C	D
질량(kg)	2	4	2	4
지면으로부터의 높이(m)	1	1	2	2

① A   ② B

③ C   ④ D

해설

'물체의 위치 에너지(J) = 9.8 × 질량(kg) × 높이(m)'이므로 위치 에너지는 질량과 높이의 곱에 비례한다. 따라서 물체의 질량과 높이의 곱을 비교하여 위치 에너지 크기 관계를 확인할 수 있다.   **정답 ④**

2. 운동 에너지

(1) 운동 에너지

① 운동하는 물체가 가지는 에너지를 운동 에너지라고 한다.

② 운동 에너지의 크기

$$운동\ 에너지(J) = \frac{1}{2} \times 질량(kg) \times (속력(m/s))^2$$

③ 운동 에너지와 질량, 속력의 관계

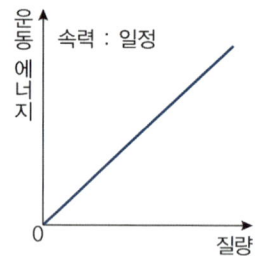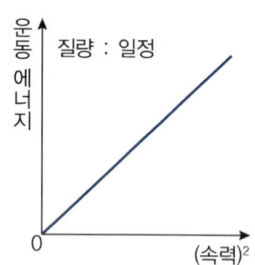

㉠ 물체의 속력이 일정할 때, 운동 에너지는 물체의 질량에 비례한다.

㉡ 물체의 질량이 일정할 때, 운동 에너지는 물체 속력의 제곱에 비례한다.

(2) 중력이 한 일과 운동 에너지

① 자유 낙하 운동을 한다.

= 중력이 잡아당기는 일을 한다.
 (중력이 한 일 = 9.8 × 질량 × 낙하 거리)

= 물체는 중력이 한 일을 받는다.

= 물체의 운동 에너지가 증가한다.

$$\left(운동\ 에너지 = \frac{1}{2} \times 질량 \times (속력)^2\right)$$

→ 중력이 한 일 = 물체의 운동 에너지

② 물체의 질량이 클수록, 물체 낙하 거리가 길수록 중력이 한 일이 커지므로 물체의 운동 에너지가 증가한다.

(3) 운동 에너지를 가지고 있는 예

① 도로 위를 달리는 자동차

② 떨어지는 물체

③ 투수가 던진 야구공

④ 하늘을 나는 비행기

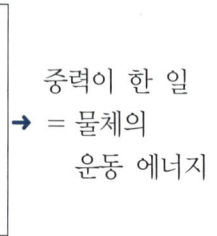

운동 에너지와 제동 거리

운동 에너지는 속력의 제곱에 비례하므로 속력이 빠를수록 제동 거리가 길어진다.

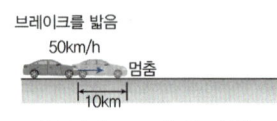

[속력이 50km/h인 경우]

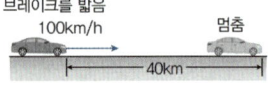

[속력이 100km/h인 경우]

→ 자동차의 속력이 2배가 되면 제동 거리는 4배가 된다.

제동 거리

달리던 자동차가 브레이크를 밟은 후 정지할 때까지 이동한 거리

01 그림과 같이 발로 찬 축구공이 5초 동안 20m 이동하였을 때 5초 동안 축구공의 평균 속력은?

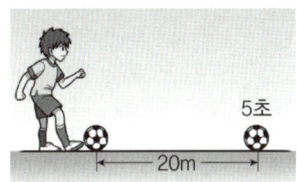

① 2m/s   ② 4m/s

③ 5m/s   ④ 20m/s

02 그림은 자동차의 운동을 1초 간격으로 나타낸 것이다.

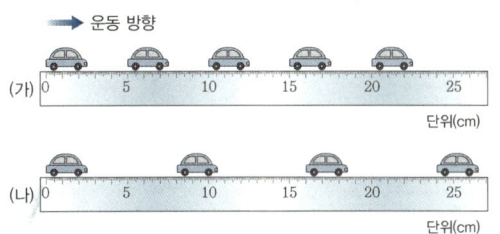

두 자동차의 운동에 대한 설명으로 옳은 것은?

① (가)는 등속 운동을 한다.

② (나)는 속력이 점점 증가한다.

③ (가)보다 (나)의 평균 속력이 더 느리다.

④ (가)는 (나)보다 1초당 이동하는 거리가 더 길다.

03 그림은 직선 운동하는 물체의 시간에 따른 속력을 나타낸 것이다.

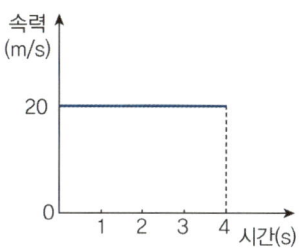

이 물체의 운동에 대한 설명으로 옳은 것만 〈보기〉에서 모두 고른 것은?

| 보기 |

ㄱ. 물체는 등속 운동을 하고 있다.

ㄴ. 물체가 0~4초 동안 이동한 거리는 20m이다.

ㄷ. 무빙워크, 떨어지는 빗방울은 이와 같은 운동을 한다.

① ㄱ   ② ㄱ, ㄴ

③ ㄴ, ㄷ   ④ ㄱ, ㄴ, ㄷ

04 다음과 같은 물체의 운동을 나타낸 시간에 따른 속력 그래프로 옳은 것은?

무빙워크   에스컬레이터   스키장의 리프트

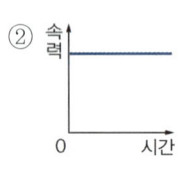

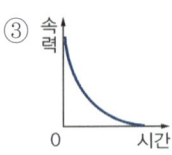

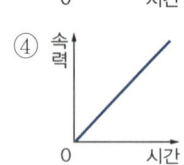

05 그림은 진공 중에서 떨어뜨린 쇠구슬과 깃털의 운동을 나타낸 것이다.

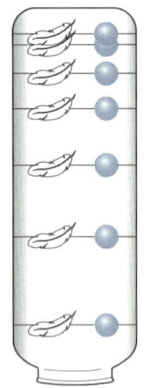

쇠구슬과 깃털이 낙하할 때 작용하는 힘은?

① 탄성력   ② 자기력
③ 중력   ④ 전기력

06 다음은 같은 높이에서 떨어뜨린 물체 A∼C의 질량을 나타낸 것이다.

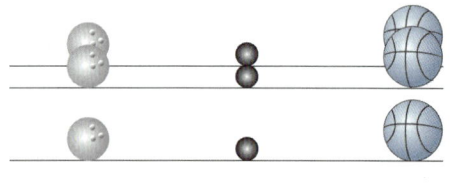

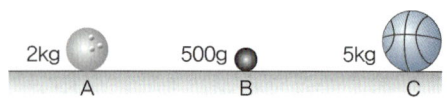

2kg   500g   5kg
A   B   C

물체 A∼C 중 가장 지면에 먼저 도달하는 것은? (단, 공기 저항은 무시한다.)

① A

② B

③ C

④ 동시에 도달한다.

07 그림과 같이 무게가 50N인 물체를 수평면 위에 놓고 20N의 힘을 주어 물체를 4m 이동시켰다.

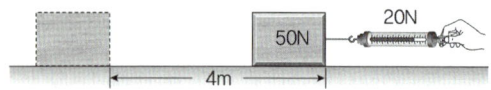

이때 사람이 한 일은?

① 20J   ② 50J

③ 80J   ④ 200J

08 다음 중 과학에서의 한 일이 <u>아닌</u> 것은?

① 물체를 들고 계단을 올라갔다.
② 바닥의 역기를 높게 들어 올렸다.
③ 운동장에 놓인 상자를 앞으로 밀어 옮겼다.
④ 길 안내판을 들고 서 있었다.

09 서로 다른 높이에 있는 공 (가)~(라) 중 위치 에너지가 가장 큰 것은? (단, 물체의 위치 에너지는 지면을 기준으로 한다.)

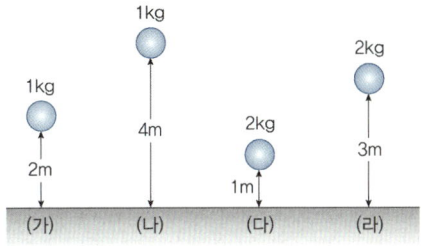

① (가)
② (나)
③ (다)
④ (라)

10 물체의 질량이 일정할 때, 높이에 따른 중력에 의한 위치 에너지 관계를 바르게 나타낸 것은?

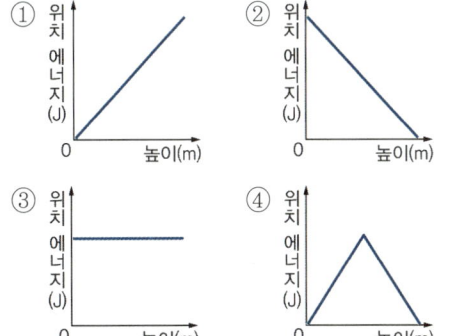

11 다음 중 위치 에너지가 증가하는 경우는?

① 2kg 공이 20m 높이에서 낙하하는 경우
② 지면에 있는 4kg 공을 5m 높이로 들어 올리는 경우
③ 10kg 공이 1m 높이에 가만히 놓여 있는 경우
④ 1kg 공이 수평면에서 굴러가는 경우

12 질량 2kg인 수레가 10m/s로 달리고 있을 때, 이 수레가 갖는 운동 에너지의 크기는?

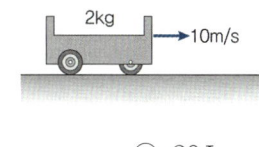

① 10J
② 20J
③ 40J
④ 100J

EBS 교육방송교재

중졸 검정고시 과학

PART

06

에너지 전환과 보존

01 역학적 에너지 전환과 보존

02 전기 에너지 발생과 이용

- 역학적 에너지의 의미와 보존을 이해하고 적용할 수 있다.
- 전자기 유도의 의미를 알고 발전기 원리를 파악한다.
- 전기 에너지를 중심으로 에너지의 전환을 이해한다.
- 소비 전력 및 전력량을 알고 계산할 수 있다.

01 역학적 에너지 전환과 보존

1 역학적 에너지

1. 역학적 에너지

(1) 높이 변화에 의한 위치 에너지 전환
　① 높이가 높아진다. = 위치 에너지 증가
　② 높이가 낮아진다. = 위치 에너지 감소

(2) 속력 변화에 의한 운동 에너지 전환
　① 속력 ↑ : 운동 에너지 ↑
　② 속력 ↓ : 운동 에너지 ↓

(3) 역학적 에너지
물체가 가진 위치 에너지와 운동 에너지의 합을 역학적 에너지라고 한다.

> 역학적 에너지 = 위치 에너지 + 운동 에너지

2. 역학적 에너지 전환

(1) 역학적 에너지 전환
연직 방향으로 운동하는 물체의 위치 에너지와 운동 에너지가 서로 전환되는 것을 역학적 에너지 전환이라고 한다.

❯ 자유 낙하 운동
- 높이 감소 = 위치 에너지 감소
- 속력 증가 = 운동 에너지 증가
- 역학적 에너지 전환 : 위치 에너지 → 운동 에너지

❯ 연직 위로 올라가는 물체의 운동
- 높이 증가 = 위치 에너지 증가
- 속력 감소 = 운동 에너지 감소
- 역학적 에너지 전환 : 운동 에너지 → 위치 에너지

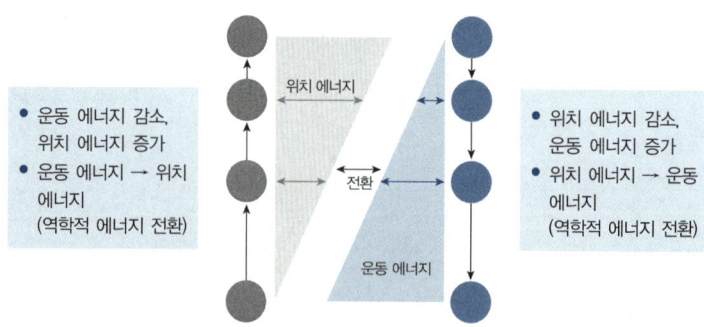

- 운동 에너지 감소, 위치 에너지 증가
- 운동 에너지 → 위치 에너지 (역학적 에너지 전환)

위치 에너지

전환

운동 에너지

- 위치 에너지 감소, 운동 에너지 증가
- 위치 에너지 → 운동 에너지 (역학적 에너지 전환)

(2) 연직 위로 던진 물체의 에너지 전환

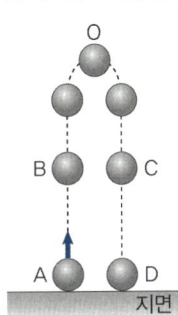

- 역학적 에너지 : A＝B＝O＝C＝D
- 위치 에너지 최대 : O
- 운동 에너지 최대 : A, D
- 운동 에너지 감소(위치 에너지 증가) : A → B, B → O
- 위치 에너지 감소(운동 에너지 증가) : O → C, C → D

2 역학적 에너지 보존

1. 역학적 에너지 보존

(1) 역학적 에너지 보존

마찰이나 공기 저항이 없는 경우 위치 에너지 변화량과 운동 에너지 변화량이 같다.

① 자유 낙하 운동 : 감소한 위치 에너지＝증가한 운동 에너지

② 연직 위로 올라가는 물체 : 감소한 운동 에너지＝증가한 위치 에너지

(2) 역학적 에너지 보존 법칙

마찰이나 공기 저항이 없을 때, 운동하는 물체의 역학적 에너지 총량은 일정하다.

> 역학적 에너지 = 위치 에너지 + 운동 에너지 = 일정

(3) 여러 가지 운동의 역학적 에너지 전환과 보존(공기 저항과 마찰 무시)

① 롤러코스터의 운동

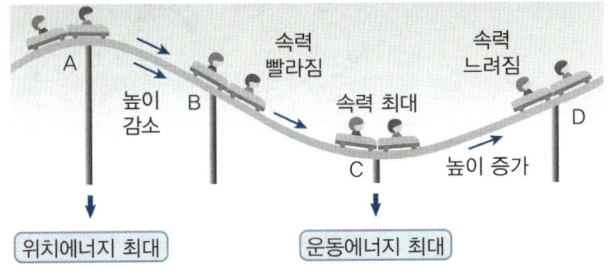

❯ 낙하하는 물체의 에너지 변화
공기의 저항을 무시하면 자유 낙하 운동에서도 역학적 에너지 보존 법칙이 성립한다.

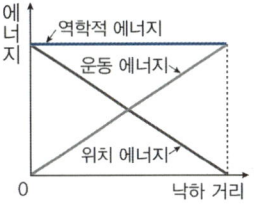

❯ 비스듬히 던진 물체의 운동

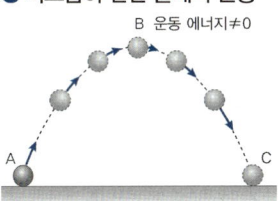

- A에서 B로 갈 때 : 운동 에너지는 감소하고, 위치 에너지는 증가한다.

- B에서 C로 갈 때 : 위치 에너지
  는 감소하고, 운동 에너지는 증
  가한다.

구분	A→B, B→C	C→D
위치 에너지	감소	증가
운동 에너지	증가	감소
역학적 에너지 전환	위치 에너지 → 운동 에너지	운동 에너지 → 위치 에너지
역학적 에너지	일정	

② 진자 운동

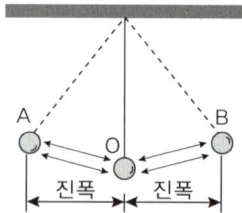

구분	A	O	B
위치 에너지	최대	0	최대
운동 에너지	0	최대	0
역학적 에너지 전환	위치 에너지 → 운동 에너지		운동 에너지 → 위치 에너지
역학적 에너지	일정		

2. 역학적 에너지가 보존되지 않는 물체의 운동

(1) 에너지 전환

다양한 에너지는 다른 형태의 에너지로 전환될 수 있다.

(2) 역학적 에너지가 보존되지 않는 물체의 운동

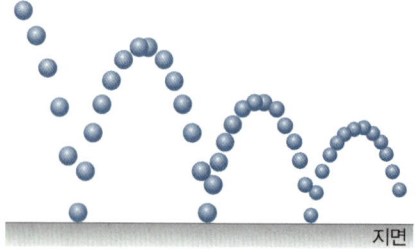

일정한 높이에서 공을 놓았을 때 공은 튀어 오르는 높이가 점점 낮
아진다. ➜ 역학적 에너지의 일부가 열에너지, 소리 에너지로 전환
되면서 역학적 에너지는 보존되지 않는다.

🔍 빈출 유형 100점 돋보기

그림과 같이 A 지점에서 자유 낙하시킨 공이 B 지점을 지날 때 감소한 위치 에너지가 10J이었다면 증가한 운동 에너지의 크기는? (단, 공기 저항은 무시한다.)

① 1J   ② 5J

③ 10J   ④ 20J

운동 방향

지면

해설 --

공기 저항을 무시할 때 역학적 에너지가 보존되므로 공이 낙하할 때 감소한 위치 에너지는 증가한 운동 에너지와 같다.   **정답 ③**

🔍 빈출 유형 100점 돋보기

다음은 A 지점에서 공을 가만히 놓았을 때, A~D에서의 위치 에너지와 운동 에너지를 나타낸 것이다. ㉠의 크기는? (단, 공기 저항은 무시한다.)

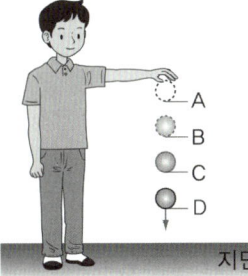

지면

지점	위치 에너지(J)	운동 에너지(J)
A	100	0
B	75	25
C	50	50
D	(㉠)	75

① 0   ② 25

③ 75   ④ 10

해설 --

| 풀이 1 |

공기 저항을 무시하면 낙하하는 물체의 역학적 에너지는 보존된다. 따라서 위치 에너지와 운동 에너지의 합인 역학적 에너지는 A~D 모두 같으므로 ㉠＋75 ＝ 100이고 ㉠ ＝ 25가 된다.

| 풀이 2 |

공기 저항을 무시할 때 낙하하는 물체의 감소한 위치 에너지와 증가한 운동 에너지가 같다. C → D로 운동 에너지가 25J 증가했으므로 위치 에너지는 25J 감소한다. 따라서 50－25 ＝ ㉠으로 ㉠ ＝ 25가 된다.   **정답 ②**

02 전기 에너지 발생과 이용

1 에너지 전환과 전기 에너지

1. 에너지 전환

(1) 에너지 종류

빛에너지	태양이나 전등에서 나오는 빛이 가지고 있는 에너지
소리 에너지	물체에서 발생한 진동이 매질을 통해 전달되는 파동으로 발생하는 에너지
운동 에너지	운동하는 물체가 가지고 있는 에너지
위치 에너지	높은 곳에 있는 물체가 가지고 있는 에너지
열에너지	온도가 높은 물체에서 낮은 물체로 이동하는 에너지
화학 에너지	화학 결합에 의해 전지, 음식물, 화석 연료 등에 저장되어 있는 에너지
전기 에너지	전류에 의해 공급되는 에너지

⊙ 에너지 전환

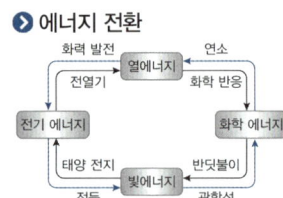

(2) 에너지 전환

에너지는 한 종류로만 존재하는 것이 아니라, 한 종류의 에너지에서 다른 종류의 에너지로 끊임없이 변한다.

(3) 전기 에너지 전환

① 전기 에너지는 열에너지, 빛에너지, 소리 에너지 등 다양한 형태로 전환된다.

② 전기 에너지 전환과 이용

㉠ 전기 밥솥 : 전기 에너지 → 열에너지

㉡ 텔레비전 : 전기 에너지 → 빛에너지, 소리 에너지

㉢ 배터리 충전 : 전기 에너지 → 화학 에너지

(4) 에너지 보존 법칙

에너지 전환 과정에서 에너지는 새로 생기거나 소멸되지 않고 그 총량이 일정하게 보존된다.

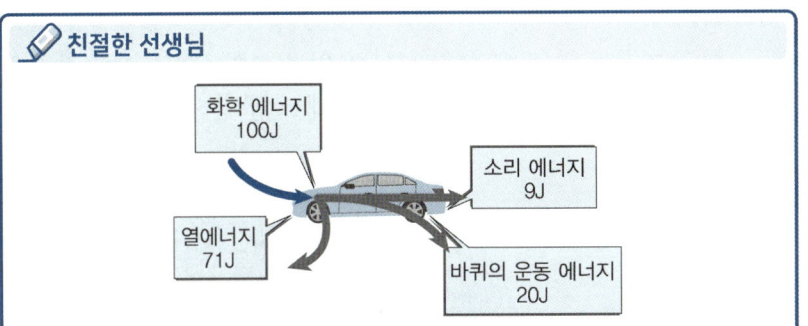

자동차에 연료로 공급된 화학 에너지의 양(100%)과 자동차에서 다른 에너지로 전환된 에너지양의 총합(100%)이 같다.

→ 에너지가 전환될 때 에너지의 총량은 변하지 않고 일정하다.

❯ 에너지 절약의 필요성
에너지 총량이 일정하게 보존되더라도 에너지를 사용할수록 다시 사용하기 어려운 형태의 에너지로 전환되므로 우리는 에너지를 아끼고 절약해야 한다.

2. 전기 에너지의 발생

(1) 전자기 유도

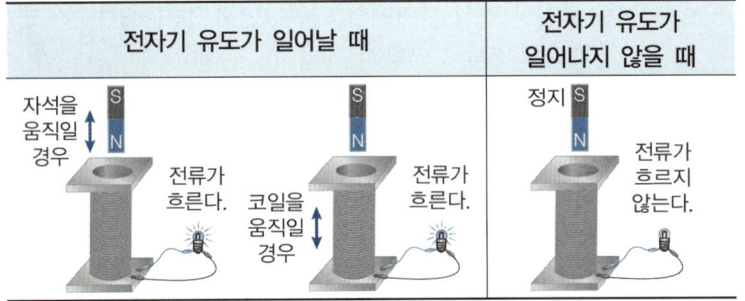

① 코일 주위에서 자석이 움직이거나 자석 주위에서 코일이 움직일 때 코일에 전류가 흐르는 현상이다.
② 코일을 통과하는 자기장의 변화로 전류가 흐른다.
  → 코일에 자석을 가까이할 때와 멀리할 때 서로 반대 방향으로 유도 전류가 흐른다.
③ 유도 전류 : 전자기 유도에 의해 흐르는 전류를 말한다.
④ 유도 전류의 세기 : 코일을 통과하는 자기장의 변화가 크면 유도 전류의 세기가 커진다.

- 강한 자석을 움직일수록 센 전류가 유도된다.
- 자석을 빠르게 움직일수록 센 전류가 유도된다.
- 코일의 감은 수가 많을수록 센 전류가 유도된다.

⑤ 전자기 유도의 이용 : 교통 카드 단말기, 도난 방지 장치, 발전기

❯ 교통 카드 단말기

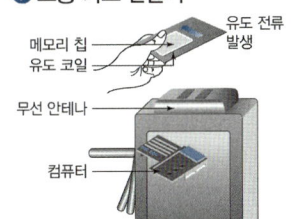

교통 카드 속에는 작은 코일이 들어 있어 교통 카드를 단말기 속 전자석에 가까이하면 교통 카드에 유도 전류가 흐른다. 이때 발생한 유도 전류는 교통 카드의 정보를 단말기에 전송한다.

(2) 발전기

영구 자석과 그 속에서 회전할 수 있는 코일로 이루어진 장치로,
코일이 회전할 때 전자기 유도에 의해 코일에 전류가 흘러 전기를
생산한다.

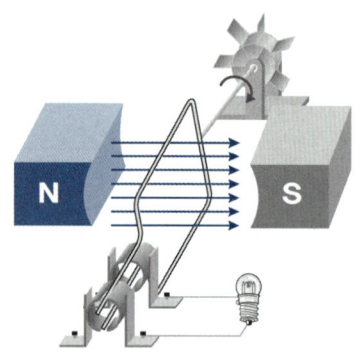

① 원리 : 전자기 유도
② 발전기에서 에너지 전환
    ㉠ 코일이 자석 사이에서 회전하면서 전기 에너지가 발생한다.
    ㉡ 에너지 전환 : 역학적 에너지 → 전기 에너지

2 전기 에너지의 효율적 이용

1. 소비 전력과 전력량

(1) 전기 에너지

> 전기 에너지(J) = 전압(V) × 전류(A) × 시간(s)

① 전기 기구에 전류가 흐르면서 공급되는 에너지이다.
② 단위 : J(줄)

(2) 소비 전력

> 소비 전력(W) = 전압(V) × 전류(A)

① 1초 동안 사용한 전기 에너지를 말한다.
② 단위 : W(와트)
③ 1W는 1초 동안 1J의 전기 에너지를 소모한다는 의미이다.
④ 같은 용도로 사용될 때 소비 전력이 적은 전기 기구가 더 적은
전기 에너지를 소비한다.

> **친절한 선생님**   정격 전압과 소비 전력
>
> 220V-110W
>
> - 정격 전압 : 전기 제품이 정상 작동할 수 있는 전압
> - 220V-110W의 의미 : 220V의 전원에 연결하였을 때 1초 동안 110J의
>   전기 에너지를 소비하는 전기 제품임을 나타낸다.

(3) 전력량

> 전력량(Wh) = 소비 전력(W) × 시간(h)

① 일정 시간 동안 사용한 전기 에너지를 말한다.
② 단위 : Wh(와트시), kWh(킬로와트시)
③ 1Wh는 소비 전력이 1W인 전기 기구를 1시간 동안 사용했을
때 소모하는 전기 에너지의 양이다.

2. 전기 에너지의 효율적 이용

(1) 에너지 소비 효율 등급 표시
① 에너지를 효율적으로 이용하는 정도를 1등급~5등급으로 구분
한다.
② 1등급으로 갈수록 효율적으로 전기 에너지를 사용하는 제품
이다.

(2) 대기전력 저감 인증 표시
대기 시간에 낭비되는 에너지인 대기전력이 적은 제품에 표기한다.

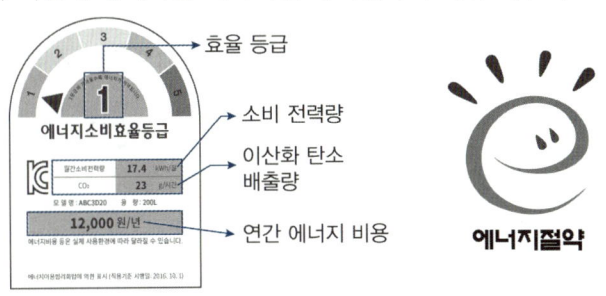

에너지 소비 효율 등급 표시   대기전력 저감 인증 표시

❷ 전기 에너지와 전력량의 시간
   단위 비교
- 전기 에너지의 시간 단위 : 초(s)
- 전력량의 시간 단위 : h(시간)

❷ 전기의 안전한 사용
- 젖은 손으로 전기 기구를 만지
  지 않는다.
- 한 콘센트에 너무 많은 전기
  기구를 연결하지 않는다.
- 에너지 소비 효율 등급이 높을
  수록 좋다.

빈출 유형 100점 돋보기

그림의 전기 회로도에서 저항 R의 소비 전력은? (단, 도선의 저항은 무시한다.)

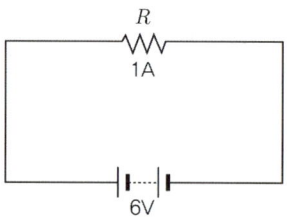

① 4W ② 6W
③ 8W ④ 10W

 해설

'소비 전력＝전압 × 전류'이므로 6V × 1A＝6W가 저항 R의 소비 전력이다.

정답 ②

 빈출 유형 100점 돋보기

표는 전기 기구의 소비 전력과 사용한 시간을 나타낸 것이다. 사용한 전력량이 가장 큰 전기 기구는?

전기 기구	소비 전력	사용한 시간
선풍기	20W	6시간
텔레비전	300W	5시간
진공청소기	1,000W	1시간
에어컨	2,000W	3시간

① 선풍기 ② 에어컨
③ 텔레비전 ④ 진공청소기

 해설

'전력량＝소비 전력 × 시간'이다. 따라서 각 전기 기구의 전력량은 선풍기 120Wh, 텔레비전 1,500Wh, 진공청소기 1,000Wh, 에어컨 6,000Wh로 에어컨의 전력량이 가장 크다.

정답 ②

01 그림은 위로 던져 올린 물체의 운동을 나타낸 것이다.

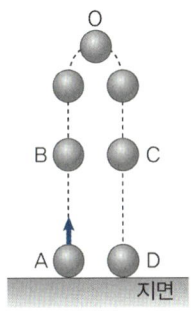

지면

이에 대한 설명으로 옳지 <u>않은</u> 것은? (단, 공기 저항은 무시한다.)

① A, D의 운동 에너지가 가장 크다.

② B의 역학적 에너지와 D의 역학적 에너지는 같다.

③ A→B로 가면서 위치 에너지는 감소한다.

④ C→D로 가면서 운동 에너지는 증가한다.

02 그림은 롤러코스터의 운동을 나타낸 것이다.

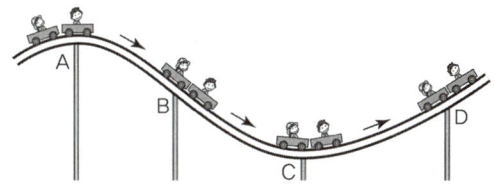

A~D 지점의 역학적 에너지 크기를 비교한 것으로 옳은 것은? (단, 공기 저항과 마찰은 무시한다.)

① A = B = C = D

② A > B > C > D

③ A = B > C > D

④ A = B = C < D

03 다음은 진자 운동하는 물체의 모습을 나타낸 것이다.

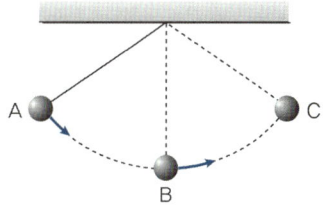

A, B, C 세 지점 중 공의 속력이 가장 빠른 곳은? (단, 공기 저항과 마찰은 무시한다.)

① A   ② B

③ C   ④ 모두 같다.

04 다음은 그림과 같이 위로 던져 올린 공의 각 지점별 위치 에너지와 운동 에너지를 나타낸 것이다.

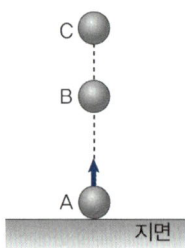

지점	위치 에너지(J)	역학적 에너지(J)
A	0	100
B	60	100
C	100	( )

빈칸에 들어갈 숫자로 알맞은 것은? (단, 공기 저항은 무시한다.)

① 0   ② 40
③ 60   ④ 100

05 다음에서 설명하는 에너지는 무엇인가?

> 태양이나 전등에서 나오는 빛이 가지고 있는 에너지를 말한다.

① 화학 에너지
② 전기 에너지
③ 빛에너지
④ 운동 에너지

06 다음은 무엇에 관한 설명인가?

> 에너지 전환 과정에서 에너지는 새로 생기거나 소멸되지 않고 그 총량이 일정하게 보존된다.

① 역학적 에너지 보존 법칙
② 보일 법칙
③ 샤를 법칙
④ 에너지 보존 법칙

07 다음 설명에 해당하는 현상은?

> 코일 주위에서 자석이 움직이거나 자석 주위에서 코일이 움직일 때 코일에 전류가 흐르는 현상이다.

① 전자기 유도   ② 에너지 전환
③ 옴의 법칙   ④ 단열 팽창

08 다음 중 에너지 전환 과정으로 옳은 것은?

① 세탁기 : 화학 에너지 → 빛에너지
② 선풍기 : 전기 에너지 → 운동 에너지
③ 발전기 : 전기 에너지 → 운동 에너지
④ 텔레비전 : 빛에너지 → 소리 에너지

09 다음은 어느 가정에서 사용하는 전기 기구의 소비 전력을 표로 나타낸 것이다.

전기 기구	소비 전력
전등	30W
선풍기	100W
컴퓨터	300W
텔레비전	350W

모든 전기 기구를 1시간 동안 사용할 때 가장 전력량이 큰 전기 제품은?

① 전등
② 선풍기
③ 컴퓨터
④ 텔레비전

10 소비 전력이 50W인 전기 제품의 하루 동안 사용한 전력량이 200Wh일 때, 이 전기 제품을 사용한 시간은?

① 2시간
② 3시간
③ 4시간
④ 5시간

EBS 교육방송교재

중졸 검정고시 과학

제2편

화학

EBS 교육방송교재

중졸 검정고시 과학

기체의 성질

01 기체의 특성

02 기체의 부피 변화

- 증발과 확산의 의미를 알고 예를 구분할 수 있다.
- 기체의 압력이 발생하는 이유를 이해한다.
- 기체의 부피와 압력의 관계를 알고 생활 속 현상에 적용할 수 있다.
- 기체의 온도와 부피의 관계를 알고 생활 속 현상에 적용할 수 있다.

01 기체의 특성

1 입자의 운동

1. 입자 운동

(1) 입자 운동

물질을 이루는 입자들은 정지해 있지 않고 스스로 끊임없이 움직인다.

(2) 입자 모형

눈에 보이지 않는 입자의 운동을 설명하기 위해 간단한 모형을 이용하여 나타낸 것이다.

─ 기체 입자

기체의 입자 모형

❷ 입자 운동과 관계없는 경우
- 난로 주변이 따뜻하다(복사).
- 물이 끓어 수증기가 된다(상태변화).
- 물이 낮은 데로 흐른다(중력).

2. 입자 운동이 활발한 정도 비교

(1) 온도 : 온도가 높을수록 활발하다.

　예 10℃ 물 < 100℃ 물

(2) 물질의 상태 : 고체<액체<기체

　예 100℃ 물 < 100℃ 수증기

(3) 입자의 질량

온도와 물질의 상태가 같을 때 물질을 이루는 입자의 질량이 작을수록 입자의 운동이 빠르다.

3. 입자 운동의 증거

(1) 증발과 확산

(2) 크기가 매우 작은 입자의 운동은 증발과 확산 현상을 통해 확인할 수 있다.

2 증발과 확산

1. 증발

(1) 증발

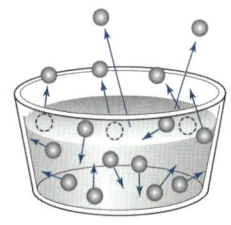

① 액체 표면에서 액체가 기체로 변해 공기 중으로 날아가는 현상이다.

② 증발의 예

　　㉠ 젖은 빨래가 마른다.

　　㉡ 어항의 물이 조금씩 줄어든다.

　　㉢ 염전에서 바닷물로 소금을 얻는다.

　　㉣ 가뭄이 들어 땅이 말라 갈라진다.

곶감 말리기　　　　젖은 빨래　　　　염전

(2) 증발이 잘 일어날 조건

　　① 온도가 높을수록

　　② 바람이 강할수록

　　③ 습도가 낮을수록

　　④ 표면적이 넓을수록

2. 확산

(1) 확산

향수 입자

▶ 증발과 끓음의 비교

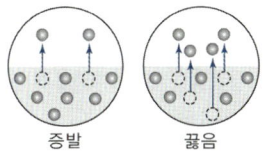

증발　　　　끓음

증발은 액체 표면에서 액체가 기체로 변하는 현상이지만, 끓음은 액체 표면과 내부에서 액체가 기체로 변하는 현상이다.

▶ 물과 에탄올의 증발 비교

온도·습도·바람 등의 조건이 모두 같은 상태에서 동일한 양의 물과 에탄올의 증발 비교

→ 물보다 에탄올의 증발이 더 빠르다.

→ 입자 사이 인력이 작을수록 증발이 잘 된다.

제2편

◐ 온도에 따른 확산 비교

찬물　　　　따뜻한 물

온도가 높을수록 확산이 더 빠르게 일어난다.

① 물질을 이루는 입자들이 스스로 운동하여 모든 방향으로 퍼져 나가는 현상이다.

② 확산의 예

　㉠ 물에 잉크를 떨어뜨리면 물 전체에 골고루 퍼진다.

　㉡ 방 안에 향수병을 열어 놓으면 방 전체에서 향수 냄새가 난다.

　㉢ 냉면에 식초를 떨어뜨리면 국물 전체에서 신맛이 난다.

　㉣ 마약 탐지견의 후각 능력을 이용하여 마약류를 찾아낸다.

(2) 확산이 잘 일어날 조건

　① 온도 : 온도가 높을수록 확산이 잘 된다.

　② 물질의 상태 : 고체 < 액체 < 기체

　③ 확산이 일어나는 장소 : 액체 속 < 기체 속 < 진공 속

　④ 질량 : 입자의 질량이 작을수록 확산이 잘 된다.

🔍 빈출 유형 100점 돋보기

그림과 같이 스포이트를 이용하여 물에 잉크를 넣었더니 잉크가 스스로 물 전체에 퍼졌다. 이에 해당하는 현상은?

물에 잉크를　　　　20초 후　　　　40초 후
넣는다.

① 승화　　　　　　　　　② 응고

③ 풍화　　　　　　　　　④ 확산

해설

확산은 입자가 스스로 운동하여 모든 방향으로 퍼져 나가는 현상으로 확산에 의해 물에 떨어뜨린 잉크는 저어주지 않아도 시간이 지나면 전체에 퍼져 나가 물의 색이 변한다.

정답 ④

02 기체의 부피 변화

1 기체의 압력

1. 압력

(1) 압력

$$압력 = \frac{수직으로\ 작용하는\ 힘}{힘을\ 받는\ 면의\ 넓이}\ (단위 : N/cm^2,\ N/m^2)$$

① 일정한 넓이에 수직으로 작용하는 힘의 크기
② 일정한 넓이에 수직으로 작용하는 힘의 크기가 클수록, 같은 크기의 힘이 작용할 때 힘을 받는 면의 넓이가 좁을수록 압력이 커진다.

(2) 압력의 이용
① 압력을 크게 하여 이용하는 경우 : 힘을 받는 면적이 좁을수록 압력이 커진다.
  ㉠ 스케이트의 날을 날카롭게 만든다.
  ㉡ 못, 바늘, 송곳의 한쪽 끝을 뾰족하게 만든다.
② 압력을 작게 하여 이용하는 경우 : 힘을 받는 면적이 넓을수록 압력이 작아진다.
  ㉠ 스키, 스노보드, 설피의 밑면이 넓다.
  ㉡ 트럭은 자동차보다 바퀴 수가 많다.
  ㉢ 얼음 위를 걸어가는 것보다 기어가는 것이 얼음이 깨질 위험이 적다.

❯ 압력의 크기 비교

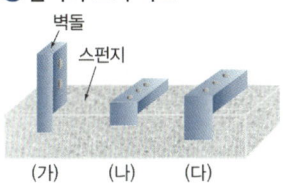

(가)　(나)　(다)

● 같은 크기의 힘 : 면적이 좁을수록 압력이 크다. (가)>(나)
● 같은 면적 : 힘의 크기가 클수록 압력이 크다. (나)<(다)

2. 기체의 압력

(1) 기체의 압력(기압)

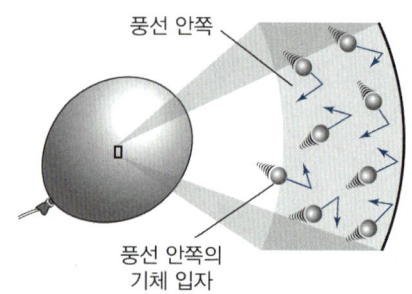

풍선 안쪽

풍선 안쪽의 기체 입자

① 기체 입자가 일정한 넓이에 충돌할 때 가하는 힘의 크기이다.
② 기체의 압력은 모든 방향에 같은 크기로 작용한다.

(2) 기체의 압력이 커지는 경우

① 기체 입자의 충돌 횟수가 많을수록
　㉠ 온도와 입자 수가 같을 때 : 용기의 부피가 작을수록 충돌 횟수가 많다.
　㉡ 온도와 용기의 부피가 같을 때 : 입자 수가 많을수록 충돌 횟수가 많다.
② 기체 입자의 충돌 세기가 클수록 : 입자 수와 용기의 부피가 같을 때 온도가 높을수록 충돌하는 세기가 세진다.

(3) 기체의 압력의 이용

① 혈압계 : 공기 주머니에 공기를 채우면서 팔에 힘을 가해 혈압을 측정한다.
② 구조용 안전 매트 : 공기를 넣어 압력이 커진 매트로 사람을 구조한다.
③ 자동차를 들어 올리는 공기 주머니 : 공기 주머니에 기체가 채워지면 자동차를 들어 올릴 수 있다.

> **◆ 대기압**
> • 지구를 둘러싸고 있는 공기에 의한 압력을 말한다.
> • 높이 올라갈수록 공기의 양이 줄어들어 기압이 낮아진다.

2 기체의 압력과 부피의 관계

1. 기체의 압력과 부피의 관계

(1) 기체 압력과 기체 부피의 관계(온도 일정)

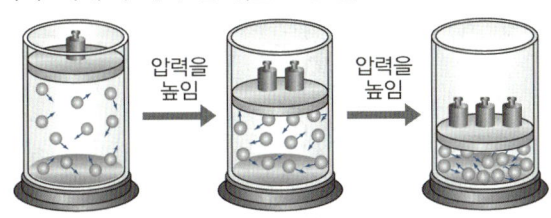

외부 압력의 증가=기체의 부피 감소=기체 입자의 충돌 횟수 증가
=기체의 압력 증가
(변하지 않는 것 : 입자의 종류, 개수, 크기, 입자 운동 빠르기)

(2) 온도가 일정할 때 감압 용기 속 풍선의 변화

구분	공기를 빼낼 때	공기를 채울 때
감압 용기 속 기체의 압력	용기 속 기체 압력 감소	용기 안의 압력 증가
풍선의 부피	풍선이 커진다.	풍선이 작아진다.

❯ **감압 용기 속 마시멜로의 변화**

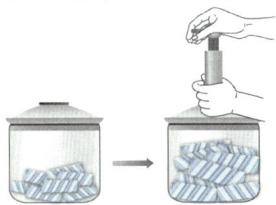

마시멜로를 넣은 감압 용기 안의 공기를 빼내면 용기 안의 압력이 작아진다. 따라서 마시멜로 속 공기의 부피가 늘어나서 마시멜로가 커진다.

(3) 온도가 일정할 때 주사기 속 부피의 변화

구분	피스톤을 눌렀을 때	피스톤을 당겼을 때
입자 모형		
기체 입자 사이 거리	가까워짐.	멀어짐.
주사기 속 부피	감소	증가
기체 입자의 충돌 횟수	증가	감소
주사기 속 기체의 압력	증가	감소
주사기 속 입자의 개수, 크기, 질량	일정	일정

2. 보일 법칙

(1) 보일 법칙

① 온도가 일정할 때 일정량의 기체의 부피는 압력에 반비례한다.

② 압력 × 부피 = 일정

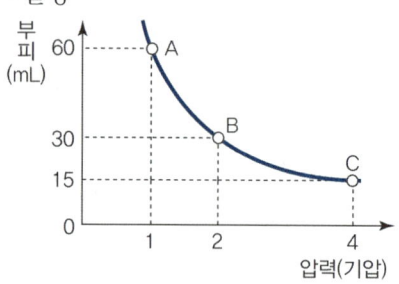

구분	압력	부피	압력 × 부피
A	1	60	60
B	2	30	60
C	4	15	60

(2) 보일 법칙과 관련된 현상

① 풍선은 하늘 높이 올라갈수록 점점 커지다가 결국 터진다.

② 잠수부가 내뿜은 물속의 공기 방울은 수면 가까이로 올라올수록 점점 커진다.

③ 천연가스는 큰 압력으로 압축하여 부피가 작은 연료통에 저장할 수 있다.

④ 운동화 밑창의 공기 주머니는 압력에 따라 부피가 변하여 발에 가해지는 충격을 줄여준다.

⑤ 과자 봉지를 가지고 높은 산에 올라가면 과자 봉지가 팽팽하게 부풀어 오른다.

잠수부가 내뿜는 공기 방울   자동차의 압축 가스통   운동화 밑창의 공기 주머니

◆ **높은 곳으로 갈 때 귀가 먹먹해지는 이유**
고도가 높아지면 고막 안의 압력은 일정한데 대기압이 작아지므로, 고막 안쪽 공기의 부피가 늘어나면서 고막이 밖으로 밀려나기 때문이다.

빈출 유형 100점 돋보기

그림은 일정량의 기체의 압력에 따른 부피 변화를 나타낸 것이다. 2기압일 때 기체의 부피(mL)는? (단, 온도는 일정하다.)

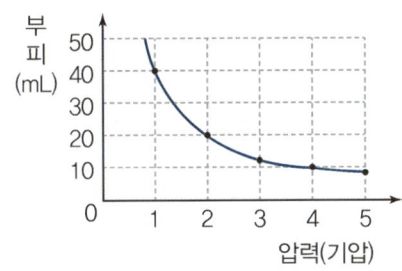

① 10
② 20
③ 30
④ 40

해설

| 풀이 1 |
온도가 일정할 때 기체의 압력과 부피는 반비례 관계이다. 그래프상 기체의 압력이 2기압일 때 기체의 부피는 20mL임을 확인할 수 있다.

| 풀이 2 |
그래프에 값이 제시되지 않은 경우 보일 법칙에 따라 '압력 × 부피' 값이 일정함을 이용하여 계산할 수 있다.
1기압 × 40mL = 2기압 × □이므로 □ = 20mL

정답 ②

3 기체의 온도와 부피의 관계

1. 기체 온도와 기체 부피의 관계

(1) 온도에 따른 기체의 부피 변화(외부 압력 일정)

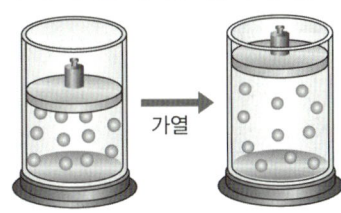

가열

온도의 증가 = 기체 입자의 운동이 활발해짐. = 기체 입자의 충돌 횟수 증가 = 기체의 부피 증가
(변하지 않는 것 : 입자의 종류, 개수, 크기)

(2) 삼각 플라스크에 씌운 풍선의 변화

구분	얼음물에 넣었을 때	뜨거운 물에 넣었을 때
풍선 속 기체의 운동	둔해짐.	활발해짐.
풍선 속 기체 입자 사이의 거리	가까워짐.	멀어짐.
풍선의 변화	풍선의 크기가 작아진다.	풍선의 크기가 커진다.

(3) 압력이 일정할 때 기체의 부피 변화

구분	온도 감소	온도 증가
입자 모형		
기체 입자 운동	둔해짐.	활발해짐.
기체 입자의 충돌 횟수와 세기	감소	증가
실린더 속 기체의 압력	감소	증가
기체의 부피	감소	증가
실린더 속 입자의 개수, 크기, 질량	일정	일정

❷ 액체 질소
액체 질소는 매우 낮은 온도 조건을 의미한다.
질소는 −196℃에서 기체로 변하기 때문에 액체 질소의 온도는 −196℃보다 낮다.

❷ 액체 질소 속 풍선의 변화

공기가 들어 있는 풍선을 액체 질소에 넣으면 풍선의 크기가 작아진다.

2. 샤를 법칙

(1) 샤를 법칙

압력이 일정할 때 기체의 부피는 기체의 종류에 상관없이 온도가 높아질 때마다 일정한 비율로 증가한다.

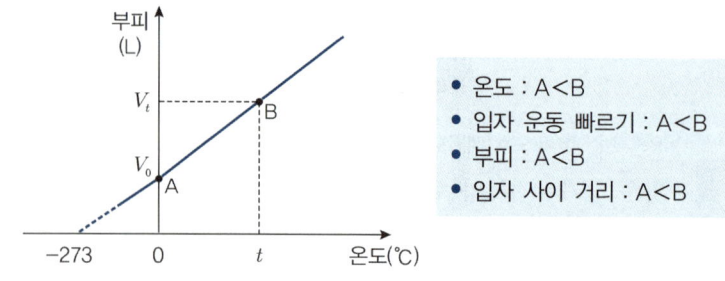

- 온도 : A<B
- 입자 운동 빠르기 : A<B
- 부피 : A<B
- 입자 사이 거리 : A<B

① 0°C에서 기체의 부피(V_0)는 0이 아니다.

② 기체의 부피가 변하는 정도는 기체의 종류에 관계없이 같다.

(2) 샤를 법칙과 관련된 현상

  ① 여름철에 자동차가 한참 달리고 나면 타이어가 팽팽해진다.

  ② 찌그러진 탁구공에 뜨거운 물을 부으면 탁구공이 원래대로 펴진다.

  ③ 열기구나 풍등 속 공기를 가열하면 열기구나 풍등이 위로 떠오른다.

  ④ 뚜껑을 닫은 빈 페트병을 냉장고에 넣어두면 페트병이 찌그러진다.

✏️ 친절한 선생님   오줌싸개 인형의 원리

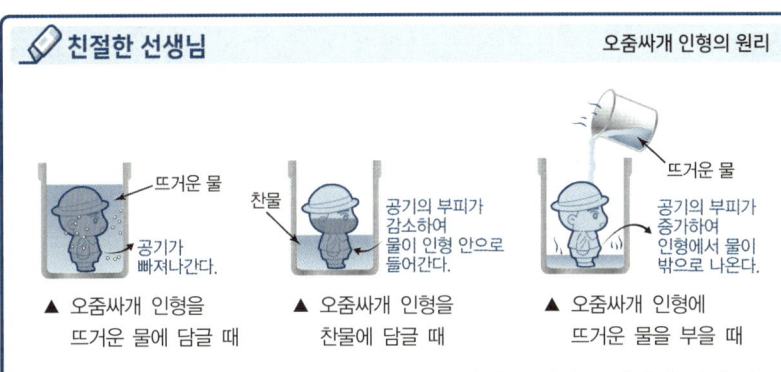

▲ 오줌싸개 인형을 뜨거운 물에 담글 때 (뜨거운 물 / 공기가 빠져나간다.)

▲ 오줌싸개 인형을 찬물에 담글 때 (찬물 / 공기의 부피가 감소하여 물이 인형 안으로 들어간다.)

▲ 오줌싸개 인형에 뜨거운 물을 부을 때 (뜨거운 물 / 공기의 부피가 증가하여 인형에서 물이 밖으로 나온다.)

- 인형을 뜨거운 물에 넣는다. ➡ 인형 속 공기의 부피가 늘어나서 인형 밖으로 공기가 빠져나온다.
- 인형을 차가운 물에 넣는다. ➡ 인형 속 공기의 부피가 줄어들어 인형 안으로 물이 들어간다.
- 인형의 머리에 뜨거운 물을 붓는다. ➡ 인형 속 공기의 부피가 늘어나서 작은 구멍을 통해 물이 뿜어져 나온다.

🔍 빈출 유형 100점 돋보기

압력이 일정할 때, 기체의 온도와 부피의 관계를 나타낸 그래프로 옳은 것은? (단, 기체의 질량은 일정하다.)

①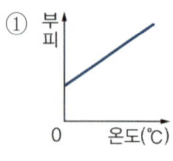

②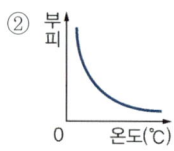

③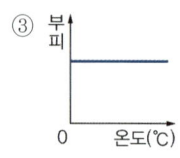

④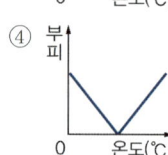

해설

압력이 일정할 때 기체의 온도가 높아짐에 따라 기체의 부피는 일정한 비율로 증가하므로 온도 증가에 따른 부피 증가 그래프를 찾는다. 이때 기체의 온도가 0℃일 때 기체의 부피가 0이 아님을 주의한다.

정답 ①

01 다음과 같은 현상이 잘 일어날 조건은?

> • 젖은 빨래가 마른다.
> • 염전에서 소금을 얻는다.

① 온도가 낮을수록 ② 바람이 강할수록
③ 습도가 높을수록 ④ 표면적이 좁을수록

02 그림과 같이 거름종이를 깐 페트리 접시를 전자저울에 올려놓고 영점을 맞춘 다음, 거름종이에 아세톤을 떨어뜨리고 질량의 변화를 관찰하였다.

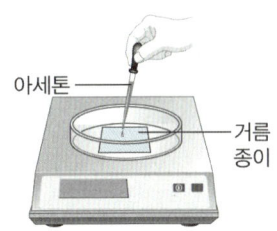

아세톤
거름
종이

전자저울의 아세톤 질량 변화에 대해 바른 것은?

① 질량이 점점 감소한다.
② 질량이 점점 증가한다.
③ 질량이 증가하다 감소한다.
④ 질량이 변하지 않는다.

03 확산에 대한 설명으로 옳지 <u>않은</u> 것은?

① 입자의 운동에 의해 나타난다.
② 온도가 높을수록 확산이 잘 일어난다.
③ 확산은 모든 방향으로 일어난다.
④ 진공 상태에서는 확산이 일어나지 않는다.

04 그림은 같은 양의 찬물과 따뜻한 물에 같은 양의 잉크를 동시에 떨어뜨렸을 때의 모습을 나타낸 것이다.

찬물　　　따뜻한 물

이에 대한 설명으로 옳지 <u>않은</u> 것은?

① 확산 현상을 확인할 수 있다.
② 온도가 높을수록 확산이 더 빠르게 일어난다.
③ 입자 운동이 둔할수록 확산이 더 빠르게 일어난다.
④ 입자 운동에 의해 나타나는 현상이다.

05 표는 일정한 온도에서 일정한 양의 기체가 들어 있는 밀폐된 용기에 작용하는 압력을 변화시키면서 용기의 부피 변화를 측정한 결과이다.

압력(기압)	1	2	3	4
부피(mL)	60	30	( )	15

빈칸에 들어갈 부피는?

① 5　　　　　　② 20
③ 25　　　　　④ 40

06 다음은 일정한 온도에서 기체의 압력과 부피의 관계를 나타낸 것이다.

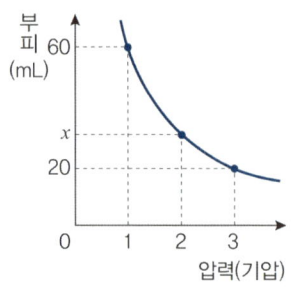

압력이 2기압일 때 기체의 부피(x)는 얼마인가?

① 10   ② 20
③ 30   ④ 40

07 다음 중 압력에 따라 기체의 부피가 변하는 것과 관계있는 현상은?

① 물이 끓어 수증기가 된다.
② 가뭄이 들어 논바닥이 갈라졌다.
③ 물에 잉크를 떨어뜨리자 물 전체가 잉크색으로 변했다.
④ 풍선은 하늘 높이 올라갈수록 점점 커지다가 결국 터진다.

08 다음은 무엇에 관한 설명인가?

> • 압력이 일정할 때 기체의 온도와 부피의 관계를 설명한 법칙이다.
> • 일정한 압력에서 기체의 부피는 온도가 높아지면 기체의 종류에 관계없이 일정한 비율로 커진다.

① 증발   ② 확산
③ 보일 법칙   ④ 샤를 법칙

09 그림은 일정한 양의 기체가 들어 있는 실린더의 부피 변화를 나타낸 것이다.

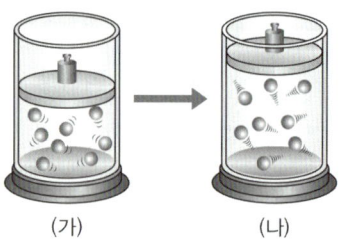

(가) → (나)로 기체 부피를 변하게 한 요인으로 옳은 것은? (단, 압력은 일정하다.)

① 입자 수 증가
② 입자 수 감소
③ 온도 상승
④ 온도 하강

10 그림은 구멍이 나지 않은 찌그러진 탁구공을 뜨거운 물에 넣자 다시 펴지는 모습을 나타낸 것이다.

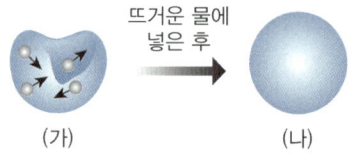

이때 탁구공 속 입자 운동의 변화에 대해 바르게 설명한 것은?

① 입자의 크기가 커진다.
② 입자 운동이 활발해진다.
③ 입자 사이 거리가 가까워진다.
④ 입자의 개수가 많아진다.

PART

02

물질의 상태 변화

01 물질의 상태 변화

02 상태 변화와 열에너지

- 고체, 액체, 기체를 구분하고 특징을 설명할 수 있다.
- 물질의 상태 변화 용어 및 상태 변화가 일어날 때 변화를 이해한다.
- 상태 변화가 일어날 때 열에너지 출입을 알고 주변의 온도 변화를 파악한다.

01 물질의 상태 변화

1 물질의 상태 변화

1. 물질의 세 가지 상태

(1) 물질의 세 가지 상태

❷ 학교 상황과 입자 배열의 비교

구분	고체	액체	기체
모양	일정	일정하지 않음.	일정하지 않음.
부피	일정	일정	일정하지 않음.
압축	압축되지 않음.	거의 압축되지 않음.	압축이 잘 됨.
흐르는 성질	없음	있음	있음
입자 모형			
입자 배열	매우 규칙적	불규칙적	매우 불규칙적
입자 사이 거리	매우 가까움.	고체보다 조금 멂.	매우 멂.
입자 운동	제자리 진동 운동	비교적 자유로움.	매우 자유로움.
예	얼음, 암석, 철, 나무	물, 주스, 기름	수증기, 공기, 산소

고체 — 수업 시간에 줄이 잘 맞추어진 책상에 학생들이 규칙적으로 앉아 있다.

액체 — 쉬는 시간에 학생들이 교실 안에서 비교적 자유롭게 움직인다.

기체 — 방과 후 학생들이 교실을 벗어나 매우 자유롭게 움직인다.

(2) 상태 변화에 영향을 주는 요인
  ① 온도 : 상태 변화의 주된 요인이다.
  ② 압력
    예 압력을 가하면 얼음이 쉽게 녹는다.

2. 물질의 상태 변화

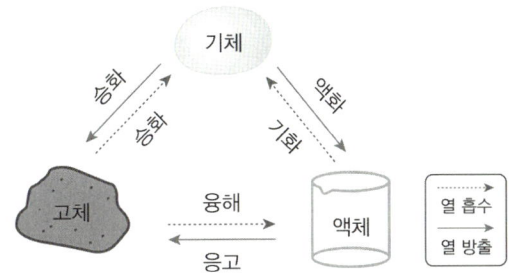

(1) 고체와 액체 사이의 상태 변화

융해(고체 → 액체)	응고(액체 → 고체)
• 얼음이 녹아 물이 된다. • 촛농이 흘러내린다. • 용광로에서 철이 녹아 쇳물이 된다.	• 마그마가 식어 굳어서 암석이 된다. • 촛농이 굳어 흐르지 않는다. • 물이 얼어 고드름이 된다

❯ 양초가 탈 때 상태 변화

액체 양초의 기화
고체 양초의 융해
액체 양초의 응고

(2) 액체와 기체 사이의 상태 변화

기화(액체 → 기체)	액화(기체 → 액체)
• 젖은 빨래가 마른다. • 물이 끓어 수증기가 된다. • 어항의 물이 줄어든다. • 염전에서 바닷물을 가두어 소금을 얻는다.	• 구름, 안개, 이슬이 생긴다. • 김이 서린다. • 얼음물이 든 컵의 표면에 물방울이 맺힌다. • 추운 겨울날 실내에 들어가면 안경이 뿌옇게 흐려진다.

(3) 고체와 기체 사이의 상태 변화

승화(고체 → 기체)	승화(기체 → 고체)
• 드라이아이스가 점점 작아진다. • 옷장 속 나프탈렌의 크기가 점점 작아진다. • 영하의 날씨에 얼어 있던 빨래가 마른다. • 그늘진 곳의 눈사람의 크기가 줄어든다.	• 들판에 하얗게 서리가 내린다. • 겨울철 유리창에 성에가 생긴다 • 냉동실 벽면에 성에가 생긴다.

❯ 동결건조
식품의 수분을 급속 냉동하여 얼음으로 만든 후(응고), 얼음을 수증기로 만들어(승화) 식품을 건조하는 방법

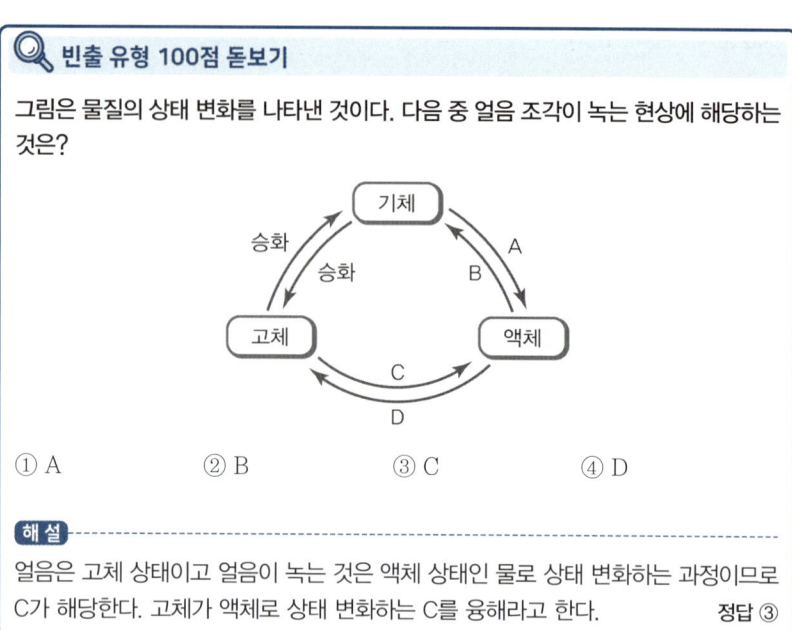

🔍 빈출 유형 100점 돋보기

그림은 물질의 상태 변화를 나타낸 것이다. 다음 중 얼음 조각이 녹는 현상에 해당하는 것은?

① A   ② B   ③ C   ④ D

해설 --

얼음은 고체 상태이고 얼음이 녹는 것은 액체 상태인 물로 상태 변화하는 과정이므로 C가 해당한다. 고체가 액체로 상태 변화하는 C를 융해라고 한다.   **정답 ③**

---

2 상태 변화에 따른 질량·부피 변화

1. 물질의 상태 변화 시 변하는 것

입자 배열, 입자 운동, 입자 사이 거리, 물질의 부피가 변한다.

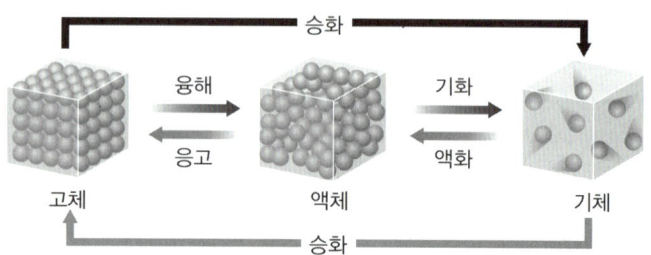

▶ 양초의 부피 변화
액체 양초가 응고할 때 입자 배열이 규칙적으로 변하고 입자 사이의 거리가 가까워지므로 양초의 부피가 줄어든다.

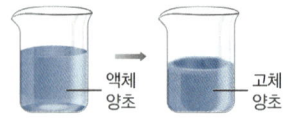

▶ 물의 부피 변화
물은 응고할 때 내부에 빈 공간이 많은 구조로 입자들이 배열되어 부피가 늘어난다.

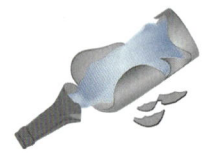

구분	융해, 기화, 승화(고체 → 기체)	응고, 액화, 승화(기체 → 고체)
입자 배열	불규칙해짐.	규칙적으로 변함.
입자 운동	활발해짐.	둔해짐.
입자 사이 거리	멀어짐.	가까워짐.
물질의 부피	증가	감소
	단, 얼음과 물 사이의 부피 변화는 예외	

2. 물질의 상태 변화 시 변하지 않는 것

상태 변화가 일어날 때 입자의 종류, 입자의 크기, 입자의 개수, 물질의 성질, 물질의 질량은 변하지 않는다.

예 초콜릿의 응고 전후의 질량 및 맛 변화

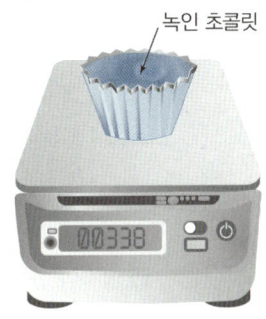

녹인 초콜릿

- 녹인 초콜릿과 굳은 초콜릿의 질량은 변하지 않는다.
- 녹은 초콜릿이 굳을 때 모양은 변하지만 단맛은 변하지 않는다.
→ 입자의 종류와 개수가 변하지 않기 때문에 질량과 성질은 변하지 않는다.

✏️ **친절한 선생님**   물의 상태 변화

가열하기 전 물과 수증기가 액화하여 맺힌 물방울에 각각 푸른색 염화 코발트 종이를 대면 염화 코발트 종이가 모두 붉은색으로 변한다.
→ 상태 변화가 일어나도 물의 성질은 변하지 않는다는 것을 알 수 있다.

▶ **푸른색 염화 코발트 종이**

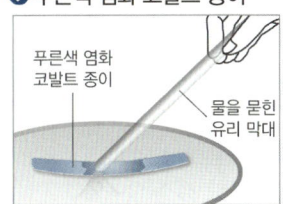

푸른색 염화 코발트 종이는 물과 만나면 붉은색으로 변하는 성질이 있으므로 물을 확인하는 데 사용한다.

🔍 빈출 유형 100점 돋보기

그림과 같이 아세톤이 들어 있는 비닐봉지를 60℃의 물에 넣었더니 아세톤이 기화되어 비닐봉지가 부풀었다. 다음 중 비닐봉지 내에서 변한 것은? (단, 비닐봉지는 완전히 밀폐되었다.)

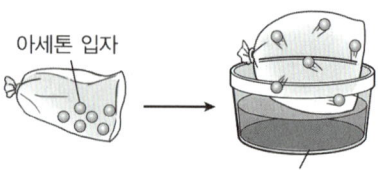

① 입자의 수
② 입자의 종류
③ 입자의 크기
④ 입자 사이의 거리

해 설

비닐봉지를 완전히 밀폐하였으므로 아세톤 입자의 개수는 변하지 않는다. 또한 상태 변화가 일어날 때 입자의 종류, 크기가 변하지 않는다. 액체 아세톤이 기체 아세톤으로 기화하였으므로 입자 사이의 거리가 멀어져 부피가 증가하고 비닐봉지가 부풀어 오른다.

정답 ④

🔍 빈출 유형 100점 돋보기

그림은 액체와 기체 사이의 상태 변화를 나타낸 것이다. A에 해당하는 상태 변화는?

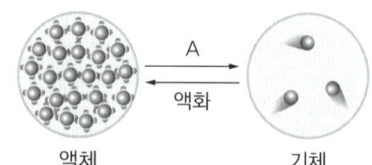

① 기화
② 승화
③ 융해
④ 응고

해 설

기화는 액체가 기체로 상태 변화하는 것을 말한다. 정답 ①

오답 피하기

② 승화 : 고체 → 기체, 기체 → 고체의 상태 변화를 모두 승화라고 한다.
③ 융해 : 고체 → 액체의 상태 변화를 말한다.
④ 응고 : 액체 → 고체의 상태 변화를 말한다.

02 상태 변화와 열에너지

1 열에너지

1. 열에너지

(1) 열에너지

① 열에너지 : 물체의 온도를 변화시키거나 물질의 상태를 변화시키는 에너지를 말한다.

② 열에너지 크기

㉠ 온도 : 물질의 온도가 높을수록 열에너지가 크다.

㉡ 물질의 상태에 따른 열에너지 크기 비교 : 고체 < 액체 < 기체

(2) 물질의 가열과 냉각

① 물질의 가열 : 열에너지를 흡수하여 물질의 열에너지가 증가한다.

② 물질의 냉각 : 열에너지를 방출하여 물질의 열에너지가 감소한다.

2. 가열 냉각 곡선

(1) 고체 물질의 가열 냉각 곡선

상태 변화가 일어날 때 물질의 온도는 변하지 않고 2가지 상태로 함께 존재한다.

▶ 융해나 기화가 일어날 때 온도가 일정한 이유
흡수한 열에너지가 상태 변화에 모두 이용되기 때문에 온도가 일정하게 유지된다.

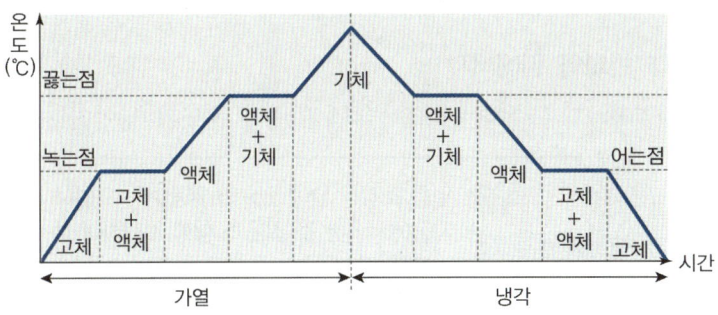

● 녹는점과 끓는점

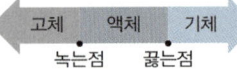

물질은 녹는점보다 낮은 온도에서
는 고체 상태, 녹는점과 끓는점 사
이의 온도에서는 액체 상태, 끓는
점보다 높은 온도에서는 기체 상
태로 존재한다.

(2) 상태 변화 시 일정하게 유지되는 온도

　① 녹는점 : 고체가 액체로 융해될 때 일정하게 유지되는 온도이다.

　② 끓는점 : 액체가 기체로 기화될 때 일정하게 유지되는 온도이다.

　③ 어는점 : 액체가 고체로 응고될 때 일정하게 유지되는 온도이다.

🔍 **빈출 유형 100점 돋보기**

그림은 어떤 액체 물질의 가열 곡선이다. A~D 중 온도가 일정한 구간은?

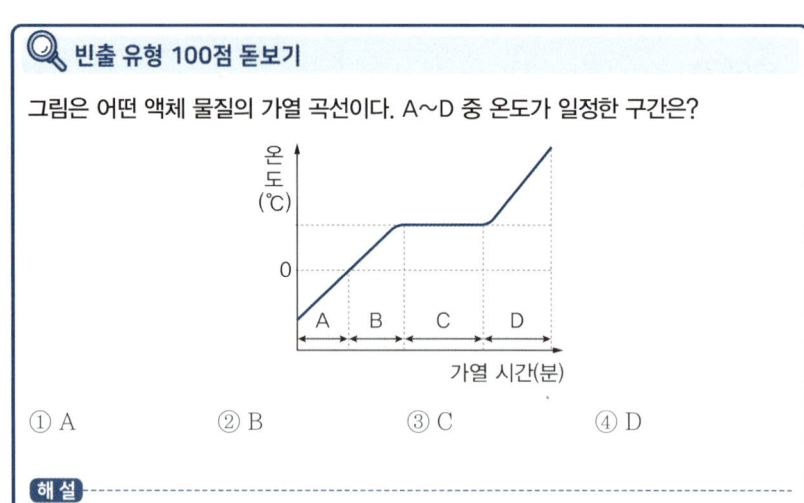

① A　　　　　② B　　　　　③ C　　　　　④ D

해설

열에너지는 물질의 온도나 상태를 변화시키는 에너지로, 열에너지를 흡수하는 가열 곡
선에서 온도가 일정한 구간은 물질의 상태 변화가 일어나는 구간이다. 그래프에서 C 구
간은 온도가 일정하므로 상태 변화가 일어나고 있다. 액체 물질의 가열 곡선이므로 구
간별 물질의 상태는 A, B 구간 : 액체, C 구간 : 액체 + 기체, D 구간 : 기체이고, C 구
간의 일정한 온도를 끓는점이라고 한다.　　　　　　　　　　　　　　　　정답 ③

---

2 상태 변화와 열에너지 출입의 이용

1. 상태 변화와 열에너지

(1) 열에너지 흡수하는 상태 변화 : 주변의 온도가 낮아진다.

융해열 흡수 (고체 → 액체)	• 얼음 조각상 옆에 있으면 얼음이 녹으면서 시원해진다. • 시장에서 생선을 얼음과 함께 보관하여 생선이 상하지 않게 한다. • 아이스박스에 얼음과 음료수를 함께 넣으면 음료수를 차갑게 보관할 수 있다.

기화열 흡수 (액체 → 기체)	• 몸에 열이 날 때 물수건으로 몸을 닦으면 열이 내린다. • 수영한 뒤, 샤워한 뒤 물 밖으로 나오면 추위를 느낀다. • 휴대용 버너의 뷰테인 가스를 사용하면 가스통이 차가워진다. • 운동을 한 후 땀을 흘리면 땀이 마르면서 시원해진다. • 사막의 유목민들은 시원한 물을 마시기 위해 가죽으로 만든 물통을 사용한다.
승화열 흡수 (고체 → 기체)	• 아이스크림이 녹지 않도록 드라이아이스를 함께 포장해둔다.

(2) 열에너지 방출하는 상태 변화 : 주변의 온도가 높아진다.

응고열 방출 (액체 → 고체)	• 액체 파라핀을 이용하여 통증을 줄이는 온열 치료를 한다. • 얼음집 안쪽에 물을 뿌리면 얼음집 내부의 온도가 높아진다. • 날씨가 갑자기 추워질 때 오렌지 나무에 물을 뿌려 냉해를 막는다. • 겨울철 과일 창고 안에 물 항아리를 놓아두어 과일이 어는 것을 막는다.
액화열 방출 (기체 → 액체)	• 소나기가 내리기 전에는 많은 양의 수증기가 액화하여 후텁지근하다. • 증기 난방기는 물을 끓여 만든 수증기를 이용하여 실내를 따뜻하게 한다.
승화열 방출 (기체 → 고체)	• 수증기가 얼음으로 승화하면서 생긴 눈이 올 때 날씨가 포근하다.

2. 냉방기와 난방기의 비교

(1) 냉방기(에어컨)

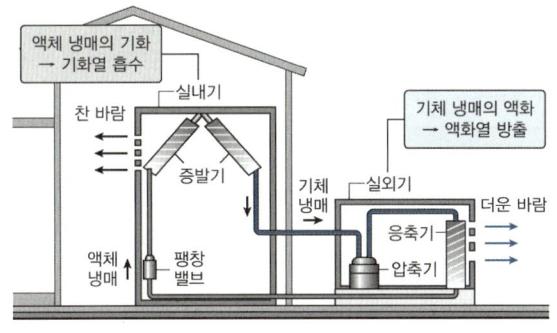

냉방기(에어컨)

증발기에서 액체 냉매가 기체로 변하면서 흡수한 열에너지로 인해 주변의 온도가 낮아지는 것을 이용한다.

❯ 사막 유목민의 가죽 물통
물통을 이루는 가죽에는 아주 작은 구멍이 있어 물이 새어 나오는데, 새어 나온 물이 수증기로 기화하면서 열에너지를 흡수하여 물이 시원해진다.

❯ 파라핀을 이용한 온열 치료

액체 파라핀

액체 파라핀에 손을 담갔다가 꺼내면 손에 묻은 파라핀이 굳으면서 응고열이 방출되어 통증 부위를 따뜻하게 하여 통증 치료에 도움이 된다.

❯ 냉장고의 이용

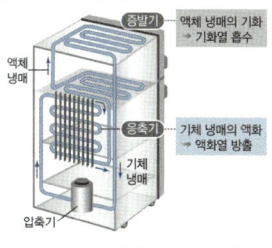

• 증발기 : 기화열 흡수로 냉장고 안의 온도가 낮아진다.
• 응축기 : 액화열 방출로 냉장고 뒤쪽의 온도가 높아진다.

(2) 증기 난방기(스팀 난방)

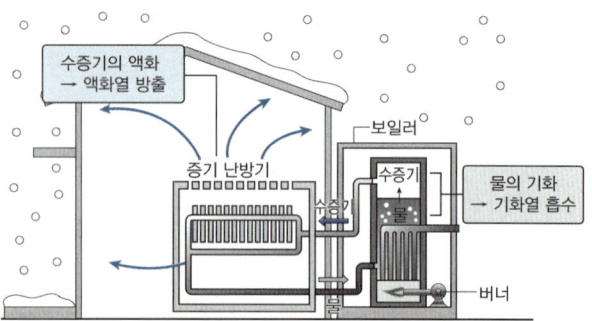

보일러에서 물을 가열하여 수증기를 증기 난방기로 보내면 증기 난방기에서 수증기의 액화가 일어나면서 방출된 열에너지에 의해 실내의 온도가 높아지는 것을 이용한다.

🔍 빈출 유형 100점 돋보기

그림은 여름철 물놀이 후 물 밖으로 나왔을 때 몸에 묻은 물이 기화하여 추위를 느끼는 상황이다. 이때 물이 흡수하는 열에너지는?

① 기화열   ② 승화열
③ 액화열   ④ 융해열

해설
액체가 기체로 기화할 때는 주변에서 기화열을 흡수하고 이로 인해 주변의 온도는 낮아진다. 그림의 경우 젖은 몸이 마르면서 사람의 몸에서 기화열 흡수가 일어나 피부 온도가 낮아져 추위를 느끼게 된다.

정답 ①

01 다음과 같은 성질을 갖는 물질은?

- 모양과 부피가 일정하다.
- 흐르는 성질이 없다.
- 입자 배열이 규칙적이다.

① 헬륨　　　　　　② 얼음
③ 알코올　　　　　④ 주스

02 그림은 물질의 상태 변화를 나타낸 것이다.

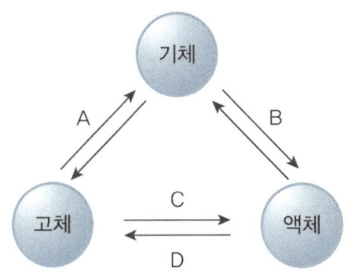

다음 현상과 관련된 상태 변화에 해당하는 것은?

- 아이스크림이 녹는다.
- 초가 녹아 촛농이 흘러내린다.

① A　　　　　　　② B
③ C　　　　　　　④ D

03 그림과 같이 에탄올을 비닐봉지에 넣고 밀봉한 후 뜨거운 물을 부으면 비닐봉지가 부풀어 오른다.

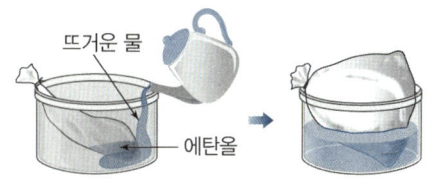
뜨거운 물

에탄올

다음 중 비닐봉지 내에서 변한 것을 〈보기〉에서 고른 것은?

| 보기 |
ㄱ. 입자의 수　　　　ㄴ. 입자의 종류
ㄷ. 입자 사이의 거리　ㄹ. 입자 운동

① ㄱ, ㄴ　　　　　② ㄴ, ㄷ
③ ㄱ, ㄹ　　　　　④ ㄷ, ㄹ

04 그림은 물질의 상태 변화를 입자 모형으로 나타낸 것이다.

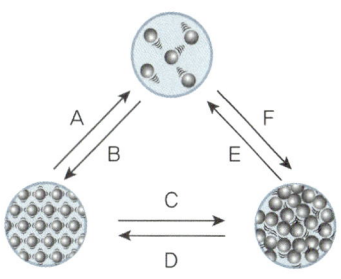

A~F 중 열에너지를 흡수하는 상태 변화를 모두 고른 것은?

① A, C, E　　　　② A, C, F
③ B, C, E　　　　④ B, D, E

05 다음은 물질의 세 가지 상태를 입자 배열 모형으로 나타낸 것이다.

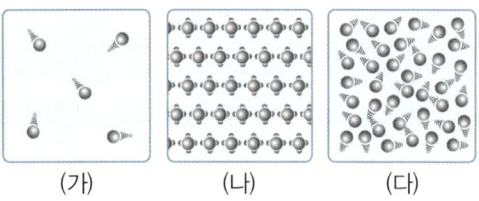

(가)   (나)   (다)

다음 제시된 현상에 해당하는 상태 변화 과정이 바르게 나타난 것은?

추운 겨울 밖에서 따뜻한 실내로 들어가면 안경이 뿌옇게 흐려진다.

① (가) → (나)   ② (나) → (다)
③ (다) → (가)   ④ (가) → (다)

06 그림은 어떤 고체 물질의 가열 냉각 곡선이다.

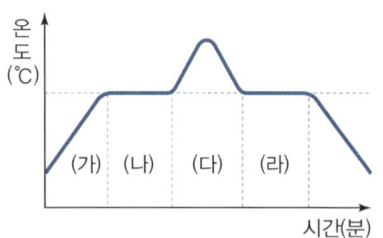

각 구간의 기호와 물질의 상태가 바르게 연결된 것은?

① (가) : 액체
② (나) : 고체 + 액체
③ (다) : 기체
④ (라) : 액체 + 기체

07 다음 현상과 관련된 열에너지는?

액체 파라핀에 손을 담갔다가 꺼내며 온찜질을 할 수 있다.

① 기화열   ② 융해열
③ 액화열   ④ 응고열

08 다음 중 열에너지를 흡수하는 현상은?

① 얼음집 안쪽에 물을 뿌리면 얼음집 내부의 온도가 높아진다.
② 눈이 올 때 날씨가 포근하다.
③ 아이스크림이 녹지 않도록 드라이아이스를 함께 포장해둔다.
④ 날씨가 갑자기 추워질 때 오렌지 나무에 물을 뿌려 냉해를 막는다.

09 그래프는 어떤 액체 물질을 가열할 때의 온도 변화를 나타낸 것이다.

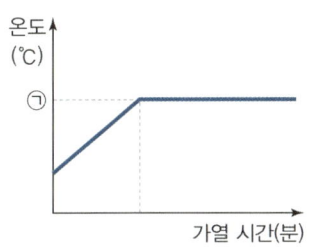

온도 ㉠은 무엇인가?

① 녹는점　　　② 발화점
③ 어는점　　　④ 끓는점

10 다음 중 상태 변화와 열에너지에 대한 설명으로 옳은 것은?

① 기화가 일어나면 입자 배열이 규칙적으로 변한다.
② 열에너지 흡수에 의해 주변의 온도가 높아진다.
③ 드라이아이스가 승화하면 입자 사이 거리가 멀어진다.
④ 냉장고와 에어컨은 응고열 방출을 이용한다.

EBS 교육방송교재

중졸 검정고시  과학

PART

03

물질의 구성

01 원소와 원소 기호

02 원자, 분자, 이온

- 원소, 원자, 분자를 구분할 수 있다.
- 원소 기호, 분자식, 이온식을 읽고 분석할 수 있다.
- 이온의 형성 과정을 이해할 수 있다.
- 원소, 이온의 확인법을 알 수 있다.

01 원소와 원소 기호

1 물질을 구성하는 입자

1. 물질관

탈레스	모든 물질의 근원은 물이다.
데모크리토스	물질은 더 이상 쪼개지지 않는 입자로 구성되어 있다.
아리스토텔레스	물, 불, 흙, 공기가 세상의 모든 물질을 만드는 기본 성분이고 따뜻함, 차가움, 건조함, 습함의 성질의 조합에 따라 서로 변환될 수 있다.
보일	모든 물질은 더 이상 분해되지 않는 원소로 구성되어 있다.
라부아지에	물을 구성하는 수소와 산소는 원소이며, 물은 원소가 아님을 증명하였다.

2. 원소

● 라부아지에의 물분해 실험

뜨거운 주철관에 물을 통과시켜 물을 분해하였다. 이 실험을 통해 물은 분해되므로 원소가 아님을 증명하였다.

(1) 원소

① 물질을 이루는 기본 성분이다.
② 더 이상 다른 물질로 분해되지 않는다.
③ 원소는 종류에 따라 성질이 다르다.
④ 금속 원소와 비금속 원소로 구분된다.

> ✏️ **친절한 선생님**　　　　　　　　　　　　物의 전기 분해
>
> 전기 분해 실험 장치에 수산화 나트륨을 녹인 물을 가득 채우고 전류를 흘려주면서 변화를 관찰하였다.
>
> | 결론 |
> - (+)극에서는 산소 기체가, (−)극에서는 수소 기체가 발생한다.
> - 물이 수소와 산소로 분해되었으므로 물은 원소가 아니며, 산소와 수소로 이루어진 물질임을 알 수 있다.

(2) 원소의 이용

① 수소 : 가장 가벼운 원소로 우주 왕복선의 연료로 이용된다.

② 산소 : 지구 대기 성분의 약 21%를 차지, 물질의 연소와 생물의 호흡에 이용된다.

③ 철 : 지구에 가장 많은 원소로 단단하고 건축 재료로 이용된다.

④ 질소 : 다른 물질과 거의 반응하지 않아 과자 봉지의 충전재로 이용된다.

(3) 원소의 확인

① 불꽃 반응 : 일부 금속 원소나 금속 원소가 포함된 물질에 불을 붙이면 원소의 종류에 따라 특정한 불꽃 반응 색을 나타낸다.

→ 같은 금속 원소가 포함되어 있으면 불꽃색이 같다.

원소	나트륨	스트론튬	리튬	구리	칼륨	칼슘
불꽃색	노란색	빨간색	빨간색	청록색	보라색	주황색

② 스펙트럼 : 빛을 분광기로 관찰할 때 나타나는 여러 가지 색의 띠

㉠ 연속 스펙트럼 : 햇빛을 분광기로 관찰할 때 나타나는 연속적인 색의 띠이다.

㉡ 선 스펙트럼

ⓐ 금속 원소의 불꽃색을 분광기로 관찰할 때 나타나는 선 모양의 불연속적인 색깔의 띠이다.

ⓑ 원소의 종류에 따라 선의 색깔, 위치, 개수, 굵기가 다르게 나타난다.

ⓒ 불꽃 반응 색이 비슷한 원소들도 선 스펙트럼으로 구별할 수 있다.

❷ **분광기**
빛을 파장에 따라 분리하는 기구로 금속 원소의 불꽃 반응을 분광기로 관찰하면 여러 가지 색의 띠 (선 스펙트럼)를 관찰할 수 있다.

제2편

2 원소 기호

1. 원소 기호

(1) 원소 기호

원소를 간단한 기호로 나타낸 것이다.

(2) 원소 기호를 나타내는 방법

① 원소 이름의 알파벳 첫 글자를 대문자로 나타낸다.
② 알파벳 첫 글자가 다른 원소와 같을 때는 중간 글자 중 하나를 선택하여 첫 글자 다음에 소문자로 나타낸다.

예 탄소(Carbon) : C, 칼슘(Calcium) : Ca

2. 여러 가지 원소 기호

원소 이름	원소 기호	원소 이름	원소 기호	원소 이름	원소 기호
수소	H	탄소	C	철	Fe
헬륨	He	질소	N	나트륨	Na
산소	O	칼슘	Ca	마그네슘	Mg
구리	Cu	칼륨	K	염소	Cl

🔍 **빈출 유형 100점 돋보기**

다음 설명에 해당하는 원소의 이름과 원소 기호를 옳게 짝지은 것은?

- 지구 대기 성분의 약 21%를 차지한다.
- 물질의 연소와 사람의 호흡에 필요하다.

① 수소 − H   ② 수소 − C
③ 산소 − N   ④ 산소 − O

해설

물질의 연소와 생물의 호흡에 이용되는 기체는 산소 기체(O_2)로 산소 원소(O)로 이루어져 있다. 또한 산소 기체는 지구 대기의 약 21%를 차지한다.   **정답** ④

🔍 빈출 유형 100점 돋보기

다음 중 원소 이름과 원소 기호를 옳게 짝지은 것은?

① 황 － He
② 칼슘 － Ca
③ 나트륨 － Li
④ 플루오린 － K

해설

① He는 헬륨의 원소 기호이고, 황은 S로 나타낸다.
③ Li는 리튬의 원소 기호이고, 나트륨은 Na로 나타낸다.
④ K는 칼륨의 원소 기호이고, 플루오린은 F로 나타낸다.

정답 ②

02 원자, 분자, 이온

1 원자와 분자

1. 원자

(1) 원자

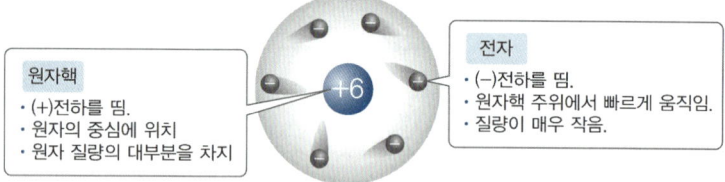

원자핵
· (+)전하를 띰.
· 원자의 중심에 위치
· 원자 질량의 대부분을 차지

전자
· (−)전하를 띰.
· 원자핵 주위에서 빠르게 움직임.
· 질량이 매우 작음.

① 물질을 이루는 기본 입자이다.
② (+)전하를 띠는 원자핵과 (−)전하를 띠는 전자로 이루어져 있다.
③ 원자의 종류에 따라 원자핵의 (+)전하량이 다르고, 전자 수가 다르다.
④ 원자핵의 (+)전하량과 전자의 총 (−)전하량이 같아 전기적으로 중성이다.

(2) 원자 모형

원자 중심에 원자핵을 표시하고, 그 주위에 전자를 배치한다.

구분	수소	헬륨	리튬	산소
원자 모형	+1	+2	+3	+8
원자핵의 전하량	+1	+2	+3	+8
전자 수(개)	1	2	3	8

└ 전자 1개의 전하량은 −1이다.

2. 분자

(1) 분자

① 독립된 입자로 존재하여 물질의 성질을 나타내는 가장 작은 입자이다.

② **분자 모형** : 분자를 구성하는 원자의 종류와 수, 배열 상태를 나타낸 모형이다.

수소 분자　산소 분자　질소 분자　물 분자　이산화 탄소 분자　암모니아 분자

③ 같은 종류의 원자로 이루어져 있어도 분자를 이루는 원자 수나 배열이 다르면 다른 물질이다.

물 분자　과산화 수소 분자

> 물 분자와 과산화 수소 분자는 구성 원소가 같지만, 원자 수와 배열이 다르므로 다른 물질이다.

(2) 분자식

① **분자식** : 원소 기호와 숫자를 이용하여 분자를 구성하는 원자의 종류와 수를 나타낸 것이다.

② 분자식을 나타내는 방법

　㉠ 물질을 이루는 원자의 종류를 원소 기호로 나타낸다.

　㉡ 물질을 이루는 원자의 수를 원소 기호의 오른쪽 아래에 작은 숫자로 표시한다.(단, 1은 생략한다.)

　㉢ 분자의 수는 화학식 앞에 숫자로 표시한다.(단, 1은 생략한다.)

🖊 친절한 선생님　　　　　　　　　　　분자식의 해석

$$2H_2O$$

원소의 종류

원자의 개수 (1은 생략)

분자 수

- 분자 종류 : 물 분자
- 구성 원소 : 수소(H), 산소(O)
- 물 한 분자를 구성하는 원자 수 : 수소 원자 2개, 산소 원자 1개
- 물 분자의 개수 : 2개
- 총 원자 수 : 수소 원자 4개 + 산소 원자 2개 = 6개

● 단원자 분자(일원자 분자)

보통 2개 이상의 원자들이 모여서 분자를 이루지만 1개의 원자로 이루어진 분자도 있는데, 이를 단원자 분자라고 한다.

예 헬륨(He), 네온(Ne), 아르곤(Ar)

● 원소와 원자

원소는 물질을 구성하는 기본 성분으로 종류 개념이고, 원자는 물질을 구성하는 기본 입자로 개수 단위이다.

예 이산화 탄소(CO_2) 분자의 해석

- 구성 원소 : 산소 원소, 탄소 원소
- 구성 원자 : 산소 원자 2개, 탄소 원자 1개

● 화학식과 분자식

화학식은 모든 물질을 표현하는 식을 의미하고, 분자식은 분자로 이루어진 물질을 표현하는 식이다. 즉, 분자식은 화학식의 한 종류이다.

● 구리(Cu) 표현

구리(Cu)와 같이 한 종류의 원자가 끊임없이 연속적으로 반복하여 배열된 물질은 원소 기호로 나타낸다.

구리(Cu)

🔍 **빈출 유형 100점 돋보기**

다음 설명에 해당하는 분자식은?

〈분자 모형〉

- 물 분자이다.
- 수소 원자 2개와 산소 원자 1개로 구성된다.

① H_2　　　② O_2　　　③ H_2O　　　④ NH_3

해설

물 분자는 수소(H) 원자 2개와 산소(O) 원자 1개로 구성되었으므로 H_2O로 분자식을 나타낼 수 있다.

정답 ③

오답 피하기

① H_2 : 수소 기체 분자로 수소(H) 원자 2개로 이루어져 있다.
② O_2 : 산소 기체 분자로 산소(O) 원자 2개로 이루어져 있다.
④ NH_3 : 암모니아 분자로 질소(N) 원자 1개와 수소(H) 원자 3개로 이루어져 있다.

🔍 **빈출 유형 100점 돋보기**

다음 설명에 해당하는 분자식은?

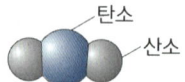

탄소
산소

탄소 원자 1개, 산소 원자 2개로 이루어져 있다.

① 수소(H_2)　　　　　② 질소(N_2)
③ 물(H_2O)　　　　　④ 이산화 탄소(CO_2)

해설

이산화 탄소 분자는 탄소(C) 원자 1개와 산소(O) 원자 2개로 이루어져 있다.

정답 ④

오답 피하기

① H_2 : 수소 기체 분자로 수소(H) 원자 2개로 이루어져 있다.
② N_2 : 질소 기체 분자로 질소(N) 원자 2개로 이루어져 있다.
④ H_2O : 물 분자로 수소(H) 원자 2개와 산소(O) 원자 1개로 이루어져 있다.

2 이온

1. 이온

(1) 이온 : 원자가 전자를 잃거나 얻어서 전하를 띠는 입자를 말한다.

① 양이온 : 원자가 전자를 잃어서 (+)전하를 띠는 입자

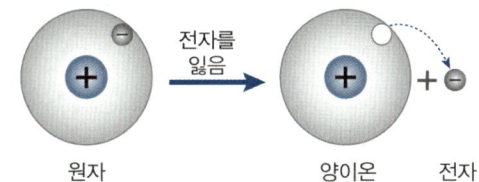

② 음이온 : 원자가 전자를 얻어서 (−)전하를 띠는 입자

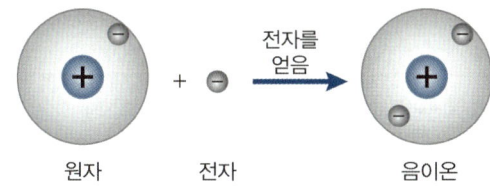

(2) 이온의 표현

구분	양이온	음이온
이온식 표현	원소 기호의 오른쪽 위에 잃은 전자 수를 쓰고, '+' 부호를 표시한다.(단, 1은 생략한다.) 예 전자 1개 잃음 : Li^+ 전자 2개 잃음 : Ca^{2+}	원소 기호의 오른쪽 위에 얻은 전자 수를 쓰고, '−' 부호를 표시한다.(단, 1은 생략한다.) 예 전자 1개 얻음 : Cl^- 전자 2개 얻음 : O^{2-}
이름	원소 이름 뒤에 '이온'을 붙인다. 예 Li^+ : 리튬 이온 Na^+ : 나트륨 이온 Ca^{2+} : 칼슘 이온	원소 이름 뒤에 '~화 이온'을 붙인다.(단, '소'로 끝나는 원소의 경우 '소'는 생략한다.) 예 F^- : 플루오린화 이온 O^{2-} : 산화 이온 Cl^- : 염화 이온

2. 이온으로 이루어진 물질

(1) 이온으로 이루어진 물질

양이온의 (+)전하와 음이온의 (−)전하의 총합이 0이 되도록 결합한다.

예 염화 나트륨을 구성하는 나트륨 이온은 +1, 염화 이온은 −1의 전하량을 나타내므로 1 : 1의 개수비로 결합한다.

→ $NaCl$(염화 나트륨)

❯ 염화 나트륨($NaCl$)의 화학식
염화 나트륨($NaCl$)은 나트륨 이온(Na^+)과 염화 이온(Cl^-)이 끊임없이 연속적으로 반복되어 배열된 구조이다. 이처럼 두 종류 이상의 원자가 끊임없이 연속적으로 반복하여 배열된 물질은 $NaCl$과 같이 물질을 이루는 원자의 종류와 개수비로 화학식을 나타낸다.

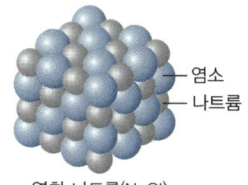

염화 나트륨($NaCl$)

(2) 이온으로 이루어진 물질의 화학식

원소 기호 뒤에 작은 글자로 해당 원자의 개수를 써준다.

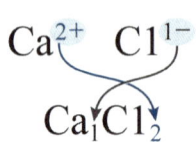

염화 칼슘을 구성하는 칼슘 이온은 +2, 염화 이온은 −1의 전하량을 나타내므로 칼슘 이온 1개당 염화 이온 2개가 결합한다. 칼슘 이온 1개당 염화 이온 2개가 결합하므로 칼슘 원자 뒤에는 1, 염소 원자 뒤에는 2를 써주고 1은 생략한다. ➜ $CaCl_2$

(3) 이온으로 이루어진 물질의 이름

이온으로 이루어진 물질의 이름은 음이온의 이름을 먼저 읽고, 양이온의 이름을 나중에 읽는다.

예 KCl(염화 칼륨), $MgCl_2$(염화 마그네슘)

🔍 **빈출 유형 100점 돋보기**

그림은 리튬 원자(Li)가 리튬 이온(Li^+)이 되는 과정을 모형으로 나타낸 것이다. 리튬 원자가 잃은 전자의 개수는?

리튬 원자(Li)   전자 잃음   리튬 이온(Li^+)

① 1개 　　　　　　　　　② 2개
③ 4개 　　　　　　　　　④ 8개

해설 --

원자가 전자를 잃어버리면 양이온이 된다. 양이온의 이온식은 원소 기호의 오른쪽 위에 잃은 전자 수를 쓰고, '+' 부호를 표시한다. 리튬 원자(Li)는 +1가의 양이온인 리튬 이온(Li^+)이 되었으므로 1개의 전자를 잃어버린 것이다. 　　　　정답 ①

3 이온의 확인

1. 이온의 전하 확인

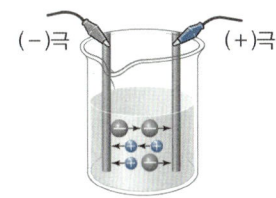

$(-)$극 　　　　　 $(+)$극

이온이 들어 있는 수용액에 전류를 흘려주면 양이온은 $(-)$극으로, 음이온은 $(+)$극으로 이동한다.

→ 이온이 전하를 띠고 있음을 알 수 있다.

2. 앙금 생성 반응

(1) 앙금 생성 반응

① 서로 다른 두 수용액을 섞었을 때 양이온과 음이온이 반응하여 물에 녹지 않는 앙금을 생성하는 반응이다.

② 앙금 생성 반응을 이용하면 수용액에 들어 있는 이온을 확인할 수 있다.

(2) 알짜 이온

실제로 반응에 참여하는 이온을 알짜 이온이라고 하고, 알짜 이온으로 꾸며놓은 반응식을 알짜 이온 반응식이라고 한다.

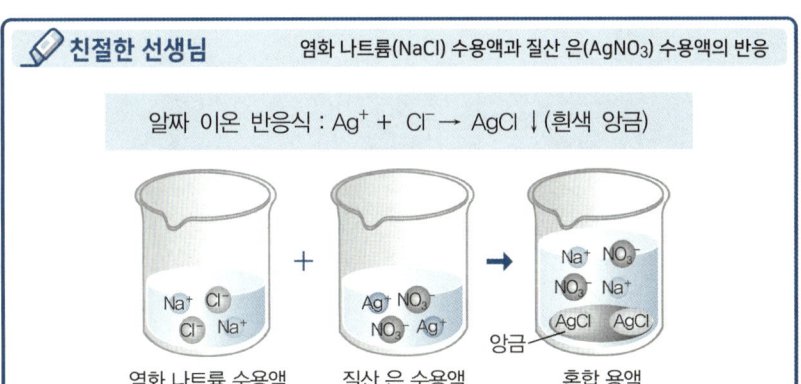

> ✐ **친절한 선생님**　　염화 나트륨(NaCl) 수용액과 질산 은(AgNO₃) 수용액의 반응
>
> 알짜 이온 반응식 : $Ag^+ + Cl^- \rightarrow AgCl \downarrow$ (흰색 앙금)
>
> 염화 나트륨 수용액　　　+　　　질산 은 수용액　　　→　　　혼합 용액
>
> • 은 이온(Ag^+)과 염화 이온(Cl^-)이 반응하여 흰색 앙금인 염화 은($AgCl$)이 생성된다.

▶ **앙금 생성 반응의 이용**

• 수돗물 속의 염화 이온(Cl^-) 확인 : 수돗물에 은 이온(Ag^+)을 떨어뜨려 흰색 앙금의 형성 여부를 확인한다.

→ 흰색 앙금이 생성되면 수돗물 속에 염화 이온(Cl^-)이 있는 것이다.

$$Ag^+ + Cl^- \rightarrow AgCl \downarrow$$
(흰색 앙금)

• 공장 폐수 속의 납 이온(Pb^{2+}) 확인 : 폐수에 아이오딘화 이온(I^-)을 떨어뜨려 노란색 앙금의 형성 여부를 확인한다.

→ 노란색 앙금이 생성되면 폐수 속에 납 이온(Pb^{2+})이 있는 것이다.

$$Pb^{2+} + I^- \rightarrow PbI_2 \downarrow$$
(노란색 앙금)

다음 설명에 해당하는 이온은?

- 칼슘 원자(Ca)가 전자 2개를 잃었을 때 형성되는 이온이다.
- 탄산 이온(CO_3^{2-})과 반응하여 탄산 칼슘($CaCO_3$) 앙금을 생성한다.

① Na^+　　　　　　　　　② Ag^+
③ Ca^{2+}　　　　　　　　④ Mg^{2+}

해설

칼슘 원자(Ca)가 전자를 2개 잃어버리면 +2가의 칼슘 이온(Ca^{2+})이 된다. 칼슘 이온(Ca^{2+})은 탄산 이온(CO_3^{2-})과 반응하여 흰색의 탄산 칼슘($CaCO_3$) 앙금을 생성한다.

정답 ③

01 다음 설명에 해당하는 것은?

- 물질을 구성하는 기본 성분이다.
- 더 이상 다른 물질로 분해되지 않는다.

① 원자   ② 분자
③ 화합물   ④ 원소

02 불꽃색이 같은 리튬과 스트론튬을 구분하는 데 가장 적절한 방법은?

① 분광기로 불꽃색을 관찰하여 선 스펙트럼을 비교한다.
② 전류가 흐르는지 비교한다.
③ 불꽃 반응에 넣는 금속의 양을 늘려서 실험한다.
④ 불꽃의 크기를 비교한다.

03 다음 중 원소 이름과 원소 기호를 옳게 짝지은 것은?

① 탄소 – Ca   ② 칼륨 – K
③ 산소 – H   ④ 염소 – C

04 다음 설명에 해당하는 분자식은?

- 과산화 수소이다.
- 수소 원자 2개, 산소 원자 2개로 이루어져 있다.

① H_2O_2 ② H_2O
③ CO_2 ④ NH_3

05 다음 중 그림과 같이 전자를 1개 잃어서 형성된 이온은?

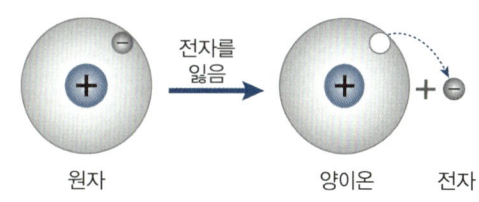

원자   양이온   전자

① Na^+(나트륨 이온)
② Ca^{2+}(칼슘 이온)
③ Al^{3+}(알루미늄 이온)
④ Cl^-(염화 이온)

06 다음 이온식과 이온의 이름이 바르게 짝지어진 것은?

① Ca^{2+} : 칼슘화 이온
② O^{2-} : 산화 이온
③ Cl^- : 염소화 이온
④ Na^+ : 나트륨화 이온

07 다음은 칼슘 이온과 염화 이온으로 이루어진 염화 칼슘의 화학식을 나타내는 방법을 나타낸 것이다.

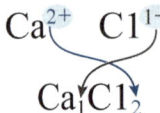

양이온의 전하량($+2$)과 음이온의 전하량(-1)이 합이 0이 되도록 원소 기호 뒤에 작은 글자로 필요한 개수를 써주고 1은 생략한다.
염화 칼슘의 화학식 : $CaCl_2$

알루미늄 이온(Al^{3+})과 산화 이온(O^{2-})으로 구성된 산화 알루미늄의 화학식은?

① AlO ② Al_3O_2
③ Al_2O_2 ④ Al_2O_3

08 다음 분자식에 대한 설명으로 옳지 <u>않은</u> 것은?

$$3CO_2$$

① 이산화 탄소 분자식이다.
② 분자 수는 3개이다.
③ 1분자를 구성하는 탄소의 총 원자 수는 3개이다.
④ 1분자를 구성하는 총 원자 수는 3개이다.

09 다음 설명에 해당하는 이온은?

- 원자가 전자를 1개 얻어서 형성된 이온이다.
- 은 이온(Ag^+)과 반응하여 흰색 앙금인 염화은($AgCl$)을 형성한다.

① Na^+ ② Ca^{2+}
③ Cl^- ④ O^{2-}

10 그림은 염화 나트륨($NaCl$) 수용액과 질산 은($AgNO_3$) 수용액의 반응을 나타낸 그림이다.

염화 나트륨 수용액   질산 은 수용액   혼합 용액

혼합 용액에 전극을 걸어주었을 때 변화로 옳은 것은?

① 앙금이 형성되었으므로 전류가 흐르지 않는다.
② 앙금은 $(+)$극으로 이동한다.
③ 나트륨 이온(Na^+)은 $(-)$극으로 이동한다.
④ 염화 은은 $(-)$극으로 이동한다.

PART

04

물질의 특성

01 물질의 특성

02 혼합물의 분리

- 순물질과 혼합물을 구분할 수 있다.
- 끓는점, 녹는점, 어는점, 용해도, 밀도의 의미 및 특성을 파악할 수 있다.
- 혼합물을 분리하는 예시를 통해 적용된 물질의 특성이 무엇인지 파악할 수 있다.
- 크로마토그래피의 의미 및 특징을 이해한다.

01 물질의 특성

1 물질의 분류

1. 순물질

(1) 한 가지의 물질로만 이루어진 물질이다.

(2) 물질의 특성이 일정하다.

예 수소, 산소, 물, 소금, 이산화 탄소 등

2. 혼합물

(1) 두 가지 이상의 순물질이 본래의 성질을 잃지 않고 섞여 있는 물질이다.

(2) 혼합 비율에 따라 성질이 다르게 나타난다.

(3) 균일 혼합물과 불균일 혼합물

균일 혼합물	불균일 혼합물
성분 물질이 고르게 섞여 있는 혼합물	성분 물질이 고르지 않게 섞여 있는 혼합물
설탕물, 공기, 식초, 소금물 등	흙탕물, 우유, 암석, 주스 등

3. 물질의 특성

(1) 물질이 나타내는 여러 가지 성질 중 그 물질만이 나타내는 고유한 성질을 말한다.

(2) 같은 물질인 경우 물질의 양에 관계없이 일정하다.

(3) 물질의 특성을 이용하여 물질을 구별할 수 있고, 혼합물로부터 순물질을 분리할 수도 있다.

예 겉보기 성질(색깔, 맛, 냄새, 굳기 등), 밀도, 용해도, 끓는점, 녹는점, 어는점

> ▶ **물질의 특성이 될 수 없는 성질**
> 물질의 질량, 부피, 길이와 같이 물질의 양에 따라 변하는 성질은 물질을 구별하는 데 이용할 수 없으므로 물질의 특성이 될 수 없다.

빈출 유형 100점 돋보기

다음 중 순물질을 모두 고른 것은?

구리, 설탕, 우유, 소금물

① 구리, 설탕　　　　　② 설탕, 우유
③ 구리, 소금물　　　　④ 우유, 소금물

해설

물질은 순물질과 혼합물로 구분할 수 있다. 이 중 순물질은 한 가지 물질로 이루어진 것을 말한다. 구리, 설탕은 한 가지 물질인 순물질이고, 우유와 소금물은 두 가지 이상의 순물질이 혼합된 혼합물이다. 이때 우유는 성분 물질이 고르게 섞이지 않은 불균일 혼합물, 소금물은 성분 물질이 고르게 섞인 균일 혼합물이다.

정답 ①

2 녹는점, 어는점, 끓는점

1. 녹는점과 어는점

(1) 녹는점, 어는점

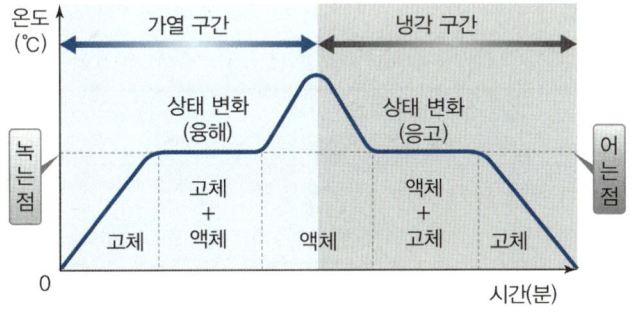

① 녹는점 : 고체 물질이 녹는 동안 일정하게 유지되는 온도
② 어는점 : 액체 물질이 어는 동안 일정하게 유지되는 온도

(2) 녹는점, 어는점의 특징
　① 같은 물질의 녹는점과 어는점은 같다.
　② 같은 물질이면 물질의 양이나 가열 세기와 관계없이 녹는점과
　　어는점이 일정하다.

❷ 물과 소금물의 어는점
순물질인 물의 어는점은 일정하지만, 혼합물인 소금물은 어는점이 일정하지 않다.

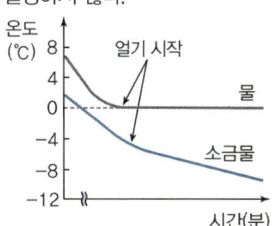

물질의 질량과의 관계 (불꽃 세기 일정)	불꽃의 세기와의 관계 (질량 일정)
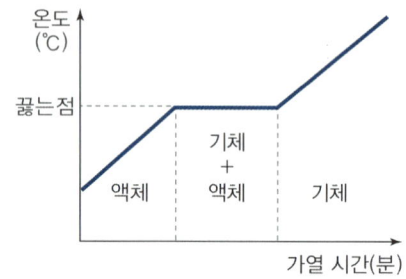	

❯ 물과 소금물의 끓는점
순물질인 물의 끓는점은 일정하지만, 혼합물인 소금물의 끓는점은 일정하지 않다.

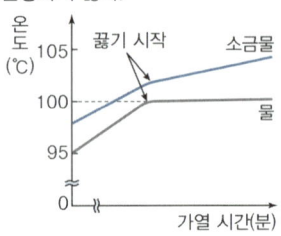

2. 끓는점

(1) 끓는점

액체 물질이 끓는 동안 일정하게 유지되는 온도를 말한다.

(2) 끓는점의 특징

① 같은 물질이면 끓는점은 물질의 양에 관계없이 일정하다.

물질의 질량과의 관계 (불꽃 세기 일정)	불꽃의 세기와의 관계 (질량 일정)

② 외부 압력이 높아지면 끓는점이 높아지고, 외부 압력이 낮아지면 끓는점이 낮아진다.

> **예** • 압력솥으로 밥을 하면 압력이 높아 끓는점이 높아져 밥이 빨리 된다.
> • 높은 산에서 밥을 하면 압력이 낮아 끓는점이 낮아지고 밥이 설익는다.

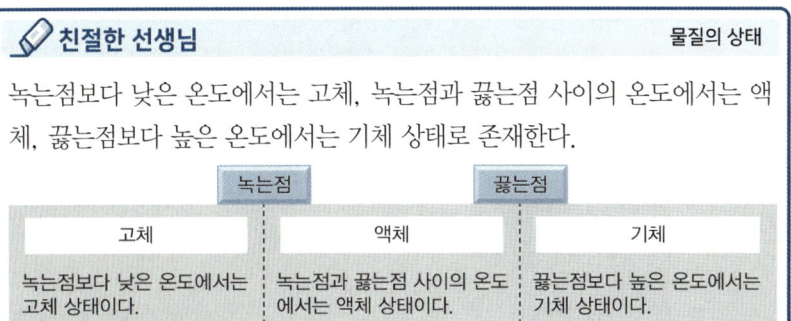

✏️ **친절한 선생님**　　　　　　　　　　　물질의 상태

녹는점보다 낮은 온도에서는 고체, 녹는점과 끓는점 사이의 온도에서는 액체, 끓는점보다 높은 온도에서는 기체 상태로 존재한다.

	녹는점		끓는점	
	고체	액체	기체	

녹는점보다 낮은 온도에서는 고체 상태이다.　　녹는점과 끓는점 사이의 온도에서는 액체 상태이다.　　끓는점보다 높은 온도에서는 기체 상태이다.

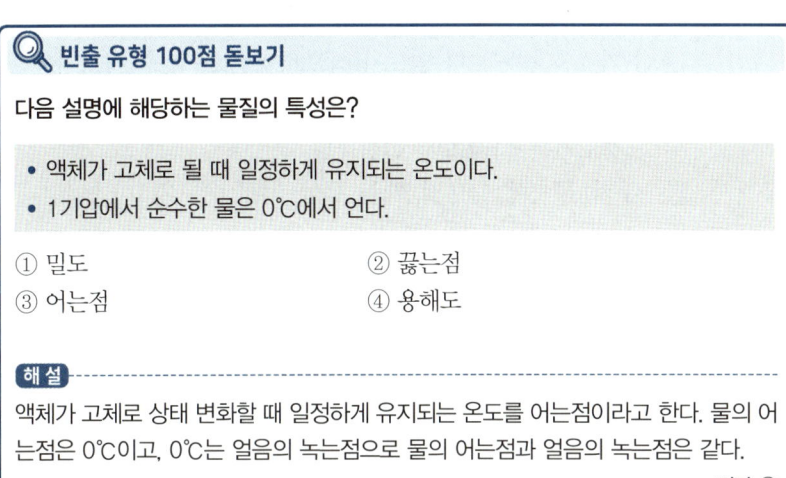

🔍 **빈출 유형 100점 돋보기**

다음 설명에 해당하는 물질의 특성은?

- 액체가 고체로 될 때 일정하게 유지되는 온도이다.
- 1기압에서 순수한 물은 0℃에서 언다.

① 밀도　　　　　　　　　　② 끓는점
③ 어는점　　　　　　　　　　④ 용해도

해설
액체가 고체로 상태 변화할 때 일정하게 유지되는 온도를 어는점이라고 한다. 물의 어는점은 0℃이고, 0℃는 얼음의 녹는점으로 물의 어는점과 얼음의 녹는점은 같다.

정답 ③

---

3 **밀도와 용해도**

1. 밀도

(1) 밀도 : 단위 부피당 질량

$$밀도 = \frac{질량}{부피} \ (단위 : g/cm^3, \ g/mL, \ kg/m^3)$$

① 물질의 질량을 부피로 나눈 값이다.
② 부피와 질량은 물질의 양에 따라 값이 변하지만, 한 종류 물질의 밀도는 물질의 양과는 관계없이 일정하므로 물질의 특성이다.
③ 기체는 온도와 압력에 의해 부피가 크게 변하므로 온도와 압력을 함께 표시해야 한다.

❯ 부피와 질량
- 부피는 물질이 차지하는 공간의 크기로 단위는 mL, cm³ 등을 이용한다.
- 질량은 물질이 가지는 양을 나타내는 값으로 단위는 g, kg을 이용한다.
- 부피와 질량은 물질의 특성이 아니다.

(2) 밀도의 비교

밀도가 큰 물질은 밀도가 작은 물질 아래로 가라앉고, 밀도가 작은 물질은 밀도가 큰 물질 위로 뜬다.

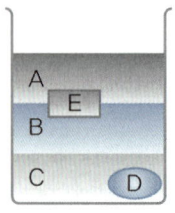

- 밀도의 비교 : D>C>B>E>A

(3) 밀도와 우리 생활

① LNG 가스는 공기보다 밀도가 작으므로 가스 누출 경보기는 위쪽에 설치하고, LPG 가스는 공기보다 밀도가 크기 때문에 가스 누출 경보기는 아래쪽에 설치한다.

② 잠수부가 물속에 들어갈 때는 몸에 납덩이를 차고 들어간다.

🖊 친절한 선생님　　　　　　　　　　　　　　　밀도의 계산

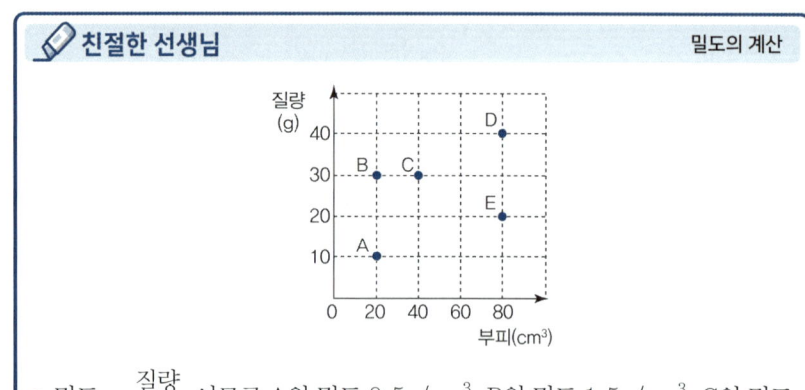

- 밀도 $= \dfrac{\text{질량}}{\text{부피}}$ 이므로 A의 밀도 0.5g/cm^3, B의 밀도 1.5g/cm^3, C의 밀도 $\dfrac{3}{4}\text{g/cm}^3$, D의 밀도 0.5g/cm^3, E의 밀도 0.25g/cm^3이다.
- A와 D는 밀도가 같으므로 같은 물질이다.
- 밀도의 비교 : B>C>A=D>E

2. 용해도

(1) 용해도

① 어떤 온도에서 용매 100g에 최대로 녹을 수 있는 용질의 g수를 말한다.

② 고체는 대부분 온도가 높을수록 용해도가 증가한다.

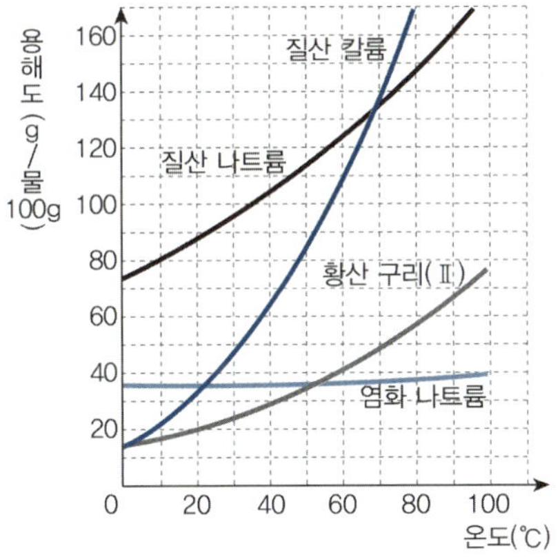

▲ 고체 물질의 용해도 곡선

㉠ 기울기가 급할수록 온도에 따른 용해도의 변화가 큰 물질이고, 기울기가 완만할수록 온도에 따른 용해도의 변화가 작은 물질이다.

㉡ 용액을 냉각할 때 석출되는 용질의 양

석출되는 용질의 양 = 처음에 녹아 있던 용질의 양 − 냉각시킨 용도에서 최대로 녹을 수 있는 용질의 양

(2) 기체의 용해도

① 기체의 용해도를 나타낼 때는 온도와 압력을 함께 표시한다.

② 기체는 온도가 낮을수록, 압력이 높을수록 용해도가 증가한다.

예 시원한 탄산음료에 탄산 기체가 많이 녹아 있어 더 톡 쏘는 느낌이 든다.

용질, 용매, 용해, 용액

설탕 + 물 —용해→ 설탕물
용질 용매 용액

- 용질 : 다른 물질에 녹는 물질
- 용매 : 다른 물질을 녹이는 물질
- 용해 : 한 물질이 다른 물질에 녹아 고르게 섞이는 현상
- 용액 : 두 물질이 고르게 섞여 있는 것

포화 용액과 불포화 용액

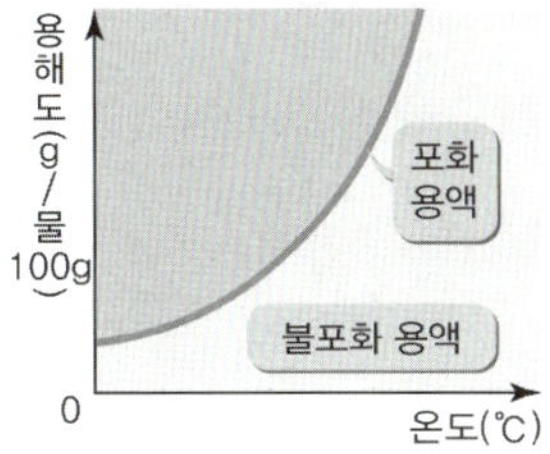

- 포화 용액 : 어떤 온도에서 일정량의 용매에 용질이 최대로 녹아 있는 용액
- 불포화 용액 : 포화 용액보다 적은 양의 용질이 녹아 있어 더 녹을 수 있는 상태의 용액

◉ 기포 발생의 이해

기포가 발생한다. = 기체가 용해
되지 않고 눈에 보인다는 뜻으로
기포가 많을수록 기체 용해도는
감소했다는 뜻이다.

✏️ 친절한 선생님

▶ 온도에 따른 기체 용해도

얼음물   뜨거운 물

• 얼음물에 담긴 탄산음료의 기포가 더 적게 발생한다.
  = 온도가 낮을수록 기체 용해도가 증가한다.

▶ 압력에 따른 기체 용해도

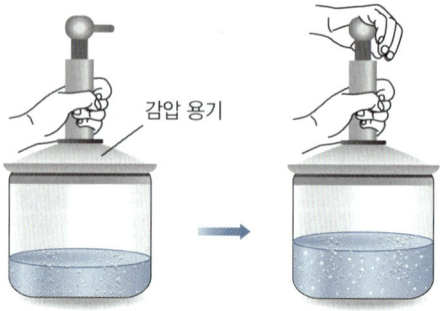

감압 용기

• 공기를 빼낼수록(압력이 낮아질수록) 기포가 많이 발생한다.
  = 압력이 감소하면 기체 용해도가 감소한다.

02 혼합물의 분리

1 밀도 차, 끓는점 차를 이용한 혼합물의 분리

1. 밀도 차를 이용한 분리

(1) 밀도가 다른 두 고체 혼합물의 분리

  ① 밀도가 두 물질의 중간 정도이며, 두 물질을 모두 녹이지 않는 액체에 넣어 분리한다.

  ② 액체보다 밀도가 작은 물질은 액체 위에 뜨고, 액체보다 밀도가 큰 물질은 아래로 가라앉는다.

  예 좋은 볍씨 고르기, 신선한 달걀 고르기, 사금 채취

  • 밀도의 비교 : 쭉정이 < 소금물 < 좋은 볍씨

(2) 서로 섞이지 않는 액체 혼합물의 분리

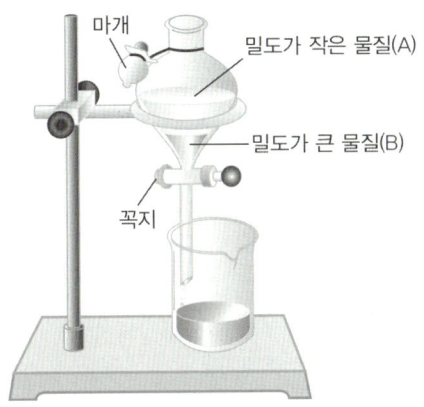

▲ 분별 깔때기를 이용한 액체 혼합물의 분리

> **신선한 달걀 고르기**

• 오래된 달걀 속에는 공기가 많아 가벼워서 잘 떠오른다.

• 밀도 : 신선한 달걀>소금물>오래된 달걀

● 사금 채취

사금이 섞여 있는 모래를 물속에 넣고 흔들면, 밀도가 큰 사금은 가라앉고 밀도가 작은 모래는 흐르는 물에 씻겨 나간다.

● 혈액의 분리

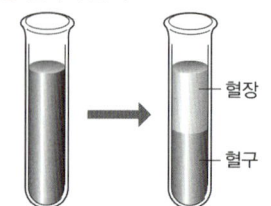

혈액을 원심 분리기에 넣고 분리하면 밀도가 큰 혈구는 아래층에, 밀도가 작은 혈장은 위층에 위치한다.

● 물과 에탄올 혼합물의 분리

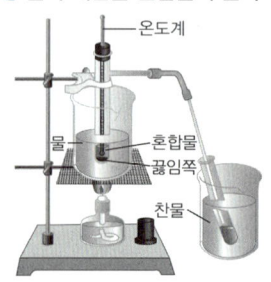

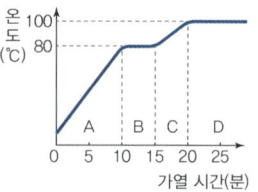

- B 구간 : 에탄올이 주로 나옴.
  D 구간 : 물이 나옴.
- 끓는점이 낮은 에탄올이 먼저 끓어 나오고, 끓는점이 높은 물이 나중에 끓어 나온다.

● 끓임쪽

액체가 갑자기 끓어 넘치는 것을 방지해준다.

밀도가 작은 물질(A)	밀도가 큰 물질(B)
식용유	물
참기름	간장
물	수은

서로 섞이지 않고 밀도가 다른 액체 혼합물은 분별 깔때기를 이용하여 분리한다.

(3) 밀도 차를 이용한 분리 예

물과 식용유의 분리, 바다에 유출된 기름 제거, 사금 채취, 혈액 분리 등

2. 끓는점 차를 이용한 분리

(1) 증류

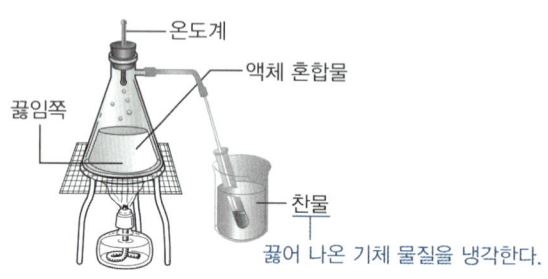

▲ 증류 장치

끓는점이 다른 두 가지 이상의 혼합물을 가열할 때 끓어 나오는 기체를 냉각하여 순수한 액체를 얻는 방법이다.

예 바닷물에서 식수 얻기, 탁한 술에서 맑은 소주 얻기(소줏고리), 물과 에탄올 혼합물 분리

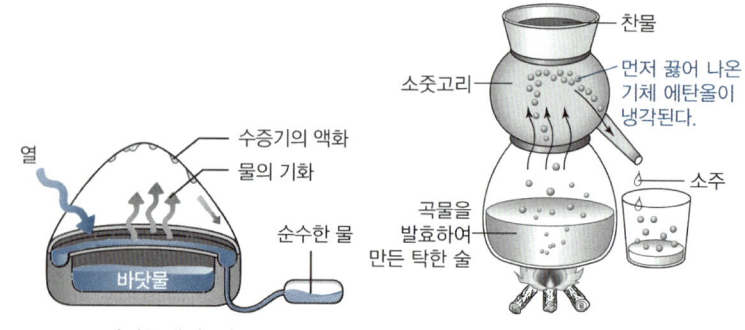

▲ 바닷물에서 식수 얻기   ▲ 탁한 술에서 맑은 소주 얻기

(2) 원유의 분리

끓는점이 낮은 물질은 증류탑의 위쪽에서, 끓는점이 높은 물질은 증류탑의 아래쪽에서 얻을 수 있다.

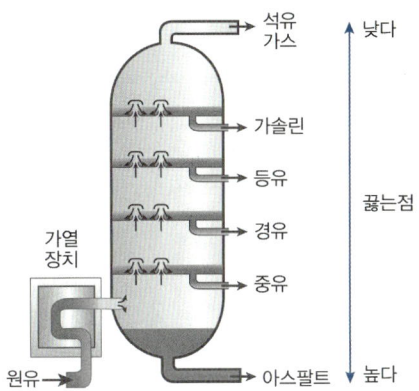

🔍 빈출 유형 100점 돋보기

그림과 같이 서로 잘 섞이지 않는 액체 혼합물을 분별 깔때기를 사용하여 분리할 때 이용되는 물질의 특성은?

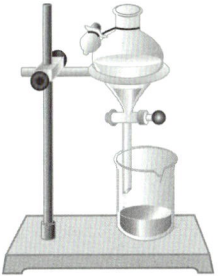

① 밀도   ② 녹는점
③ 끓는점   ④ 어는점

해설

분별 깔때기는 밀도가 다르고 서로 잘 섞이지 않는 액체 혼합물을 분리할 때 이용되는 장치이다.   정답 ①

그림과 같은 장치로 서로 잘 섞이는 액체 혼합물을 끓여서 분리할 때 이용되는 물질의
특성은?

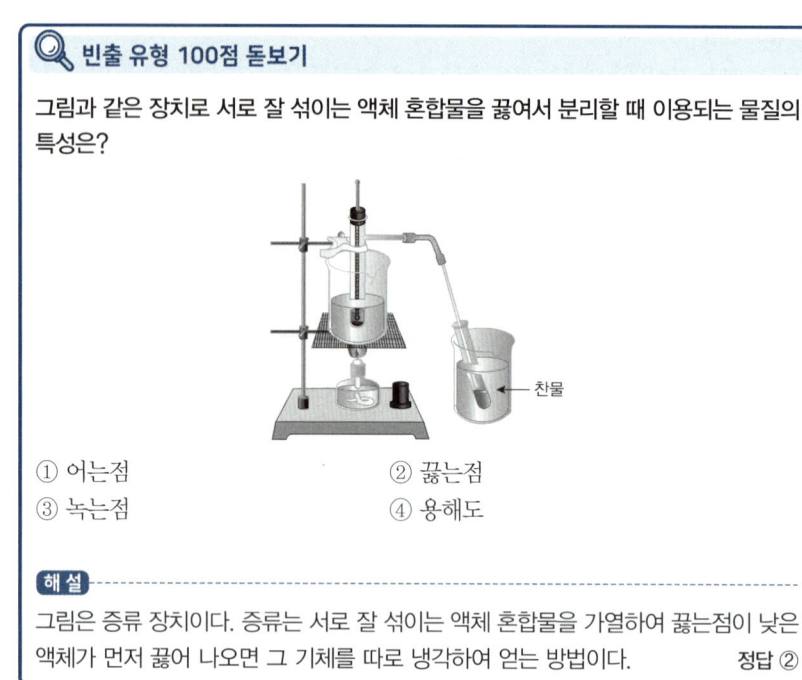

① 어는점   ② 끓는점
③ 녹는점   ④ 용해도

그림은 증류 장치이다. 증류는 서로 잘 섞이는 액체 혼합물을 가열하여 끓는점이 낮은
액체가 먼저 끓어 나오면 그 기체를 따로 냉각하여 얻는 방법이다.   정답 ②

2 용해도 차를 이용한 혼합물의 분리 및 크로마토그래피

1. 용해도 차를 이용한 분리

(1) 거름

어떤 용매에 잘 녹는 성분과 잘 녹지 않는 성분이 섞인 경우, 혼합물
을 용매에 녹인 후 거름 장치로 걸러 혼합물을 분리하는 방법이다.
예 모래와 소금의 분리

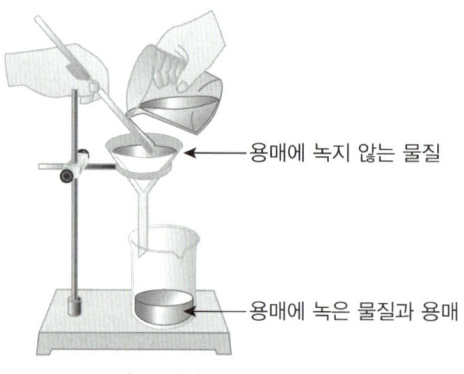

▲ 거름 장치

(2) 추출

혼합물 중의 특정한 한 성분만을 녹일 수 있는 용매를 사용하여 그 물질을 분리하는 방법이다.

⑩ 한약을 물과 함께 약탕기에 넣고 끓이면 한약 성분이 물에 녹아 나온다.

(3) 재결정

소량의 불순물이 섞여 있는 고체 물질을 온도가 높은 용매에 녹인 다음, 용액의 온도를 낮추거나 용매를 증발시켜 순수한 고체 물질을 얻는 방법이다.

⑩ 천일염에서 순수한 소금 얻기

2. 크로마토그래피

(1) 크로마토그래피

혼합물을 이루는 성분 물질이 용매를 따라 이동하는 속도 차를 이용하여 혼합물을 분리하는 방법이다.

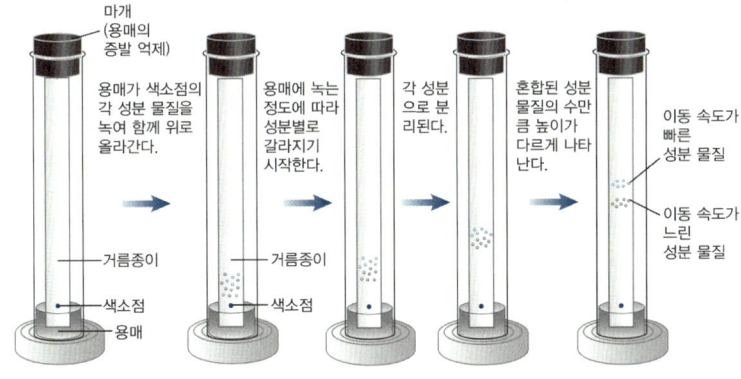

◐ 크로마토그래피의 해석

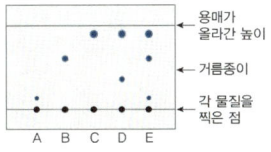

- A, B, C는 순물질로 예상된다.
- D와 E는 혼합물이다.
- A, B, C는 E의 구성 성분이다.

(2) 크로마토그래피의 특징

① 매우 적은 양의 혼합물도 분리할 수 있다.

② 분리 방법이 간단하고, 분리하는 데 걸리는 시간이 짧다.

③ 성질이 비슷한 혼합물도 한 번에 분리할 수 있다.

(3) 크로마토그래피의 이용

사인펜 색소 분리, 운동선수 도핑 테스트 등

그림과 같이 소금과 모래가 섞인 혼합물을 분리할 때 사용할 수 있는 실험 장치는?

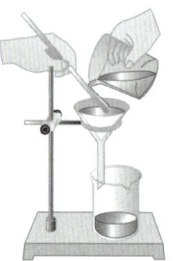

① 거름 장치   ② 전기 분해 장치
③ 분별 증류 장치   ④ 크로마토그래피 장치

해설

그림은 거름 장치의 모습으로 이때 이용되는 물질의 특성은 용해도이다. 소금과 모래 혼합물의 경우 혼합물에 물을 넣어 소금을 녹인 후 거름 장치에 거르면 거름종이 위에는 모래가 남고 비커로 소금물이 내려온다. 비커 속 소금물을 증발시키면 모래와 분리된 소금을 얻을 수 있다.   **정답** ①

01 다음과 같은 특성을 갖는 물질은?

> • 한 가지의 물질로만 이루어진 물질이다.
> • 물질의 특성이 일정하다.

① 암석　　　　② 식초
③ 소금　　　　④ 설탕물

02 다음 중 물질을 구별할 수 있는 특성이 <u>아닌</u> 것은?

① 밀도　　　　② 용해도
③ 질량　　　　④ 녹는점

03 다음은 액체 물질이 끓는 동안의 온도 변화를 나타낸 것이다.

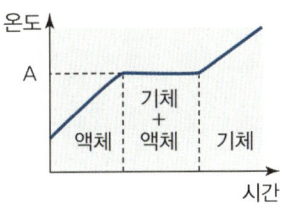

온도 A에 대한 설명으로 옳은 것은? (단, 외부 압력은 일정하다.)

① 녹는점이다.
② 불꽃의 세기가 강해지면 A는 높아진다.
③ 같은 물질이면 A는 같다.
④ 물질의 양이 많아지면 A는 낮아진다.

04 다음은 어떤 물질의 녹는점과 끓는점을 나타낸 것이다.

> • 녹는점 : 0℃
> • 끓는점 : 100℃

이 물질이 실온(25℃)에서의 물질의 상태는 무엇인가?

① 고체
② 액체
③ 기체
④ 고체＋액체＋기체

05 그림은 온도가 다른 물에 탄산음료가 들어 있는 시험관을 넣고 발생하는 기포 수를 비교하는 모습이다.

얼음물　　　　뜨거운 물

> • 기포 수 : 얼음물 < 뜨거운 물

기체의 용해도에 영향을 준 요인은 무엇인가?

① 압력　　　　② 온도
③ 색깔　　　　④ 부피

06 다음은 서로 섞이지 않는 액체 물질의 질량과 부피를 나타낸 것이다.

물질	A	B	C	D
질량(g)	2	1	1	4
부피(mL)	1	2	4	1

이 액체들을 실린더에 부었을 때 가장 아래쪽에 위치하는 액체는?

① A
② B
③ C
④ D

07 그림은 신선한 달걀과 오래된 달걀을 구분하는 방법을 나타낸 것이다.

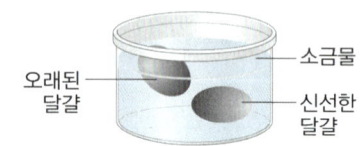

이때 이용된 물질의 특성은?

① 밀도
② 녹는점
③ 어는점
④ 끓는점

08 그림은 끓는점을 이용하여 서로 잘 섞이는 액체 혼합물을 분리하는 장치의 모습이다.

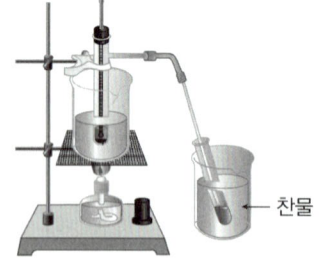

이 같은 분리 방법을 무엇이라고 하는가?

① 크로마토그래피
② 증류
③ 재결정
④ 거름

09 다음과 같은 혼합물의 분리에 이용되는 방법을 나타낸 가장 적절한 실험 장치는?

- 사인펜 색소 분리
- 운동선수 도핑 테스트
- 식물의 엽록소 색소 분리

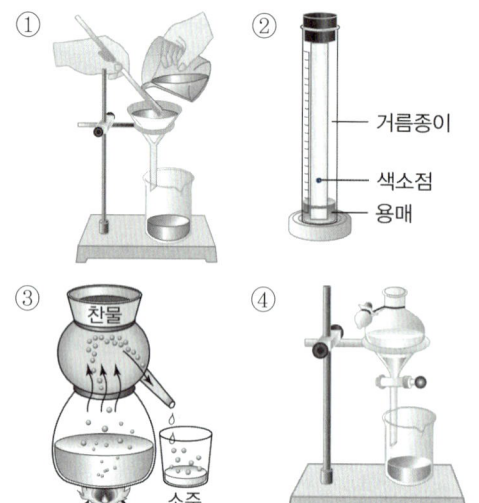

10 다음은 물질 A~D의 크로마토그래피의 분석 결과이다.

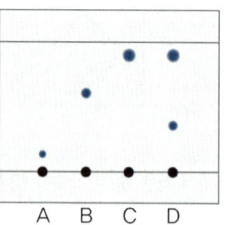

물질이 완전히 분리가 되었을 때 A~D 중 혼합물로 예상되는 것은?

① A
② B
③ C
④ D

PART

05

화학 반응의 규칙과
에너지 변화

01 물질 변화와 화학 반응식

02 화학 반응의 규칙과 에너지 변화

- 물리 변화와 화학 변화를 구분할 수 있다.
- 화학 반응식의 형태를 이해한다.
- 질량 보존 법칙, 일정 성분비 법칙, 기체 반응 법칙의 의미를 파악할 수 있다.
- 화학 반응이 일어날 때 에너지의 출입 관계를 이해한다.

01 물질 변화와 화학 반응식

1 물질의 변화

1. 물리 변화

(1) 물리 변화

물질의 고유한 성질은 변하지 않으면서 모양이나 크기, 상태 등이 변하는 현상이다.

(2) 물리 변화 시 입자의 변화

① 분자 배열이 변한다.

② 분자의 종류, 원자의 종류와 개수, 물질의 성질은 변하지 않는다.

(3) 물리 변화의 예

① 모양 변화 : 유리컵이 깨진다. 종이가 찢어졌다. 종이를 접는다.

② 상태 변화 : 물이 끓어 수증기가 된다. 얼음이 녹아 물이 되었다.

③ 용해 : 설탕이 물에 녹는다.

④ 확산 : 냄새(향기)가 퍼진다. 물에 잉크가 퍼진다.

2. 화학 변화

(1) 화학 변화

물질이 전혀 다른 성질의 새로운 물질로 변하는 현상이다.

(2) 화학 변화 시 입자의 변화

① 원자 배열이 변한다.

② 분자의 종류와 물질의 성질이 변한다.

③ 원자의 종류와 개수는 변하지 않는다.

(3) 화학 변화의 예

① 열이나 빛이 발생 : 연소 반응, 손난로를 흔들면 따뜻해진다.

② 냄새, 맛, 색이 변함 : 김치 맛이 시어짐, 사과가 갈변함, 철이 녹슨다. 단풍이 진다.

③ 기체 발생 : 마그네슘에 염산을 떨어뜨리면 기체가 발생한다.

④ 앙금 생성 : 석회수에 입김을 불면 뿌옇게 흐려진다.

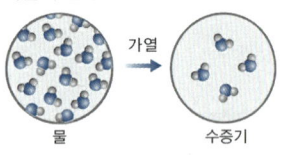

● 물리 변화
분자의 종류는 변하지 않고 분자 배열이 변한다.

물 →(가열)→ 수증기

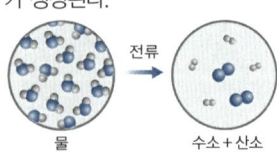

● 화학 변화
원자 배열의 변화로 새로운 분자가 생성된다.

물 →(전류)→ 수소+산소

🔍 빈출 유형 100점 돋보기

다음은 물질의 변화를 설명한 것이다. A에 해당하는 것은?

> Ⅰ. 물질의 변화
>   1. 물리 변화
>   • 물질의 고유한 성질은 변하지 않고 모양이나 상태가 변하는 것
>   예 나무가 쪼개진다.
>   2. 화학 변화
>   • 물질의 화학적 성질이 변하여 새로운 물질로 변하는 것
>   예 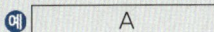 A

① 얼음이 녹는다.　　　　② 유리컵이 깨진다.
③ 종이가 불에 탄다.　　　④ 고무줄이 늘어난다.

해설

화학 변화는 물질이 새로운 물질로 변하는 것으로 종이가 타는 연소 반응, 음식물의 부패, 사과의 갈변 등이 해당한다.　　　　　　　　　　**정답 ③**

오답 피하기

물질의 모양이나 상태가 변하는 것은 물리 변화이다.
① 얼음이 녹는다. – 상태 변화
② 유리컵이 깨진다. – 모양 변화
④ 고무줄이 늘어난다. – 모양 변화

🔍 빈출 유형 100점 돋보기

다음 설명에 해당하는 예로 적절한 것은?

> 물리 변화는 물질의 고유한 성질이 변하지 않고 모양이나 상태가 변하는 것이다.

① 철사를 구부렸다.　　　　② 나무가 불에 탔다.
③ 깡통에 녹이 슬었다.　　　④ 사과의 자른 면이 갈색으로 변했다.

해설

철사를 구부리는 것은 모양 변화이므로 물리 변화에 해당한다.　　　**정답 ①**

오답 피하기

② 불에 타는 연소 반응은 화학 변화이다.
③ 녹이 스는 것은 철이 산소와 결합하여 산화 철이 되는 것으로 화학 변화이다.
④ 사과의 갈변은 화학 변화이다.

1. 화학 반응식

(1) 화학 반응식

① 화학 반응을 화학식과 기호를 이용하여 나타낸 것이다.

② 화학식: 원소 기호를 사용하여 물질을 이루는 원자의 개수나 개수비를 나타낸 것이다.

예 물 H_2O, 수소 H_2

(2) 화학 반응식 꾸미기

[1단계]

> 수소 + 산소 → 물

- 반응물을 왼쪽, 생성물을 오른쪽에 쓰고, 그 사이에 화살표(→)를 표시한다.
- 반응물이나 생성물이 2개 이상인 경우 '+'로 연결한다.

[2단계]

> $H_2 + O_2 → H_2O$

반응물과 생성물을 화학식으로 나타낸다.

[3단계]

> $2H_2 + O_2 → 2H_2O$

반응 전후 원자의 개수와 종류가 같도록 계수를 맞춰준다.

(이때 계수는 가장 간단한 정수비로 나타내며, 1은 생략한다.)

2. 화학 반응식을 통해 알 수 있는 것

화학 반응식	$2H_2$	+	O_2	→	$2H_2O$
반응물과 생성물	반응물 : 수소, 산소				생성물 : 물
분자의 종류, 개수	수소 분자 2개		산소 분자 1개		물 분자 2개
원자의 종류, 개수	수소 원자 4개		산소 원자 2개		수소 원자 4개, 산소 원자 2개
계수비	2	:	1	:	2
분자 수비	2	:	1	:	2

→ 반응물과 생성물의 크기, 모양, 질량 등은 화학 반응식을 통해 알 수 없다.

---

❷ **화학 반응**
물질이 화학 변화를 하여 다른 물질로 변하는 반응

❷ **화학식**

물질	화학식
수소	H_2
산소	O_2
물	H_2O
암모니아	NH_3
질소	N_2
메테인	CH_4
이산화 탄소	CO_2
마그네슘	Mg
구리	Cu
산화 구리(Ⅱ)	CuO

빈출 유형 100점 돋보기

다음은 수소와 산소가 반응하여 수증기를 생성하는 화학 반응식이다. ㉠에 알맞은 숫자는?

$$2H_2 + O_2 \rightarrow (㉠)H_2O$$

① 1　　　　　　　　　　　② 2
③ 3　　　　　　　　　　　④ 4

해설
화학 반응이 일어날 때 원자의 종류와 개수는 변하지 않으므로 반응 전에 들어간 수소 원자 4개, 산소 원자 2개가 생성물에 모두 포함되게 계수비를 맞춘다. 물 분자 1개는 수소 원자 2개와 산소 원자 1개로 되어 있으므로 물 분자 2개가 생성되면 반응물의 수소 원자와 산소 원자 개수가 변하지 않는다.　　　　　　　　　　　　　　정답 ②

 빈출 유형 100점 돋보기

다음은 메테인(CH_4)이 산소와 반응하여 이산화 탄소와 물을 생성하는 화학 반응식이다. ㉠에 해당하는 물질은?

$$CH_4 + 2(㉠) \rightarrow CO_2 + 2H_2O$$

① O_2(산소)　　　　　　　② H_2(수소)
③ N_2(질소)　　　　　　　④ CO(일산화 탄소)

해설
메테인(CH_4)이 산소(O_2)와 반응하여 이산화 탄소(CO_2)와 물(H_2O)을 생성하는 화학 반응식이므로 ㉠에는 산소 기체(O_2)가 들어간다.　　　　　　　　정답 ①

02 화학 반응의 규칙과 에너지 변화

1 화학 반응의 규칙성

1. 질량 보존 법칙

(1) 질량 보존 법칙(라부아지에)

① 화학 반응이 일어날 때 반응 전후에 질량이 변하지 않고 일정하다.

② 반응물의 전체 질량＝생성물의 전체 질량

③ 질량 보존 법칙이 성립하는 까닭 : 화학 반응이 일어날 때 물질을 이루는 원자의 종류와 개수가 변하지 않기 때문이다.

(2) 질량 보존 법칙의 적용

① 앙금 생성 반응에서의 질량 보존

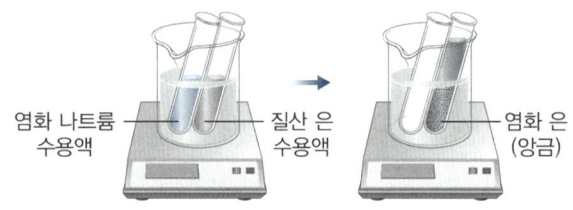

염화 나트륨 수용액 — 질산 은 수용액 — 염화 은 (앙금)

㉠ 염화 나트륨 수용액과 질산 은 수용액을 섞으면 염화 은의 흰색 앙금이 생성된다.

㉡ 질량 변화 : 반응 전후의 질량이 같다.

(염화 나트륨＋질산 은)의 질량＝(질산 나트륨＋염화 은)의 질량

② 기체 발생 반응에서의 질량 보존

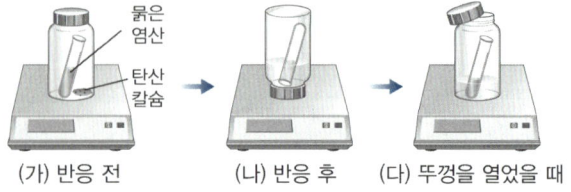

묽은 염산 — 탄산 칼슘

(가) 반응 전 (나) 반응 후 (다) 뚜껑을 열었을 때

• 측정된 질량 비교 : (가)＝(나)＞(다)

> **물리 변화가 일어날 때 질량 변화**
> 물리 변화가 일어날 때 분자의 종류, 개수의 변화가 없으므로 질량의 변화가 없다.

⑨ 탄산 칼슘과 묽은 염산이 반응하면 이산화 탄소 기체가 발생한다.

⑩ 질량 변화

　ⓐ 닫힌 공간에서는 생성된 기체가 빠져나가지 못하므로 반응 전후 질량이 같다.

　ⓑ 열린 공간에서는 발생한 기체가 빠져나가 질량이 감소한다.

③ 연소 반응

나무의 연소 반응
나무 + 산소 → 수증기 + 이산화 탄소 + 재
열린 공간 : 생성된 기체가 빠져나가 질량 감소
닫힌 공간 : 반응 전 = 반응 후

강철 솜의 연소 반응
강철 솜 + 산소 → 산화 철
열린 공간 : 결합한 산소 양만큼 질량 증가
닫힌 공간 : 반응 전 = 반응 후

🔍 빈출 유형 100점 돋보기

다음은 구리 4g과 산소 1g이 모두 반응하여 산화 구리(Ⅱ)가 생성된 것을 모형으로 나타낸 것이다. 질량 ⑨은?

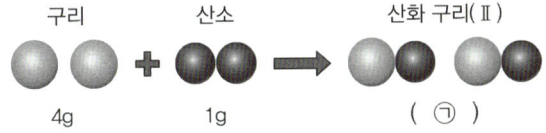

구리　　　　　산소　　　　　산화 구리(Ⅱ)
4g　　　　　　1g　　　　　　(⑨)

① 2g　　　　　　　　　　② 3g
③ 4g　　　　　　　　　　④ 5g

해설

질량 보존 법칙에 의해 반응 물질의 총 질량의 합은 생성물의 총 질량의 합과 같다. 따라서 반응물인 구리와 산소의 질량 합이 5g이므로 생성된 산화 구리(Ⅱ)의 질량은 5g이다.

정답 ④

❯ 나무의 연소
● 열린 공간

반응 전 질량 > 반응 후 질량

● 닫힌 공간

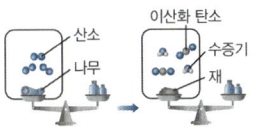

반응 전 질량 = 반응 후 질량

❯ 강철 솜의 연소
● 열린 공간

반응 전 질량 < 반응 후 질량

● 닫힌 공간

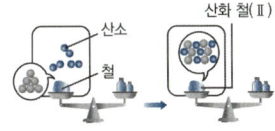

반응 전 질량 = 반응 후 질량

2. 일정 성분비 법칙

(1) 일정 성분비 법칙(프루스트)

① 화합물을 구성하는 성분 원소 사이에는 일정한 질량비가 성립한다.

② 일정 성분비 법칙이 성립하는 이유 : 화합물을 구성하는 성분 원자의 개수비는 항상 일정하기 때문이다.

③ 화합물을 구성하는 원소가 같아도 질량비가 다르면 다른 물질이다.

구분	물 분자	과산화 수소 분자
분자 모형		
개수비	수소 : 산소 = 2 : 1	수소 : 산소 = 1 : 1
질량비	수소 : 산소 = 1 : 8	수소 : 산소 = 1 : 16
	(수소 원자의 상대적 질량 1, 산소 원자의 상대적 질량 16)	

④ 일정 성분비 법칙은 혼합물에서는 성립하지 않고, 화합물에서만 성립한다.

(2) 산화 구리(Ⅱ) 생성 반응에서 질량비

$$구리 \ + \ 산소 \ \rightarrow \ 산화 \ 구리(Ⅱ)$$

구분	구리와 산소	구리와 산화 구리(Ⅱ)
질량 관계	구리 : 산소 = 4 : 1	구리 : 산화 구리(Ⅱ) = 4 : 5
질량비	구리 : 산소 = 4 : 1	구리 : 산화 구리(Ⅱ) = 4 : 5
산화 구리(Ⅱ) 생성 반응에서 질량비	구리 : 산소 : 산화 구리(Ⅱ) = 4 : 1 : 5	

🔍 **빈출 유형 100점 돋보기**

수소(H_2)의 기체와 산소(O_2) 기체는 1 : 8의 질량비로 반응하여 물(H_2O)을 생성한다. 다음에서 반응한 산소 기체의 질량은?

$$2H_2 \ + \ O_2 \ \rightarrow \ 2H_2O$$
$$2g \quad (\quad)g \quad 18g$$

① 4　　　　　② 8　　　　　③ 12　　　　　⑤ 16

해설

| 풀이 1 | 질량 보존 법칙 활용
반응 전 물질의 전체 질량과 반응 후 물질의 전체 질량은 일정하다.
따라서 2g +(　) = 18g, (　) = 16g으로 계산할 수 있다.
| 풀이 2 | 일정 성분비 법칙 활용
화합물을 구성하는 성분 원소 사이에는 일정한 질량비가 성립한다. 수소 기체와 산소 기체는 1 : 8의 질량비로 반응하므로 수소 기체가 2g 반응할 때 필요한 산소 기체는
1 : 8 = 2g : (　)로 (　) = 16g이 된다.　　　　　　　**정답 ④**

3. 기체 반응 법칙(게이뤼삭)

(1) 기체 반응 법칙

① 일정한 온도와 압력에서 기체가 반응하여 새로운 기체를 생성할 때 각 기체의 부피 사이에는 간단한 정수비가 성립한다.

② 온도와 압력이 같을 때 모든 기체는 같은 부피 속에 같은 수의 분자가 들어 있다.

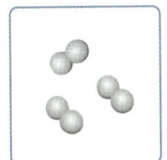 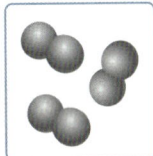 

수소 3분자　　　질소 3분자　　　수증기 3분자

(2) 화학 반응식의 계수비 = 기체의 분자 수비 = 기체의 부피비

	모형	수소		산소		수증기
수증기 생성 반응	화학 반응식	$2H_2$	+	O_2	→	$2H_2O$
	계수비	2	:	1	:	2
	부피비	2	:	1	:	2
	분자 수비	2	:	1	:	2

🔍 빈출 유형 100점 돋보기

다음은 수소(H_2) 기체와 질소(N_2) 기체가 반응하여 암모니아(NH_3) 기체가 생성되는 반응을 화학 반응식으로 나타낸 것이다. 반응하는 수소 기체와 질소 기체의 부피비는? (단, 온도와 압력은 일정하다.)

$$3H_2 + N_2 \rightarrow 2NH_3$$

	수소	질소			수소	질소
①	1 : 2		②	1 : 3
③	2 : 1		④	3 : 1

해설

일정한 온도와 압력에서 기체가 반응하여 새로운 기체를 생성할 때 각 기체의 부피 사이에는 간단한 정수비가 성립하고 화학 반응식의 계수비는 각 기체의 분자 수의 비, 부피비와 같다. 따라서 수소 : 질소 : 암모니아의 계수비가 3 : 1 : 2이므로 부피비는 3 : 1 : 2이 된다.

정답 ④

2 화학 반응에서의 에너지 출입

1. 발열 반응

(1) 발열 반응

열에너지 방출

① 반응이 일어날 때 주위로 에너지를 방출하는 반응이다.
② 반응이 일어날 때 주위의 온도가 높아진다.

(2) 발열 반응의 예
　① 연소 반응
　② 금속이 녹스는 반응
　③ 금속과 산의 반응
　④ 산과 염기의 반응

(3) 발열 반응의 이용
   ① 발열 도시락 : 산화 칼슘과 물이 반응하면서 방출하는 에너지로 음식물을 데운다.
   ② 철 가루 손난로 : 철 가루와 산소가 반응하면서 방출하는 에너지를 이용한다.
   ③ 염화 칼슘 제설제 : 염화 칼슘이 물과 반응할 때 에너지를 방출하여 눈을 녹인다.

2. 흡열 반응

(1) 흡열 반응

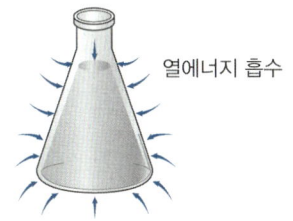

열에너지 흡수

   ① 반응이 일어날 때 주위로부터 에너지를 흡수하는 반응이다.
   ② 반응이 일어날 때 주위의 온도가 낮아진다.

(2) 흡열 반응의 예
   ① 열분해
   ② 전기 분해
   ③ 광합성

(3) 흡열 반응의 이용
   • 냉찜질 팩 : 질산 암모늄과 물이 반응할 때 에너지를 흡수하여 주변 온도가 낮아지는 것을 이용한다.

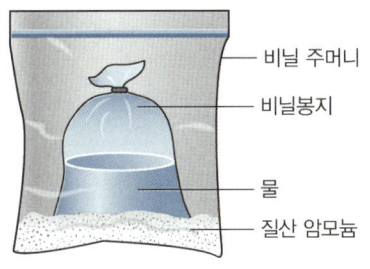

— 비닐 주머니
— 비닐봉지
— 물
— 질산 암모늄

◑ 발열 도시락
발열 도시락의 발열제의 주성분은 산화 칼슘으로 산화 칼슘이 물과 반응할 때 열에너지를 방출하여 음식을 데울 수 있다.

◑ 수산화 바륨과 염화 암모늄의 반응

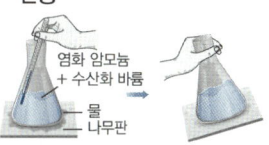

염화 암모늄
+ 수산화 바륨
물
나무판

물을 적신 나무판 위에 삼각 플라스크를 올려두고 수산화 바륨과 염화 암모늄을 넣어준다.
• 시간이 지난 후 삼각 플라스크를 들어보면 나무판 위의 물이 얼어 삼각 플라스크와 나무판이 붙어 있다.
• 수산화 바륨과 염화 암모늄이 반응할 때 주변의 열을 흡수하여 물이 얼었다.

제2편

01 다음과 같은 변화로 설명할 수 있는 현상은?

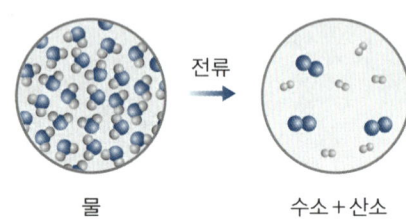

물 → (전류) → 수소+산소

① 사과를 깎아 놓으면 갈색으로 변한다.
② 종이가 찢어졌다.
③ 나무를 깎아 인형을 만들었다.
④ 얼음이 녹아 물이 되었다.

02 다음은 메테인(CH_4)이 산소와 반응하여 이산화탄소와 물을 생성하는 화학 반응식이다.

$$CH_4 + 2(\ \text{㉠}\ ) \rightarrow (\ \text{㉡}\ ) + 2H_2O$$

이에 대한 설명으로 옳은 것은?

① 반응 물질은 4가지이다.
② ㉠에 해당하는 물질은 C이다.
③ ㉡에 해당하는 물질은 CO_2이다.
④ 물리 변화이다.

03 그림은 암모니아가 생성되는 반응을 모형으로 나타낸 것이다.

질소(N_2)   수소(H_2)   암모니아(NH_3)

이 반응을 나타낸 화학 반응식으로 옳은 것은?

① $N + H \rightarrow NH$
② $2N + 3H \rightarrow 2NH$
③ $N_2 + H_2 \rightarrow NH_3$
④ $N_2 + 3H_2 \rightarrow 2NH_3$

04 표는 마그네슘과 산소가 반응하여 생성되는 산화 마그네슘의 양을 나타낸 것이다.

구분	반응 물질 질량(g)		생성 물질 질량(g)
	마그네슘	산소	산화 마그네슘
실험 1	3	2	5
실험 2	6	4	(㉠)

실험 2에서 생성된 산화 마그네슘의 질량 ㉠은?

① 4   ② 8
③ 10   ④ 20

05 그림은 탄산 칼슘과 묽은 염산이 반응하는 모습을 나타낸 것이다.

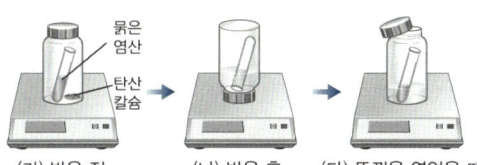

(가) 반응 전 　 (나) 반응 후 　 (다) 뚜껑을 열었을 때

(가)~(다)의 질량을 바르게 비교한 것은? (단, 묽은 염산과 탄산 칼슘이 반응하면 이산화 탄소 기체가 발생한다.)

① (가) > (나) = (다)
② (가) = (나) > (다)
③ (가) = (나) < (다)
④ (가) > (나) > (다)

06 다음 중 일정 성분비 법칙으로 설명할 수 <u>없는</u> 것은?

① 설탕 + 물 → 설탕물
② 수소 + 산소 → 수증기
③ 탄소 + 산소 → 이산화 탄소
④ 수소 + 질소 → 암모니아

07 그림은 구리 4g과 산소 1g이 모두 반응하여 산화 구리(Ⅱ)를 생성하는 모형을 나타낸 것이다.

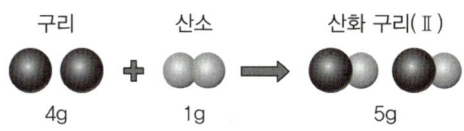

구리　　산소　　　산화 구리(Ⅱ)
4g　　　1g　　　　　5g

구리 8g을 모두 반응시켜 산화 구리(Ⅱ) 10g을 얻을 때 필요한 산소의 질량은?

① 2g 　　② 4g
③ 8g 　　④ 12g

08 다음은 수소 기체와 산소 기체가 반응하여 수증기를 생성하는 모형을 나타낸 것이다.

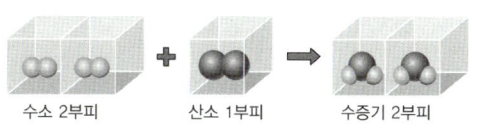

수소 2부피　　산소 1부피　　수증기 2부피

수증기 20L를 얻기 위해 필요한 수소와 산소의 부피는? (단, 온도와 압력은 일정하다.)

	수소	산소
①	10	10
②	20	10
③	40	20
④	40	40

09 다음과 같은 반응이 일어날 때 주위의 온도 변화로 옳은 것은?

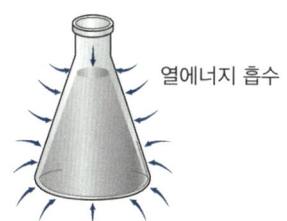

열에너지 흡수

① 주위의 온도는 높아지다 낮아진다.
② 주위의 온도는 낮아지다 높아진다.
③ 주위의 온도는 높아진다.
④ 주위의 온도는 낮아진다.

10 다음 중 에너지를 방출하는 반응이 일어나지 <u>않</u>는 것은?

① 화석 연료의 연소
② 철 가루 손난로
③ 냉찜질 팩
④ 발열 도시락

EBS 교육방송교재

중졸 검정고시  과학

EBS 교육방송교재

중졸 검정고시 과학

PART

01

생물의 다양성

01 생물 다양성

02 생물 다양성 보전

- 생물 다양성의 의미와 종류를 구분할 수 있다.
- 종의 의미를 파악하고 생물을 5계로 분류할 수 있다.
- 생물 다양성의 중요성을 익히고 생물 다양성의 감소 원인 및 대처 방법을 안다.

01 생물 다양성

1 생물 다양성의 종류

1. 생물 다양성
어떤 지역에 살고 있는 생물의 다양한 정도를 말한다.

유전적 다양성 | 종 다양성 | 생태계 다양성

❯ 유전자 차이에 따른 무당벌레의 모습

(1) 유전적 다양성
① 같은 종에 속하는 생물이 서로 다른 유전자를 가지고 있어 크기나 생김새 등의 특징이 다르게 나타나는 정도를 말한다.
　예 얼룩말의 줄무늬, 무당벌레의 색깔과 무늬
② 유전적 다양성이 높은 집단은 급격한 환경 변화에도 살아남는 개체가 있어 멸종될 위험이 낮다.

(2) 종 다양성
① 일정 지역에 살고 있는 생물종의 다양한 정도를 말한다.
② 다양한 종의 생물이 고르게 분포할수록 종 다양성이 높다.

✎ **친절한 선생님**　　　　　　　　　　　　종 다양성 비교

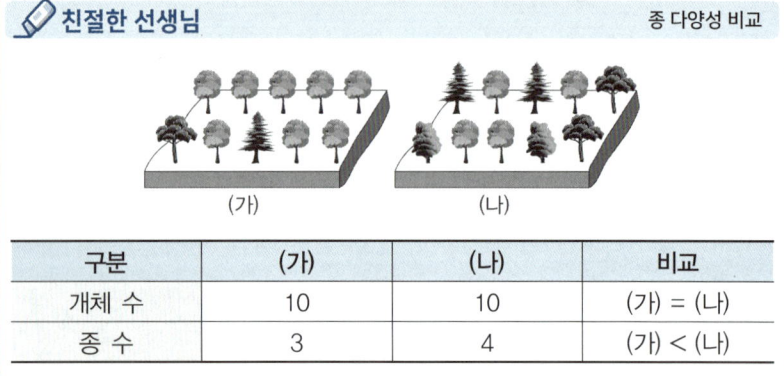

(가)　　　　　　　(나)

구분	(가)	(나)	비교
개체 수	10	10	(가) = (나)
종 수	3	4	(가) < (나)

- 종 다양성 비교 : (가)지역과 (나)지역의 개체 수는 같지만, (나)지역의 종의 수가 더 많고 종이 고르게 분포하기 때문에 (나)지역이 (가)지역보다 종다양성이 높다.

(3) 생태계 다양성

① 어떤 지역에 존재하는 생태계의 다양한 정도를 말한다.
  예 생태계 종류 : 열대우림, 초원, 습지 등
② 생태계의 종류에 따라 살고 있는 생물종이 다르므로, 생태계 다양성이 높으면 유전적 다양성, 종 다양성이 높다.

2. 변이

(1) 변이

① 같은 종의 생물 사이에서 나타나는 서로 다른 특징을 말한다.
② 환경적 요인, 유전자 원인에 따라 변이가 나타날 수 있다.

(2) 생물이 다양해지는 과정과 변이

한 종류의 생물에 다양한 변이가 존재한다.

↓

생물이 살고 있는 환경에 알맞은 변이를 가진 개체가
더 많이 살아남아 자손을 남긴다.

↓

이 과정이 오랜 세월 동안 누적되면 기존 생물과
특징이 다른 생물이 나타나 생물 다양성이 증가한다.

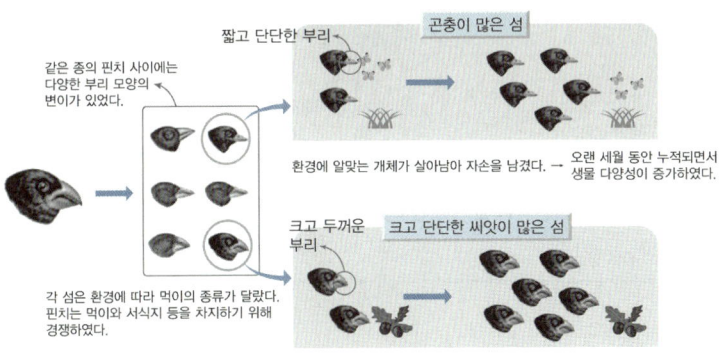

같은 종의 핀치 사이에는 다양한 부리 모양의 변이가 있었다.

짧고 단단한 부리

곤충이 많은 섬

환경에 알맞은 개체가 살아남아 자손을 남겼다. → 오랜 세월 동안 누적되면서 생물 다양성이 증가하였다.

크고 두꺼운 부리

크고 단단한 씨앗이 많은 섬

각 섬은 환경에 따라 먹이의 종류가 달랐다. 핀치는 먹이와 서식지 등을 차지하기 위해 경쟁하였다.

◐ 유전자 차이에 따른 변이의 예
- 사람마다 생김새가 다르다.
- 얼룩말의 털 무늬가 조금씩 다르다.
- 바지락 껍데기의 무늬와 색깔이 조금씩 다르다.
- 달팽이 껍데기의 무늬와 색깔이 조금씩 다르다.

제3편

1. 생물 분류

(1) 생물 분류

① 생물을 기준에 따라 비슷한 것끼리 무리 지어 나누는 것을 말한다.

② 생물 사이의 멀고 가까운 관계를 파악할 수 있다.

(2) 생물 분류 체계

① 생물 분류 단계 : 종 < 속 < 과 < 목 < 강 < 문 < 계

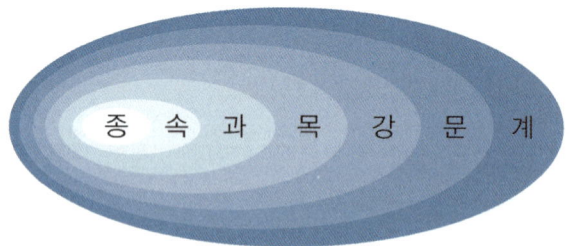

② 종 : 생물을 분류하는 기본 단위로 자연 상태에서 짝짓기를 하여 생식 능력이 있는 자손을 낳을 수 있는 무리를 말한다.

> 🖊 **친절한 선생님**
>
>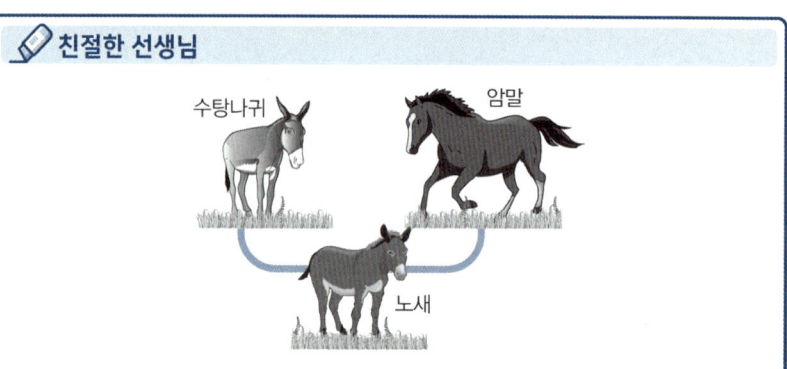
>
> 수탕나귀와 암말 사이에서 태어난 노새는 생식 능력이 없어 자손을 낳을 수 없다. ➡ 노새는 자손을 번식시킬 수 있는 생식 능력이 없으므로 당나귀와 말은 다른 종이다.

◆ 사람 편의에 따른 분류
- 생물을 이용 목적, 식성 등 사람의 편의에 따라 분류하는 방법
- 사람에 따라 분류 결과가 달라지므로 과학적 분류가 아니다.
- **예** 식성에 따른 분류 : 초식 동물, 육식 동물

◆ 생물 고유 특징에 따른 분류
- 생물의 고유한 특징을 기준으로 분류하는 방법
- 과학적인 분류이다.
- **예** 번식 방법에 따른 분류 : 종자 식물, 포자 식물

빈출 유형 100점 돋보기

다음 설명에 해당하는 생물 분류의 단위는?

- 자연 상태에서 짝짓기하여 생식 능력이 있는 자손을 낳을 수 있는 생물 무리를 뜻한다.
- 생물을 분류하는 기본 단위이다.

① 종 　　　　② 속 　　　　③ 과 　　　　④ 목

해설

종은 생물을 분류하는 기본 단위로 자연 상태에서 짝짓기를 하여 생식 능력이 있는 자손을 낳을 수 있는 무리를 말한다. 　　　　　　　　　　　**정답 ①**

2. 생물 5계 분류

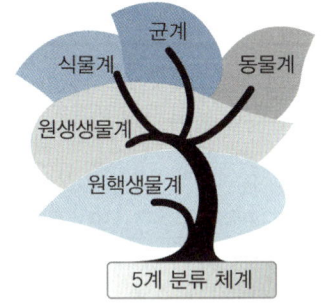

5계 분류 체계

(1) 원핵생물계

① 핵이 없는 생물로 모든 세균이 해당한다.

② 대부분 광합성을 하지 않지만 남세균은 광합성이 가능하다.

③ 세포벽이 있다.

④ 예 : 폐렴균, 대장균, 남세균 등

(2) 원생생물계

① 핵이 있는 생물 중 식물계, 균계, 동물계 어디에도 속하지 않는 생물 무리를 말한다.

② 기관이 발달하지 않았다.

③ 예 : 미역, 다시마, 짚신벌레, 아메바, 유글레나

(3) 식물계

① 핵이 있는 생물로 광합성을 할 수 있다.

② 뿌리, 줄기, 잎과 같은 기관이 발달하였고 세포벽이 있으며 다세포 생물이다.

③ 예 : 이끼, 소나무

❯ 기관
여러 조직이 모여 형태와 기능을 갖는 부분
예 뿌리, 줄기, 잎(식물계)
　심장, 폐, 콩팥(동물계)

● 단세포 생물
몸이 하나의 세포로 이루어진 생물
예 세균(원핵생물계), 아메바, 유글
레나(원생생물계), 효모(균계)

● 다세포 생물
몸이 여러 개의 세포로 이루어진
생물

(4) 균계

　① 핵이 있는 생물로 스스로 양분을 만들 수 없으므로 죽은 생물이
　　 나 배설물을 분해하여 양분을 얻는다.

　② 대부분 몸이 균사라고 하는 실 모양의 구조로 이루어져 있고 다
　　 세포 생물이다.(효모는 예외)

　③ 세포벽이 있다.

　④ 예 : 곰팡이, 버섯, 효모

(5) 동물계

　① 핵이 있는 생물로 스스로 양분을 만들 수 없으므로 다른 생물을
　　 섭취하여 양분을 얻는다.

　② 운동성이 있고, 기관이 발달한 다세포 생물이다.

　③ 예 : 호랑이, 새, 붕어, 오징어

✏️ 친절한 선생님

구분	핵막	세포벽	광합성	예
원핵생물계	없다.	있다.	대부분 안 한다.	세균
원생생물계	있다.	있는 생물, 없는 생물 모두 있다.	하는 생물, 안 하는 생물 모두 있다.	아메바 짚신벌레 미역
식물계	있다.	있다.	한다.	장미
균계	있다.	있다.	안 한다.	버섯, 곰팡이
동물계	있다.	없다.	안 한다.	호랑이

🔍 빈출 유형 100점 돋보기

다음 중 원생생물계에 속하는 생물이 <u>아닌</u> 것은?

① 김　　　　　　　　② 소나무
③ 아메바　　　　　　④ 짚신벌레

해설 --

원생생물계는 핵이 있는 생물 중 식물계, 균계, 동물계에 속하지 않는 생물 집단으로 김은 다세포 생물이며 광합성이 가능하고 운동성이 없는 반면, 아메바와 짚신벌레는 단세포 생물이고 광합성은 불가능하며 운동성이 있다.
소나무는 식물계에 속한다.　　　　　　　　　　　　　　　　　　　　정답 ②

02 생물 다양성 보전

1 생물 다양성 중요성

1. 생물 다양성 중요성

(1) 생물 본질적 가치

생물은 그 자체로 고유한 가치가 있다.

(2) 생태계 평형 유지

생물종이 다양하고 먹이 사슬이 복잡할수록 생태계 평형이 잘 유지된다.

생물 다양성이 낮은 생태계	생물 다양성이 높은 생태계
특정 종이 멸종하면 나머지 종들이 연쇄적으로 멸종되기 때문에 생태계가 파괴될 가능성이 높다.	특정 종이 멸종해도 다른 생물이 멸종된 생물을 대체하여 생태계가 안정적으로 유지될 수 있다.

(3) 생물 자원으로 가치

생물 자원이란 인간의 생활과 생산 활동에 이용되는 모든 생물을 말한다.

2. 생물 자원

(1) 의식주 자원 제공

식량(옥수수, 밀), 의복 재료(누에고치, 양, 목화), 주택 재료(나무)

(2) 의약품의 원료 제공

아스피린(버드나무 껍질), 페니실린(푸른곰팡이), 항암제(주목나무)

(3) 휴식 공간과 관광 자원 제공

휴양림, 올레길

(4) 유전 자원 제공

세균의 해충 저항성 유전자

(5) 아이디어 제공

연잎을 모방한 방수 페인트

> 📝 **친절한 선생님** 　　　　　　　　　　　　　　**연잎의 특징**

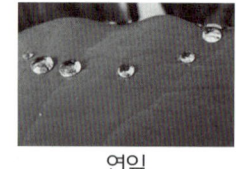

연잎

연잎 표면의 미세한 돌기는 잎 위의 물방울이 굴러다니다가 떨어지게 한다. 이 같은 특징을 이용하여 방수 페인트, 방수 천, 유리 코팅제를 만든다.

2 생물 다양성 보전

1. 생물 다양성 감소 원인

(1) 서식지 감소와 서식지 단편화

① 생물 다양성 감소의 가장 큰 원인이다.

② 무분별한 개발로 인한 서식지 파괴는 종 다양성을 급격히 감소시킨다.

③ 도로나 철도 건설로 인한 서식지 단편화로 인해 생물이 이동에 어려움을 겪고 단절되기도 한다.

(2) 외래종 유입

① 외래종의 번식으로 고유종의 생존이 위협받을 수 있다.

→ 외래종은 먹이 사슬에 변화를 일으켜 생태계 평형을 파괴할 수 있다.

② 예 : 뉴트리아, 가시박, 붉은 귀 거북, 배스

(3) 불법 포획과 남획

불법 포획과 남획으로 생물종의 개체 수가 급격히 감소할 수 있다.

❯ 생체 모방
생물의 생김새, 생활 모습으로부터 아이디어를 얻어 유용한 도구를 만들어낸다.

 →

벨크로

● 도꼬마리 : 열매의 갈고리 형태를 모방하여 벨크로 창안

❯ 외래종
기존 서식지가 아닌 새로운 곳으로 유입된 동식물

가시박

배스

뉴트리아

❯ 남획
번식으로 개체 수를 회복하지 못할 정도로 특정 생물을 잡는 것

(4) 환경 오염

환경 오염으로 생태계가 파괴되면 생물 다양성이 감소한다.

2. 생물 다양성 보전 노력

생물 다양성 감소를 막기 위해 개인, 사회, 국가, 국제적인 노력이 필요하다.

(1) 생태 통로

도로 건설 등으로 인해 끊어진 서식지를 이어주는 생태 통로를 만들어 생물의 고립을 줄인다.

(2) 국립 공원 지정

보호 구역을 지정하여 생물 전체 집단을 보호한다.

(3) 외래종 유입 감시

유입된 외래종을 퇴치하거나 꾸준한 감시를 통해 생태계에 미치는 영향을 확인한다.

(4) 국제 협약 준수

생물 다양성 보전을 위해 사회, 국가, 국제 기구가 협력하는 것이 중요하다.

(5) 종자 은행

여러 식물의 종자를 저장하여 품종을 보존할 수 있다.

❷ 생태 통로

제3편

🔍 빈출 유형 100점 돋보기

다음 중 생물 다양성의 감소 원인이 아닌 것은?

① 환경 오염　　　　② 서식지 파괴
③ 무분별한 남획　　④ 멸종 위기종 보호

해설

멸종 위기종 보호는 생물 다양성 감소를 줄이기 위한 노력이다. 멸종 위기종 보호를 위해 법률을 강화하거나 국립 공원 지정을 통해 생물 전체 집단을 보호한다.

정답 ④

오답 피하기

① 환경 오염으로 생태계가 파괴되면 생물 다양성이 감소한다.
② 생물 다양성 감소의 가장 큰 원인이다.
③ 무분별한 남획으로 생물종의 개체 수가 급격히 감소할 수 있다.

01 다음 설명에 해당하는 것은?

> • 일정한 지역 내에 서식하고 있는 생물의 다양한 정도를 말한다.
> • 생태계 다양성, 종 다양성, 유전적 다양성을 포함한다.

① 먹이 사슬   ② 생물 다양성
③ 원생생물계   ④ 균사

02 그림은 북극여우와 사막여우의 모습이다.

북극여우   사막여우

두 동물의 생김새가 달라지게 된 환경 요인은?

① 물   ② 빛의 파장
③ 먹이 환경   ④ 온도

03 다음 빈칸에 들어갈 알맞은 말은?

> • 자연 상태에서 짝짓기하여 ( ) 능력이 있는 자손을 낳을 수 있는 무리를 종이라고 한다.
> • 수탕나귀와 암말 사이에서 태어난 노새는 ( ) 능력이 없어 자손을 낳을 수 없으므로 당나귀와 말은 다른 종이다.

① 생식   ② 생장
③ 운동   ④ 방어

04 그림은 생물 분류 단계를 나타낸 것이다.

종   속   ㉠   목   강   문   계

㉠에 들어갈 알맞은 말은?

① 수   ② 과
③ 화   ④ 가

05 그림은 생물을 5가지의 계로 분류한 것이다.

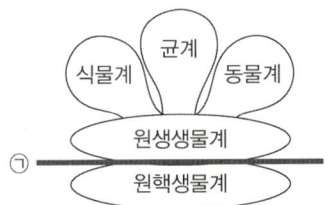

원핵생물계와 나머지 생물계를 구분하는 분류 기준 ㉠으로 옳은 것은?

① 세포벽의 유무

② 균사의 유무

③ 핵막의 유무

④ 운동성의 유무

06 다음 제시된 생물이 속하는 계는?

> 느타리버섯, 푸른곰팡이, 효모

① 균계

② 원생생물계

③ 원핵생물계

④ 식물계

07 다음 중 생물 자원에 해당하지 <u>않는</u> 것은?

① 의복의 원료

② 생태 통로

③ 관광 자원

④ 의약품의 원료

08 그림은 두 종류의 생태계를 나타낸 것이다.

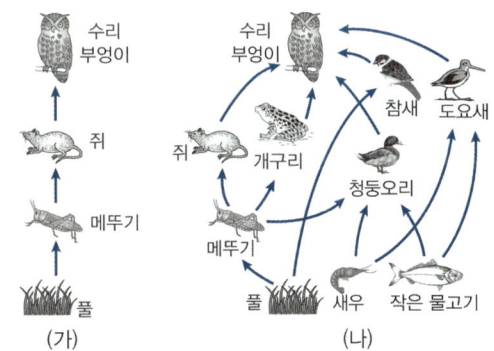

이에 대한 설명으로 옳지 <u>않은</u> 것은?

① (가)가 (나)보다 생물 다양성이 높다.

② 쥐가 사라지면 (가)지역의 수리부엉이는 멸종될 가능성이 높다.

③ (나)가 (가)보다 종 다양성이 높다.

④ (나)에서 쥐가 멸종되어도 수리부엉이는 멸종될 가능성이 낮다.

09 그림과 같은 생물의 유입에 관한 설명으로 옳지 <u>않은</u> 것은?

뉴트리아

① 외래종이라고 한다.
② 먹이 사슬에 변화를 일으켜 생태계 평형을 파괴시킬 수 있다.
③ 생물 다양성을 높이기 위해 들여와야 하는 생물이다.
④ 기존에 서식하던 생물의 생존에 위협이 된다.

10 다음 중 생물 다양성 감소의 원인이 <u>아닌</u> 것은?

① 서식지 파괴
② 환경 오염
③ 생물 다양성 협약 체결
④ 외래종 유입

PART

02

식물과 에너지

01 광합성

02 식물의 호흡

- 광합성과 호흡을 이해할 수 있다.
- 증산 작용의 의미와 역할을 파악할 수 있다.

01 광합성

1 광합성

1. 광합성

(1) 광합성
① 식물이 빛에너지를 이용하여 물과 이산화 탄소를 원료로 양분을 만드는 작용이다.
② 광합성이 일어나는 장소 : 엽록체

(2) 광합성 과정

$$\text{이산화 탄소} + \text{물} \xrightarrow[\text{(엽록체)}]{\text{빛에너지}} \text{포도당} + \text{산소}$$

① 광합성에 필요한 물질
　㉠ 이산화 탄소 : 잎의 기공을 통해 공기 중에서 흡수한다.
　㉡ 물 : 뿌리에서 흡수하여 물관을 통해 잎으로 이동한다.
② 광합성 결과 생성되는 물질
　㉠ 포도당 : 광합성 결과 처음으로 만들어지는 물질로 낮에는 주로 녹말의 형태로 바뀌어 저장되었다가 밤이 되면 설탕의 형태로 바뀌어 체관을 따라 이동한다.
　㉡ 산소 : 일부 자신의 호흡에 이용되고, 나머지는 기공을 통해 대기 중으로 방출된다.
③ 광합성의 에너지원 : 빛에너지

> 🔍 **빈출 유형 100점 돋보기**
>
> 다음 중 식물 세포에서 녹색을 띠며 광합성을 하는 곳은?
>
> ① 핵　　　　② 세포막　　　　③ 엽록체　　　　④ 미토콘드리아
>
> **해설**
> 엽록체는 광합성이 일어나는 장소로 엽록소라는 색소가 포함되어 잎이 녹색을 나타낸다.
> 　　　　　　　　　　　　　　　　　　　　　　　　　　　　　정답 ③

❱ 엽록체와 엽록소
- 엽록체 : 광합성이 일어나는 장소
- 엽록소 : 엽록체 속에 들어 있는 초록색 색소로 빛에너지를 흡수한다.

엽록체
식물 잎의 현미경 사진
➜ 초록색의 동글동글한 엽록체가 관찰된다.

❱ 물관과 체관
물관은 뿌리에서 흡수한 물이 이동하는 통로이고, 체관은 잎에서 광합성을 통해 만들어진 양분이 이동하는 통로이다.

❱ 산소의 확인
광합성 결과 만들어진 기체가 산소임을 확인하기 위해 광합성 결과 생성된 기체에 꺼져가는 불씨를 가까이 가져가 본다.
➜ 꺼져가는 불꽃이 다시 타오르는 것을 통해 산소가 생성되었음을 확인할 수 있다.

🔍 빈출 유형 100점 돋보기

다음은 식물이 빛에너지를 이용하여 이산화 탄소와 물을 원료로 양분을 만드는 광합성 과정이다. ㉠에 해당하는 것은?

$$이산화\ 탄소 + 물\ \xrightarrow{\ 빛에너지\ }\ (\ ㉠\ ) + 산소$$

① 메테인　　　　　　② 포도당
③ 무기 염류　　　　　④ 바이타민

해설-------
광합성은 이산화 탄소와 물을 이용하여 포도당과 산소를 생성한다. 포도당이 만들어지면 낮에는 주로 녹말 형태로 저장되어 있다가 밤이 되면 설탕으로 바뀌어 식물체 각 부분으로 이동한다.　　　　　　　　　　　　　　　　　**정답 ②**

2. 광합성에 영향을 주는 요인

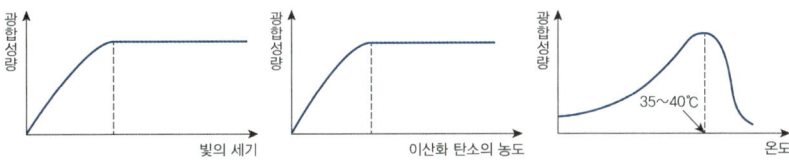

▲ 빛의 세기와 광합성량　　▲ 이산화 탄소와 광합성량　　▲ 온도와 광합성량

(1) 빛의 세기

　　빛의 세기가 강해질수록 광합성은 활발하게 일어나지만, 빛의 세기가 일정 수준 이상이 되면 광합성량은 더 이상 증가하지 않고 일정해진다.

✏️ 친절한 선생님　　　　　　　　　빛의 세기에 따른 광합성량 비교

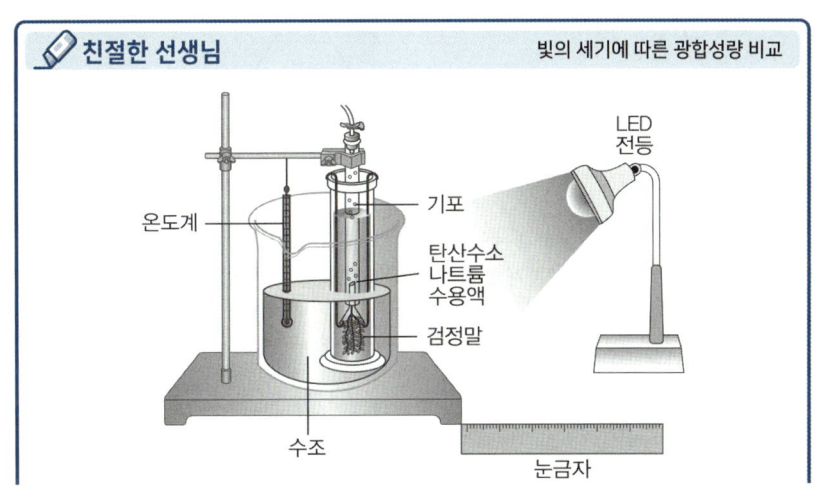

❯ LED 전등
LED 전등은 열이 거의 발생하지 않아 온도를 일정하게 유지할 수 있다.

- 탄산수소 나트륨 수용액은 이산화 탄소를 공급한다.
- 기포는 검정말의 광합성 결과 발생한 산소이다.
- 전등이 수조에 가까워질수록 빛의 세기는 세어진다.
  → 전등이 가까워질수록 기포 수가 증가하다가 일정 거리가 되면 더 이상 증가하지 않고 일정해진다.

(2) 이산화 탄소의 농도

　　이산화 탄소의 농도가 증가할수록 광합성은 활발하게 일어나지만, 이산화 탄소의 농도가 일정 수준 이상이 되면 광합성량은 더 이상 증가하지 않는다.

(3) 온도

　　온도가 높아질수록 광합성량은 증가하지만, 어느 정도 이상의 온도가 되면 광합성량은 급격하게 감소한다.

🔍 빈출 유형 100점 돋보기

다음 중 빛의 세기에 따른 광합성량을 나타낸 그래프는? (단, 이산화 탄소 농도는 충분하고, 온도는 25℃로 일정하다.)

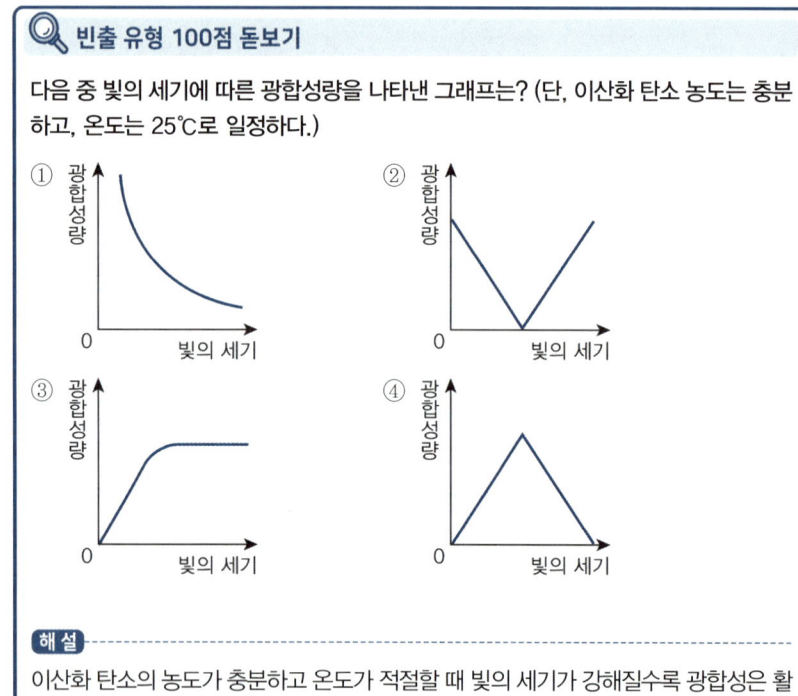

해설

이산화 탄소의 농도가 충분하고 온도가 적절할 때 빛의 세기가 강해질수록 광합성은 활발하게 일어나지만, 빛의 세기가 일정 수준 이상이 되면 광합성량은 더 이상 증가하지 않고 일정해진다.

정답 ③

2 증산 작용

1. 잎의 구조

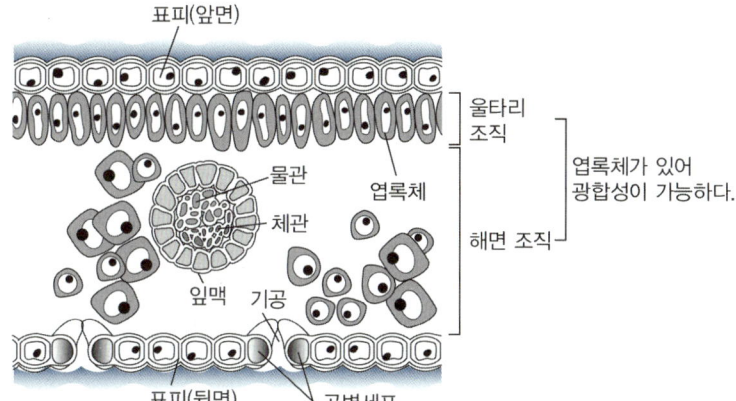

> **▶ 표피**
> - 잎의 가장 바깥 부분으로 한 겹의 세포로 이루어져 있다.
> - 엽록체가 없어 투명하고 광합성이 일어나지 않는다.

> **▶ 잎맥**
> - 물관과 체관으로 구성되어 있다.
> - 물관은 물이 이동하는 통로, 체관은 광합성 결과 생성된 양분이 이동하는 통로이다.

(1) 공변세포

① 잎의 표피 세포가 변형되어 만들어진 세포로 엽록체가 있다.

② 2개의 공변세포가 모여 하나의 기공을 이룬다.

③ 기공 쪽 세포벽이 바깥쪽 세포벽보다 두껍다.

→ 공변세포의 기공 쪽 세포벽이 바깥쪽 세포벽보다 두꺼워 공변세포 내로 물이 들어오면 바깥쪽 세포벽이 기공 쪽 세포벽보다 더 많이 늘어나 세포가 휘어지면서 기공이 열린다.

④ 기공을 열거나 닫아 증산 작용을 조절한다.

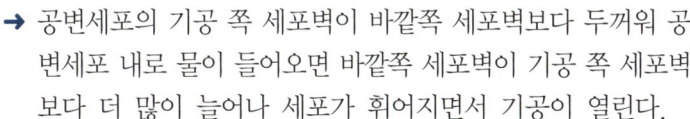

> **▶ 기공의 위치**
> - 기공은 주로 잎의 뒷면에 많이 분포한다.
> - 물 위에 떠 있는 식물의 경우 잎의 앞면에 기공이 주로 있다.

(2) 기공

① 기체가 출입하는 통로 역할을 한다.

② 주로 잎의 뒷면에 많이 분포한다.

(3) 엽록체가 있어 광합성이 일어나는 곳

울타리 조직, 해면 조직, 공변세포

2. 증산 작용

(1) 증산 작용

식물체 안의 물이 기공을 통해 수증기 형태로 공기 중으로 방출되는 현상을 말한다.

(2) 증산 작용이 활발할 조건
  ① 빛이 강할수록
  ② 온도가 높을수록
  ③ 바람이 세게 불수록
  ④ 습도가 낮을수록

(3) 증산 작용의 의의
  ① 광합성에 필요한 물을 뿌리에서 잎까지 끌어올리는 원동력이 된다.
  ② 식물체의 온도와 농도를 조절한다.

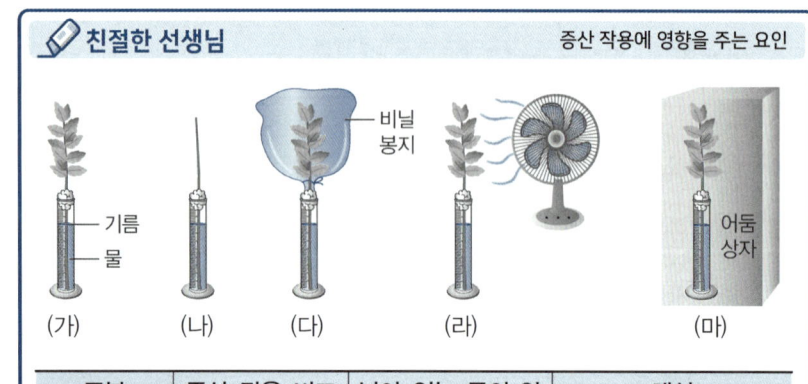

친절한 선생님 증산 작용에 영향을 주는 요인

구분	증산 작용 비교	남아 있는 물의 양	해석
잎의 유무와 증산 작용	(가)>(나)	(가)<(나)	증산 작용은 잎(기공)에서 일어난다.
습도와 증산 작용	(가)>(다)	(가)<(다)	증산 작용은 습도가 낮을수록 잘 일어난다.
바람과 증산 작용	(가)<(라)	(가)>(라)	증산 작용은 바람이 강할수록 잘 일어난다.
빛과 증산 작용	(가)>(마)	(가)<(마)	증산 작용은 빛이 강할 때 잘 일어난다.

🔍 빈출 유형 100점 돋보기

다음 설명에 해당하는 것은?

- 두 개의 세포가 둘러싸서 식물 잎의 기공을 만든다.
- 기공을 열거나 닫아서 증산 작용을 조절한다.

① 물관　　　　　　　　② 열매
③ 뿌리털　　　　　　　④ 공변세포

해설

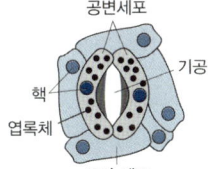

공변세포는 표피 세포가 변형된 것으로 표피 세포와 달리 엽록체가 있어 광합성이 가능하다. 2개의 공변세포가 모여 하나의 기공을 형성하고 기공의 열고 닫힘을 통해 증산 작용이 조절된다.　　　**정답 ④**

🔍 빈출 유형 100점 돋보기

다음 중 식물체 내의 물이 수증기 형태로 잎의 기공을 통해 공기 중으로 빠져나가는 현상은?

① 생식　　　　　　　　② 유전
③ 변이　　　　　　　　④ 증산 작용

해설

증산 작용은 식물체 안의 물이 잎의 기공을 통하여 수증기 형태로 빠져나가는 것을 말한다. 증산 작용을 통해 식물 광합성에 필요한 물이 뿌리에서 잎으로 상승할 수 있다.

정답 ④

02 식물의 호흡

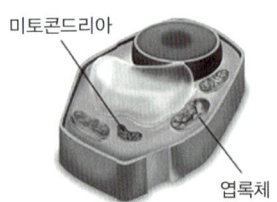

미토콘드리아

엽록체

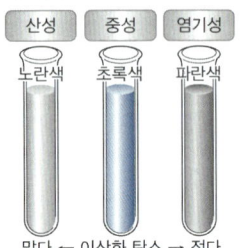

| 산성 | 중성 | 염기성 |

노란색　초록색　파란색

많다 ← 이산화 탄소 → 적다

1 식물의 호흡

1. 식물의 호흡

(1) 호흡
　① 식물이 포도당과 같은 양분을 분해하여 생명 활동에 필요한 에너지를 얻는 과정을 말한다.
　② 식물의 호흡은 살아 있는 모든 세포에서 일어난다.
　③ 호흡은 낮과 밤을 구분하지 않고 항상 일어난다.
　④ 식물의 호흡이 활발할 때 : 싹이 틀 때, 꽃이 필 때, 생장이 왕성한 시기에 에너지가 많이 필요하기 때문에 호흡이 활발하게 일어난다.

(2) 식물의 호흡 과정

> 포도당 + 산소 ⟶ 이산화 탄소 + 물 + 에너지

　① 호흡에 필요한 물질
　　㉠ 포도당 : 광합성 결과 생성된 양분이다.
　　㉡ 산소 : 광합성으로 생성된 산소를 이용하거나, 잎의 기공을 통해 공기 중에서 흡수한다.
　② 호흡 결과 생성되는 물질
　　㉠ 이산화 탄소 : 광합성에 일부 이용되고, 남은 것은 기공을 통해 방출된다.
　　㉡ 물 : 식물체 내에서 쓰이고, 남은 것은 배출된다.
　　㉢ 에너지 : 대부분 열에너지로 전환되며, 나머지는 생명 활동에 이용된다.

2. 식물의 기체 출입

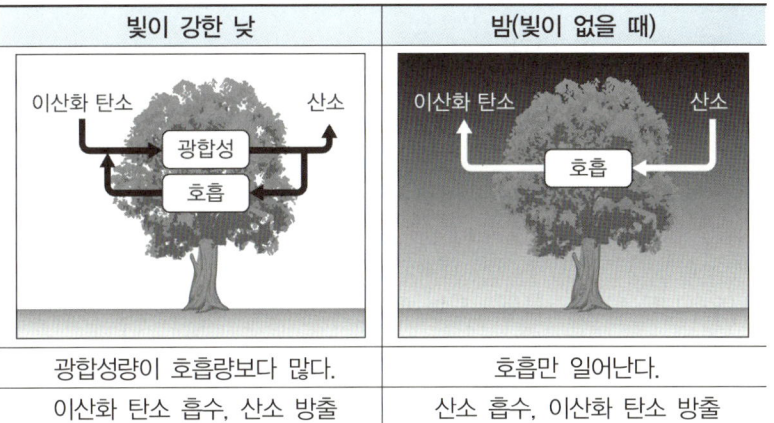

빛이 강한 낮	밤(빛이 없을 때)
광합성량이 호흡량보다 많다.	호흡만 일어난다.
이산화 탄소 흡수, 산소 방출	산소 흡수, 이산화 탄소 방출

❯ 아침과 저녁(빛이 약할 때) 기체 교환

빛이 약해 광합성량과 호흡량이 같아 광합성 결과 생성된 산소가 모두 호흡에 이용되고, 호흡 결과 생성된 이산화 탄소는 모두 광합성에 이용된다.

➡ 겉으로 보이는 기체 출입이 없다.

제 3 편

🔍 **빈출 유형 100점 돋보기**

그림은 낮과 밤에 식물에서 일어나는 작용과 기체의 출입을 나타낸 것이다. 다음 중 A에 해당하는 것은?

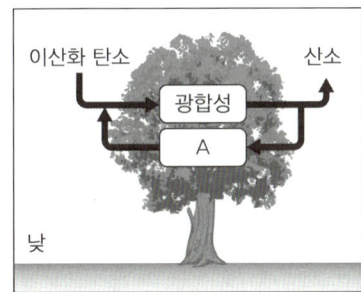
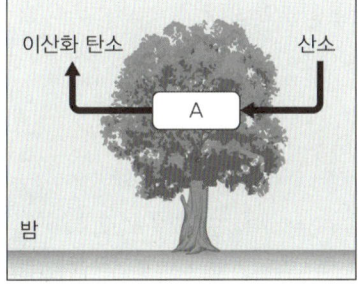

① 면역   ② 여과
③ 응결   ④ 호흡

해설

빛이 강한 낮에는 광합성량이 호흡량보다 더 많기 때문에 이산화 탄소가 흡수되고 산소가 방출된다. 호흡은 항상 일어나기 때문에 빛이 없는 밤에는 광합성은 일어나지 않고 호흡만 일어난다. 호흡 과정에 산소가 흡수되고 이산화 탄소가 방출된다. **정답 ④**

광합성과 호흡

1. 광합성과 호흡 비교

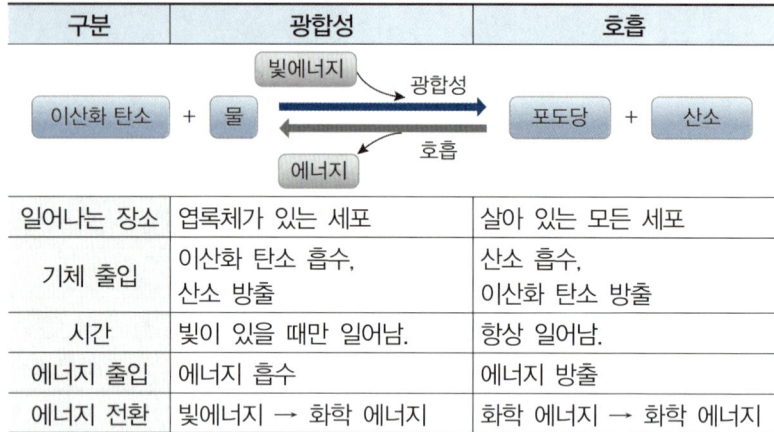

구분	광합성	호흡
일어나는 장소	엽록체가 있는 세포	살아 있는 모든 세포
기체 출입	이산화 탄소 흡수, 산소 방출	산소 흡수, 이산화 탄소 방출
시간	빛이 있을 때만 일어남.	항상 일어남.
에너지 출입	에너지 흡수	에너지 방출
에너지 전환	빛에너지 → 화학 에너지	화학 에너지 → 화학 에너지

2. 광합성 산물의 이동과 이용

(1) 양분의 이동

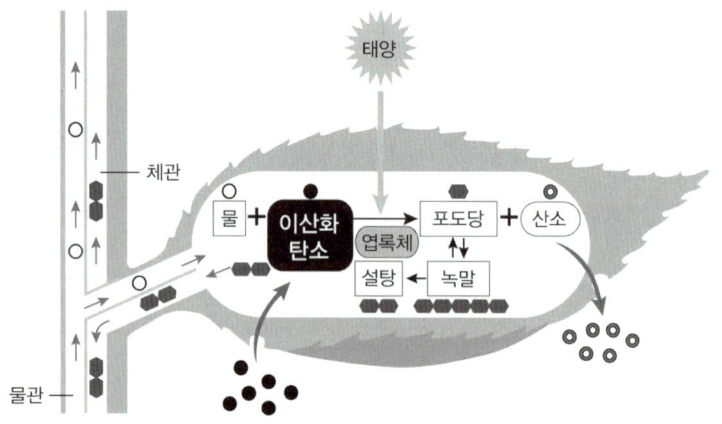

→ 광합성으로 만들어진 포도당은 낮에 녹말로 저장되어 있다가 밤이 되면 주로 설탕으로 바뀌어 식물체 각 부분으로 이동한다.

(2) 양분의 사용

① 식물의 각 기관에서 필요한 에너지를 사용하는 데 이용된다.
② 식물의 몸을 구성하는 데 이용된다.
③ 사용하고 남은 것은 포도당, 녹말, 단백질 등 다양한 형태로 뿌리, 줄기, 열매 등 여러 기관에 저장된다.

❯ 식물 종류에 따른 저장 형태와 장소 비교

식물	저장 형태	저장 장소
고구마	녹말	뿌리
양파	포도당	줄기
감자	녹말	줄기
땅콩	지방	열매
콩	단백질	열매

빈출 유형 100점 돋보기

그림은 식물의 호흡 결과 생성된 기체를 확인하기 위한 실험 장치를 나타낸 것이다. 이 장치를 어두운 곳에 오래 두었더니 시험관 A의 석회수만 뿌옇게 흐려졌다. 석회수를 뿌옇게 만든 기체는?

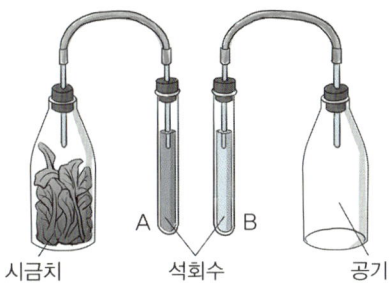

시금치   석회수   공기

① 산소   ② 수소
③ 질소   ④ 이산화 탄소

해설 -------------------------------------

광합성은 빛이 필요하지만 호흡은 빛이 필요하지 않다. 따라서 어두운 곳에 오래 둔 시금치에서는 광합성은 일어나지 않고 호흡만 일어난다. 식물의 호흡 과정에서 이산화 탄소 기체가 발생하기 때문에 공기가 들어 있는 장치보다 시금치가 들어간 장치 안에 이산화 탄소 기체가 더 많다. 이것은 석회수가 뿌옇게 흐려지는 것을 통해 확인할 수 있다. 이산화 탄소 기체는 석회수를 뿌옇게 흐려지게 한다.

정답 ④

적중예상문제

01 다음은 광합성 과정을 나타낸 것이다.

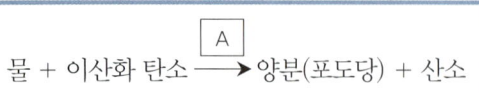

물 + 이산화 탄소 $\xrightarrow{\text{A}}$ 양분(포도당) + 산소

광합성에 필요한 에너지(A)는?

① 위치 에너지
② 운동 에너지
③ 빛에너지
④ 소리 에너지

02 그림은 식물의 광합성에 영향을 미치는 환경 요인과 광합성량의 관계를 나타낸 것이다.

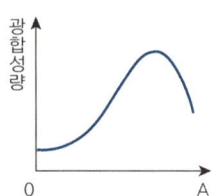

A에 해당하는 환경 요인으로 옳은 것은?

① 산소 농도
② 이산화 탄소 농도
③ 온도
④ 빛의 세기

03 그림과 같이 실험 장치를 꾸미고 전등과 수조 사이의 거리를 변화시키며 수조 안의 기포 수를 체크하였다.

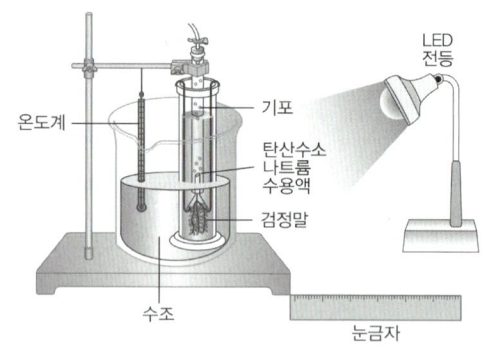

이 실험을 통해 알 수 있는 사실은? (단, 이산화 탄소의 농도는 충분하고, 전등에 의한 수조의 온도 변화는 없다.)

① 전등과 수조 사이의 거리가 가까워질수록 광합성량이 감소한다.
② 빛의 세기가 강해지면 기포 수가 증가한다.
③ 온도가 낮을수록 광합성량이 증가한다.
④ 빛이 있어야 광합성이 일어난다.

04 그림은 잎의 단면 구조를 나타낸 것이다.

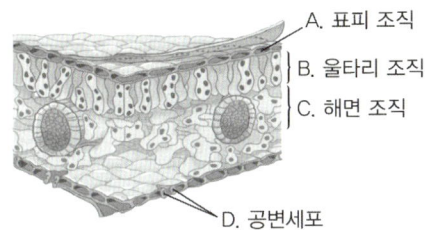

- A. 표피 조직
- B. 울타리 조직
- C. 해면 조직
- D. 공변세포

A~D 중 광합성이 일어나지 <u>않는</u> 장소는?

① A   ② B
③ C   ④ D

05 다음 중 기공을 형성하는 세포의 기호와 이름이 바르게 연결된 것은?

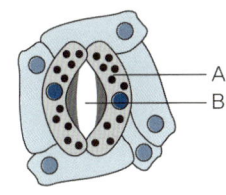

- A
- B

① A – 표피 세포
② A – 공변세포
③ B – 공변세포
④ B – 표피 세포

06 그림은 식물의 증산 작용을 알아보기 위한 실험 장치이다.

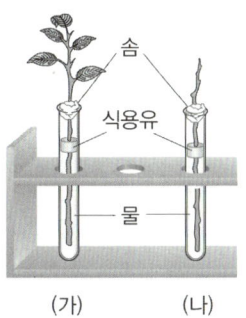

솜
식용유
물

(가)   (나)

이 실험을 통해 알 수 있는 사실은? (단, 잎의 유무 외에 다른 조건은 모두 동일하다.)

① 증산 작용은 (나)가 더 잘 일어난다.
② 물의 양은 (가)가 더 많이 남아 있다.
③ 증산 작용은 식물의 잎에서 일어난다.
④ 줄어든 물의 양은 (나)가 더 많다.

07 다음 설명에 해당하는 것은?

> 산소를 이용하여 양분을 분해하고 생명 활동에 필요한 에너지를 얻는 과정을 말한다.

① 호흡   ② 광합성
③ 증산 작용   ④ 공변세포

08 표는 광합성과 호흡을 비교한 것이다. 옳지 <u>않은</u> 것은?

	구분	광합성	호흡
①	일어나는 장소	엽록체가 있는 세포	살아 있는 모든 세포
②	필요한 기체	이산화 탄소	산소
③	시간	낮	밤
④	에너지 출입	에너지 흡수	에너지 방출

10 그림은 빛이 강한 낮에 식물의 잎을 통해 출입하는 기체를 나타낸 것이다.

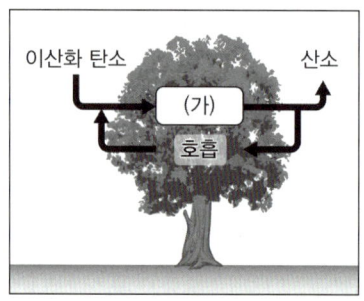

(가)에 들어갈 알맞은 말은?

① 물관
② 광합성
③ 미토콘드리아
④ 응결

09 다음은 식물의 호흡 과정을 식으로 나타낸 것이다.

포도당 + 산소 ⟶ 물 + (A) + 에너지

호흡 결과 생성된 A에 대한 설명으로 옳은 것은?

① A는 질소이다.
② 석회수를 뿌옇게 흐려지게 만든다.
③ 푸른색 염화 코발트 종이를 붉은색으로 바꿔준다.
④ 꺼져가는 향불을 가까이 가져가면 잘 타오르게 한다.

PART

03

동물과 에너지

01 생물의 구성과 영양소

02 소화와 순환

03 호흡과 배설

- 영양소 종류 및 검출 방법을 알 수 있다.
- 소화계, 순환계, 호흡계, 배설계의 기능과 역할을 이해한다.
- 세포 호흡의 의미를 알고 기관계의 통합 작용을 이해한다.

01 생물의 구성과 영양소

1 생물의 구성

1. 생물의 구성 단계

(1) 생물의 구성 단계

세포 ⟶ 조직 ⟶ 기관 ⟶ 개체

(2) 각 단계의 의미
① 세포 : 생물체를 구성하는 기본 단위이다.
② 조직 : 모양과 기능이 같은 세포들의 모임을 말한다.
③ 기관 : 일정한 형태를 이루고 특정 기능을 수행하는 부분이다.
④ 개체 : 체계적인 구조와 기능을 가진 독립된 생물체이다.

❯ 식물체와 동물체의 구성 단계 비교

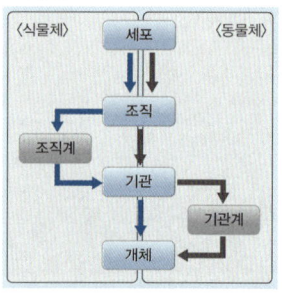

- 식물체에는 여러 조직이 모여 몸 전체에서 공통의 기능을 하는 단계인 조직계가 있다.
- 동물체에는 연관된 기능을 수행하는 기관이 모여 있는 기관계가 있다.

2. 동물의 구성 단계

(1) 동물의 구성 단계

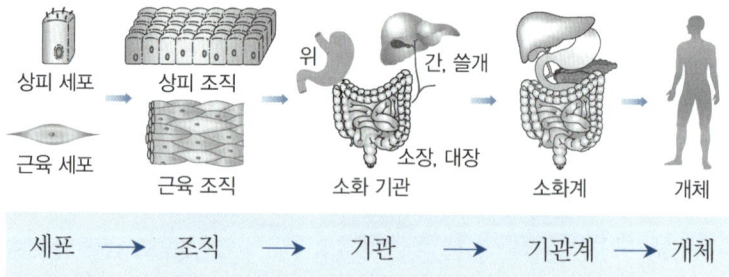

세포 ⟶ 조직 ⟶ 기관 ⟶ 기관계 ⟶ 개체

(2) 기관계
① 연관된 기능을 수행하는 기관이 모여 함께 작용하는 부분을 말한다.
② 식물체의 구성 단계에는 없고 동물체의 구성 단계에 있다.
③ 소화계, 순환계, 호흡계, 배설계 등이 있다.

2 영양소

1. 영양소

우리 몸을 구성하고 에너지원으로 쓰이거나 몸의 기능을 조절하는 물질

(1) 3대 영양소

에너지원으로 쓰이며 몸의 구성 성분으로 사용된다.

구분	탄수화물	단백질	지방
	에너지원, 몸을 구성	에너지원, 몸을 구성	에너지원, 몸을 구성
기능	• 주 에너지원 • 몸의 구성 비율이 낮다. • 남으면 지방으로 바뀌어 저장된다.	• 효소, 호르몬의 주 성분으로 몸의 기능을 조절한다. • 근육, 머리카락 등을 구성한다.	• 에너지의 저장 형태이다. • 체온 유지 기능을 한다.
식품	밥, 빵, 감자, 고구마, 국수	콩, 살코기, 생선	버터, 식용유, 땅콩

> **에너지원**
> • 탄수화물과 단백질은 1g당 4kcal의 열량을 낸다.
> • 지방은 1g당 9kcal의 열량을 낸다.

(2) 부영양소

에너지원은 아니지만 몸을 구성하거나 몸의 기능을 조절한다.

구분	물	무기 염류	바이타민(비타민)
기능	• 몸의 구성 비율이 가장 높다. • 영양소, 노폐물을 운반한다. • 체온을 조절한다.	• 뼈, 혈액 등 몸을 구성한다. • 몸의 기능을 조절한다.	• 몸을 구성하지 않지만 적은 양으로 몸의 기능을 조절한다. • 부족하면 결핍 증상이 나타난다.

> **바이타민 결핍증**
> • 수용성 바이타민
> B_1 : 각기병
> B_2 : 피부병
>   C : 괴혈병
> • 지용성 바이타민
>   A : 야맹증
>   D : 구루병

2. 영양소 검출법

영양소에 검출 시약을 떨어뜨리고 반응 색이 나타나는지 확인한다.

영양소	검출 시약	반응 색
녹말	아이오딘-아이오딘화 칼륨	청람색
포도당	베네딕트 용액 + 가열	황적색
단백질	뷰렛 용액	보라색
지방	수단 Ⅲ 용액	선홍색

02 소화와 순환

1 소화

1. 소화계

(1) 소화

> **소화가 일어나야 하는 이유**
> 섭취한 영양소를 우리 몸에서 이용하려면 영양소의 크기가 세포막을 통과하여 몸속으로 흡수할 수 있을 만큼 매우 작게 분해되어야 한다.

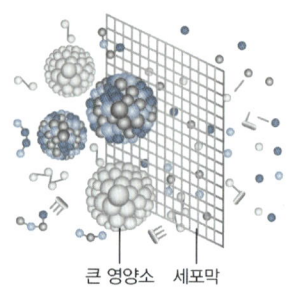

큰 영양소   세포막

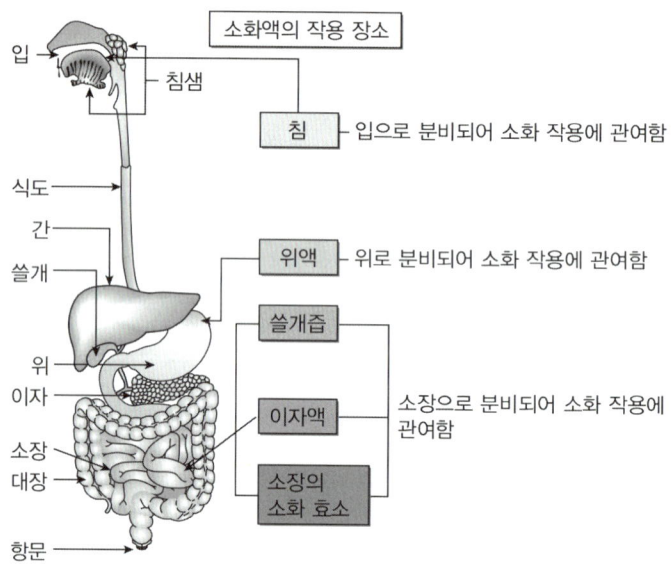

입
침샘
식도
간
쓸개
위
이자
소장
대장
항문

소화액의 작용 장소

침 ― 입으로 분비되어 소화 작용에 관여함

위액 ― 위로 분비되어 소화 작용에 관여함

쓸개즙
이자액 ― 소장으로 분비되어 소화 작용에 관여함
소장의 소화 효소

① 소화 : 음식물 속의 영양소를 흡수할 수 있도록 잘게 분해하는 과정이다.
② 소화계 : 음식물의 소화 및 흡수를 담당하는 기관들의 모임이다.
③ 소화관 : 음식물이 지나가는 통로로 입에서 항문까지 연결되어 있다.

> **음식물의 이동 경로 :** 입 ➡ 식도 ➡ 위 ➡ 소장 ➡ 대장 ➡ 항문

④ 소화샘 : 소화관에 연결되어 소화액을 분비하는 곳
　　예 침샘, 간, 쓸개, 이자 등

> **소화 기관의 명칭과 기능**

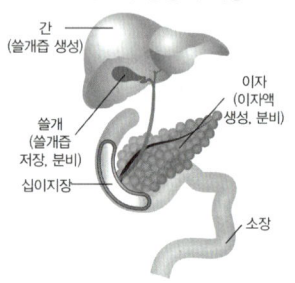

간
(쓸개즙 생성)
이자
(이자액 생성, 분비)
쓸개
(쓸개즙 저장, 분비)
십이지장
소장

(2) 소화 효소

① 단백질로 구성되어 있다.

② 영양소가 흡수될 수 있도록 화학적인 소화를 시킨다.

③ 소화 효소의 종류와 역할

소화 효소	소화액	분비 장소	역할
아밀레이스	침, 이자액	입, 소장	녹말 → 엿당
펩신	위액	위	단백질 → 중간 단계 단백질
트립신	이자액	소장	중간 단계 단백질 → 중간 단계 단백질
라이페이스	이자액	소장	지방 → 지방산 + 모노글리세리드

2. 소화 과정

(1) 소화관에서의 소화 작용

① 입에서의 소화

㉠ 이의 씹는 운동으로 음식물은 잘게 부서지고 침샘에서 침이 분비된다.

㉡ 침 속의 아밀레이스에 의해 녹말이 엿당으로 화학적 소화 된다.

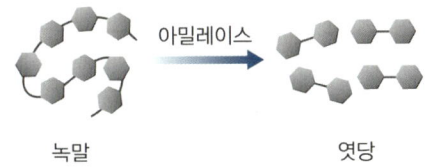

녹말 　　　　　　　　　　　엿당

② 위에서의 소화

㉠ 위샘에서 위액이 분비되어 음식물과 골고루 섞인다.

㉡ 위액 속 펩신에 의해 단백질이 더 작은 단위로 분해된다.

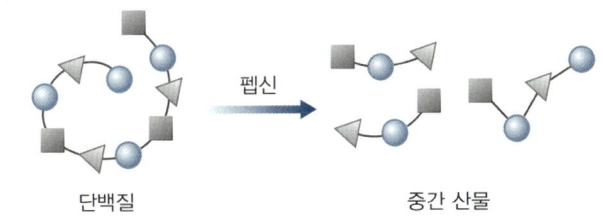

단백질 　　　　　　　　　중간 산물

㉢ 위액 속 강한 산성 물질인 염산은 펩신의 작용을 돕고, 세균 을 죽여 음식물의 부패를 막는다.

❯ 소화의 종류

• 기계적 소화 : 음식물을 씹는 것처럼 음식물의 크기를 작게 하여 소화액과 음식물이 잘 섞이도록 하는 작용

• 화학적 소화 : 소화 효소의 작용에 의해 세포에서 흡수할 수 있을 만큼 작은 크기로 분해하는 작용

❯ 위의 구조

• 위는 근육으로 이루어진 주머니 모양으로 음식물이 닿는 안쪽 벽은 주름이 많다.

• 위샘에서 분비되는 위액에는 단백질의 소화 효소인 펩신과 염산이 들어 있다.

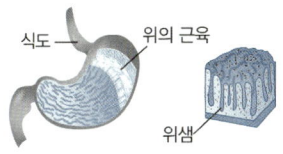

식도　　　　위의 근육

위샘

❯ 염산

위액 속에 들어 있는 강한 산성 물질로 펩신의 작용을 돕고 살균작용을 한다.

③ 소장에서의 소화
  ㉠ 3대 영양소의 소화 효소가 모두 들어 있는 이자에서 생성된
    이자액이 분비된다.
  ㉡ 간에서 생성된 쓸개즙이 분비되어 지방의 소화를 돕는다.
  ㉢ 지방이 최초로 화학적 소화가 되는 장소로 지방은 지방산과
    모노글리세리드로 분해된다.
  ㉣ 3대 영양소는 세포에 흡수될 수 있는 물질로 최종 분해된다.

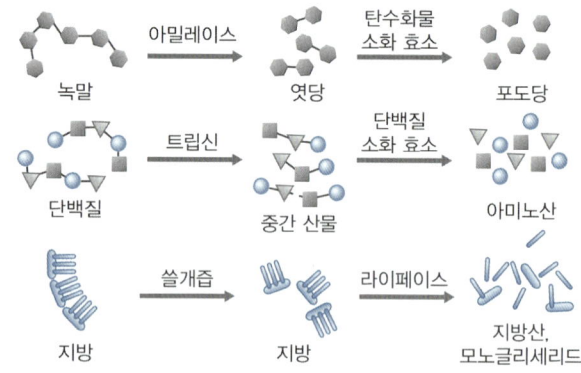

④ 대장에서의 소화
  ㉠ 소장의 끝에 연결된 굵은 소화관으로 화학적 소화는 거의 일
    어나지 않는다.
  ㉡ 소장에서 흡수되고 남은 물의 일부가 흡수된다.

(2) 영양소의 단계적 소화

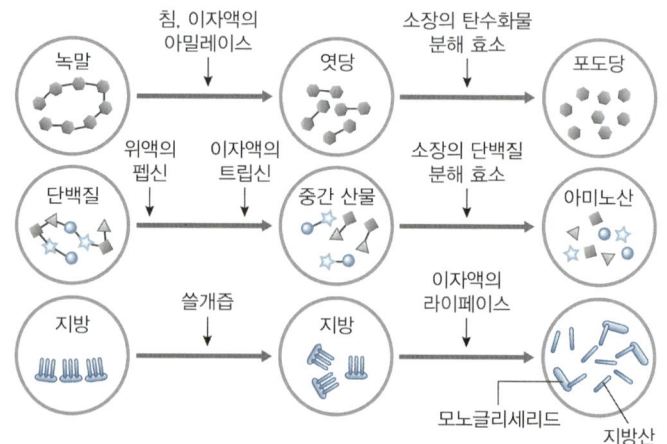

① 녹말 : 입과 소장에서 화학적 소화를 거쳐 포도당이 최종 분해
  된다.
② 단백질 : 위와 소장에서 화학적 소화를 거쳐 아미노산으로 최종
  분해된다.

> **쓸개즙**
> • 소화 효소는 아니지만 지방의
>   소화를 도와주는 소화액이다.
> • 간에서 생성, 쓸개에 저장되었
>   다가 분비된다.

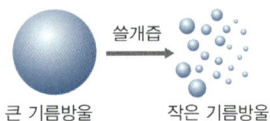

큰 기름방울 　　　 작은 기름방울

> **이자**
> • 3대 영양소의 소화 효소가 모두
>   들어 있는 이자액을 생성하여
>   십이지장으로 분비한다.
> • 이자액 속 소화 효소 : 녹말을
>   분해하는 아밀레이스, 단백질
>   을 분해하는 트립신, 지방을 분
>   해하는 라이페이스라는 소화
>   효소가 모두 들어 있다.

③ 지방 : 소장에서 화학적 소화를 거쳐 지방산과 모노글리세리드로 최종 분해된다.

→ 지방의 소화에는 간에서 만들어진 쓸개즙이 관여한다.

3. 영양소의 흡수 및 이동

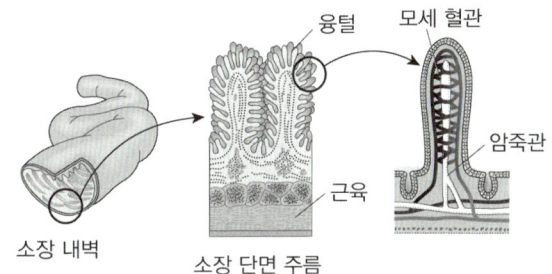

(1) 영양소의 흡수

① 소장은 안쪽 벽에는 주름이 많고 주름 표면에 융털이라는 작은 돌기가 많다.

② 소장의 융털을 통해 영양소가 흡수된다.

③ 소장 내벽의 주름과 융털은 영양소와 접촉하는 표면적을 넓혀 영양소의 흡수 효율을 높여준다.

(2) 영양소의 이동

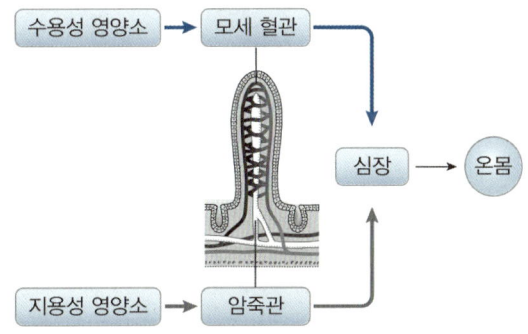

① 영양소의 이동 경로

㉠ 수용성 영양소는 모세 혈관을 통해 심장으로 이동한다.

㉡ 지용성 영양소는 암죽관을 통해 심장으로 이동한다.

② 흡수된 영양소는 심장으로 이동하여 온몸의 조직 세포로 운반된다.

❯ **수용성 및 지용성 영양소**
- 수용성 영양소 : 물에 잘 녹는 영양소로 포도당, 아미노산, 무기 염류, 수용성 바이타민 B, C가 있다.
- 지용성 영양소 : 물에 잘 녹지 않는 영양소로 지방산, 모노글리세리드, 지용성 바이타민 A, D, E, K가 있다.

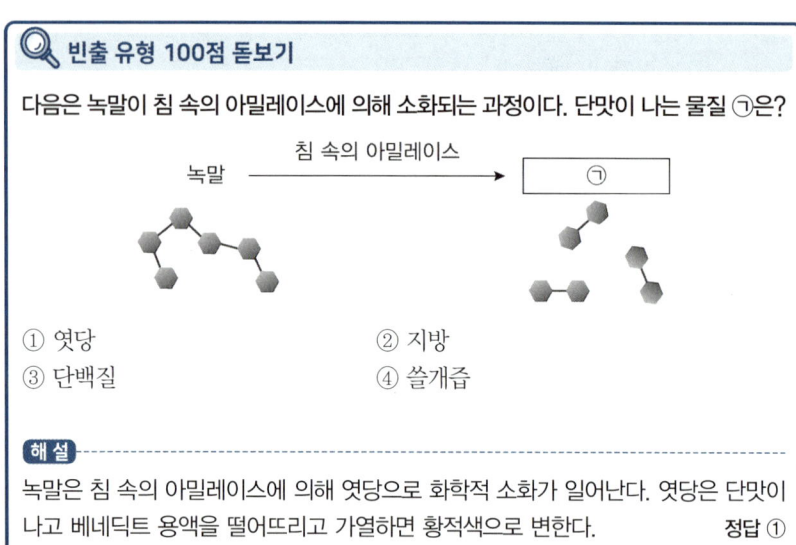
2 순환

1. 혈액의 구성

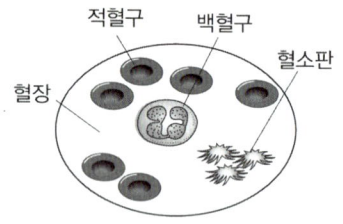

(1) 혈장
　① 약 90%가 물로 이루어져 있다.
　② 영양소, 노폐물 등을 운반한다.

(2) 혈구
　① 적혈구
　　㉠ 가운데가 오목한 원반 모양으로 붉은색을 띠며 핵이 없다.
　　㉡ 산소를 운반한다.
　② 백혈구
　　㉠ 혈구 중 크기가 가장 크며, 핵이 있고 모양이 일정하지 않다.
　　㉡ 세균을 잡아먹는 식균 작용을 한다.

❯ 혈액의 구성
혈액은 혈장과 혈구로 이루어져
있으며, 혈장은 혈액의 약 55%, 혈
구는 혈액의 약 45%를 차지한다.

❯ 혈구의 개수 비교
적혈구>혈소판>백혈구로 적혈
구의 수가 가장 많다.

❯ 헤모글로빈
적혈구 내에 있으면서 혈액을 붉
게 보이게 하는 물질로, 산소를 운
반한다.

❯ 고산 지대에 사는 사람의
　적혈구
고산 지대는 공기가 희박해 산소
가 부족하다. 따라서 고산 지대에
사는 사람들은 평지에 사는 사람
보다 효율적인 산소 운반을 위해
적혈구 수가 더 많다.

③ 혈소판

    ㉠ 모양이 일정하지 않고 핵이 없다.

    ㉡ 출혈을 멈추게 하는 혈액 응고 작용을 한다.

🔍 빈출 유형 100점 돋보기

그림은 사람의 혈액을 구성하는 성분을 나타낸 것이다. A~D 중 가운데가 오목한 원반 모양이며 산소를 운반하는 것은?

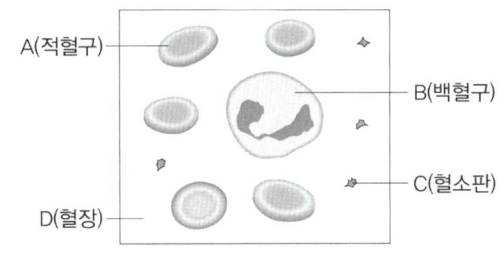

① A   ② B

③ C   ④ D

해설

산소를 운반하는 적혈구는 가운데가 오목한 원반 모양이며, 헤모글로빈에 의해 붉은색을 띤다. **정답 ①**

오답 피하기

② 백혈구는 모양이 일정하지 않고 핵이 있으며 식균 작용을 한다.

③ 혈소판은 모양이 일정하지 않고 핵이 없으며 혈액을 응고시킨다.

④ 혈장은 혈액의 55%를 차지하는 액체 성분으로 대부분이 물이며 영양소, 노폐물을 운반한다.

🔍 빈출 유형 100점 돋보기

다음 중 몸속에 침입한 세균을 잡아먹는 혈액의 성분은?

① 혈장   ② 백혈구

③ 적혈구   ④ 혈소판

해설

백혈구는 몸속에 침입한 세균 등을 잡아먹는 식균 작용을 한다. **정답 ②**

2. 순환계

(1) 사람의 심장

2개의 심방과 2개의 심실로 구성되어 있다.

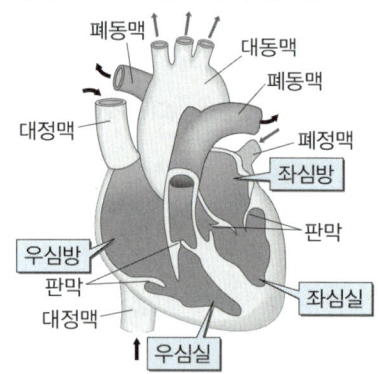

① **심방** : 혈액이 들어오는 부분, 정맥과 연결되어 있다.
② **심실** : 혈액이 나가는 부분, 동맥과 연결되어 있다.

(2) 혈관

혈액이 이동하는 통로

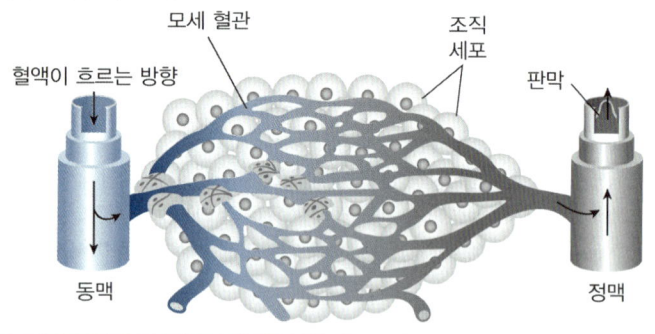

- 혈액의 흐르는 순서 : 동맥 ⟶ 모세 혈관 ⟶ 정맥

① **동맥** : 심장에서 나가는 혈액이 흐르는 부분으로 혈관 벽이 두껍고 탄력이 크다.
② **모세 혈관** : 한 층의 얇은 세포층으로 되어 있어 물질 교환이 원활하게 일어난다.
③ **정맥** : 심장으로 들어오는 혈액이 흐르는 부분으로 혈액이 거꾸로 흐르는 것을 막기 위한 판막이 있다.

◈ **심장의 판막 위치**
- 심방과 심실 사이
- 심실과 동맥 사이에 판막이 있다.

◈ **판막**
- 혈액이 거꾸로 흐르는 것을 막는다.

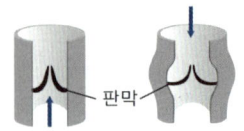

- 혈액이 정상적으로 흐를 때는 판막이 열리고, 거꾸로 흐를 때는 판막이 닫혀 혈액이 거꾸로 흐르는 것을 막는다.

◈ **혈관의 비교**
- 혈압 : 동맥 > 모세 혈관 > 정맥
- 혈관의 총 단면적 : 모세 혈관 > 정맥 > 동맥
- 혈액이 흐르는 속도 : 동맥 > 정맥 > 모세 혈관
- 혈관 벽의 두께 : 동맥 > 정맥 > 모세 혈관

(3) 혈액

① 동맥혈 : 산소를 많이 포함하고 있는 혈액으로 선홍색을 띤다.

② 정맥혈 : 산소를 적게 포함하고 있는 혈액으로 검붉은색을 띤다.

(4) 혈액 순환

① 폐순환 : 산소가 적은 정맥혈이 폐에서 산소를 받아 동맥혈이 되어 심장으로 돌아오는 순환이다.

② 온몸 순환 : 산소가 많은 동맥혈이 온몸의 조직 세포에 산소와 영양소를 공급하고 정맥혈이 되어 심장으로 돌아오는 순환이다.

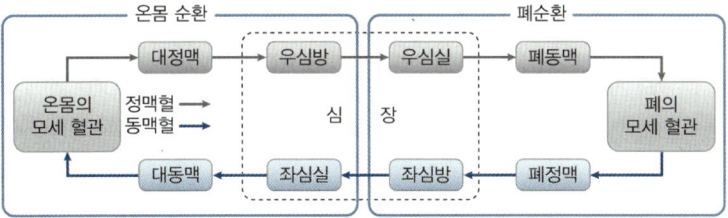

🔍 빈출 유형 100점 돋보기

그림은 사람 혈관의 종류와 구조를 나타낸 것이다. 온몸에 그물처럼 퍼져 있으며 조직 세포와 물질 교환을 하는 A는?

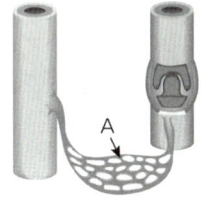

① 동맥   ② 정맥

③ 판막   ④ 모세 혈관

해 설

모세 혈관은 동맥과 정맥을 이어주는 혈관으로 몸속에 그물처럼 퍼져 있고, 한 층의 세포로 이루어져 조직 세포와 물질 교환이 효율적으로 일어난다.   **정답 ④**

오답 피하기

① 동맥 : 심실에 연결되어 높은 혈압을 견디기 위해 혈관 벽이 두껍고 탄력이 좋다.

② 정맥 : 심방에 연결된 혈관으로 혈압이 낮아 혈액 역류의 위험이 있어 판막이 존재한다.

③ 판막 : 혈액 역류를 막기 위한 막이다.

다음 설명에 해당하는 사람의 기관계는?

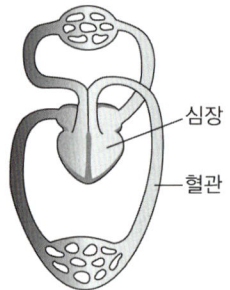

심장

혈관

- 우리 몸에서 영양소와 산소 등의 순환을 담당한다.
- 심장, 혈관, 혈액이 포함된다.

① 배설계　　　　　　　　② 소화계

③ 순환계　　　　　　　　④ 신경계

해설

순환계는 영양소, 산소, 노폐물 등의 물질을 운반하는 데 관여하는 기관들의 모임으로 순환계를 구성하는 기관에는 심장, 혈관 등이 있다.　　　　**정답 ③**

오답 피하기

① 배설계 : 세포 호흡 결과 생긴 노폐물을 몸 밖으로 내보내는 기관의 모임으로 콩팥, 오줌관, 방광 등이 있다.
② 소화계 : 영양소를 흡수할 수 있는 크기로 분해하는 데 관여하는 기관의 모임으로 입, 식도, 위, 소장, 대장, 항문, 이자, 간 등이 있다.
④ 신경계 : 자극을 수용, 판단, 명령, 전달하는 것에 관여하는 기관의 모임으로 뇌, 척수 등이 해당한다.

03 호흡과 배설

1 호흡

1. 호흡

(1) 호흡계

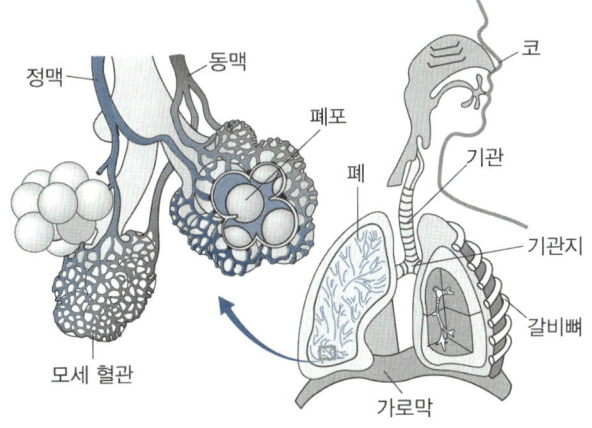

① **호흡계** : 산소와 이산화 탄소의 기체 교환이 이루어지는 데 관여하는 기관들의 모임이다.

② **코, 기관, 기관지, 폐** 등이 있다.

　㉠ **코** : 털과 끈끈한 액체로 덮여 있어 먼지와 세균을 걸러주고, 밖에서 들어온 공기의 온도와 습도를 조절해준다.

　㉡ **기관** : 공기가 드나드는 통로로 섬모가 있어 먼지와 세균을 걸러준다.

　㉢ **기관지** : 기관에서 갈라져 좌우 폐로 들어가며 폐 속에서 더 많은 가지로 갈라져 폐포와 연결된다.

　㉣ **폐** : 가슴 속에 좌우 한 개씩 있고 갈비뼈와 가로막으로 둘러싸인 흉강에 들어 있다.

③ 폐는 작은 주머니인 폐포로 되어 있어 모세 혈관과 폐포 사이의 기체 교환 효율을 높인다.

❯ **폐포**
- 폐를 구성하는 작은 공기 주머니로 폐에는 약 3억 개의 폐포가 있다.
- 폐포는 모세 혈관에 둘러싸여 있고 표면적을 넓히는 역할을 한다.

❯ **생물체에서 표면적을 넓히는 구조**
소장의 융털, 폐포 ➔ 표면적을 넓혀 물질의 흡수 및 교환의 효율을 높일 수 있다.

(2) 호흡 운동 원리

　① 폐에는 근육이 없어 스스로 호흡 운동할 수 없으므로 갈비뼈와
　　가로막의 움직임으로 호흡 운동이 일어난다.

　② 호흡 운동 원리

구분	갈비뼈	가로막	흉강 부피	흉강 압력	폐의 부피	폐의 내부 압력	공기 이동
들숨	올라감	내려감	커짐	낮아짐	커짐	낮아짐	외부 → 폐
날숨	내려감	올라감	작아짐	커짐	작아짐	커짐	폐 → 외부

> **친절한 선생님**　　　　　　　　　　　호흡 운동 원리 실험
>
>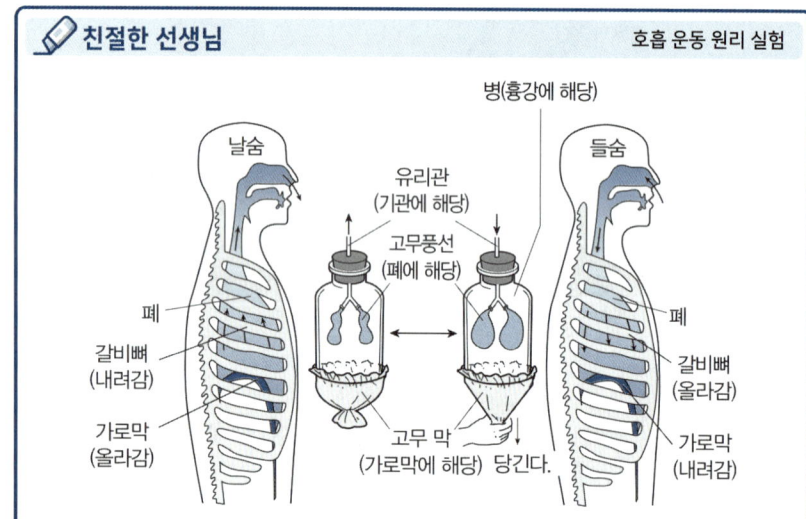
>
> - 들숨 원리 확인 : 고무 막을 아래로 당김. → 병 안의 부피 증가, 압력 감소
>   → 외부 공기 유입 → 풍선이 부풀어 오름.
> - 날숨 원리 확인 : 아래로 잡아당긴 고무 막을 당기지 않음. → 병 안의 부피
>   감소, 압력 증가 → 외부로 공기가 빠져나감. → 풍선이 작아짐.

2. 기체 교환

(1) 기체 교환의 원리

　① 기체 농도 차이에 따른 확산에 의해 폐와 조직에서 기체 교환이
　　일어난다.

　② 농도가 높은 쪽에서 낮은 쪽으로 기체는 이동한다.

▶ 확산
농도가 높은 쪽에서 낮은 쪽으로
물질이 이동하는 현상이다.
예 • 물속에 잉크를 떨어뜨렸더
　　니 잉크가 물 전체로 퍼진다.
　• 향수를 뿌렸더니 향수 냄새
　　가 방 전체로 퍼진다.

(2) 폐와 조직에서의 기체 교환

구분	폐포와 모세 혈관	조직 세포와 모세 혈관
기체 교환	폐포 ⇄(산소 →, 이산화 탄소 ←) 모세 혈관	모세 혈관 ⇄(산소 →, 이산화 탄소 ←) 조직 세포
산소 농도	폐포 > 모세 혈관	모세 혈관 > 조직 세포
이산화 탄소 농도	폐포 < 모세 혈관	모세 혈관 < 조직 세포

🔍 빈출 유형 100점 돋보기

그림은 모형을 이용하여 호흡 운동 원리를 알아보기 위한 실험 과정이다. 고무 막을 아래로 당길 때 일어나는 변화는?

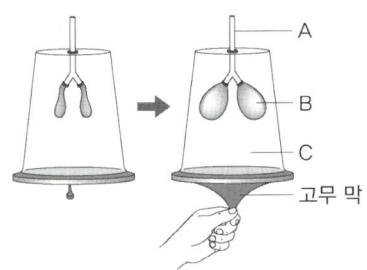

① A를 통해 공기가 나간다.
② B가 부풀어 오른다.
③ C의 부피가 감소한다.
④ C의 압력이 증가한다.

해설

고무 막이 내려가면 C의 부피가 커지고 C의 압력이 감소하면서 A를 통해 공기가 들어와 B 풍선이 부풀어 오른다. 이는 우리 몸의 가로막(고무 막)이 내려가면서 흉강(C)의 부피가 커지고 흉강 내부 압력이 감소하여 외부 공기가 기관(A)을 통해 들어와 폐(B)가 부풀어 오르는 들숨 상황을 설명할 수 있다.
정답 ②

🔍 빈출 유형 100점 돋보기

다음 중 폐포로 이루어져 있으며 기체 교환이 일어나는 호흡 기관은?

① 코
② 폐
③ 콩팥
④ 가로막

해설

폐는 작은 공기주머니인 폐포로 되어 있다. 폐포는 모세 혈관으로 둘러싸여 있어 기체 교환이 일어난다. 폐는 작은 폐포로 되어 있어서 표면적을 넓혀 기체 교환 효율을 높인다.
정답 ②

1. 배설

(1) 노폐물의 생성

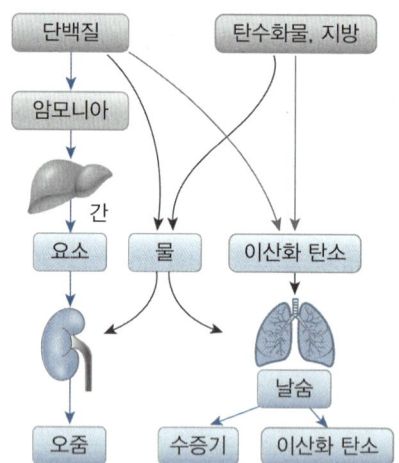

① 탄수화물 + 산소 ➡ 에너지 + 물 + 이산화 탄소
② 지방　　　+ 산소 ➡ 에너지 + 물 + 이산화 탄소
③ 단백질　　+ 산소 ➡ 에너지 + 물 + 이산화 탄소 + 암모니아

공통 노폐물

(2) 노폐물의 배설

노폐물	배설 형태
물	날숨에 수증기 형태로 배설, 오줌으로 배설됨.
이산화 탄소	날숨을 통해 나감.
암모니아	독성이 강한 물질이므로 간에서 독성이 약한 요소로 전환되어 오줌으로 배설됨.

2. 배설계

(1) 배설계

세포 호흡 결과 생긴 노폐물을 몸 밖으로 내보내는 데 필요한 기관의 모임이다.

(2) 배설 기관

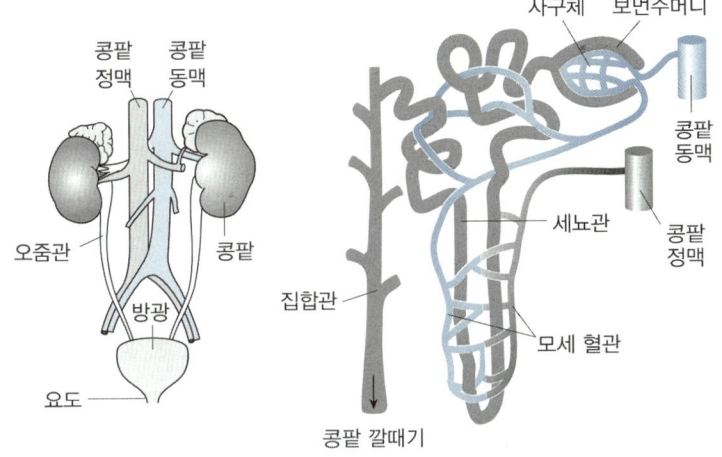

❷ 콩팥 동맥과 콩팥 정맥
콩팥 동맥을 통해 콩팥으로 들어
간 혈액은 요소를 포함한 노폐물
이 걸러진 후 콩팥 정맥을 통해 나
온다. 따라서 콩팥 정맥 속 혈액의
노폐물의 농도는 콩팥 동맥 속 혈
액보다 매우 낮다.

① 콩팥
  ㉠ 강낭콩 모양으로 좌우 하나씩 모두 2개가 있다.
  ㉡ 콩팥 겉질, 콩팥 속질, 콩팥 깔때기로 구분된다.
  ㉢ 사구체, 보먼주머니, 세뇨관으로 이루어진 네프론이 있어서
     혈액 속의 노폐물을 걸러 오줌을 생성하는 장소이다.
② 오줌관 : 콩팥에서 만들어진 오줌이 방광으로 이동하는 관이다.
③ 방광 : 오줌관의 끝에 연결된 주머니로, 오줌을 저장하는 곳
   이다.
④ 요도 : 방광에 모인 오줌이 몸 밖으로 나가는 통로이다.

❷ 콩팥의 구조

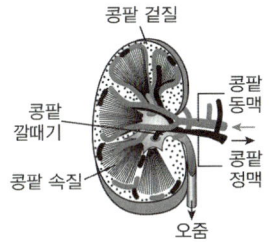

3. 오줌의 생성

(1) 오줌의 생성 과정

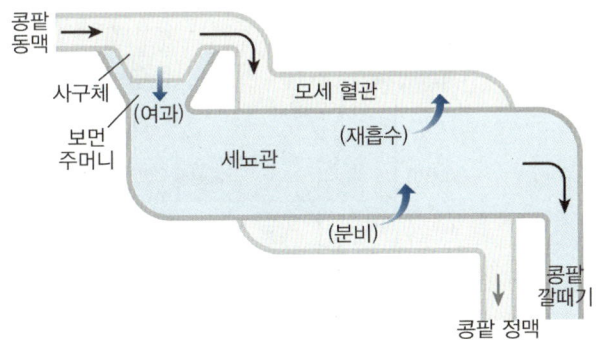

❷ 네프론
오줌을 생성하는 기본 단위
사구체 + 보먼주머니 + 세뇨관
= 네프론

① 여과(사구체 → 보먼주머니)
  ㉠ 혈액 성분 중 입자의 크기가 작은 물질이 혈압 차에 의해 이
     동한다.

ⓒ 요소, 포도당 등 크기가 작은 물질이 물과 함께 여과된다.

ⓓ 혈구나 단백질과 같이 크기가 큰 물질은 여과되지 않는다.

② 재흡수(세뇨관 → 모세 혈관) : 여과된 물질 일부가 다시 흡수되
는 것으로 다량의 물과 함께 포도당과 아미노산은 100% 재흡
수된다.

③ 분비(모세 혈관 → 세뇨관) : 혈액에 여과되지 못하고 남아 있던
노폐물이 이동하는 과정이다.

(2) 오줌의 배설 경로

> 콩팥 동맥 → 사구체 → 보먼주머니 → 세뇨관 → 콩팥 깔때기 → 오줌
> 관 → 방광 → 요도 → 몸 밖

4. 기관계의 통합 작용

(1) 세포 호흡

① 세포 호흡 : 세포에서 영양소가 산소와 반응하여 생명 활동에 필
요한 에너지를 얻는 과정을 말한다.

> 영양소 + 산소 → 이산화 탄소 + 물 + 에너지

② 에너지의 이용 : 주로 체온 유지에 사용되고 근육 운동, 생장 등
에 이용된다.

(2) 기관계의 통합 작용

세포 호흡이 원활하게 일어나기 위해서는 소화계, 순환계, 호흡계,
배설계가 통합적으로 작용해야 한다.

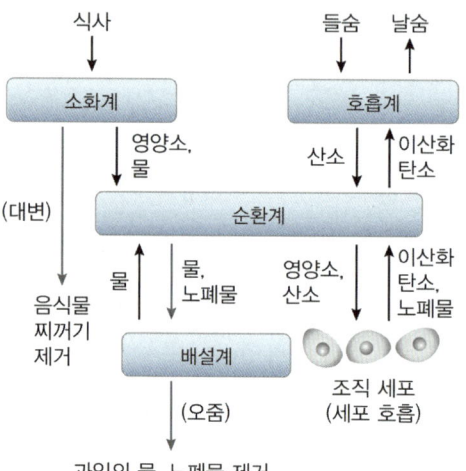

🔍 **빈출 유형 100점 돋보기**

그림은 사람의 콩팥 일부를 나타낸 것이다. 다음 중 사구체를 둘러싸고 있는 A는?

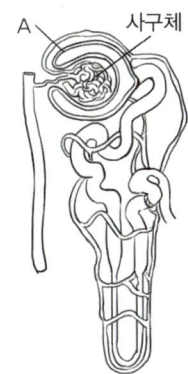

① 방광 　　　　　　　　 ② 세뇨관
③ 집합관 　　　　　　　　 ④ 보먼주머니

해 설
사구체는 보먼주머니가 감싸고 있어 사구체에서 보먼주머니로 작은 물질이 빠져나가는 여과가 일어난다. 　　　　　　　　　　　　　　　　　 **정답 ④**

오답 피하기
① 방광 : 콩팥에서 만들어진 오줌이 오줌관을 거쳐 저장되는 근육질 주머니이다.
② 세뇨관 : 보먼주머니에 연결된 가늘고 긴 관으로 세뇨관을 둘러싸고 있는 모세 혈관 사이에서 재흡수와 분비가 일어난다.
③ 집합관 : 세뇨관에서 오줌을 콩팥 깔때기로 운반하는 관이다.

01 다음 설명에 해당하는 것은?

> • 동물체의 구성 단계에만 있다.
> • 연관된 기능을 수행하는 기관이 모인 것을 말한다.

① 세포　　　　② 조직
③ 기관계　　　④ 개체

02 다음 설명에 해당하는 영양소는?

> • 에너지원이고 몸을 구성한다.
> • 근육, 머리카락, 호르몬, 효소 등을 구성한다.
> • 몸의 기능 조절에 관여한다.

① 물　　　　　② 단백질
③ 무기 염류　　④ 바이타민

03 다음은 쌀죽에 아이오딘 – 아이오딘화 칼륨을 떨어뜨렸을 때의 색 변화를 나타낸 것이다.

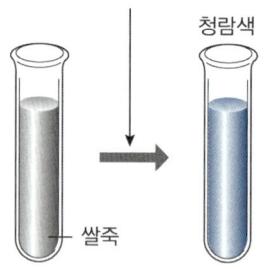

쌀죽에 들어 있는 영양소로 옳은 것은?

① 단백질　　　② 녹말
③ 당분　　　　④ 지방

04 다음 중 소화의 목적으로 옳은 것은?

① 영양소를 조직 세포로 운반한다.
② 노폐물을 몸 밖으로 내보낸다.
③ 영양소가 흡수될 수 있도록 분해한다.
④ 영양소를 분해하여 에너지를 생성한다.

05 그림은 사람의 소화 기관을 나타낸 것이다.

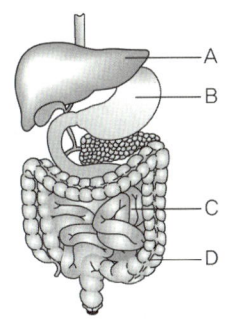

A~D 중 3대 영양소의 소화가 모두 일어나고 융털을 통해 영양소의 흡수가 일어나는 장소는?

① A   ② B
③ C   ④ D

06 그림은 사람의 혈액을 나타낸 것이다.

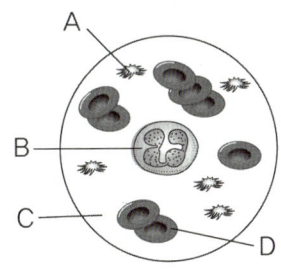

A~D에 대한 설명으로 옳은 것은?

① A는 식균 작용을 한다.
② B는 핵이 있다.
③ C는 양이 가장 적다.
④ D는 출혈을 멈추게 한다.

07 그림은 심장의 구조를 나타낸 것이다.

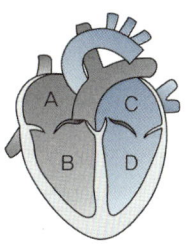

A~D 중 폐로 혈액을 내보내는 우심실은?

① A   ② B
③ C   ④ D

08 그림은 사람의 혈관을 나타낸 것이다.

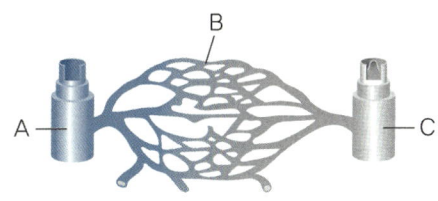

심장에서 나온 혈액이 흐르는 순서가 바르게 나타난 것은?

① A → B → C
② A → C → B
③ C → B → A
④ C → A → B

09 그림은 호흡 운동의 원리를 알아보는 모형이다.

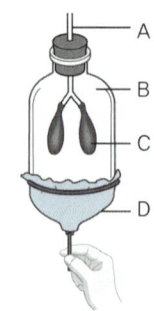

우리 몸과 실험 장치의 기호가 바르게 연결된 것은?

① A - 폐
② B - 가로막
③ C - 폐
④ D - 기관

10 소장의 융털과 같이 표면적을 넓혀 효율을 높이기 위한 우리 몸의 구조는?

① 가로막
② 폐포
③ 이자
④ 오줌관

11 다음 중 숨을 들이마실 때 현상을 바르게 나타낸 것은?

① 갈비뼈가 아래로 내려간다.
② 갈비뼈가 위로 올라간다.
③ 가로막이 위로 올라간다.
④ 가로막은 변하지 않는다.

12 그림은 콩팥의 일부를 나타낸 것이다.

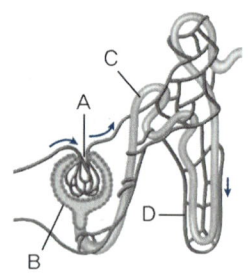

A~D 중 둥글게 뭉쳐 있는 모세 혈관 덩어리인 사구체에 해당하는 것은?

① A
② B
③ C
④ D

13 다음은 우리 몸에서 에너지가 생성되는 세포 호흡 과정에 관여하는 여러 기관계에 대한 설명이다.

> (가)에서 흡수한 산소와 (나)에서 흡수한 영양소는 (다)에 의해 조직 세포로 운반되어 세포 호흡에 사용된다. 세포 호흡 과정에서 발생한 노폐물은 (가)와 (라)에 의해 몸 밖으로 내보내진다.

(가)~(라)에 해당하는 기관계가 바르게 연결된 것은?

① (가) - 배설계
② (나) - 호흡계
③ (다) - 순환계
④ (라) - 소화계

PART

04

자극과 반응

01 감각 기관

02 신경계

03 호르몬과 항상성

- 눈, 귀, 코, 혀, 피부의 구조 및 기능을 이해한다.
- 뉴런의 의미를 알고 중추 신경계와 말초 신경계의 각 역할을 파악한다.
- 호르몬의 역할을 파악하고 항상성이 유지되는 방식을 이해한다.

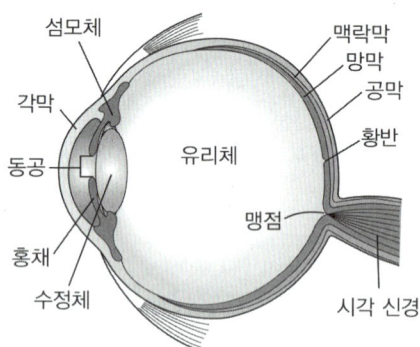

01 감각 기관

1 눈과 귀

1. 눈

(1) 눈의 구조

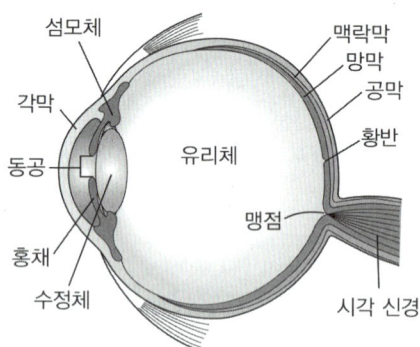

섬모체 / 맥락막 / 망막 / 각막 / 공막 / 동공 / 유리체 / 황반 / 홍채 / 맹점 / 수정체 / 시각 신경

① 눈의 구조와 기능

수정체	볼록 렌즈와 같이 빛을 굴절시켜 망막에 상이 맺히게 한다.
유리체	눈 안을 채우고 있는 투명한 물질로, 눈의 형태를 유지한다.
망막	물체의 상이 맺히는 부분이며, 시각 세포가 있어 빛 자극을 받아들인다.
각막	공막의 일부가 변형된 투명한 막이다.
시각 신경	시각 세포에서 받아들인 자극을 뇌로 전달한다.
맥락막	검은색 색소가 있어 눈 속을 어둡게 한다.
공막	눈의 가장 바깥을 싸고 있는 막으로, 눈의 형태를 유지한다.
섬모체	수정체의 두께를 조절한다.
홍채	동공의 크기를 조절하여 눈으로 들어오는 빛의 양을 조절한다.

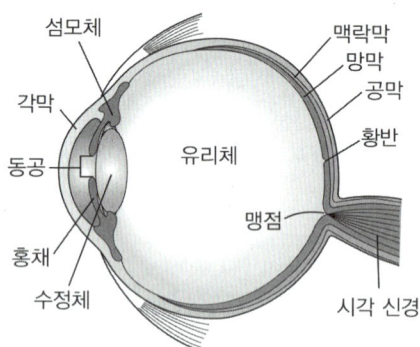

> ● 황반과 맹점
> ● 황반 : 시각 세포가 밀집되어 상이 맺히면 뚜렷하게 보임.
> ● 맹점 : 시각 신경으로 이어지는 부분으로 시각 세포가 없어 상이 맺혀도 보이지 않음.

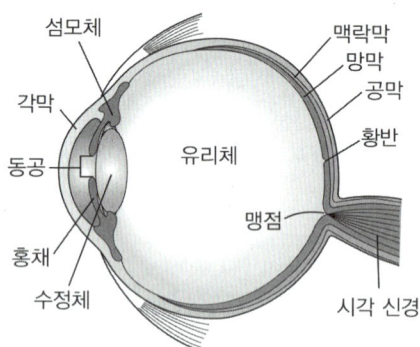

② 시각 성립 경로

> 빛 → 각막 → 수정체 → 유리체 → 망막의 시각 세포 → 시각 신경
> → 뇌

(2) 눈의 조절

① 밝기에 따른 조절(동공 크기 변화)

밝을 때	어두울 때
동공 축소 홍채 확장	동공 확대 홍채 축소
홍채 확장 → 동공 축소	홍채 축소 → 동공 확대
눈으로 들어오는 빛의 양 감소	눈으로 들어오는 빛의 양 증가

② 거리에 따른 조절(수정체 두께 변화)

가까운 물체	먼 물체
섬모체 수축 수정체 두꺼워짐	섬모체 이완 수정체 얇아짐
섬모체 수축으로 수정체가 두꺼워짐.	섬모체 이완으로 수정체가 얇아짐.

> **❯ 눈의 이상**
> - 근시 : 먼 곳의 물체를 볼 때 상이 망막 앞에 맺혀 잘 보이지 않음.
>   → 오목 렌즈로 교정
>
>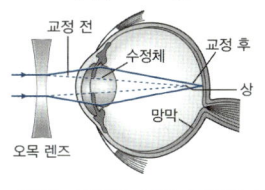
>
> 교정 전   수정체   교정 후
> 상
> 망막
> 오목 렌즈
>
> - 원시 : 가까운 곳의 물체를 볼 때 상이 망막 뒤에 맺혀 잘 보이지 않음.
>   → 볼록 렌즈로 교정
>
>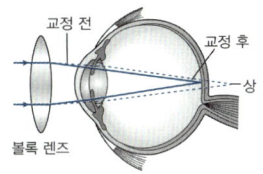
>
> 교정 전   교정 후
> 상
> 볼록 렌즈

🔍 빈출 유형 100점 돋보기

그림은 눈의 구조를 나타낸 것이다. 눈과 물체와의 거리가 변할 때, A~D 중 두께가 변화되어 초점을 조절하는 것은?

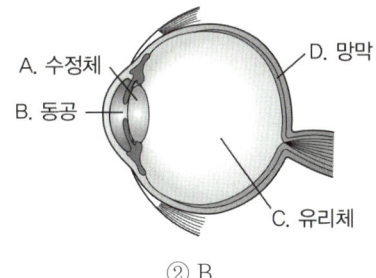

A. 수정체
B. 동공
D. 망막
C. 유리체

① A
② B
③ C
④ D

2. 귀

(1) 귀의 구조

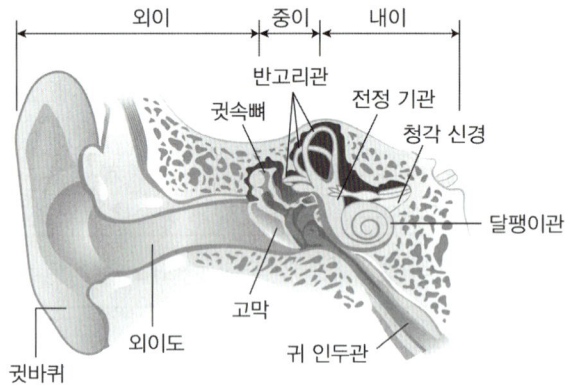

① 청각과 관련된 귀의 구조

귓바퀴	소리를 모아 외이도로 전달한다.
고막	소리에 의해 진동하는 얇은 막이다.
귓속뼈	고막의 진동을 증폭시켜 준다.
달팽이관	청각 세포가 있어 소리를 자극으로 받아들인다.
청각 신경	청각 세포의 자극을 뇌로 전달한다.

② 청각 성립 경로

> 소리 ➡ 귓바퀴 ➡ 외이도 ➡ 고막 ➡ 귓속뼈 ➡ 달팽이관(청각 세포)
> ➡ 청각 신경 ➡ 뇌

(2) 평형 감각

눈으로 보지 않고도 몸이 회전하거나 기울어짐을 느끼는 감각이다.

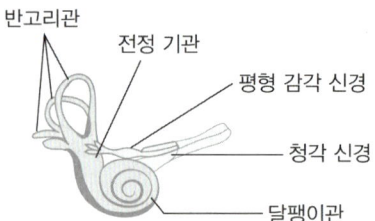

① 반고리관(회전 감각) : 3개의 고리가 서로 직각으로 연결되어 있고, 림프액이 들어 있어 몸의 회전 자극을 받아들인다.

② 전정 기관(위치 감각) : 중력 자극을 받아들여 몸의 기울어짐을 느낀다.

(3) 압력 조절

- 귀인두관 : 고막 안쪽과 바깥쪽의 압력을 같게 조절한다.

🔍 빈출 유형 100점 돋보기

그림은 사람 귀의 구조를 나타낸 것이다. A~D 중 몸의 회전을 감지하는 곳은?

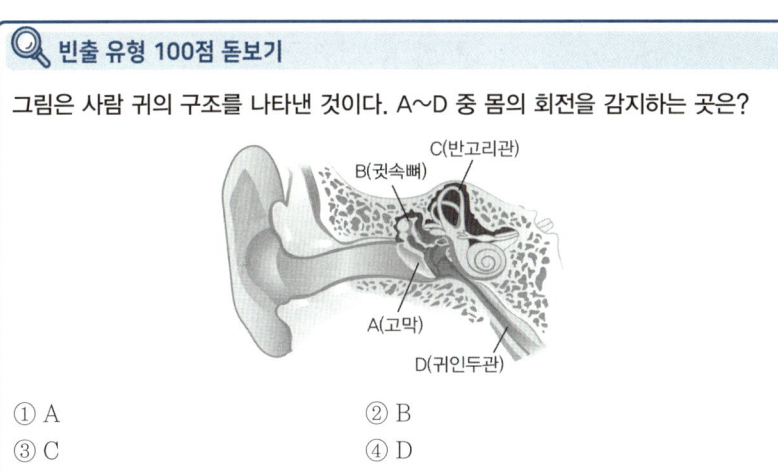

① A

② B

③ C

④ D

해설

반고리관은 3개의 관으로 되어 있는 부분으로 몸이 회전하는 자극을 받아들인다.

정답 ③

오답 피하기

① A(고막) : 귓바퀴에서 모은 진동에 의해 최초로 진동이 일어난다.

② B(귓속뼈) : 고막의 진동을 증폭시키는 역할을 한다.

④ D(귀인두관) : 고막 안쪽과 바깥쪽의 압력을 같게 조절한다.

2 코, 혀, 피부 감각

1. 코

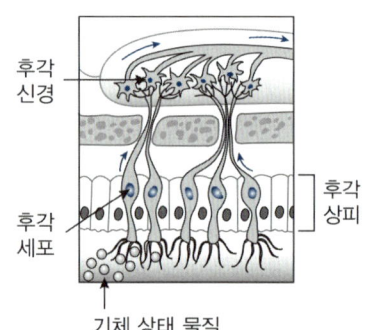

후각 신경

후각 세포

후각 상피

기체 상태 물질

(1) 후각 성립 과정

> 기체 상태의 물질 ➜ 후각 상피의 후각 세포 ➜ 후각 신경 ➜ 뇌

(2) 후각 특징

① 매우 예민한 감각이다.

② 쉽게 피로해지는 특징이 있어 같은 냄새를 오래 맡으면 그 냄새를 잘 느끼지 못한다.

2. 혀

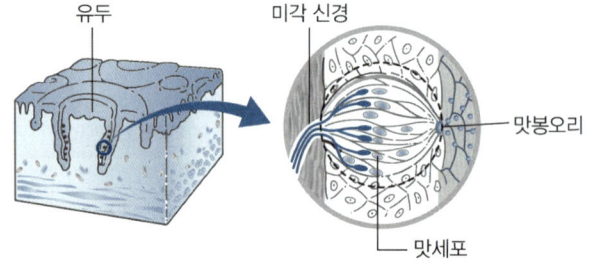

유두

미각 신경

맛봉오리

맛세포

(1) 미각 성립 과정

> 액체 상태의 화학 물질 ➜ 맛봉오리의 맛세포 ➜ 미각 신경 ➜ 뇌

(2) 미각 특징

① 기본 맛에는 단맛, 짠맛, 신맛, 쓴맛, 감칠맛이 있다.

② 우리가 느끼는 다양한 맛은 후각과 미각의 상호 작용으로 느끼게 된다.

❯ **매운맛과 떫은맛**
매운맛과 떫은맛은 혀의 맛세포에서 감지하여 느끼는 기본 맛이 아니라 각각 혀와 입속 피부의 통점과 압점에서 자극을 받아들여 느끼는 피부 감각이다.

3. 피부 감각

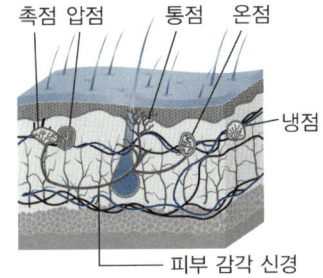

촉점 압점　통점 온점

냉점

피부 감각 신경

(1) 피부 감각 성립 과정

피부 자극 ➡ 피부의 감각점 ➡ 피부 감각 신경 ➡ 뇌

(2) 감각점 수

통점 > 압점 > 촉점 > 냉점 > 온점

① 통점 : 강한 자극을 받아들여 통증을 느끼게 한다.
② 압점 : 누르거나 압박을 가하는 것과 같은 압력을 받아들인다.
③ 촉점 : 접촉을 자극으로 받아들인다.
④ 냉점 : 이전보다 온도가 낮아진 것을 받아들여 차가워짐을 느끼게 한다.
⑤ 온점 : 이전보다 온도가 높아진 것을 받아들여 따뜻함을 느끼게 한다.

(3) 피부 감각 특징

① 온점과 냉점은 상대적인 온도 변화를 감지한다.
② 신체 부위마다 감각점이 분포하는 정도는 다르다.

➡ 감각점이 많이 분포하면 예민하게 자극을 느낀다.

> ❷ **온점과 냉점**
>
>
>
> 15℃　25℃　35℃　　10초 후　　15℃　25℃　35℃
>
> 오른손은 15℃ 물에, 왼손은 35℃ 물에 10초 동안 담근 후 동시에 두 손을 25℃의 물에 담그면 오른손은 따뜻하게 느끼고, 왼손은 차갑게 느낀다.
>
> ➡ 처음보다 온도가 높아지면 피부의 온점이 자극을 받아들이고, 처음보다 온도가 낮아지면 피부의 냉점이 자극을 받아들인다.
>
> ➡ 온점과 냉점은 상대적인 온도 변화를 감지한다.

🔍 **빈출 유형 100점 돋보기**

다음은 사람이 액체 상태의 화학 물질을 자극으로 받아들여 단맛, 짠맛, 신맛 등을 느끼는 과정을 나타낸 것이다. ㉠에 해당하는 감각 기관은?

(㉠)의 맛세포 → 미각 신경 → 뇌

① 눈　　　　② 귀　　　　③ 혀　　　　④ 피부

해설 ┄┄

혀의 표면에는 유두라는 작은 돌기가 있고 유두 옆에는 맛봉오리가 있다. 맛봉오리에는 맛을 느끼는 맛세포가 있어 액체 상태의 물질을 자극으로 받아들인다. 미각 신경으로 전달된 자극은 뇌로 전달되어 맛을 느낀다.

정답 ③

02 신경계

1 뉴런과 신경계

1. 뉴런 : 신경계를 구성하는 신경 세포

(1) 뉴런의 구조

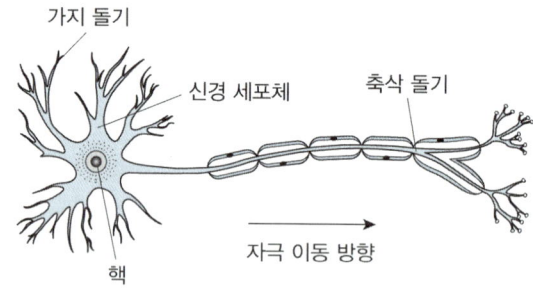

① 신경 세포체 : 핵이 있고, 여러 가지 생명 활동이 일어난다.
② 가지 돌기 : 다른 뉴런이나 감각 기관으로부터 자극을 받아들인다.
③ 축삭 돌기 : 가지 돌기에서 받아들인 자극을 다른 뉴런이나 기관으로 전달한다.

(2) 뉴런의 종류

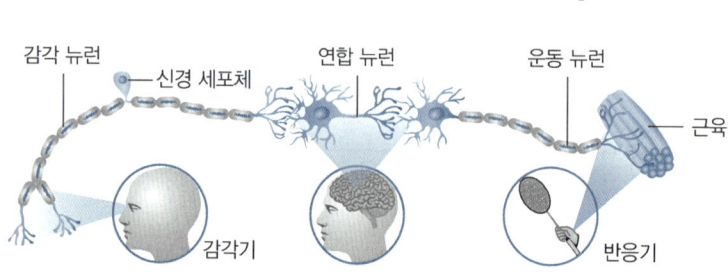

① 감각 뉴런 : 감각 신경을 구성하는 뉴런으로 감각 기관에서 받아들인 자극을 전달한다.
② 연합 뉴런 : 중추 신경을 구성하는 뉴런으로 자극을 판단하고 적절한 명령을 내린다.

③ 운동 뉴런 : 운동 신경을 구성하는 뉴런으로 연합 뉴런의 명령을 반응 기관으로 전달한다.

(3) 자극의 전달 경로

자극 ➡ 감각기 ➡ 감각 뉴런 ➡ 연합 뉴런 ➡ 운동 뉴런 ➡ 반응기 ➡ 반응

🔍 **빈출 유형 100점 돋보기**

그림은 서로 다른 뉴런을 연결한 모습이다. 감각 기관에서 받아들인 자극을 연합 뉴런으로 전달하는 A는?

감각 기관　　　A　　　연합 뉴런　　　　　　　　반응 기관

① 뇌　　　　　　　　　　　　② 척수
③ 네프론　　　　　　　　　　④ 감각 뉴런

해설
감각 뉴런은 감각 기관에서 받아들인 자극을 연합 뉴런에 전달한다.　　**정답 ④**

오답 피하기
① 뇌 : 연합 뉴런으로 이루어져 있고 대뇌, 소뇌, 간뇌, 중간뇌, 연수로 구분된다.
② 척수 : 연합 뉴런으로 이루어져 있고 무조건 반사의 중추가 된다.
③ 네프론 : 사구체+보먼주머니+세뇨관으로 이루어져 있는 콩팥의 구조적, 기능적 단위이다. 네프론을 거쳐 오줌이 생성된다.

2. 신경계

(1) 중추 신경계

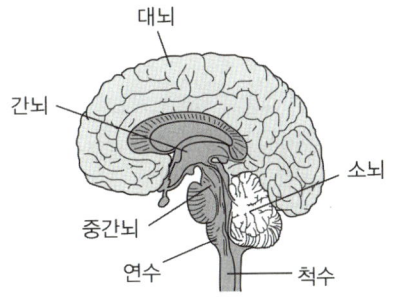

대뇌
간뇌
중간뇌
연수
소뇌
척수

❯ 사람의 신경계

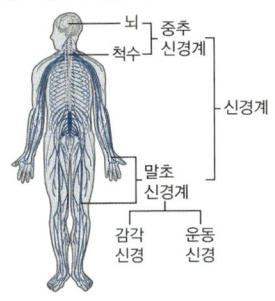

뇌 ─ 중추
척수 ─ 신경계
신경계
말초 신경계
감각 신경　운동 신경

사람의 신경계는 자극을 판단하고 명령을 내리는 중추 신경계와 중추 신경계에서 뻗어 나와 온몸에 분포하고 있는 말초 신경계로 구분된다.

뇌	대뇌	• 2개 반구로 되어 있고 주름이 많음. • 기억, 추리, 판단, 언어 등 고등 정신 활동
	간뇌	체온, 혈당량, 체액 농도 유지
	중간뇌	눈의 움직임, 동공과 홍채의 변화를 조절
	소뇌	근육 운동 조절, 몸의 균형 유지
	연수	심장 박동, 소화액 분비, 호흡 운동 조절
척수		• 뇌와 말초 신경 사이에서 신호를 전달하는 통로 • 무조건 반사 중추(무릎 반사, 배변, 배뇨)

(2) 말초 신경계

① 감각 신경과 운동 신경으로 구성되어 있다.

㉠ 감각 신경 : 감각 기관에서 받아들인 자극을 중추 신경계로 전달한다.

㉡ 운동 신경 : 중추 신경계에서 내린 명령을 반응 기관으로 전달한다.

② 자율 신경

㉠ 교감 신경과 부교감 신경으로 이루어져 있다.

㉡ 대뇌의 직접적인 명령을 받지 않고 심장 박동, 호흡 운동 등 몸의 작용을 조절한다.

● 교감 신경과 부교감 신경
교감 신경과 부교감 신경은 서로 반대 작용을 한다. 교감 신경은 긴장 상태로 만들고, 부교감 신경은 원래의 안정된 상태로 되돌리는 서로 반대되는 작용을 한다.

구분	교감 신경	부교감 신경
동공	확대	축소
심장 박동	촉진	억제
호흡	촉진	억제
소화	억제	촉진

🔍 **빈출 유형 100점 돋보기**

중추 신경계에서 뇌의 대부분을 차지하며 추리와 분석 등의 복잡한 정신 활동을 담당하는 곳은?

① 간뇌　　　　　　　　② 대뇌
③ 소뇌　　　　　　　　④ 척수

해설

대뇌는 뇌의 대부분을 차지하며 표면에 주름이 많고 좌우 두 개의 반구로 구분된다. 판단, 기억, 언어 등 복잡한 정신 활동을 담당한다.　　　　정답 ②

오답 피하기

① 간뇌 : 체온, 혈당량 등이 일정하게 유지되도록 조절
③ 소뇌 : 2개의 반구로 되어 있고 몸의 균형, 근육 운동 조절
④ 척수 : 신경의 통로로 무릎 반사의 중추

🔍 **빈출 유형 100점 돋보기**

그림은 뇌의 구조를 나타낸 것이다. 다음 중 심장 박동과 호흡 운동을 조절하는 중추는?

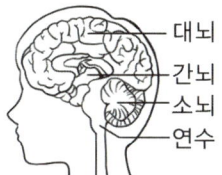

① 대뇌   ② 간뇌

③ 소뇌   ④ 연수

해설

연수는 심장 박동, 호흡 운동, 소화 운동과 같은 생명 활동의 중추이며 침 분비, 재채기, 하품 등의 무조건 반사의 중추이다.   **정답** ④

---

2 반응

1. 의식적인 반응

(1) 의식적 반응

대뇌의 판단 과정을 거쳐 자신의 의지에 따라 일어나는 반응이다.

(2) 의식적 반응의 경로

> 자극 ➡ 감각 기관 ➡ 감각 신경 ➡ (척수 ➡) 대뇌 ➡ (척수 ➡) 운동 신경 ➡ 반응 기관 ➡ 반응

예 • 주전자를 들어 컵에 물을 따른다.
  • 날아오는 공을 보고 야구 방망이를 휘두른다.

2. 무의식적인 반응

(1) 무조건 반사

① 대뇌가 관여하지 않아 자신의 의지와 관계없이 일어나는 무의식적인 반응이다.

② 자극이 대뇌에 도달하기 전에 반응이 일어나므로 빠르게 반응한다.

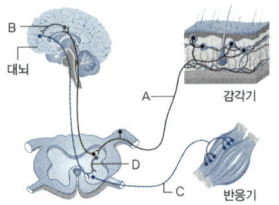

● **의식적 반응과 무릎 반사의 경로**

• 의식적 반응의 경로 : A(감각 신경) → B(대뇌) → C(운동 신경)
• 무릎 반사(무조건 반사)의 경로 : A(감각 신경) → D(척수) → C(운동 신경)

→ 의식적인 반응보다 반응이 빠르게 일어나 갑작스러운 위험에 처했을 때 신속하게 대처하여 우리 몸을 보호할 수 있다.
③ 무조건 반사의 중추 : 연수, 중간뇌, 척수

(2) 무조건 반사의 경로

> 자극 ➔ 감각 기관 ➔ 감각 신경 ➔ 중추(척수, 연수, 중간뇌) ➔ 운동 신경 ➔ 반응 기관 ➔ 반응

① 척수 반사 : 무릎 반사, 회피 반사(뜨거운 물에 손이 닿았을 때 움츠림)
② 연수 반사 : 하품, 재채기, 침 분비
③ 중간뇌 반사 : 동공 반사

🔍 **빈출 유형 100점 돋보기**

그림은 사람의 중추 신경계 일부를 나타낸 것이다. A~D 중 척추 속으로 뻗어 있으며, 무릎 반사 운동의 중추는?

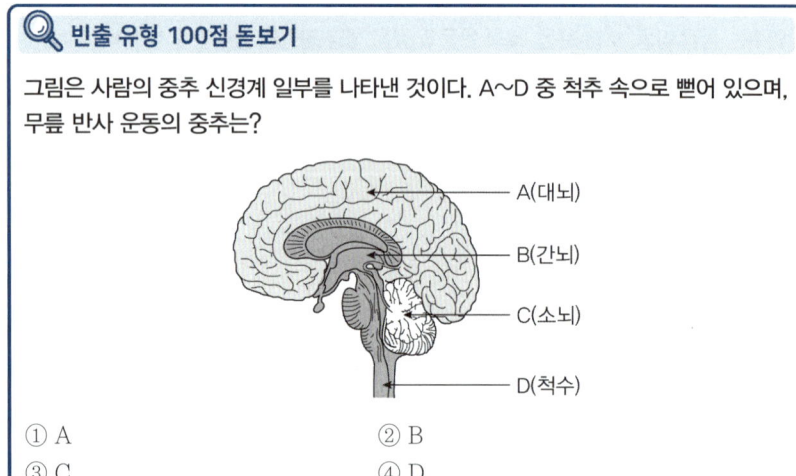

① A   ② B
③ C   ④ D

해설 ----
척수는 척추 속에 있는 중추 신경으로 신호 전달의 통로이며 무릎 반사, 갑자기 뜨거운 것에 닿았을 때 피하는 회피 반사의 중추이다.　　　　　정답 ④

03 호르몬과 항상성

1 호르몬

1. 호르몬

(1) 호르몬의 특징

① 내분비샘에서 분비되며 특정 세포나 기관으로 신호를 전달하여 몸의 기능을 조절하는 화학 물질이다.

② 혈관을 따라 온몸을 순환하다가 표적 기관이나 세포에 작용하여 그 기능을 조절한다.

③ 매우 적은 양으로 기능을 조절한다.

→ 호르몬 분비량이 너무 많거나 적으면 몸에 이상 증상이 나타난다.

(2) 호르몬과 신경의 비교

구분	호르몬	신경
작용		
전달 매체	혈액	뉴런
전달 속도	느리다.	빠르다.
작용 범위	넓다.	좁다.
지속성	길다.	짧다.

❯ 내분비샘
- 호르몬을 만들어 혈액으로 분비하는 조직이나 기관이다.
- 분비관이 따로 없어 혈액으로 직접 분비한다.
- 예 뇌하수체, 갑상샘, 이자, 부신, 생식샘 등

❯ 외분비샘
분비관을 통해 물질을 분비하는 기관
예 침샘, 땀샘, 눈물샘 등

❯ 항상성
몸 안팎의 환경이 변해도 몸의 상태를 일정하게 유지하려는 성질로 신경과 호르몬의 조절 작용으로 유지된다.

2. 여러 가지 호르몬의 기능

(1) 호르몬의 종류

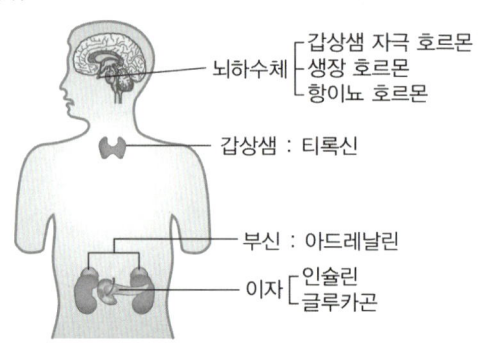

내분비샘	호르몬	기능
뇌하수체	갑상샘 자극 호르몬	티록신 분비 촉진
	생장 호르몬	몸의 생장 촉진
	항이뇨 호르몬	콩팥에서 물의 재흡수 촉진
갑상샘	티록신	세포 호흡 촉진
부신	아드레날린	혈당량 증가, 심장 박동 촉진
이자	인슐린	혈당량 감소
	글루카곤	혈당량 증가

(2) 호르몬 관련 질병

① 생장 호르몬

　　㉠ 생장 호르몬 결핍 : 소인증

　　㉡ 생장 호르몬 과다 : 거인증, 말단 비대증

② 티록신

　　㉠ 티록신 결핍 : 갑상샘 기능 저하증 − 추위를 잘 타고 체중이 증가한다.

　　㉡ 티록신 과다 : 갑상샘 기능 항진증 − 눈이 돌출되고 체중이 감소한다.

③ 인슐린 결핍 : 당뇨병 − 포도당이 오줌으로 배설된다.

빈출 유형 100점 돋보기

그림은 사람의 내분비샘을 나타낸 것이다. A~D 중 티록신을 분비하는 갑상샘은?

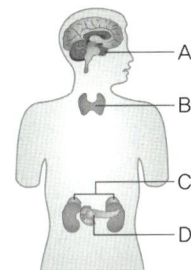

① A   ② B
③ C   ④ D

해설

티록신은 갑상샘에서 생성하는 호르몬으로 세포 호흡을 촉진한다. 체온이 낮을 때 티록
신의 분비량이 증가한다.   정답 ②

오답 피하기

① 뇌하수체(A) : 생장 호르몬, 갑상샘 자극 호르몬, 항이뇨 호르몬을 분비한다.
③ 부신(C) : 아드레날린을 분비한다.
④ 이자(D) : 혈당량 조절에 관여하는 인슐린과 글루카곤을 분비한다.

2 항상성

1. 항상성 조절

(1) 항상성

① 항상성 : 외부 환경이나 체내 상태가 변하더라도 체내 상태를 일
   정하게 유지하려는 성질을 말한다.

② 항상성 조절 : 혈당량 조절, 체온 조절 등

(2) 항상성 조절의 중추 : 간뇌

2. 항상성 유지

❷ 인슐린과 글루카곤의 간에서의 작용
- 인슐린 : 포도당을 글리코젠으로 저장 ➡ 혈당량을 낮춘다.
- 글루카곤 : 글리코젠을 포도당으로 분해 ➡ 혈당량을 높인다.

❷ 식사 후와 운동 후 혈당량 변화

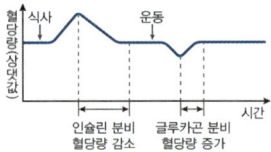

- 식사를 하면 혈당량이 증가하여 인슐린 분비가 촉진된다.
  ➡ 혈당량 감소
- 운동을 하면 혈당량이 감소하여 글루카곤 분비가 촉진된다.
  ➡ 혈당량 증가

(1) 혈당량 조절(이자에서 분비되는 호르몬의 작용)

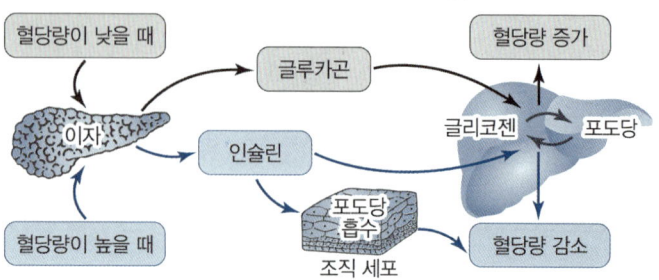

① 혈당량이 높을 때 : 이자에서 인슐린이 분비되어 혈당량을 낮춘다.
② 혈당량이 낮을 때 : 이자에서 글루카곤이 분비되어 혈당량을 높인다.

(2) 체온 조절
  ① 체온이 낮을 때

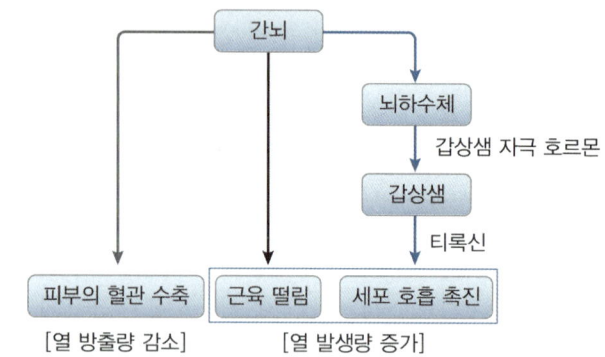

[열 방출량 감소]   [열 발생량 증가]

  ㉠ 열 발생량 증가 : 티록신의 분비가 증가하여 세포 호흡이 촉진되고, 근육 떨림이 증가한다.
  ㉡ 열 방출량 감소 : 피부 근처 혈관을 수축하여 열이 빠져나가는 것을 막는다.
  ② 체온이 높을 때 : 피부 근처 혈관을 확장시키고, 땀 분비를 시켜 열 방출량을 증가시킨다.

01 그림은 사람 눈의 구조를 나타낸 것이다.

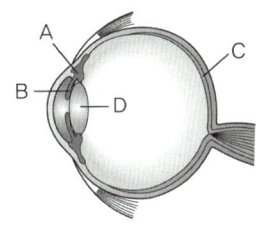

동공의 크기를 조절하여 빛의 양 조절에 관여하는 부분의 기호와 이름이 바르게 연결된 것은?

① A – 섬모체
② B – 홍채
③ C – 망막
④ D – 수정체

02 그림은 사람 귀의 구조를 나타낸 것이다.

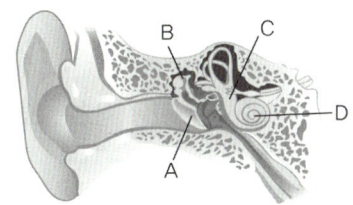

몸의 평형 감각과 관련된 부분의 기호와 이름이 바르게 연결된 것은?

① A – 전정 기관
② B – 반고리관
③ C – 전정 기관
④ D – 귀인두관

03 다음 중 혀에서 느끼는 기본 맛이 아닌 것은?

① 쓴맛
② 감칠맛
③ 매운맛
④ 신맛

04 피부 감각점 중 가장 수가 많고 아픔을 받아들이는 감각점은?

① 촉점
② 압점
③ 통점
④ 온점

05 다음은 우리 몸의 감각 기관 중 하나를 나타낸 것이다.

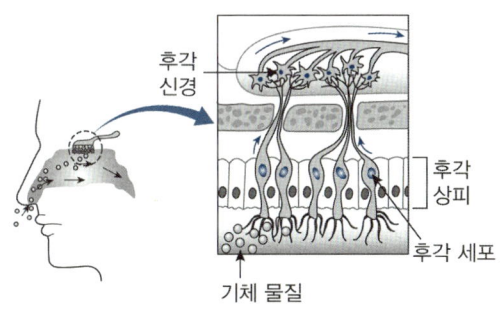

이에 대한 설명으로 옳은 것은?

① 액체 상태의 물질을 자극으로 받아들인다.
② 가장 예민한 감각이다.
③ 몸의 회전을 느끼는 감각 기관이다.
④ 쉽게 피로해지지 않는 감각이다.

06 다음 설명에 해당하는 것은?

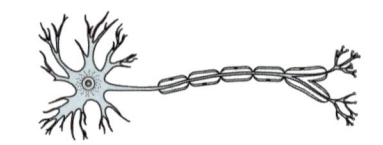

- 신경계를 구성하는 기본 단위 세포이다.
- 신경 세포체, 가지 돌기, 축삭 돌기로 이루어져 있다.

① 근육　　　　② 뉴런
③ 확산　　　　④ 표피

07 그림은 사람 뇌의 구조를 나타낸 것이다.

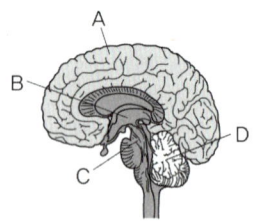

A~D 중 눈의 움직임, 동공과 홍채의 변화를 조절하는 중추의 기호는?

① A　　　　② B
③ C　　　　④ D

08 그림은 사람의 신경계를 나타낸 것이다.

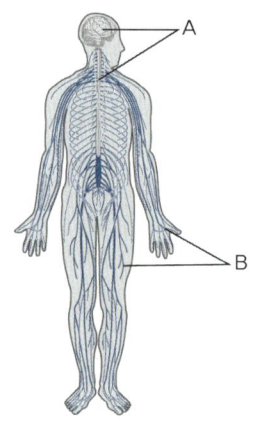

A에 속하지 <u>않는</u> 것은?

① 대뇌　　　　② 척수
③ 연합 신경　　④ 감각 신경

09 다음 현상과 같은 반응 경로를 갖는 것은?

뜨거운 냄비에 손이 닿자마자 손이 움츠러들었다.

① 출발 소리를 듣고 달려 나갔다.
② 어두운 곳에서 손을 더듬어 방의 불을 켰다.
③ 고무망치로 무릎뼈 아래를 가볍게 쳤더니 다리가 저절로 올라갔다.
④ 날아오는 공을 보고 방망이로 쳤다.

10 다음 설명에 해당하는 것은?

> • 내분비샘에서 생성된다.
> • 혈관을 따라 온몸을 순환하다 특정 기관이나 세포에 작용한다.
> • 적은 양으로 몸의 기능을 조절한다.
> • 인슐린, 티록신 등이 해당한다.

① 호르몬　　　② 혈액
③ 뉴런　　　　④ 대뇌

11 그림은 사람의 내분비샘을 나타낸 것이다.

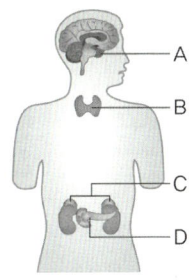

A~D 중 혈당량을 낮추는 인슐린을 분비하는 이자는?

① A　　　　② B
③ C　　　　④ D

12 다음 중 우리 몸의 체온이 낮아졌을 때의 변화로 옳은 것은?

① 피부 근처 혈관이 확장되어 혈류량이 증가한다.
② 근육 떨림이 감소한다.
③ 열 발생량이 증가한다.
④ 열 방출량이 증가한다.

EBS 교육방송교재

중졸 검정고시 과학

PART

05

생식과 유전

01 생장과 생식

02 유전

- 체세포 분열과 생식세포 분열을 구분하고 각각의 역할을 이해할 수 있다.
- 사람의 발생 과정을 파악할 수 있다.
- 유전 용어를 알고 멘델의 유전의 법칙를 이해한다.
- 사람의 유전 방식을 구분하고 가계도 분석을 할 수 있다.

01 생장과 생식

1 세포 분열

1. 염색체

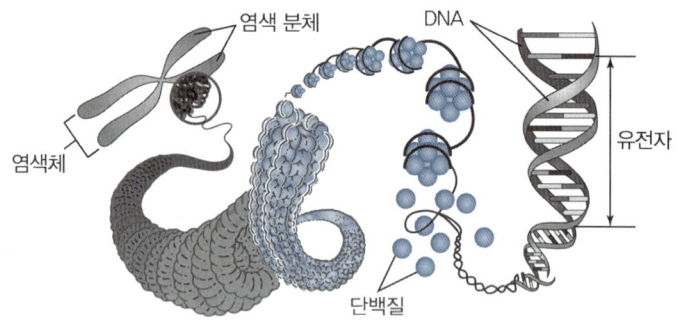

(1) 염색체

① 유전 물질인 DNA와 단백질로 이루어져 있다.

② 유전자 : DNA에서 생물의 특징에 대한 유전 정보가 담겨 있는 부분을 말한다.

③ 염색체는 2가닥의 염색 분체로 이루어져 있다.

④ 염색체는 세포 분열 시에만 관찰할 수 있다.

(2) 사람의 염색체

① 상동 염색체

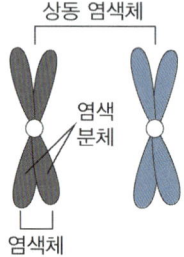

㉠ 모양과 크기가 같은 한 쌍의 염색체를 말한다.

㉡ 부모로부터 각각 하나씩 물려받은 것으로 유전 정보는 다르다.

② 상염색체와 성염색체

❯ **염색체 구성**
- 남자 : <u>44</u> + <u>XY</u>
      상염색체 성염색체
- 여자 : <u>44</u> + <u>XX</u>
      상염색체 성염색체

㉠ 상염색체 : 성별에 관계없이 남녀 공통으로 갖는 염색체로 22쌍(44개)이다.

㉡ 성염색체 : 남녀의 성을 결정하는 염색체로 한 쌍이 있다. (남자 : XY, 여자 : XX)

2. 세포 분열

(1) 세포 분열

① 세포가 분열하는 이유 : 세포의 크기가 커지면 부피에 대한 표면 적의 비가 줄어들어 물질 교환이 잘 일어나지 못하므로 세포는 어느 정도 커지면 분열하여 수를 늘린다.

② 세포 주기 : 세포 분열을 마친 세포가 자라서 다시 세포 분열을 마치기까지의 과정이다.

(2) 체세포 분열

① 생물의 몸을 구성하는 체세포가 둘로 나누어지는 과정이다.

② 유전 물질이 복제가 되며 세포 분열을 준비하는 간기와 핵분열, 세포질 분열이 일어나는 분열기로 구분된다.

③ 핵분열 : 염색체 행동에 따라 전기, 중기, 후기, 말기로 구분된다.

❯ **세포 주기**
세포 주기는 간기와 분열기로 나 뉜다.

간기
(세포의 생장, 세포 분열 준비)

분열기

❯ **간기**
핵 속의 유전 물질이 복제되고 세포 의 생장이 일어난다.

간기	분열기			
	전기	중기	후기	말기
유전 물질 2배 복제	핵막이 사라지고 염색체가 나타남.	• 염색체가 세포 중앙에 배열 • 염색체를 관찰하기 좋은 시기	염색 분체가 분리되어 양쪽 끝으로 이동	염색체가 풀어지고 핵막이 생김.

제3편

④ 세포질 분열

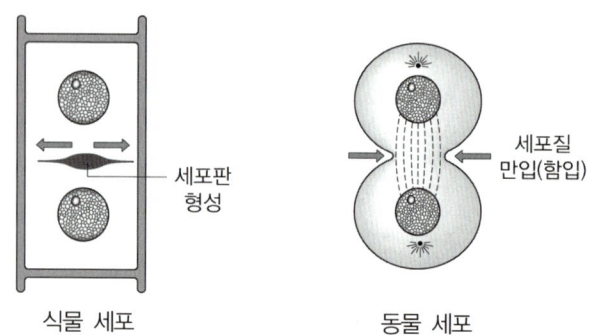

식물 세포   동물 세포

㉠ 핵분열 말기에 세포질이 나뉘어 2개의 딸세포가 형성되는 과정이다.

㉡ 동물 세포는 세포막이 안쪽으로 들어가면서 세포질이 나뉘고, 식물의 경우는 세포판이 형성된다.

⑤ 체세포 분열 결과 모세포와 유전 정보가 동일한 딸세포가 2개 형성된다.

❯ 체세포 분열의 목적
● 단세포 생물 : 생식
● 다세포 생물 : 생장, 재생

🔍 **빈출 유형 100점 돋보기**

다음 중 식물 세포의 체세포 분열 과정을 순서대로 옳게 나타낸 것은?

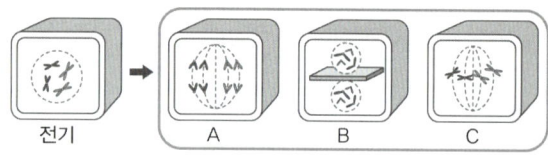

전기   A   B   C

① A → B → C   ② B → A → C

③ B → C → A   ④ C → A → B

해설

체세포 분열 과정은 전기 → 중기(C) → 후기(A) → 말기(B)이다.
중기(C)는 염색체가 세포 중앙에 배열하고, 후기(A)는 염색 분체가 분리되어 양 끝으로 이동한다. 식물 세포의 말기(B)는 세포 중앙에 세포판이 형성되면서 세포질 분리가 일어난다.

정답 ④

빈출 유형 100점 돋보기

다음 중 염색체가 사라지고 핵막이 나타나 2개의 핵이 생기는 동물의 체세포 분열 말기 모습은?

①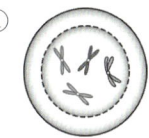

②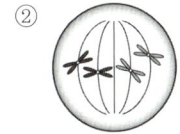

③

④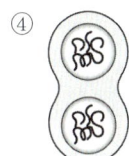

해설

세포 분열의 말기에는 염색체가 풀어지고 핵막이 다시 나타나 핵이 나타나는 핵분열과 함께 세포질이 분열되는 세포질 분열이 함께 일어난다. 동물 세포는 세포질이 바깥에서 안쪽으로 들어가면서 세포질이 나누어진다. **정답 ④**

오답 피하기

① 염색체가 등장하고 핵막이 사라지는 전기의 모습이다.
② 염색체가 세포 중앙에 배열하는 중기의 모습이다.
③ 염색 분체가 분리되어 양쪽 끝으로 이동하는 후기의 모습이다.

(3) 생식세포 분열

① 생물의 생식 기관에서 일어나는 분열로 염색체 수가 체세포의 절반으로 줄어든 생식세포가 형성된다.
　→ 동물의 경우 정자, 난자 같은 생식세포가 만들어진다.
② 연속 2회 분열로 4개의 딸세포가 형성된다.
③ 감수 1분열
　㉠ 감수 1분열 전기 때 상동 염색체가 접합한 2가 염색체가 나타난다.
　㉡ 염색체 수가 절반으로 줄어든다.
④ 감수 2분열 : 간기 없이 진행되며 염색체 수는 변하지 않는다.

> **2가 염색체**
> 감수 1분열 전기에 상동 염색체가 붙어 형성되며, 4개의 염색 분체로 이루어진다.

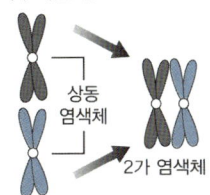

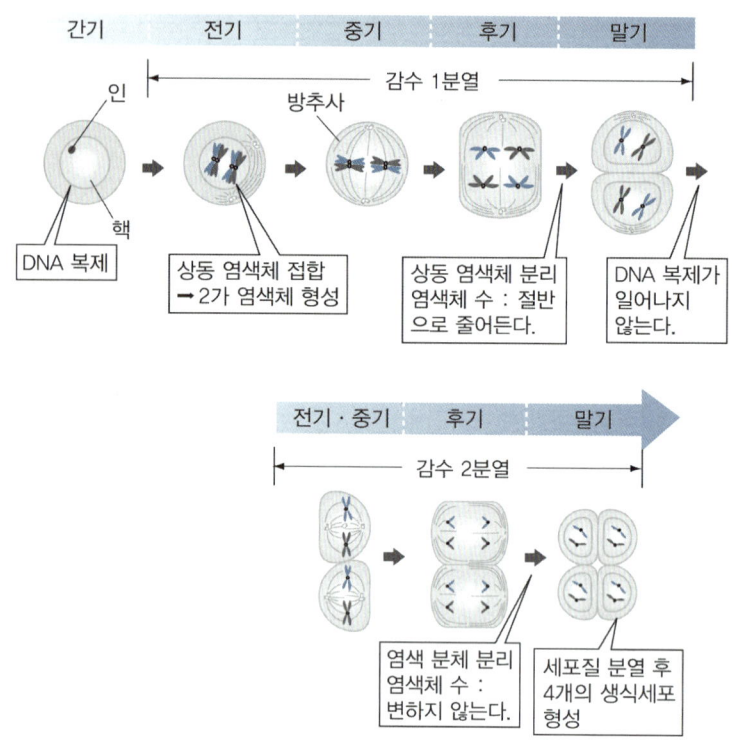

3. 체세포 분열과 생식세포 분열 비교

구분	체세포 분열	생식세포 분열
세포 분열 과정		
분열 횟수	1회	연속 2회
딸세포 수	2개	4개
염색체 수	변화 없음.	절반으로 줄어듦.
2가 염색체	형성되지 않음.	감수 1분열 전기에 형성
결과	다세포 생물 : 생장, 재생 단세포 생물 : 생식	생식세포 형성

빈출 유형 100점 돋보기

그림은 생식세포 분열 과정의 일부를 나타낸 것이다. 감수 1분열 전기 단계인 세포의 염색체 수가 4개일 때, 딸세포 A의 염색체 수는? (단, 돌연변이는 없다.)

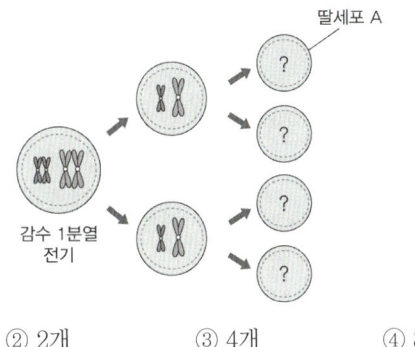

① 1개   ② 2개   ③ 4개   ④ 8개

해설
생식세포 분열은 2번 연속 분열하여 4개의 딸세포를 형성한다. 이때 감수 1분열을 거치면서 염색체 수가 절반으로 감소된 딸세포 2개가 형성되고, 감수 2분열에서는 감소된 염색체 수가 유지된 채 딸세포가 형성된다. 문제에서 제시된 감수 1분열 전기 세포의 염색체 수가 4개이므로 감수 1분열을 거치면서 염색체 수는 절반으로 줄어들어 염색체 수가 2개인 딸세포가 만들어지고, 감수 2분열에서는 염색체 수는 2개로 유지된 채 딸세포가 만들어진다.   **정답** ②

2 사람의 생식

1. 생식세포와 수정

(1) 사람의 생식세포

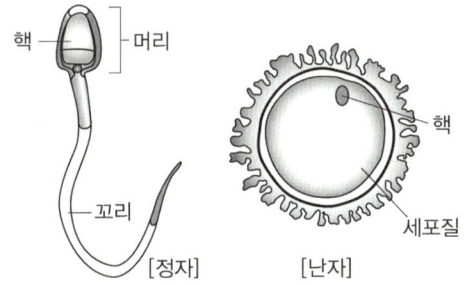

[정자]   [난자]

① **정자** : 정소에서 생식세포 분열 결과 생성되고 꼬리가 있어 운동성이 있다.
② **난자** : 난소에서 생식세포 분열 결과 생성되고 양분을 가지고 있어 정자보다 크다.

(2) 수정

    ① 수정 : 정자와 난자가 만나 정자의 핵과 난자의 핵이 결합하는 과정이다.

    ② 수정란 : 정자와 난자가 결합하는 수정이 일어난 세포로, 수정란은 체세포와 염색체 수가 같다.

2. 사람의 발생

(1) 발생

    수정란이 세포 분열을 거듭해 여러 조직과 기관을 형성하여 하나의 개체가 되는 과정을 말한다.

(2) 배란에서 착상까지의 과정

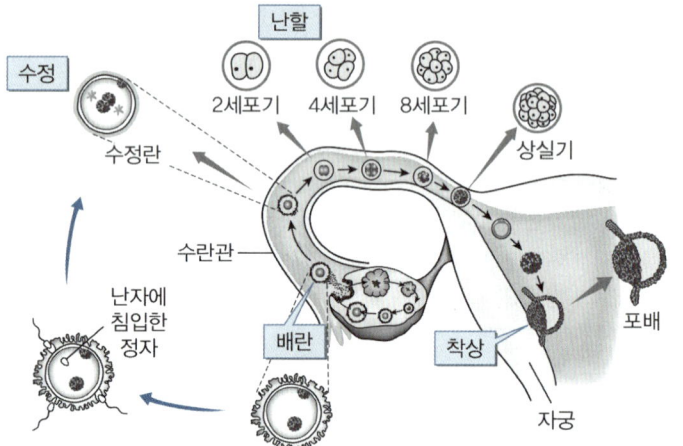

    ① 배란 : 난소에서 수란관으로 난자가 배출되는 배란이 일어난다.

    ② 수정 : 수란관에서 난자와 정자가 만나 수정이 이루어진다.

    ③ 난할

        ㉠ 발생 초기의 세포 분열을 말한다.

        ㉡ 수정란의 초기 세포 분열로 분열 과정에 딸세포가 커지는 시기가 거의 없어 빠르게 세포 분열이 일어난다.

        ㉢ 난할이 진행될수록 세포 수가 늘어나며 세포 1개의 크기는 점점 작아진다.

        ㉣ 수정란은 난할을 거듭하여 세포 수를 늘리며 자궁으로 이동한다.

    ④ 착상

        ㉠ 수정 후 5~7일 후에는 속이 빈 공 모양의 세포 덩어리인 포배 상태가 되고, 포배 상태의 수정란이 자궁 안쪽 벽에 파고들어 착상한다.

ⓒ 착상 후 태반, 탯줄이 형성되어 모체로부터 양분과 산소를 공급받으며 태아가 된다.

(3) 출산

수정 후 약 266일이 지나면 출산 과정을 거쳐 태아가 모체 밖으로 나온다.

▶ 태반을 통한 물질 교환

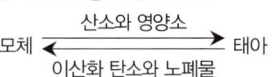

산소와 영양소
모체 ⟷ 태아
이산화 탄소와 노폐물

🔍 **빈출 유형 100점 돋보기**

남성 호르몬을 분비하고 생식세포 분열에 의해 정자가 생성되는 기관은?

① 이자　　　　　　② 정소
③ 갑상샘　　　　　④ 뇌하수체

해설
정자는 정소에서 생식세포 분열을 통해 생성된 생식세포이다. 정소는 생식세포인 정자를 만들고 2차 성징에 관한 호르몬을 분비한다.

정답 ②

🔍 **빈출 유형 100점 돋보기**

다음 설명에 해당하는 과정은?

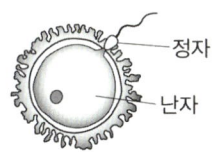

정자
난자

• 정자와 난자가 결합하는 것이다.
• 이를 통해 수정란이 만들어진다.

① 배설　　　　　　② 수정
③ 소화　　　　　　④ 유전

해설
수정은 배란된 난자와 정자가 만나 결합하는 것으로 수정된 세포를 수정란이라고 한다.

정답 ②

오답 피하기
① 배설 : 세포 호흡 결과 생긴 노폐물을 몸 밖으로 내보내는 과정이다.
③ 소화 : 영양소를 흡수할 수 있는 크기로 분해하는 과정이다.
④ 유전 : 부모의 형질이 자손에게 전달되는 과정이다.

02 유전

1 멘델의 유전

1. 유전 용어와 멘델의 유전 연구

(1) 유전 용어

① 유전 : 부모의 형질이 자손에게 전달되는 현상이다.

② 형질 : 모양, 색깔과 같은 생물의 특성을 말한다.

③ 대립 형질 : 한 가지 형질에서 뚜렷이 대비되는 형질을 말한다.
  예 완두 모양 : 둥글다 ↔ 주름지다

④ 표현형 : 겉으로 드러나는 형질을 말한다.
  예 둥글다, 주름지다, 황색이다

⑤ 유전자형 : 형질을 결정하는 유전자의 구성을 알파벳으로 나타낸 것이다.
  예 RR, Rr

⑥ 순종 : 대립유전자 구성이 같은 것을 말한다.
  예 YY, RR

⑦ 잡종 : 대립유전자 구성이 다른 것을 말한다.
  예 Yy, Rr

(2) 멘델의 실험

① 완두를 교배하여 유전 원리를 설명하였다.

② 완두가 유전 연구 재료로 좋은 점
  ㉠ 한 세대가 짧고 자손 수가 많다.
  ㉡ 자유로운 교배가 가능하다.
  ㉢ 대립 형질이 뚜렷하다.

> **대립유전자**
> 하나의 형질을 결정하는 유전자로 상동 염색체의 같은 위치에 있으며, 구성이 같을 수도 있고, 다를 수도 있다.

상동 염색체

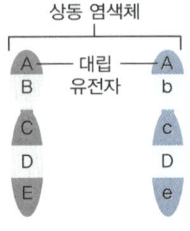

> **자가 수분과 타가 수분**
> • 자가 수분 : 수술의 꽃가루가 같은 그루의 꽃에 있는 암술에 붙는 현상
> • 타가 수분 : 수술의 꽃가루가 다른 그루의 꽃에 있는 암술에 붙는 현상

2. 멘델의 유전

(1) 우열의 원리와 분리의 법칙

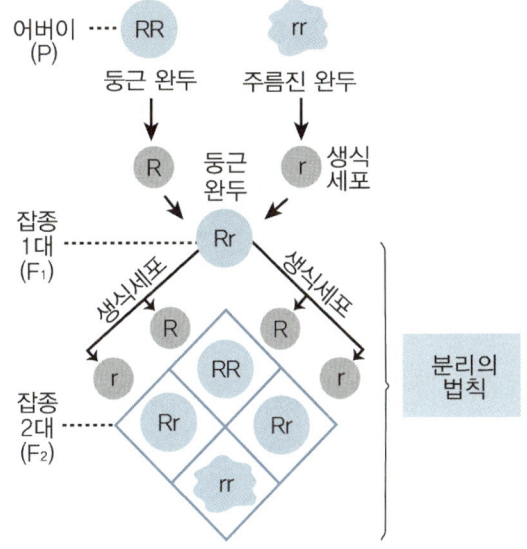

① 우열의 원리

    ㉠ 순종의 대립 형질을 교배하여 얻은 잡종 1대에서 우성 형질만 나타난다.

    ㉡ 잡종 1대에서 표현되는 것이 우성, 표현되지 않는 것이 열성이다.

    ㉢ 우열 관계가 명확하지 않을 때 두 가지 형질이 동시에 표현되는 것을 중간 유전이라고 한다.

② 분리의 법칙 : 하나의 형질을 나타내는 유전자 쌍은 생식세포 형성 시 분리되어 각각의 생식세포로 나뉘어 들어간다.

(2) 독립의 법칙

두 가지 이상의 형질이 함께 유전될 때 한 형질을 나타내는 유전자 쌍이 다른 형질을 나타내는 유전자 쌍에 영향을 받지 않고 독립적으로 유전된다.

❷ **분꽃의 꽃 색깔 유전**

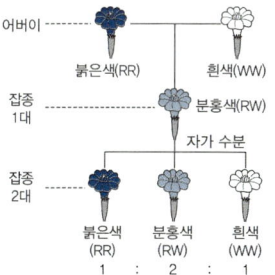

우열 관계가 명확하지 않을 때 두 가지 형질이 동시에 표현되는 중간 유전이 나타난다.

중간 유전에 의해 순종의 붉은색 분꽃(RR)과 흰색 분꽃(WW)을 교배하면 분홍색 꽃(RW)이 나타난다.

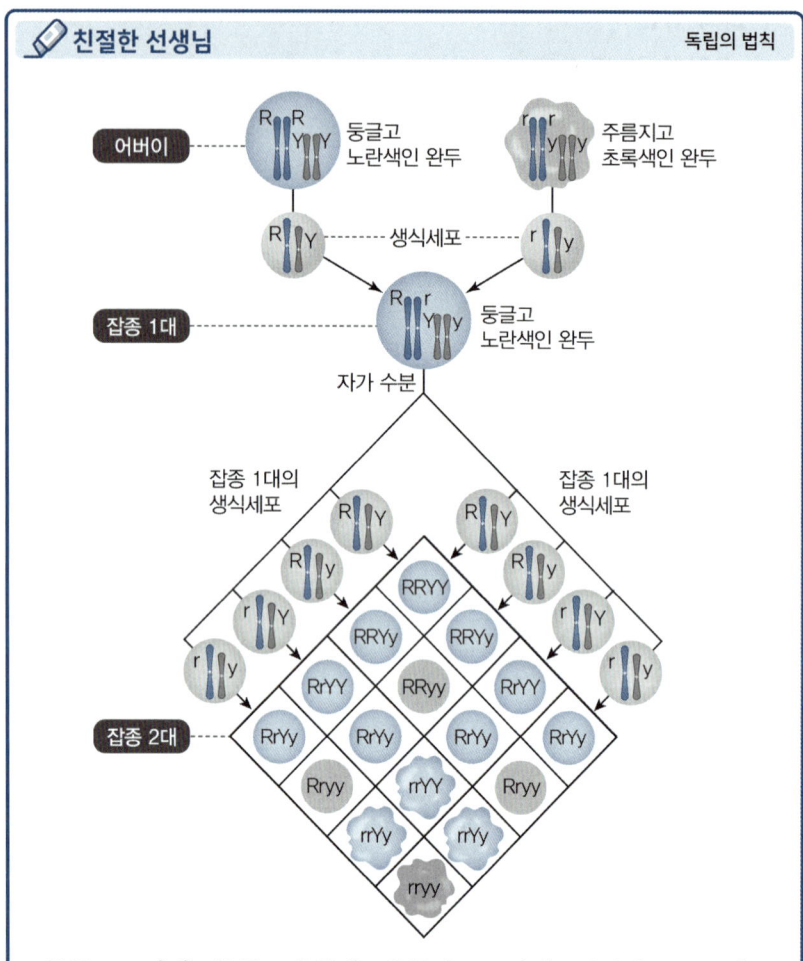

- 둥글고 노란색 : 둥글고 초록색 : 주름지고 노란색 : 주름지고 초록색
  =9 : 3 : 3 : 1
- 완두 씨의 모양에 따른 분리 비 → 둥근 완두 : 주름진 완두=3 : 1
- 완두 씨의 색깔에 따른 분리 비 → 노란색 완두 : 초록색 완두=3 : 1
  → 완두 씨의 모양과 색깔을 결정하는 대립유전자 쌍은 서로 영향을 미치지 않고 독립적으로 유전된다.

순종의 보라색 꽃(AA)과 흰색 꽃(aa)을 교배하여 얻은 잡종 1대의 유전자형은? (단, 돌연변이는 없다.)

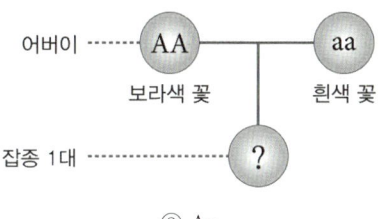

어버이 ········ AA ── aa
　　　　　　보라색 꽃　　흰색 꽃

잡종 1대 ········ ?

① AA　　　　　　　　② Aa
③ aa　　　　　　　　④ a

해설

잡종 1대는 부모에게 하나씩 유전자를 물려받는다. 어버이의 보라색 꽃은 A, 흰색 꽃은 a만 자손에게 물려줄 수 있으므로 잡종 1대의 유전자형은 Aa가 된다.

정답 ②

2　사람의 유전

1. 사람의 유전 연구

(1) 유전 연구의 어려움

① 한 세대가 길고 자손 수가 적다.

② 형질이 복잡하고 환경의 영향을 많이 받는다.

③ 자유로운 교배 실험이 어렵다.

(2) 사람의 유전 연구 방법

① 가계도 조사

㉠ 특정 형질을 가지고 있는 집안에서 여러 세대에 걸쳐 형질이 어떻게 유전되는지 알아보는 방법이다.

㉡ 특정 형질의 우열 관계, 가족 구성원의 유전자형, 유전자의 전달 경로를 알 수 있고, 태어날 자손의 형질을 예측할 수 있다.

❷ 가계도 기호

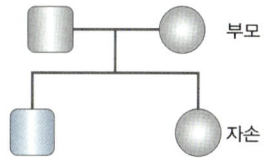

　　　　　　　　　　　부모

　　　　　　　　　　　자손

● 남자는 □, 여자는 ○로 표시한다.

● 부부는 가로선, 자손은 세로선으로 표시한다.

● 특정 형질이 나타나면 색깔이나 무늬 등의 형태로 표시한다.

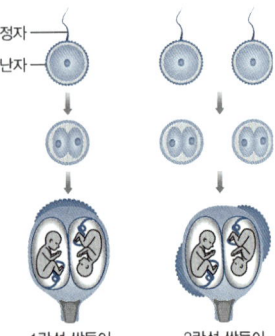

1란성 쌍둥이와 2란성 쌍둥이

정자 —
난자 —

1란성 쌍둥이   2란성 쌍둥이

- 1란성 쌍둥이 : 한 개의 난자에 한 개의 정자가 수정되고, 발생 초기에 수정란이 둘로 분열되어 각각 태아로 자랐기 때문에 유전적으로 동일하다.
- 2란성 쌍둥이 : 두 개의 난자에 서로 다른 정자가 각각 수정되어 다른 태아로 자랐기 때문에 유전적으로 다르다.

❯ 미맹
PTC 용액의 쓴맛을 느끼지 못하는 형질이다.

❯ 적록 색맹
붉은색과 초록색을 잘 구별하지 못하는 유전 형질이다.

② 쌍둥이 연구 : 유전과 환경이 특정 형질에 끼치는 영향을 알 수 있다.
   ㉠ 1란성 쌍둥이 : 유전자 구성이 같다.
     ➜ 환경의 영향에 의해 형질 차이가 나타난다.
   ㉡ 2란성 쌍둥이 : 유전자 구성이 서로 다르다.
     ➜ 유전과 환경에 의해 형질 차이가 나타난다.
③ 통계 조사(집단 조사) : 어떤 형질의 유전에 관해 가능한 한 많은 사례를 수집하고, 자료를 통계적으로 분석하는 방법이다.
④ 염색체, 유전자 분석

2. 사람의 유전

(1) 상염색체 유전
① 상염색체에 있는 유전자에 의해 형질이 전달되는 경우를 말한다.
② 미맹, 혀 말기, 보조개, ABO식 혈액형 등이 있다.
③ 남녀 공통으로 갖는 상염색체에 의한 유전이므로 남녀에 따라 형질이 나타나는 빈도의 차이가 없다.
④ ABO식 혈액형 유전
   ㉠ ABO식 혈액형 유전자는 상염색체에 있다.
   ㉡ 유전자 A와 B는 O에 대해 우성이고, A와 B 사이에는 우열 관계가 없다.
   ㉢ ABO식 혈액형의 표현형과 유전자형

표현형	A형		B형		AB형	O형
유전자형	AA	AO	BB	BO	AB	OO

(2) 반성 유전
① 성염색체에 있는 유전자에 의해 형질이 전달되는 경우를 말한다.
② 반성 유전은 형질을 결정하는 유전자가 성염색체에 있어 남녀에 따라 형질이 나타나는 비율이 다르다.
③ 적록 색맹 유전
   ㉠ X 염색체에 유전자가 있고 열성으로 유전된다.
   ㉡ 성별에 따른 유전자형과 표현형(X : 정상, X′ : 색맹)

구분	남자		여자		
유전자형	XY	X′Y	XX	XX′	X′X′
표현형	정상	색맹	정상	정상 (보인자)	색맹

🔍 빈출 유형 100점 돋보기

그림은 어느 집안의 ABO식 혈액형 가계도 일부를 나타낸 것이다. (가)의 혈액형이 될 수 <u>없는</u> 것은? (단, 돌연변이는 없다.)

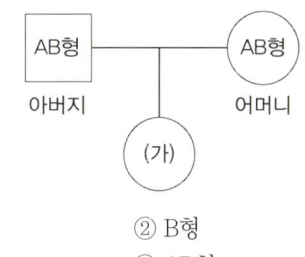

① A형   ② B형
③ O형   ④ AB형

해설

아버지와 어머니는 모두 AB형이므로 아버지와 어머니가 만드는 생식세포의 혈액형 유전자 구성 종류는 A, B가 각각 가능하다. 따라서 자손의 유전자 조합은 이와 같다.

아버지 A + 어머니 A → AA
아버지 A + 어머니 B → AB
아버지 B + 어머니 B → BB
아버지 B + 어머니 A → AB

A와 B는 우열 관계가 없으므로 AB는 AB형으로 표현되고 AA는 A형, BB는 B형으로 표현된다. 따라서 O형은 나타나지 않는다.

정답 ③

🔍 빈출 유형 100점 돋보기

그림은 어느 집안의 색맹 가계도를 나타낸 것이다. 다음 중 색맹인 아들 (가)의 유전자형은? (단, 돌연변이는 없다.)

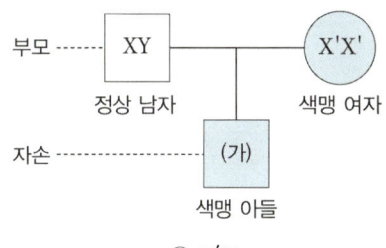

① XY   ② X'Y
③ XY'   ④ X'Y'

해설

색맹은 X 염색체에 유전자가 있다. 부모 중 아버지는 아들에게 Y 염색체를 물려주기 때문에 아들은 어머니에게 X 염색체를 물려받게 된다. 이때 어머니는 색맹으로 색맹 유전자(X')만 아들에게 줄 수 있다. 따라서 아들의 유전자형은 X'Y이다.

정답 ②

제3편

01 그림은 사람의 체세포에 들어 있는 한 쌍의 염색체를 나타낸 것이다.

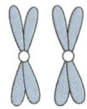

그림과 같이 모양과 크기가 같은 한 쌍의 염색체를 무엇이라고 하는가?

① 성염색체   ② 상염색체
③ 상동 염색체   ④ 암수 염색체

02 그림은 체세포 분열 과정을 순서 없이 나타낸 것이다. 염색 분체가 양극으로 이동하는 시기의 기호와 이름이 바르게 연결된 것은?

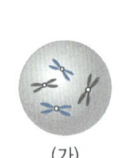

(가)   (나)   (다)   (라)

① (가) – 말기   ② (나) – 전기
③ (다) – 후기   ④ (라) – 간기

03 그림은 감수 1분열 중기의 모습을 나타낸 것이다.

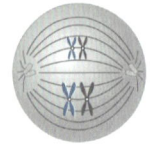

세포 분열이 끝난 후 딸세포 속 염색체 수는?

① 1개   ② 2개
③ 3개   ④ 4개

04 그림은 어떤 생물의 세포 분열 과정을 나타낸 것이다.

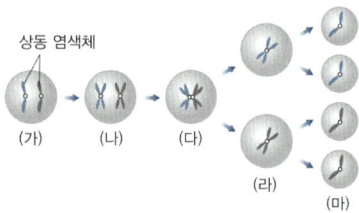

상동 염색체

(가)   (나)   (다)   (라)   (마)

염색체 수가 절반으로 줄어드는 시기는?

① (가) → (나)
② (나) → (다)
③ (다) → (라)
④ (라) → (마)

05 그림은 정자의 모습을 나타낸 것이다.

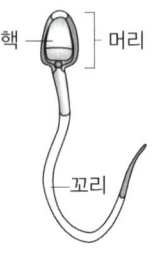

핵 — 머리

꼬리

정자에 대한 설명으로 옳지 <u>않은</u> 것은? (단, 사람의 체세포 속 염색체 수는 46개이다.)

① 체세포 분열을 통해 만들어졌다.
② 핵 속의 염색체 수는 23개이다.
③ 운동성이 있다.
④ 정소에서 생성된다.

06 그림은 순종의 둥근 완두와 주름진 완두의 교배 실험을 나타낸 것이다.

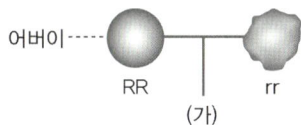

어버이 ···· RR — rr
(가)

(가)에 대한 설명으로 옳은 것은? (단, 둥근 유전자는 R, 주름진 유전자는 r로 나타내고 우성 유전자를 대문자로 쓴다.)

① (가)는 순종이다.
② (가)의 유전자형은 RRrr이다.
③ (가)의 표현형은 둥글다.
④ (가)는 어버이와 유전자형이 같다.

07 그림은 순종의 황색 완두(YY)와 순종의 녹색 완두(yy)를 교배하여 얻은 잡종 1대를 자가 수분시켜 잡종 2대를 얻은 모습이다.

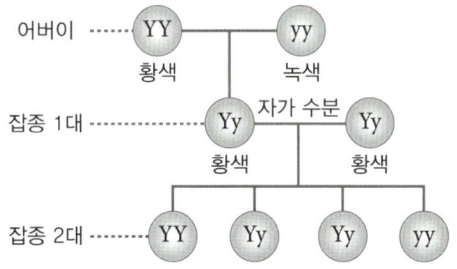

어버이 ···· YY 황색 — yy 녹색
잡종 1대 ···· Yy 황색 —자가 수분— Yy 황색
잡종 2대 ···· YY Yy Yy yy

잡종 2대의 총 완두 수가 400개일 때 녹색 완두의 개수는?

① 100개
② 200개
③ 300개
④ 400개

08 다음 중 사람의 유전 연구에 대한 설명으로 옳지 않은 것은?

① 한 세대가 길다.
② 자손 수가 많다.
③ 자유로운 교배 실험이 어렵다.
④ 형질이 복잡하다.

09 그림은 어느 가족의 ABO식 혈액형 유전 가계도를 나타낸 것이다.

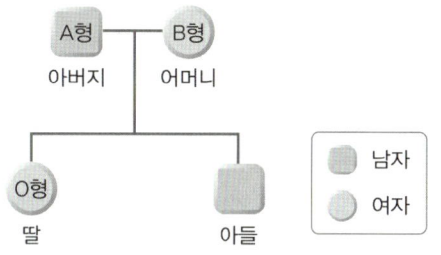

A형 아버지 — B형 어머니
O형 딸 — 아들
■ 남자 ● 여자

아버지의 유전자형으로 옳은 것은?

① AA
② AO
③ AB
④ ABO

10 다음 설명에 해당하는 유전 형질은?

- 열성으로 유전된다.
- 형질을 나타내는 유전자가 성염색체에 있다.
- 출혈 시 혈액이 응고되지 않아 출혈이 잘 멈추지 않는다.

① 미맹
② 색맹
③ 혈우병
④ 눈꺼풀

11 그림은 어느 집안의 색맹 가계도를 나타낸 것이다.

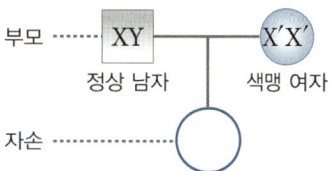

부모 ···· XY 정상 남자 — X'X' 색맹 여자
자손 ···· ○

자손으로 딸이 태어날 때 자손이 색맹으로 나타날 확률은?

① 0%
② 25%
③ 50%
④ 100%

EBS 교육방송교재

중졸 검정고시 과학

제4편

지구과학

EBS 교육방송교재

중졸 검정고시 과학

PART

01

지권의 변화

01 지구계와 지구 내부 구조

02 암석과 광물

03 지권의 변화

- 지구계의 의미와 구성 요소를 알 수 있다.
- 지권의 구조를 명칭과 함께 특징을 기억한다.
- 암석의 종류를 구분하고, 광물의 특성을 이해한다.
- 대륙 이동설의 의미와 함께 지각 변동과 판의 개념을 파악한다.

01 지구계와 지구 내부 구조

1 지구계

1. 지구계
지구를 구성하는 여러 요소들이 서로 영향을 주고받는 체계를 말한다.

2. 지구계 구성 요소
(1) 지권
① 지구 겉 부분인 지각과 지구 내부를 포함한다.
② 생물체에게 필요한 물질과 서식지를 제공한다.
③ 수권이나 기권보다 큰 부피를 차지한다.

(2) 수권

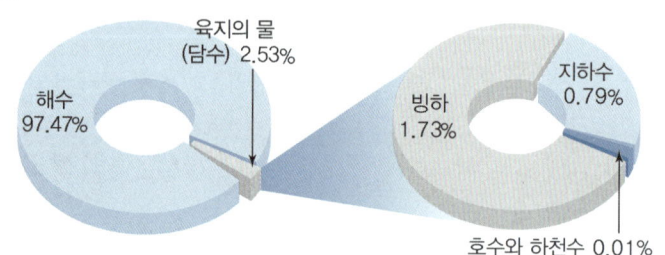

① 지구상의 물이 분포하는 영역을 말한다.
② 해수가 수권의 대부분을 차지하고, 빙하가 그 다음을 차지한다.
③ 생물체의 몸을 이루고, 지형을 변화시키며, 기상 현상을 일으 킨다.

(3) 생물권
① 지구에 살고 있는 모든 생물체를 말한다.
예 사람, 동물, 식물 등
② 지권, 수권, 기권에 걸쳐서 생물권이 분포한다.

(4) 기권

　① 지구를 둘러싼 얇은 공기가 존재하는 영역이다.

　② 생물체에게 필요한 기체를 공급하고 기상 현상을 일으킨다.

　③ 주로 질소와 산소로 이루어져 있다.

(5) 외권

　① 기권 밖의 우주 공간을 말한다.

　② 태양, 별, 유성체 등이 해당한다.

3. 지구계 구성 요소의 상호 작용

지구계에서 구성 요소들이 서로 영향을 주고받으며 서로 영향을 미친다.

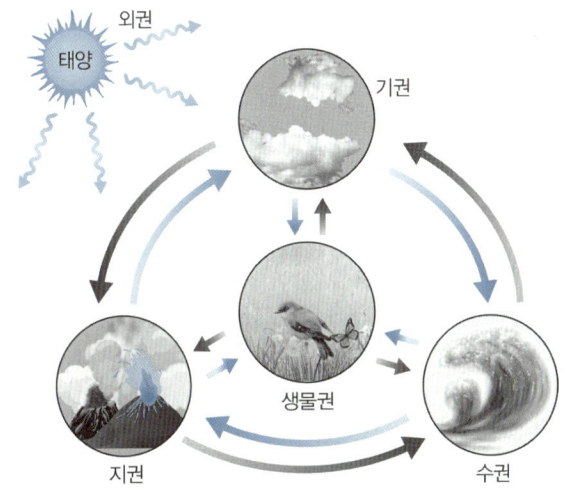

(1) 지권 – 기권

　화산 폭발로 인해 방출된 화산재로 기온이 낮아진다.

(2) 기권 – 생물권

　바람이 불면 씨앗이 널리 퍼진다.

(3) 수권 – 지권

　파도에 의해 해식 절벽이 생긴다.

(4) 수권 – 기권

　물이 증발하여 기상 현상을 일으킨다.

(5) 외권 – 기권

　우주의 물질이 중력에 의해 끌려 들어와 대기와의 마찰에 의해 부
　딪치며 탄다.

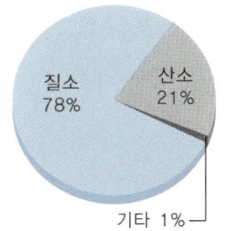

❷ 기권의 조성

질소 78%
산소 21%
기타 1%

❷ 태양 에너지

외권에서 공급되는 에너지로 지구 시스템에 가장 큰 영향을 주는 에너지원이다.

제 4 편

2 지구 내부 구조

1. 지구 내부 구조 조사

(1) 지구 내부 조사 방법

① 직접적인 방법 : 시추법, 화산 분출물 조사
  ㉠ 시추법 : 직접 땅을 파고 들어가 지구 내부를 조사하는 방법
  ㉡ 화산 분출물 조사 : 화산이 분출할 때 나오는 지구 내부 물질을 조사하는 방법

② 간접적인 방법
  ㉠ 지진파 분석 : 지진파를 연구하여 지구 내부를 조사하는 방법
  ㉡ 운석 연구 : 지구 내부 구성 물질과 비슷한 운석을 연구하는 방법

(2) 지구 내부 구조를 조사하는 데 가장 효과적인 방법은 지진파 분석이다.

2. 지구 내부 구조

(1) 지구 내부 층상 구조

지진파가 지구 내부에서 전파될 때 빠르기가 변하는 것을 통해 4개 층으로 구분한다.

(2) 지권의 층상 구조

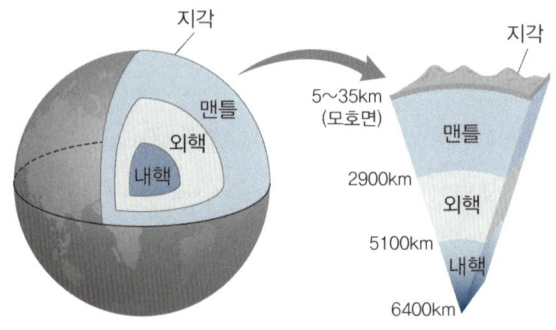

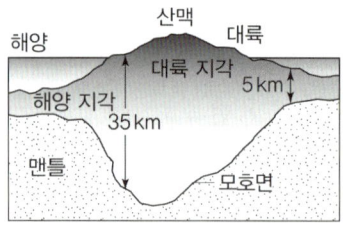

▲ 지각의 구조

❯ 모호면
- 지각과 맨틀의 경계면으로 모호면(모호로비치치 불연속면)이라고 한다.
- 모호면의 깊이는 지역마다 차이가 있다.
- 모호면을 경계로 지진파의 속도가 빨라진다.

① 지각 : 지각의 가장 겉 부분으로 고체 상태의 암석으로 이루어
   져 있다.
   ㉠ 대륙 지각 : 평균 두께 35km로 해양 지각보다 두껍다.
   ㉡ 해양 지각 : 평균 두께 5km로 대륙 지각보다 얇고 대륙 지각
      보다 무겁다.
② 맨틀
   ㉠ 지구 전체 부피의 약 80%를 차지한다.
   ㉡ 고체 상태의 암석으로 이루어져 있다.
③ 핵 : 철과 니켈로 이루어져 있다.
   ㉠ 외핵은 액체 상태로 추정된다.
   ㉡ 내핵은 고체 상태로 온도, 압력, 밀도가 가장 크다.

🔍 빈출 유형 100점 돋보기

그림은 지구 내부의 층상 구조를 나타낸 것이다. 지구 전체에서 가장 큰 부피를 차지하
는 곳과 그 명칭을 옳게 짝지은 것은?

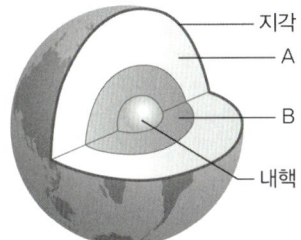

지각
A
B
내핵

① A−맨틀   ② A−외핵
③ B−맨틀   ④ B−외핵

해설 --

지구 내부 층상 구조는 지진파의 빠르기 변화를 통해 지각, 맨틀, 외핵, 내핵으로 구분된
다. 이 중 가장 많은 부피를 차지하는 것은 맨틀(A)로 전체 부피의 약 80%를 차지한다.
B는 외핵으로 지각, 맨틀, 외핵, 내핵 4개의 층상 구조 중 유일하게 액체 상태로 추정된
다. 외핵을 제외하고 다른 부분은 모두 고체 상태이다.   정답 ①

02 암석과 광물

1 암석

1. 암석의 분류

암석은 생성 과정에 따라 화성암, 퇴적암, 변성암으로 구분된다.

(1) 화성암

① 마그마나 용암이 식어서 만들어진 암석이다.

② 화성암의 종류 : 암석을 구성하는 알갱이(광물)의 크기와 암석의 색에 따라 구분된다.

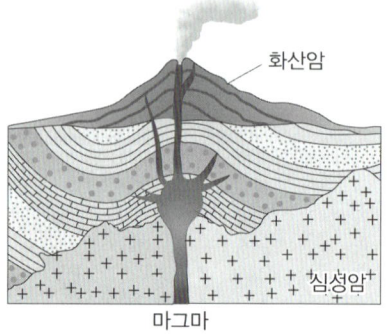

ⓐ **화산암** : 지표에서 용암이 빠르게 식어 굳은 암석으로 알갱이의 크기가 작다.

> **예** • 현무암 : 알갱이의 크기가 작고 색이 어둡다.
> • 유문암 : 알갱이의 크기가 작고 색이 밝다.

ⓑ **심성암** : 지하 깊은 곳에서 마그마가 천천히 식은 암석으로 알갱이의 크기가 크다.

> **예** • 화강암 : 알갱이의 크기가 크고 색이 밝다.
> • 반려암 : 알갱이의 크기가 크고 색이 어둡다.

▶ 화성암의 분류

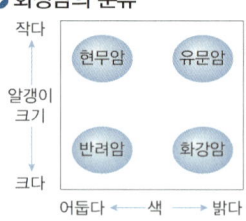

▶ 현무암

▶ 화강암

(2) 퇴적암

① 퇴적물이 다져지고 굳어져서 만들어진 암석이다.

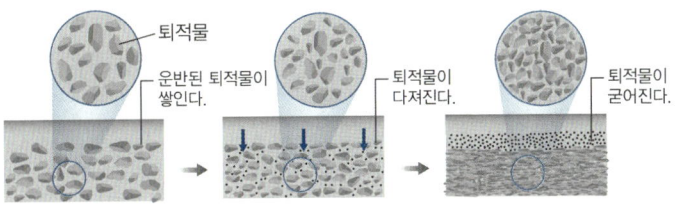

▲ 퇴적암의 생성 과정

② 퇴적물의 알갱이 크기와 퇴적물 종류에 따라 다양한 퇴적암이 나타난다.

퇴적물 알갱이 크기에 따른 구분		퇴적물 종류에 따른 구분	
퇴적물	퇴적암	퇴적물	퇴적암
자갈	역암	화산재	응회암
모래	사암	석회 물질	석회암
진흙	셰일	소금	암염

③ 퇴적암의 특징 : 서로 다른 퇴적물에 의한 줄무늬인 층리와 과거 생물의 흔적인 화석을 볼 수 있다.

(3) 변성암

① 암석이 높은 열과 압력을 받아 성질이 변한 암석이다.
② 압력에 의해 생긴 압력과 수직 방향의 줄무늬인 엽리 구조를 볼 수 있다.

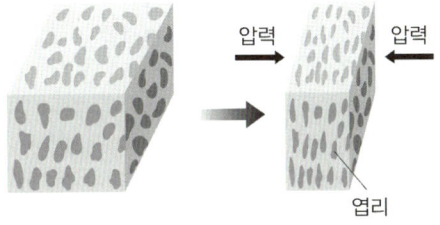

③ 변성암의 종류

원래 암석	변성암
화강암	편마암
석회암	대리암
셰일	편암, 편마암
사암	규암

◉ 생성장소에 따른 퇴적암

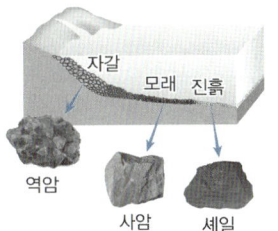

퇴적물의 크기가 클수록 해안선에서 가까운 곳에 퇴적한다.

◉ 층리와 엽리의 비교

층리	엽리
서로 다른 퇴적물에 의한 줄무늬	압력에 의한 줄무늬
퇴적암에서 나타남.	변성암에서 나타남.

◉ 석회암과 대리암
석회암과 대리암은 묽은 염산을 떨어뜨리면 이산화 탄소 기체가 발생한다.

제4편

🔍 빈출 유형 100점 돋보기

다음 설명에 해당하는 암석은?

- 퇴적물이 다져지고 굳어져서 만들어진다.
- 화석이 발견되기도 한다.

① 셰일   ② 편마암
③ 현무암   ④ 화강암

해설

퇴적물이 다져지고 굳어져서 만들어지는 퇴적암에서는 과거 생물의 흔적인 화석이나 서로 다른 퇴적물로 인한 줄무늬인 층리가 나타나기도 한다. 셰일은 주로 진흙이 퇴적되어 만들어진 퇴적암이다.

정답 ①

오답 피하기

② 편마암은 화강암이 열과 압력을 받아 형성되는 변성암이다.
③·④ 현무암과 화강암은 마그마가 식어서 형성된 화성암이다.

🔍 빈출 유형 100점 돋보기

다음 설명에 해당하는 것은?

- 암석이 높은 열과 압력을 받아 조직과 성분이 변해 만들어진다.
- 편암, 편마암 등이 있다.

① 역암   ② 사암
③ 이암   ④ 변성암

해설

변성암은 암석이 높은 열과 압력을 받아 조직과 성분이 변한 암석으로 편암, 편마암이 대표적이다. 변성암의 조직은 변성 과정에서 조직이 치밀해지고 결정의 크기는 커지며, 엽리 구조와 같은 줄무늬가 나타나기도 한다.

정답 ④

오답 피하기

역암, 사암, 이암은 퇴적암이다.

2. 암석의 순환

암석은 오랜 시간에 걸쳐 변화 과정을 거쳐 다시 제자리로 돌아오는 끊임없는 순환을 한다.

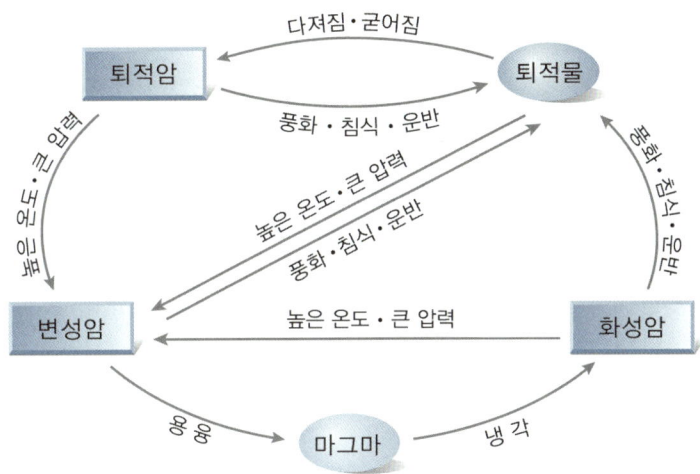

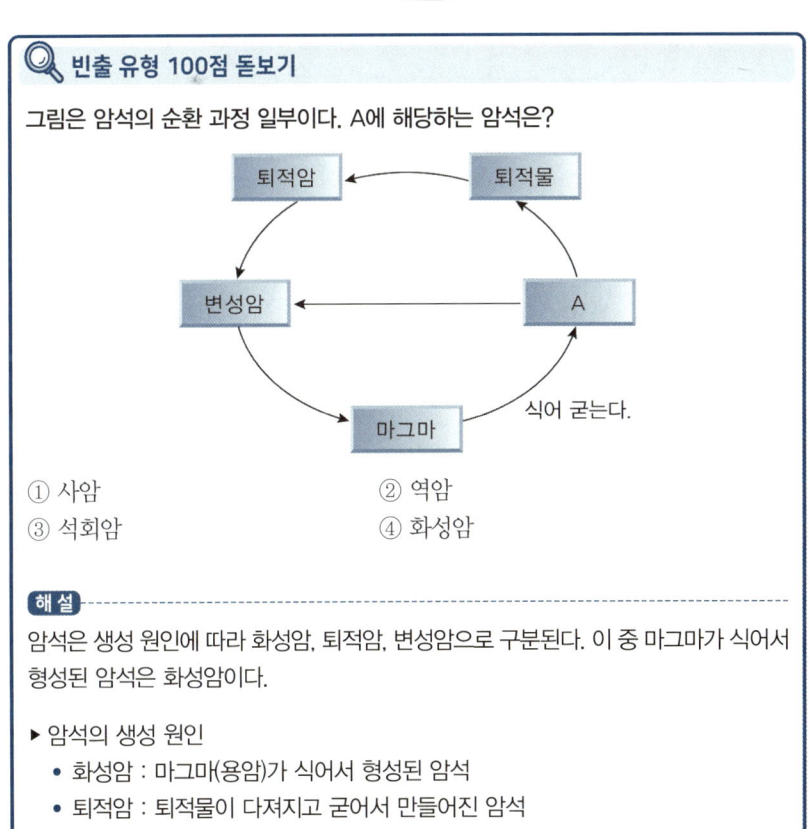

🔍 **빈출 유형 100점 돋보기**

그림은 암석의 순환 과정 일부이다. A에 해당하는 암석은?

① 사암
② 역암
③ 석회암
④ 화성암

해설

암석은 생성 원인에 따라 화성암, 퇴적암, 변성암으로 구분된다. 이 중 마그마가 식어서 형성된 암석은 화성암이다.

▶ 암석의 생성 원인
- 화성암 : 마그마(용암)가 식어서 형성된 암석
- 퇴적암 : 퇴적물이 다져지고 굳어서 만들어진 암석
- 변성암 : 암석이 열과 압력을 받아 성질이 변한 암석

정답 ④

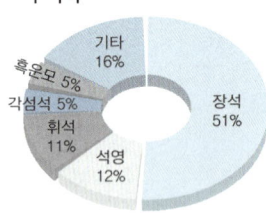

지각의 형성

지각 ⊃ 암석 ⊃ 광물 ⊃ 원소

지각은 다양한 암석으로 이루어져
있고, 암석은 다양한 광물로 이루
어져 있다.

**지각을 이루는 조암 광물의
부피비**

- 기타 16%
- 흑운모 5%
- 각섬석 5%
- 휘석 11%
- 석영 12%
- 장석 51%

2 광물

1. 광물

(1) 광물

① 암석을 이루는 알갱이를 광물이라고 한다.

② 대부분의 암석은 여러 종류의 광물로 이루어져 있다.

(2) 조암 광물

① 암석을 구성하는 주된 광물을 조암 광물이라고 한다.

② 주요 조암 광물 : 장석, 석영, 휘석, 각섬석, 흑운모, 감람석 등

③ 장석과 석영은 밝은색 광물로 밝은색 광물을 많이 포함한 암석
은 밝은색을 띤다.

> 예 화강암은 주로 장석, 석영으로 이루어져 있어 밝은색을 띤다.

2. 광물의 특성

(1) 색과 조흔색

① 색 : 광물 고유의 겉보기 색을 말한다.

구분	장석	석영	흑운모
색			
	분홍색, 흰색	무색, 흰색	검은색

② 조흔색

㉠ 광물을 조흔판에 그었을 때 나타나는 광물 가루 색을 말한다.

㉡ 조흔판 : 초벌구이한 자기판이다.

구분	황동석	황철석	금	흑운모	자철석	적철석
색	노란색	노란색	노란색	검은색	검은색	검은색
조흔색	녹흑색	검은색	노란색	흰색	검은색	붉은색 (적갈색)

(2) 굳기

① 광물의 단단하고 무른 정도를 말한다.

② 굳기가 서로 다른 광물을 맞대고 문지르면 무른 광물이 긁힌다.

> **예** 석영과 방해석을 서로 긁어보았을 때 방해석이 긁히고 석영은 긁히지 않는다. 이 특성을 이용하여 겉보기 색이 비슷한 석영과 방해석을 구분할 수 있다.

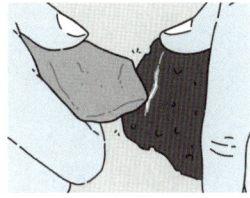

(3) 염산 반응

광물의 표면에 묽은 염산을 떨어뜨려 거품이 발생하는지 확인한다.

> **예** 방해석에 묽은 염산을 떨어뜨리면 거품이 발생한다.

(4) 자성

쇠붙이를 끌어당기는 성질을 자성이라고 한다.

> **예** 자철석에 클립을 가까이 가져가면 붙는다.

> ❯ **모스 굳기계**
> 광물의 굳기를 상대적으로 비교한 것으로 숫자가 작으면 무른 광물, 숫자가 크면 단단한 광물이다.

굳기	광물
1	활석
2	석고
3	방해석
4	형석
5	인회석
6	정장석
7	석영
8	황옥
9	강옥
10	금강석

제4편

🔍 빈출 유형 100점 돋보기

다음 설명에 해당하는 광물은?

- 자석의 성질을 가지고 있다.
- 겉보기 색과 조흔색 모두 검은색이다.

① 석영　　　　　② 장석
③ 자철석　　　　④ 황동석

해설
자성이란 쇠붙이를 끌어당기는 성질로 자철석은 자성을 띠기 때문에 쇠붙이를 끌어당긴다. 또한 자철석은 겉보기 색과 조흔색 모두 검은색이다.　　　**정답** ③

3 풍화와 토양

1. 풍화

(1) 풍화

오랫동안 지표에 드러나 있던 암석이 잘게 부서져 작은 돌이나 흙으로 변하는 현상이다.

(2) 풍화의 원인

① 암석의 틈에 스며든 물이 얼면서 부피가 변하여 암석이 부서진다.

② 식물의 뿌리가 암석의 틈을 파고들며 성장하여 암석의 틈을 넓힌다.

③ 공기와 물에 의해 암석의 성분이 변해 쉽게 부서진다.

④ 암석 표면에 있는 이끼의 작용에 의해 암석 성분이 변할 수 있다.

> #### ✏️ 친절한 선생님 　　　　　　　　　　　　　물이 어는 작용
>
>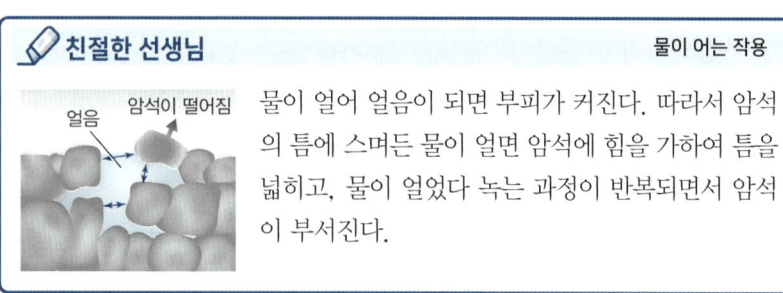
>
> 물이 얼어 얼음이 되면 부피가 커진다. 따라서 암석의 틈에 스며든 물이 얼면 암석에 힘을 가하여 틈을 넓히고, 물이 얼었다 녹는 과정이 반복되면서 암석이 부서진다.

2. 토양

(1) 토양

암석이 풍화 작용을 받아 형성된 식물이 자랄 수 있는 흙을 말한다.

(2) 토양의 생성

① 토양의 생성 과정

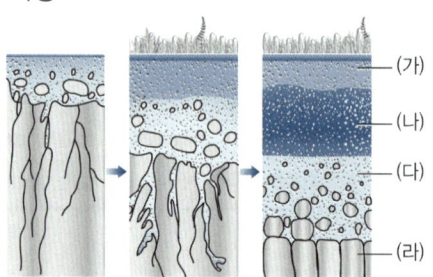

◆ 암석의 표면적과 풍화
암석이 잘게 부서지면 표면적이 커지고, 표면적이 커질수록 풍화가 더욱 잘 일어난다.

◆ 토양의 역할
- 생물체가 살아가는 터전을 제공한다.
- 생물체에게 필요한 물질을 제공한다.
- 오염 물질을 정화한다.

• 토양 단면 순서 : (라) → (다) → (나) → (가)
• 토양 생성 순서 : (라) → (다) → (가) → (나)

암석이 풍화되어 잘게 부서지기 시작한다. (라) → (다)

암석 조각이 더 잘게 부서져 식물이 자랄 수 있는 겉 부분의 흙이 만들어진다. (다) → (가)

겉 부분의 흙에서 물에 녹은 물질과 진흙 등이 아래로 내려와 쌓인다. (가) → (나)

② **토양 단면** : 성숙한 토양은 네 개의 층으로 구분된다.

03 지권의 변화

1 대륙 이동설

1. 대륙 이동설

> 베게너가 주장한 것으로 과거에 한 덩어리였던 판게아가 이동하여 현재와 같은 대륙 분포를 이루게 되었다는 학설이다.

▶ 판게아
약 3억 3500만 년 전에 지구 모든 대륙들이 한 덩어리로 모여 형성된 초대륙을 말한다.

2. 대륙 이동의 증거

해안선 모양 일치	화석의 분포

남아메리카 대륙의 동쪽 해안선과 아프리카 대륙의 서쪽 해안선이 잘 들어맞는다.	멀리 떨어진 대륙에 흩어져 있는 같은 종의 화석 분포 지역이 연결된다.
빙하의 흔적	산맥의 연속성
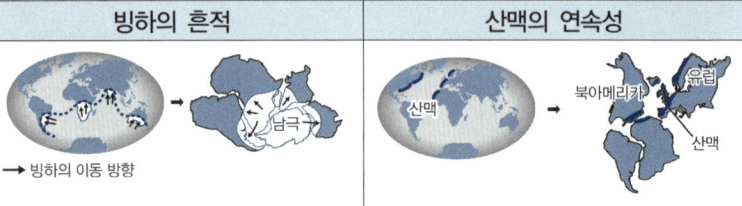	
여러 대륙에 남아 있는 빙하의 흔적이 남극을 중심으로 모인다.	북아메리카 대륙과 유럽 대륙의 산맥이 하나로 이어진다.(산맥의 지질 구조가 연결된다.)

3. 대륙 이동설의 한계

> 대륙 이동의 원동력을 설명하지 못했다.

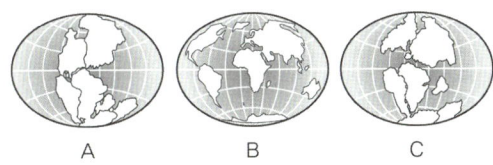

🔍 **빈출 유형 100점 돋보기**

그림은 판게아가 여러 대륙으로 분리되는 과정을 순서 없이 나타낸 것이다. A~C를 시간 순서대로 나열한 것은?

A   B   C

① A－C－B   ② B－A－C

③ C－A－B   ④ C－B－A

해설 ----------

대륙 이동설은 과거에 한 덩어리였던 판게아가 이동하여 현재와 같은 대륙 분포를 이루게 되었다는 학설로 뭉쳐 있던 대륙이 멀어져 현재와 같이 분포하는 과정으로 순서를 배열한다.   **정답 ①**

2 지각 변동

1. 화산대와 지진대

(1) 화산 활동

① 화산 활동 : 마그마가 지각의 약한 틈을 뚫고 지표로 나오는 현상이다.

② 화산대 : 화산 활동이 자주 일어나는 지역을 말한다.

(2) 지진

① 지진 : 지구 내부에 쌓인 에너지가 갑자기 방출되며 땅이 흔들리는 현상이다.

② 지진대 : 지진이 자주 일어나는 지역을 말한다.

③ 지진의 세기

규모	진도
지진이 발생할 때 방출되는 에너지의 양	지진이 발생할 때 어떤 지역의 땅이 흔들린 정도나 피해 정도
지진 발생 지점으로부터의 거리 등에 관계없이 일정하다.	지진 발생 지점으로부터의 거리, 지층의 구조 등에 따라 달라진다.

❯ **진원과 진앙**
지진이 발생한 지점을 진원이라고 하고, 진원 바로 위의 지표면의 지점을 진앙이라고 한다.

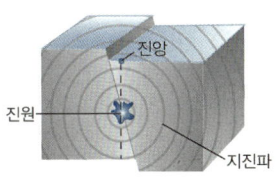

● 환태평양 화산대와 지진대
태평양 가장자리를 따라 분포하
며, 전 세계 화산 활동의 약 80%가
발생하여 '불의 고리'라고 한다.

● 지진 대처 요령
• 지진으로 흔들리는 동안은 탁
  자 밑으로 들어가서 머리를 보
  호한다.
• 흔들림이 멈추면 문을 열어 출
  구를 확보한다.
• 가스와 전기를 차단하여 화재
  를 예방한다.
• 엘리베이터를 이용하지 않는다.
• 건물, 담장 등에서 멀리 떨어
  진다.
• 라디오나 공공 기관의 방송 등
  올바른 정보에 따라 행동한다.

(3) 화산대와 지진대
　① 화산 활동이나 지진이 발생하는 지역은 특정 지역에서 주로 발
　　생한다.
　② 화산대와 지진대는 좁은 띠 모양으로 분포한다.

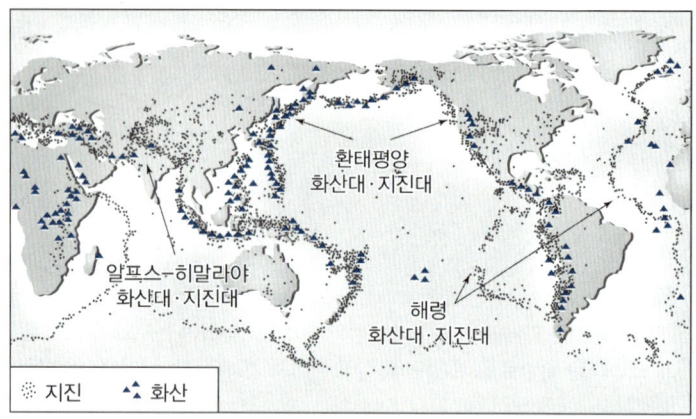

2. 판의 경계와 지각 변동

　(1) 판
　　① 지각과 맨틀 상부 일부분을 포함한 단단한 부분을 암석권이라
　　　고 하고, 이 조각을 판이라고 한다.
　　② 대륙 지각을 포함한 판을 대륙판, 해양 지각을 포함한 판을 해
　　　양판이라고 한다.
　　③ 대륙판이 해양판보다 두껍다.

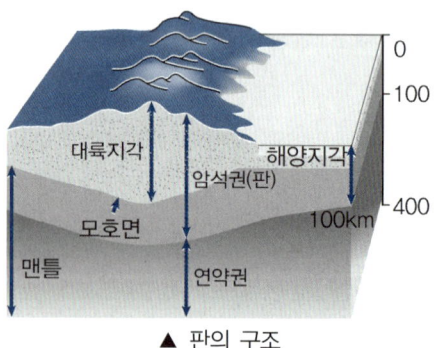

▲ 판의 구조

　(2) 판의 운동
　　① 맨틀의 대류에 의해 판이 이동한다.
　　② 판마다 이동하는 방향과 속도는 다르다.

(3) 판의 분포와 경계

　① 지구의 표면은 10여 개의 크고 작은 판으로 이루어져 있다.

　② 화산대와 지진대의 분포는 대체로 판의 경계와 일치한다.

　　➡ 화산 활동, 지진 등의 지각 변동은 주로 판의 경계에서 발생
　　하기 때문이다.

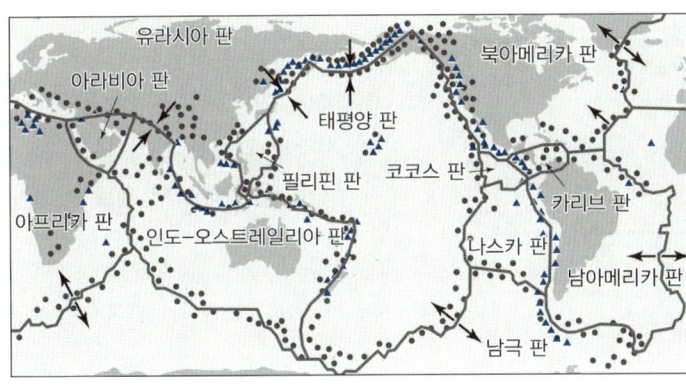

▲ 화산 활동 발생 지역　　● 지진 발생 지역　　── 판의 경계

우리나라 주변 판의 경계

▲ 화산　➡ 판의 이동 방향

- 우리나라는 유라시아 판에 속해 있다.
- 일본은 유라시아 판과 태평양 판, 필리핀 판이 만나는 경계에 우리나라보다 인접해 있다.
- ➡ 일본이 우리나라보다 지진, 화산 활동이 더 빈번하게 일어난다.

제4편

적중예상문제

정답 및 해설 23p

01 다음 설명과 관련된 지구계의 구성 요소는 무엇인가?

> • 토양과 암석으로 이루어진 지구 겉 부분과 지구 내부 영역을 포함한다.
> • 생명체가 살아가는 데 필요한 물질과 서식지를 공급한다.

① 외권　　　　② 지권
③ 기권　　　　④ 생물권

02 다음은 지구계에서 일어나는 여러 가지 현상을 나타낸 것이다.

> (가) 바람에 의해 씨앗이 날아간다.
> (나) 화산 폭발로 분출된 화산재에 의해 기온이 내려간다.

(가), (나) 현상에 공통으로 상호 작용하는 지구계 구성 요소는?

① 수권　　　　② 생물권
③ 지권　　　　④ 기권

03 다음 중 지구 내부 구조를 조사하는 가장 효과적인 방법은?

① 지진파를 분석한다.
② 화산 분출물을 조사한다.
③ 지각의 암석을 분석한다.
④ 직접 땅을 파서 안으로 들어가 본다.

04 그림은 지권의 층상 구조를 나타낸 것이다.

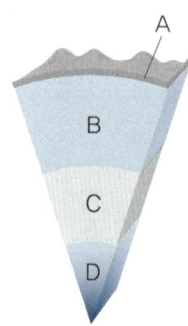

온도와 압력이 가장 큰 층의 이름과 기호가 바르게 연결된 것은?

① A – 맨틀　　　② B – 지각
③ C – 외핵　　　④ D – 내핵

05 그림은 지구 내부 구조의 일부를 나타낸 것이다.

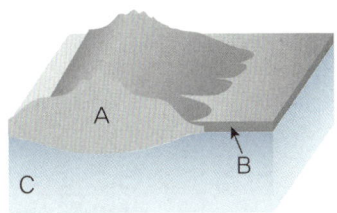

A~C에 대한 설명으로 옳은 것만을 〈보기〉에서 모두 고른 것은?

┤ 보기 ├
ㄱ. A는 대륙 지각이다.
ㄴ. B는 A보다 두껍다.
ㄷ. C는 고체 상태이다.

① ㄴ
② ㄱ, ㄴ
③ ㄱ, ㄷ
④ ㄴ, ㄷ

06 다음 설명에 해당하는 암석은?

• 색이 어둡고 표면에 작은 구멍이 있다.
• 알갱이의 크기가 매우 작다.
• 마그마가 지표 위에서 빠르게 냉각되어 형성된 암석이다.

① 셰일
② 편마암
③ 사암
④ 현무암

07 다음 설명에 해당하는 것은?

• 암석이 높은 열과 압력을 받아 형성된 암석에서 볼 수 있는 특징이다.
• 압력과 수직 방향으로 형성된 줄무늬이다.

① 엽리
② 화석
③ 층리
④ 지층

08 그림은 암석의 순환 과정의 일부이다.

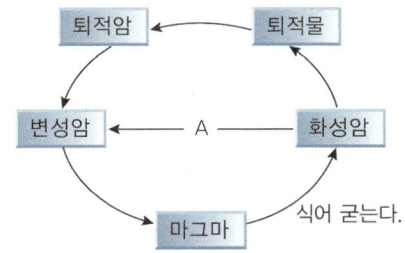

A 과정에 해당하는 것은?

① 지표에서 천천히 식음.
② 지하에서 빠르게 식음.
③ 퇴적물에 의해 다져짐.
④ 높은 열과 압력을 받음.

09 다음 설명에 해당하는 광물의 특성은?

• 광물을 조흔판에 그었을 때 나타나는 광물 가루의 색을 말한다.
• 금, 황동석, 황철석을 구분할 수 있다.

① 색
② 조흔색
③ 자성
④ 염산 반응

10 그림은 성숙한 토양의 단면을 나타낸 것이다.

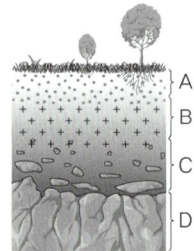

A~D 중 가장 나중에 형성된 층은?

① A   ② B

③ C   ④ D

11 그림은 대륙 이동설을 나타낸 것이다.

과거에 형성된 한 덩어리 거대한 대륙 (가)를 무엇이라고 하는가?

① 빙하   ② 판게아

③ 맨틀   ④ 지진대

12 다음은 지진의 세기에 대한 설명이다. 빈칸에 들어갈 알맞은 말은?

( )은/는 지진이 발생할 때 어떤 지역에서 땅이 흔들린 정도나 피해 정도를 나타낸 값으로 일반적으로 지진이 발생한 지점에 가까울수록 ( )이/가 크다.

① 지진대   ② 규모

③ 진도   ④ 진동

13 그림은 판의 구조를 나타낸 것이다.

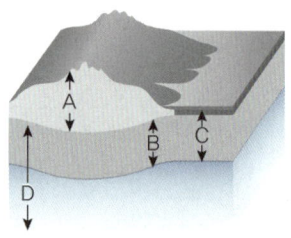

A~D 중 해양판에 해당하는 것은?

① A   ② B

③ C   ④ D

14 그림은 지진대, 화산대와 판의 경계를 나타낸 것이다.

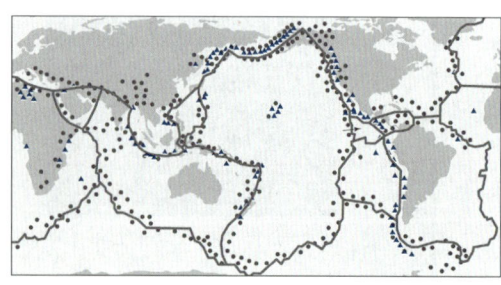

▲ 화산 활동 발생 지역   ● 지진 발생 지역   —— 판의 경계

좁고 긴 띠 모양의 화산대와 지진대가 대체로 일치하는 곳은?

① 지층 모양   ② 판의 경계

③ 빙하의 흔적   ④ 화석 분포

PART

02

태양계

01 지구

02 달

03 태양계

- 지구와 달의 크기 및 운동을 이해한다.
- 일식과 월식의 차이를 파악할 수 있다.
- 태양계를 구성하는 행성을 구분하고 특징을 파악할 수 있다.
- 태양의 표면 및 대기의 특징을 알 수 있다.

01 지구

1 지구 크기 측정

1. 에라토스테네스의 지구의 크기 측정

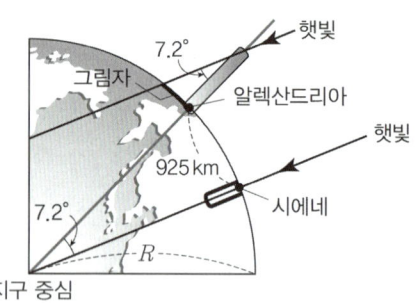

- 지구의 둘레($2\pi R$) : $360°$
  =두 지역 사이 거리($925km$) : 두 지역 사이 중심각($7.2°$)
  → 지구의 둘레($2\pi R$) $= \dfrac{925km \times 360°}{7.2°} = 46250km$
  → 지구의 반지름(R)≒$7365km$로, 실제 지구의 반지름보다 15% 정도 크다.

2. 지구 크기 측정의 가정 및 원리

(1) 지구 크기 측정 가정
  ① 지구는 완전한 구형이다.
  ② 지표면에 들어오는 햇빛은 평행하게 들어온다.

(2) 지구 크기 측정 원리
  원에서 호의 길이는 중심각의 크기에 비례한다.

  지구의 둘레($2\pi R$) : $360°$=호의 길이 : 중심각의 크기

(3) 지구 크기 측정을 위해 측정해야 하는 값
  ① 두 지점 사이의 거리
  ② 막대와 그림자 끝이 이루는 각도 : 중심각의 크기와 엇각으로 같다.

❯ 엇각의 원리

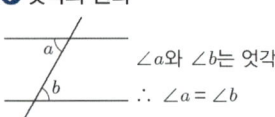

∠a와 ∠b는 엇각
∴ ∠a = ∠b

평행한 두 직선에서 엇각의 크기는 서로 같다.
지구에서 두 지점 사이의 중심각을 직접 측정할 수 없으므로 엇각의 원리를 이용하여 중심각의 크기를 측정한다.

(4) 오차가 발생한 이유

① 두 지점 사이의 거리 측정이 걸음으로 구한 거리이기 때문에 오차가 발생하였다.

② 실제 지구는 완전한 구형이 아니다.

2 지구 자전과 공전

1. 지구의 자전

(1) 지구의 자전

① 지구는 자전축을 중심으로 하루에 한 바퀴씩 서 → 동으로 회전 운동을 한다.

② 자전에 의한 현상

㉠ 낮과 밤의 반복

㉡ 천체의 일주 운동 : 태양, 달, 별과 같은 천체가 하루에 한 바퀴씩 원을 그리며 도는 운동

ⓐ 일주 운동 방향 : 동 → 서(지구의 자전 방향과 반대)

ⓑ 일주 운동 속도 : 1시간에 15°씩 회전

(2) 우리나라에서 관측한 별의 일주 운동

 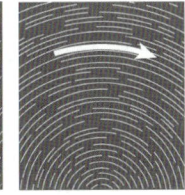  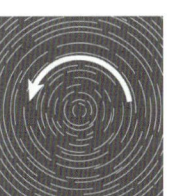

동쪽 하늘　　　　남쪽 하늘　　　　서쪽 하늘　　　　북쪽 하늘

✎ **친절한 선생님**　　　　　　　북쪽 하늘의 별의 일주 운동

밤 9시

밤 12시

새벽 3시

45°

북극성

서　　　　　　　　　　　　　　동

> **실제 지구의 모양**

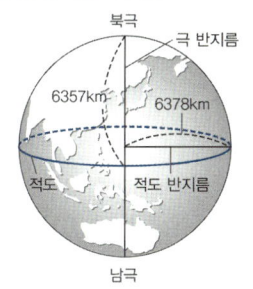

북극

극 반지름

6357km　6378km

적도

적도 반지름

남극

지구는 완전한 구형이 아니라 적도 쪽 반지름이 극 반지름보다 조금 더 긴 형태이다.

> **천구**

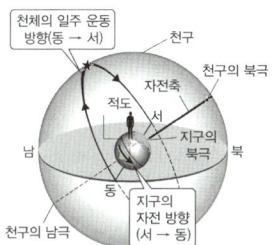

천체의 일주 운동 방향(동 → 서)

천구

천구의 북극

자전축

적도

서

지구의 북극

남

동

북

천구의 남극

지구의 자전 방향 (서 → 동)

지구를 둘러싼 무한히 큰 가상의 구를 말한다.

- 별의 운동 방향 : 시계 반대 방향
- 별은 1시간에 15°씩 일주 운동하므로 별 사잇각이 45°임을 통해 3시간 간격으로 관측했음을 알 수 있다.
  → 동에서 서로 일주 운동하는 별들을 북쪽 하늘에서 보면, 북극성을 중심으로 시계 반대 방향으로 원을 그리며 돈다.

2. 지구의 공전

(1) 지구의 공전
  ① 지구가 태양을 중심으로 1년에 한 바퀴씩 서 → 동으로 회전하는 운동이다.
  ② 지구 공전에 의한 현상 : 태양과 별의 연주 운동, 계절에 따른 별자리 변화

(2) 태양의 연주 운동
  태양이 별자리를 배경으로 이동하여 1년 후 처음 위치로 돌아오는 운동
  ① 연주 운동 방향 : 서 → 동(지구의 공전 방향과 같음)
  ② 연주 운동 속도 : 하루에 약 1°씩 이동(지구의 공전 속도와 같음)

◐ 태양과 별자리 위치 변화

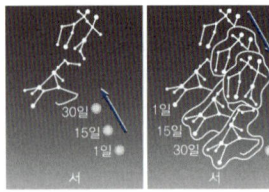

| 태양의 이동(별자리 기준) | 별자리의 이동(태양 기준) |

구분	태양의 연주 운동	별의 연주 운동
방향	서 → 동	동 → 서
속도	하루에 약 1°씩 회전	
원인	지구 공전	

(3) 별의 연주 운동
  매일 같은 시각에 별자리를 관측하면 별자리의 위치가 달라지는 운동
  ① 연주 운동 방향 : 동 → 서(지구의 공전 방향과 반대)
  ② 연주 운동 속도 : 하루에 약 1°씩 이동(지구의 공전 속도와 같음)

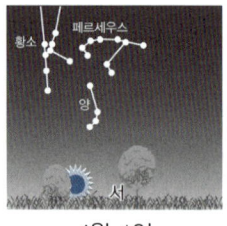

| 4월 1일 | 4월 16일 | 4월 30일 |

(4) 계절별 별자리 변화
  지구가 공전하여 태양이 보이는 위치가 달라지면서 계절에 따라 밤하늘에 보이는 별자리가 달라진다.

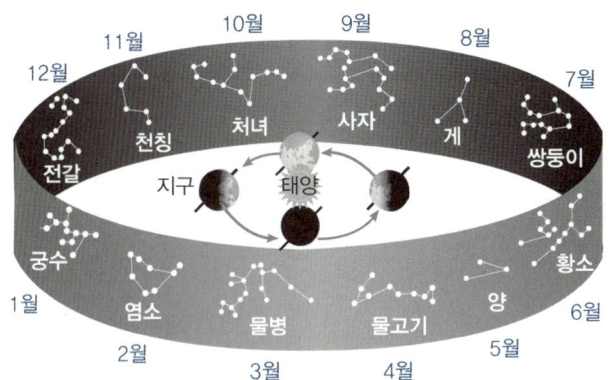

① 황도 : 하늘에서 태양이 연주 운동을 하면서 지나가는 길을 말한다.

② 황도 12궁 : 황도 부근에 있는 12개의 별자리이다.

③ 표시된 달에 해당하는 별자리에 태양이 위치하며 태양 반대쪽의 별자리가 한밤중 남쪽 하늘에서 보인다.

　예 3월 : 태양이 위치하는 별자리는 물병자리, 한밤중 남쪽 하늘에서 보이는 별자리는 사자자리이다.

🔍 **빈출 유형 100점 돋보기**

그림은 우리나라에서 몇 시간 동안 북쪽 하늘을 촬영한 별의 일주 운동을 나타낸 것이다. 이 현상이 나타나는 원인은?

① 달의 공전　　　　　　② 지구의 공전

③ 지구의 자전　　　　　　④ 태양의 자전

해설

별의 일주 운동은 지구 자전에 의해 나타나는 현상이다. 그림은 우리나라에서 북쪽하늘을 관찰한 모습으로 북쪽 하늘은 북극성을 중심으로 시계 반대 방향으로 회전하는 형태로 일주 운동이 나타난다.　　　　　　　　　　　정답 ③

그림과 같이 우리나라에서 남쪽 밤하늘을 같은 시각에 관측한 별자리가 계절별로 다르게 보이는 원인은?

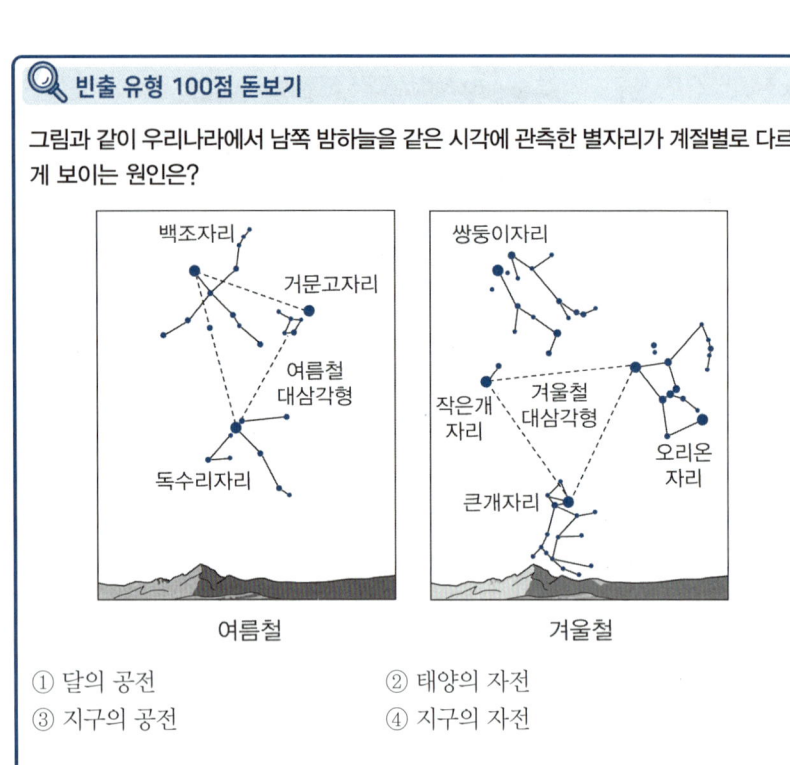

① 달의 공전　　　　　　② 태양의 자전
③ 지구의 공전　　　　　　④ 지구의 자전

해설

계절별로 별자리 변화가 나타나는 것은 지구 공전에 의한 현상이다.　　정답 ③

02 달

1 달의 크기와 운동

1. 달의 크기

(1) 달의 크기

① 원리 : 삼각형의 닮음비를 이용하여 달의 크기를 구할 수 있다.

② 달의 크기 측정

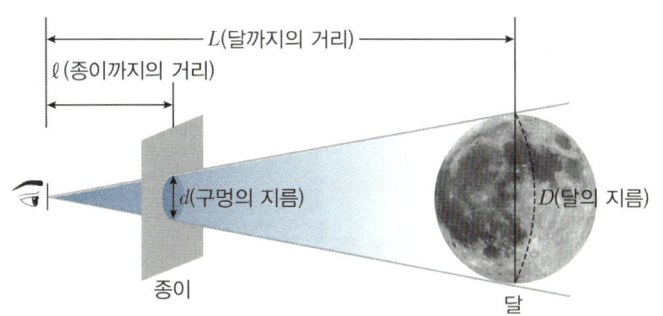

> ❖ 삼각형의 닮음비

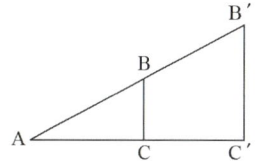

$$\overline{AC} : \overline{AC'} = \overline{BC} : \overline{B'C'}$$
$$= AB : \overline{AB'}$$

△ABC와 △AB'C'은 닮은 도형이고, 두 삼각형에서 대응하는 변의 길이의 비는 일정하다.

　ㄱ 측정 방법 : 구멍이 뚫린 종이를 달과 같은 방향으로 위치한 다음, 종이의 구멍이 달의 크기와 일치할 때까지 종이를 앞뒤로 움직인다.

　ㄴ 측정해야 하는 값 : 물체의 지름(d), 물체와 눈까지의 거리(ℓ)

　ㄷ 미리 알고 있어야 하는 값 : 지구에서 달까지의 거리(L)

> D(달의 지름) : L(달까지의 거리)
> $= d$(구멍의 지름) : ℓ(눈과 종이 사이의 거리)

(2) 달과 지구 크기 비교

달의 반지름은 지구 반지름의 약 $\frac{1}{4}$이다.

2. 달의 운동

(1) 달의 공전

　① 달의 공전 : 달이 지구를 중심으로 약 한 달에 한 바퀴씩 도는 운동이다.

　② 공전 방향 : 서 → 동(시계 반대 방향)

　③ 공전 속도 : 하루에 약 13°씩 회전한다.

(2) 달의 위상 변화

　① 달의 공전에 따른 위치 변화에 따라 달의 모양이 달라진다. 이때 보이는 달의 모양을 달의 위상이라고 한다.

　② 달의 위상 변화

삭 → 초승달 → 상현달 → 보름달(망) → 하현달 → 그믐달 → 삭

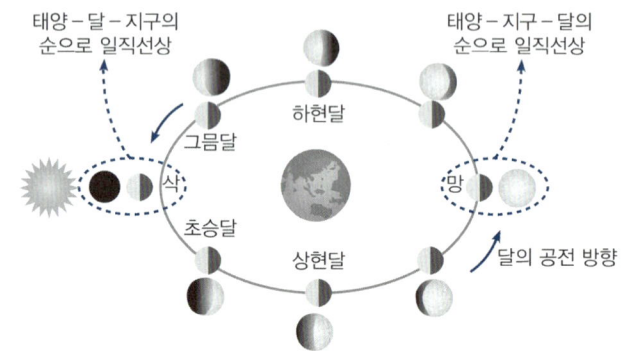

(3) 달의 위치 변화

　① 매일 같은 시각에 관측되는 달의 위치는 조금씩 이동한다.

　② 원인 : 달의 공전

　③ 달의 위치는 하루에 약 13°씩 서쪽에서 동쪽으로 이동한다.

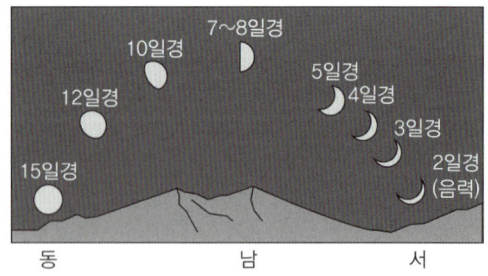

▲ 해가 진 직후 달의 위치와 모양 변화(초저녁)

✏ **친절한 선생님** 　　　　　　　　　　　　　　　　달의 자전

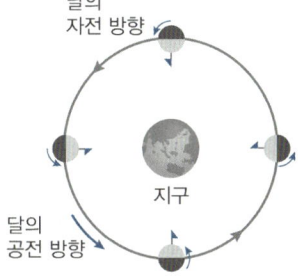

- 달이 자전축을 중심으로 회전하는 운동으로 서 → 동(시계 반대 방향)으로 자전한다.
- 달의 자전 주기와 공전 주기가 같아 지구에서는 달의 한쪽 면만 볼 수 있다.

🔍 **빈출 유형 100점 돋보기**

그림은 우리나라의 같은 장소에서 보름 동안 같은 시각에 관측한 달의 모습을 나타낸 것이다. 다음 중 초저녁 동쪽 하늘에 보름달이 관측된 날은? (단, 날짜는 음력이다.)

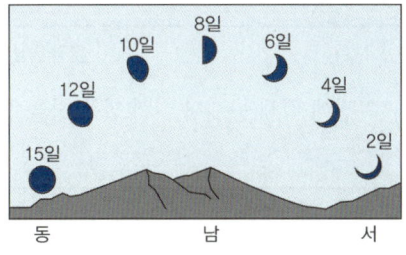

① 2일　　　　　　　　　　　② 4일
③ 8일　　　　　　　　　　　④ 15일

해설 ---
보름달은 달이 태양의 반대 방향에 있어 달의 앞면 전체가 모두 보여 둥글게 보이는 것을 말한다. 따라서 보름달이 동쪽 하늘에 있는 날은 음력 15일이다. 　　　　**정답** ④

그림은 달의 공전을 나타낸 것이다. A 위치에서 관측할 때 (가)~(라) 중 보름달의 위치는?

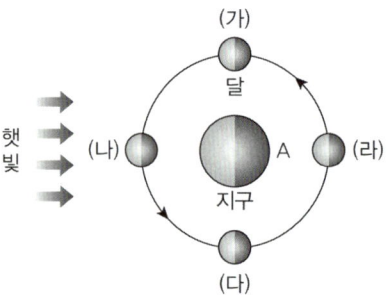

① (가) ② (나)
③ (다) ④ (라)

해설

(가) 하현달, (나) 삭, (다) 상현달, (라) 보름달

달은 스스로 빛을 내지 않기 때문에 태양 빛이 도달하여 반사되는 부분에 따라 달의 위상이 달라진다. 달이 태양과 지구 사이에 있을 때가 삭(나)이고, 보름달은 태양 – 지구 – 달 순서에 위치할 때인 망(라)일 때 달의 위상이다. 달의 위상 변화는 '삭 → 상현달 → 보름달(망) → 하현달 → 삭' 순서이다.

정답 ④

✏️ 친절한 선생님   달의 위상별 하루 동안 위치 변화

달은 하루 동안 지구 자전에 의해 동에서 떠서 남쪽 하늘을 지나 서쪽 하늘로 진다.

구분	동쪽 하늘 (뜨는 시각)	남쪽 하늘	서쪽 하늘 (지는 시각)
삭	6시	12시	18시
상현	12시	18시	24시
망(보름)	18시	24시	6시
하현	24시	6시	12시

2 일식과 월식

1. 일식

(1) 일식

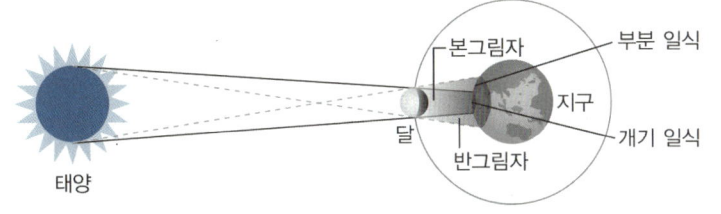

> ● **본그림자**
> 광원에서 오는 모든 빛이 차단되어 생기는 어두운 그림자
>
> ● **반그림자**
> 광원에서 오는 빛의 일부가 차단되어 생기는 약간 어두운 그림자
>
> ● **일식의 진행 방향**
> 달이 공전하며 태양의 앞을 지남에 따라 태양의 오른쪽부터 가려진다.
>

① 달이 태양의 일부 또는 전체를 가리는 현상이다.
② 태양−달−지구의 순으로 일직선상에 위치할 때 일어난다.
③ 달 위상 : 삭

(2) 개기 일식과 부분 일식

| 개기 일식 | 부분 일식 |

① 개기 일식 : 달이 태양을 완전히 가리는 현상으로 본그림자 지역에서 나타난다.
② 부분 일식 : 달이 태양의 일부를 가리는 현상으로 반그림자 지역에서 나타난다.

2. 월식

(1) 월식

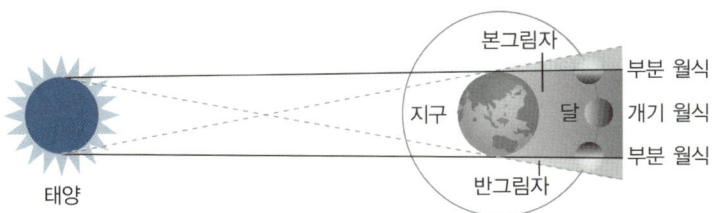

제4편

① 달이 지구 그림자 속으로 들어가 달이 가려지는 현상이다.
② 태양－지구－달 순으로 일직선상에 위치할 때 일어난다.
③ 달 위상 : 망

(2) 개기 월식과 부분 월식

개기 월식   부분 월식

① 개기 월식 : 지구 본그림자에 달 전체가 가려지는 현상이다.
② 부분 월식 : 지구 본그림자에 달의 일부가 가려지는 현상이다.

❯ **개기 월식**

개기 일식   개기 월식

개기 일식은 태양이 가려져 보이지 않지만, 개기 월식이 일어나면 달이 붉은색으로 보인다. 이는 지구 대기를 통과하는 햇빛 중 붉은색 빛이 굴절되어 달 표면까지 도달하기 때문이다.

❯ **월식의 진행 방향**
달이 공전하여 지구 그림자로 들어감에 따라 달의 왼쪽부터 가려진다.

❯ **일식과 월식이 매달 일어나지 않는 이유**
일식과 월식은 태양, 지구, 달이 일직선상에 놓여야 일어나는데 달과 지구의 공전 궤도가 약 5° 정도 기울어져 있어 태양, 지구, 달은 매달 일직선상에 정확하게 놓이지 않는다.

🔍 **빈출 유형 100점 돋보기**

그림은 일식을 관측한 모습이다. 다음 중 태양을 가려 일식 현상을 일으키는 천체는?

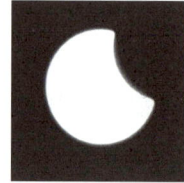

개기 일식   부분 일식

① 달   ② 목성
③ 토성   ④ 화성

해설

일식은 달이 태양 앞으로 지나가면서 태양의 일부 또는 전체를 가리는 현상이다.

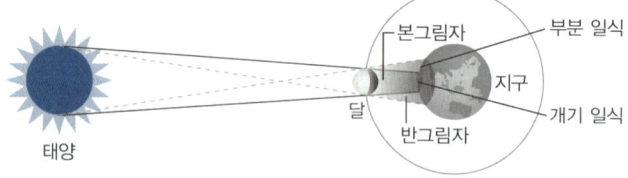

- 개기 일식 : 달이 태양을 완전히 가리는 현상으로 달의 본그림자가 생기는 지역에서 관측된다.
- 부분 일식 : 달이 태양의 일부를 가리는 현상으로 달의 반그림자가 생기는 지역에서 관측된다.

정답 ①

03 태양계

1 행성

1. 행성의 분류

(1) 지구형 행성과 목성형 행성 : 행성의 물리적 특성에 따른 분류

구분	지구형 행성	목성형 행성
행성	수성, 금성, 지구, 화성	목성, 토성, 천왕성, 해왕성
질량, 반지름	작다.	크다.
평균 밀도	크다.	작다.
고리	없다.	있다.
위성 수	없거나 적다.	많다.

(2) 내행성과 외행성 : 행성의 공전 궤도에 따른 분류

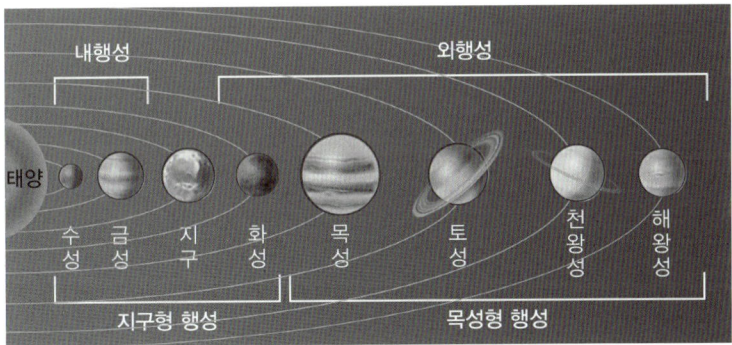

① 내행성 : 지구 공전 궤도 안쪽에 있는 행성으로 초저녁이나 새벽에만 잠시 볼 수 있다.
   예 수성, 금성
② 외행성 : 지구 공전 궤도 바깥쪽에 있는 행성으로 한밤중에도 관측이 가능하다.
   예 화성, 목성, 토성, 천왕성, 해왕성

> ❯ 태양계
> 태양 주위를 공전하는 모든 천체와 이들이 차지하는 공간으로, 태양, 행성, 위성, 왜소 행성, 소행성, 혜성, 유성 등으로 구성되어 있다.

> ❯ 태양계를 이루는 천체들
> • 왜소 행성 : 태양 주위를 공전하는 둥근 모양의 천체로, 구 명왕성이 해당한다.
> • 소행성 : 크기와 모양이 불규칙한 작은 천체로, 주로 화성과 목성 궤도 사이에서 띠를 이루어 태양 주위를 공전하고 있는 천체이다.
> • 혜성 : 얼음과 먼지로 이루어진 천체로, 긴 타원 궤도나 포물선 궤도를 그리면서 태양 주위를 돌고 있다. 태양 가까이에서 태양과 반대 방향으로 꼬리가 생긴다.
> • 유성 : 태양계 내의 유성체가 지구의 대기권으로 끌려 들어오게 되어 지구 대기와의 마찰로 빛을 내면서 타는 것이다.
> • 운석 : 유성체가 다 타지 못하고 지표에 떨어진 것을 말한다.
> • 위성 : 행성 주위를 공전하는 천체이다.

2. 행성의 특징

(1) 수성

① 대기와 물이 없다.
② 운석 구덩이가 많아 달과 비슷하게 보인다.
③ 낮과 밤의 온도 차가 크다.
④ 태양에서 가장 가깝고, 태양계에서 크기가 가장 작다.

(2) 금성

① 두꺼운 이산화 탄소 대기를 가지고 있다.
② 기압이 높고 온실 효과로 표면 온도가 높다.
③ 지구에서 관측할 때 밝게 보인다.
④ 크기와 질량이 지구와 비슷하다.

(3) 지구

① 액체 상태의 물이 존재한다.
② 태양계에서 생명체가 존재하는 유일한 행성이다.
③ 위성 : 달

◐ 화성의 극관 크기 변화

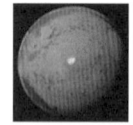 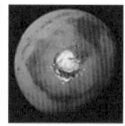

여름   겨울

화성은 지구와 같이 계절 변화가 있어 여름에는 극관이 녹아 크기가 작아지고, 겨울에는 극관이 얼어 크기가 커진다.

◐ 극관
화성의 극에서 하얗게 보이는 부분으로 얼음과 드라이아이스로 이루어져 있다.

(4) 화성

① 물이 흐른 흔적이 있다.
② 표면은 붉은색 산화 철 성분의 토양이 있다.
③ 양극에 드라이아이스와 얼음으로 된 극관이 있다.
④ 계절의 변화가 있어 여름에는 극관의 크기가 작아지고 겨울에 커진다.

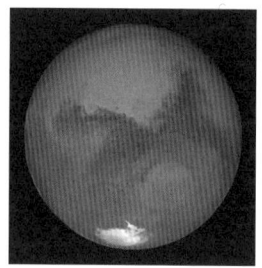

(5) 목성

① 태양계 행성 중 가장 크다.
② 대기 소용돌이로 인한 거대한 붉은 점인 대적점이 있다.
③ 빠른 자전으로 인한 가로 줄무늬가 있다.
④ 극지방에서 오로라가 관측되기도 한다.

(6) 토성

① 목성 다음으로 큰 행성이다.
② 평균 밀도가 가장 작다.
③ 얼음과 암석 조각으로 이루어진 뚜렷한 고리가 있다.

(7) 천왕성

① 대기의 메테인에 의해 청록색으로 보인다.
② 자전축이 공전 궤도면과 거의 나란하다.

(8) 해왕성

① 대기의 메테인에 의해 푸른색으로 보인다.
② 대기의 소용돌이로 인한 대흑점이 있다.

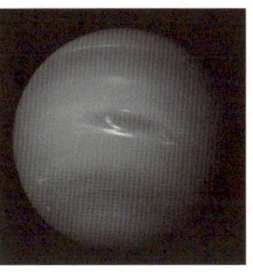

❯ 천왕성의 궤도

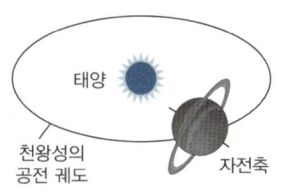

천왕성의 공전 궤도면은 자전축에 거의 나란하다.

다음 설명에 해당하는 태양계의 행성은?

• 지구형 행성이다.
• 초저녁이나 새벽에만 볼 수 있다.
• 대기의 대부분이 이산화 탄소로 이루어져 있다.

① 금성　　　　　　　　　② 토성
③ 천왕성　　　　　　　　④ 해왕성

해설

지구형 행성은 수성, 금성, 지구, 화성이 있고 이 중 초저녁이나 새벽에 볼 수 있는 것은
수성과 금성이다. 수성은 대기와 물이 없고 금성은 두꺼운 이산화 탄소 대기를 가지고
있다. 금성은 두꺼운 이산화 탄소 대기로 인해 기압과 표면 온도가 높다.

정답 ①

2 태양

1. 태양

(1) 태양의 표면(광구)

태양의 밝고 둥글게 보이는 태양의 표면을 광구라고 한다.

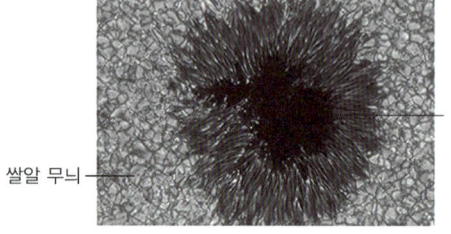

태양 흑점

쌀알 무늬

쌀알 무늬
광구 밑의 대류 운동에 의해 기체
가 상승하는 곳은 밝고, 기체가 하
강하는 곳은 어두워져 쌀알을 뿌
려놓은 것처럼 보이는 무늬를 쌀
알 무늬라고 한다.

쌀알 무늬

하강 기체　　상승 기체

① 쌀알 무늬 : 광구 아래의 대류 현상 때문에 나타나는 무늬이다.
② 흑점 : 주위보다 온도가 낮아 어둡게 보이는 부분이다.
　㉠ 흑점 수는 11년을 주기로 증감한다.
　㉡ 흑점의 이동을 통해 태양이 자전함을 알 수 있다.

> **친절한 선생님** 흑점의 이동

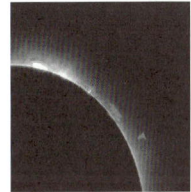 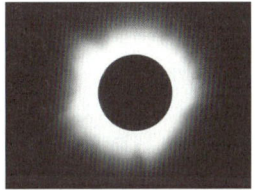 

흑점 태양의 적도

동　　서　동　　서　동　　　서

[처음]　　　　[3일 후]　　　　[6일 후]

● 흑점의 이동 방향 : 동 → 서(지구에서 볼 때)
● 알 수 있는 사실 : 태양이 자전한다(서 → 동).
● 흑점의 이동 속도가 위도별로 다르기 때문에 태양 표면이 고체가 아님을 알 수 있다.

(2) 태양의 대기

광구가 매우 밝기 때문에 평소에는 관측이 어렵고, 개기 일식 때 관측이 가능하다.

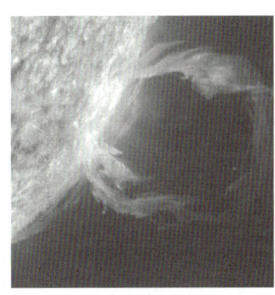

채층　　　　코로나 : 태양 활동이 활발할 때　코로나 : 태양 활동이 적을 때

① **채층** : 광구 바로 위의 붉은색의 얇은 대기층이다.
② **코로나** : 채층 바깥쪽의 청백색(진주색) 대기층으로 온도가 매우 높다.

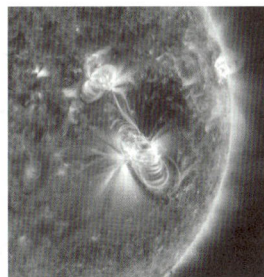

홍염　　　　　　　플레어

③ **홍염** : 주로 흑점 주변에서 발생하는 고온의 가스 기둥이다.
④ **플레어** : 많은 양의 물질과 에너지가 방출되는 폭발 현상이다.

> **흑점 수의 변화**

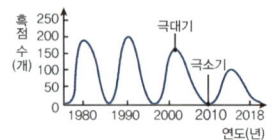

- 극대기 : 흑점 수가 가장 많은 시기로 태양 활동이 활발하다.
- 극소기 : 흑점 수가 가장 적은 시기이다.

> **태양풍**

태양에서 우주로 방출되는 전기를 띤 입자의 흐름으로 태양의 활동이 활발할 때 태양풍이 강해진다.

> **델린저 현상**

장거리 무선 통신이 끊어지는 현상이다.

> **자기 폭풍**

지구 자기장이 짧은 시간 동안 불규칙하게 변하는 자기장 교란 현상을 말한다.

2. 태양 활동이 활발할 때 일어나는 일

(1) 태양에서 나타나는 현상

① 흑점 수가 증가한다.

② 코로나가 커지고, 밝기가 밝아진다.

③ 홍염과 플레어가 자주 나타난다.

④ 태양풍이 강해진다.

(2) 지구에서 나타나는 현상

① 무선 통신이 끊어지는 델린저 현상이 나타난다.

② 자기장 교란 현상이 나타난다.

③ 오로라가 자주 발생하고 발생하는 지역이 더 넓어진다.

④ 대규모 정전이나 인공위성 고장이 나타난다.

✏️ **친절한 선생님** 천체 망원경

대물렌즈
빛을 모은다. ➡ 지름이 클수록 빛을 많이 모은다.

균형추
경통부와 무게 균형을 맞춘다. ➡ 경통이 안정적으로 움직이게 한다.

가대
경통과 삼각대를 연결하는 부분 ➡ 경통을 원하는 방향으로 움직이게 한다.

삼각대
망원경이 흔들리지 않게 경통과 가대를 받쳐준다.

경통
대물렌즈와 접안렌즈를 연결해 주는 통

보조 망원경(파인더)
천체를 찾을 때 사용하는 소형 망원경 ➡ 배율이 낮고 시야가 넓다.

접안렌즈
상을 확대한다. ➡ 접안렌즈를 교체하여 망원경의 배율을 조절한다.

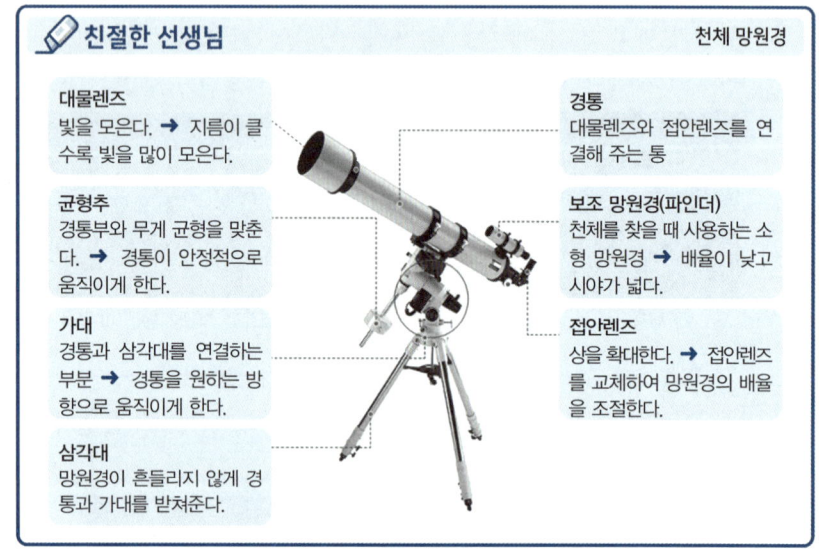

🔍 **빈출 유형 100점 돋보기**

그림과 같이 태양의 표면에 쌀알을 뿌려놓은 것처럼 보이는 모습의 명칭은?

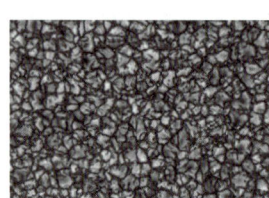

① 채층   ② 홍염

③ 흑점   ④ 쌀알 무늬

해설

태양의 둥근 표면을 광구라고 하고 광구 표면에 쌀알을 뿌려놓은 것처럼 보이는 것을 쌀알 무늬라고 한다. 쌀알 무늬는 광구 아래에서 일어나는 대류 때문에 나타난다.

태양 내부에서 높은 온도의 물질이 상승하는 부분은 밝게, 상승한 물질의 온도가 내려가 다시 하강하는 부분은 어둡게 보인다.

하강 기체　상승 기체

정답 ④

빈출 유형 100점 돋보기

그림은 태양의 표면을 나타낸 것이다. 주변보다 온도가 낮아 어둡게 보이는 A의 명칭은?

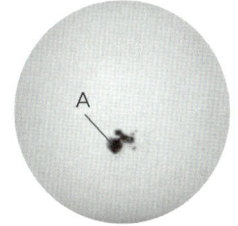

① 채층
③ 코로나
② 흑점
④ 플레어

해설

흑점은 주변보다 온도가 2000℃ 정도 낮아 어둡게 보이는 부분으로 태양 활동이 활발할 때 흑점 수가 증가한다.

정답 ②

오답 피하기

① 채층 : 태양의 둥근 부분인 광구 바깥쪽 얇은 붉은색의 가스층을 말한다.
③ 코로나 : 광구 바깥쪽 청백색(진주색)의 넓은 가스층을 말한다.
④ 플레어 : 많은 양의 물질과 에너지가 방출되는 폭발 현상이다.

01 그림 (가)~(라)는 우리나라에서 하루 동안 관측한 별의 모습을 나타낸 것이다.

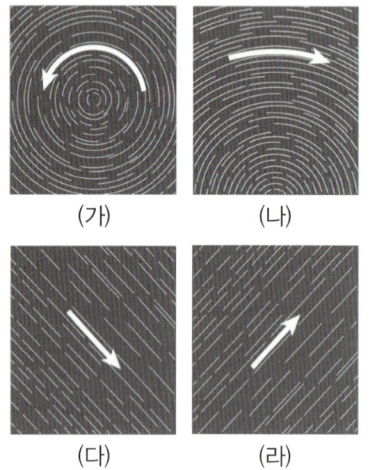

(가)   (나)

(다)   (라)

(가)~(라) 중 동쪽 하늘에서 바라본 하늘은?

① (가)   ② (나)
③ (다)   ④ (라)

02 다음 중 지구 공전으로 생기는 현상은?

① 태양이 동쪽에서 떠서 서쪽으로 진다.
② 계절에 따라 관측되는 별자리가 달라진다.
③ 낮과 밤이 생긴다.
④ 달이 일주 운동한다.

03 그림은 별 A의 일주 운동을 나타낸 것이다.

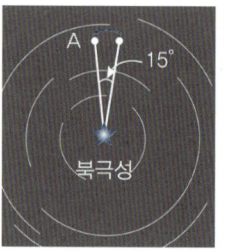

별 A를 관측한 시간으로 옳은 것은?

① 1시간   ② 2시간
③ 3시간   ④ 4시간

04 그림은 매일 해가 진 후 같은 시각에 관측한 달의 모습이다.

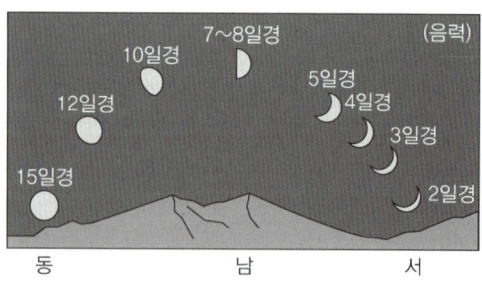

초저녁 음력 7~8일경 남쪽 하늘에서 볼 수 있는 달은?

① 초승달   ② 상현달
③ 보름달   ④ 하현달

05 그림과 같이 한달 동안 달의 위상 변화가 나타나는 원인은?

① 태양 일주 운동
② 별의 연주 운동
③ 달의 공전
④ 달의 일주 운동

06 그림은 지구 주위를 공전하는 달의 위치를 나타낸 것이다.

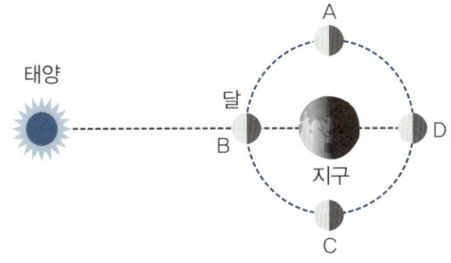

A~D 중 일식이 일어나는 위치는?

① A
② B
③ C
④ D

07 다음은 태양계 행성을 두 집단으로 분류한 것이다.

(가)	(나)
수성, 금성, 지구, 화성	목성, 토성, 천왕성, 해왕성

(가)가 (나)보다 더 큰 값을 갖는 것은?

① 반지름
② 질량
③ 위성 수
④ 평균 밀도

08 다음과 같은 특징을 갖는 태양계의 행성은?

- 외행성이다.
- 토양에 산화 철 성분이 많아 붉게 보인다.
- 물이 흐른 흔적이 있다.
- 양극에 흰색의 극관이 있다.

① 수성
② 화성
③ 목성
④ 천왕성

09 그림은 태양의 대기에서 볼 수 있는 현상으로 태양의 활동이 활발할 때 더욱 커지는 청백색의 가스층을 무엇이라고 하는가?

① 플레어
② 흑점
③ 쌀알 무늬
④ 코로나

10 다음 중 태양 활동이 활발할 때 지구와 태양에서 일어나는 현상은?

① 흑점 수가 증가한다.
② 지구가 자전한다.
③ 지구 공전 방향이 바뀐다.
④ 지구에서 오로라는 일어나지 않는다.

EBS 교육방송교재

중졸 검정고시 과학

수권과 해수의 순환

01 수권

02 해수의 순환

- 지구상 물의 분포 비율을 비교할 수 있다.
- 혼합층, 수온 약층, 심해층의 특징을 파악할 수 있다.
- 염분과 염분비 일정 법칙의 개념을 이해한다.
- 우리나라 주변의 해류와 조경 수역 및 조석 현상을 이해한다.

01 수권

1 수권

1. 수권의 구성

(1) 수권

지구 표면에서 물이 분포하는 영역을 말한다.

(2) 수권의 구성

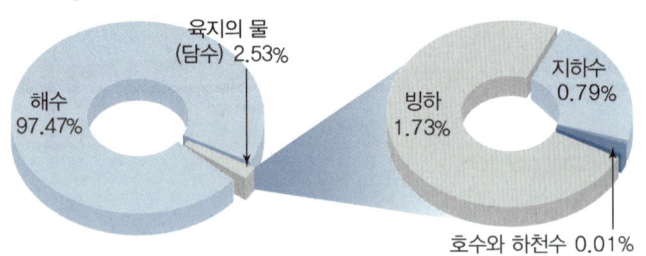

① 해수가 가장 많은 양을 차지하고 짠맛이 난다.
② 육지의 물(담수)은 빙하, 지하수, 호수와 하천수 형태로 존재한다.

2. 수자원

(1) 수자원

수권에서 자원으로 사용할 수 있는 물을 말한다.

(2) 수자원은 사용 용도에 따라 농업용수, 공업용수, 생활용수, 하천 유지용수 등으로 나눌 수 있다.

❯ 우리나라 수자원의 활용
우리나라에서는 농업용수로 수자원을 가장 많이 이용한다.

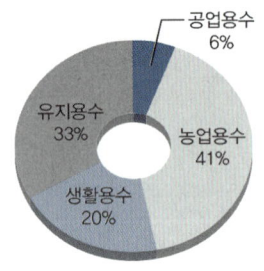

❯ 수자원의 용도
- 농업용수 : 농업을 위해 사용하는 물
- 생활용수 : 식수, 목욕 등 일상생활을 위해 사용되는 물
- 공업용수 : 기계 냉각수, 세척 등을 위해 공업 활동에 사용되는 물
- 유지용수 : 하천의 정상적인 기능을 유지하기 위해 사용되는 물

❯ 지하수의 가치
하천수나 호수보다 많은 양이 있고 빗물 등으로 채워지기 때문에 지속적으로 활용할 수 있다.

빈출 유형 100점 돋보기

다음 설명에 해당하는 것은?

- 육지의 물 중에서 가장 많은 양을 차지한다.
- 극지방이나 고산 지대에 얼음의 형태로 분포한다.

① 빙하 　　　　　　　　　② 호수
③ 지하수 　　　　　　　　④ 하천수

해설

육지의 물의 양을 비교하면 '빙하 > 지하수 > 호수, 하천수'이다. 빙하는 육지의 물 중에서 가장 많은 양을 차지하며 극지방이나 고산 지대에 분포한다.　　　**정답** ①

 빈출 유형 100점 돋보기

그림은 지구의 수권에서 물의 부피를 비교한 것이다. 다음 중 가장 많은 양을 차지하는 것은?

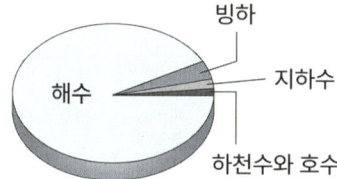

① 빙하 　　　　　　　　　② 해수
③ 지하수 　　　　　　　　④ 하천수와 호수

해설

수권의 대부분을 차지하는 것은 해수이다.
- 물의 양 비교 : 해수 > 빙하 > 지하수 > 하천수와 호수　　**정답** ②

제
4
편

2 해수

1. 해수의 연직 수온 분포

깊이에 따른 수온 분포를 기준으로 3개의 층으로 구분한다.

▶ 위도별 연직 수온 분포

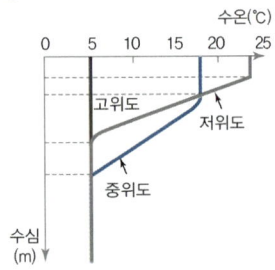

- 저위도 : 수온 약층이 발달
- 중위도 : 바람이 강해 혼합층 발달
- 고위도 : 수온이 낮아 혼합층, 수온 약층이 발달하지 않음.

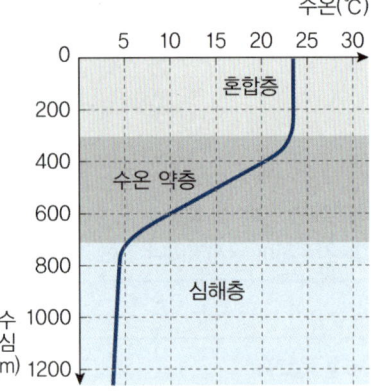

(1) 혼합층

  ① 태양 복사 에너지의 흡수량이 많아 수온이 높다.
  ② 바람의 혼합 작용으로 깊이에 따른 수온 차이가 거의 없다.
  ③ 바람이 강한 지역일수록 두껍게 발달한다.

(2) 수온 약층

  ① 수심이 깊어질수록 수온이 급격하게 감소하는 층이다.
  ② 대류가 일어나지 않아 안정한 층이다.
  ③ 심해층과 혼합층 사이에서 물질이나 에너지 교환을 차단한다.

(3) 심해층

  ① 태양 에너지가 도달하지 못하여 수온이 매우 낮다.
  ② 깊이, 위도, 계절과 상관없이 수온이 거의 일정하다.

빈출 유형 100점 돋보기

그림은 깊이에 따른 해수의 수온 분포를 나타낸 것이다. A~D 중 바람에 의해 혼합되어 수온이 일정한 층은?

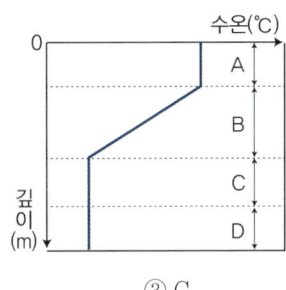

① A   ② B   ③ C   ④ D

해설

A : 혼합층, B : 수온 약층, C, D : 심해층

바람에 의해 혼합되어 수온이 일정한 층은 혼합층이다.

▶ 해수의 층상 구조

- 혼합층 : 바람의 혼합 작용으로 깊이에 따른 수온의 차이가 없다.
- 수온 약층 : 수심이 깊어질수록 수온이 급격하게 감소하는 층이다.
- 심해층 : 깊이, 위도, 계절에 관계없이 수온이 일정한 층이다. **정답 ①**

2. 염분

(1) 염류

① 해수에 녹아 있는 여러 가지 물질

② 짠맛을 내는 염화 나트륨이 가장 많다.

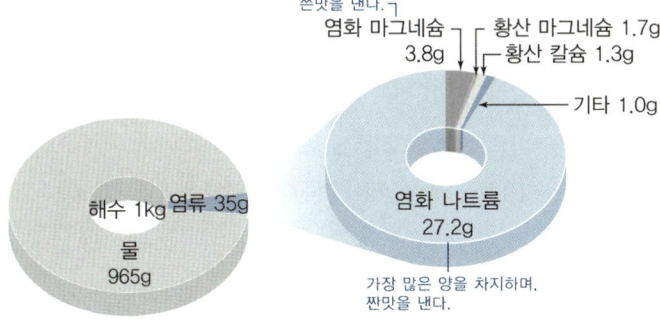

▲ 해수 1kg에 35g의 염류가 녹아 있을 때 각 염류의 질량비

$$염분 = \frac{염류의\ 양(g)}{해수의\ 양(g)} \times 1000$$

우리나라의 표층 염분 비교
- 계절별 비교 : 여름 < 겨울
  → 여름에는 강수량이 더 많기 때문에 염분이 낮다.
- 지역별 비교 : 황해 < 동해
  → 황해는 육지로부터 유입되는 강물의 양이 많아 염분이 낮다.

(2) 염분

① 해수 1kg에 녹아 있는 염류의 총량을 g수로 나타낸 것이다.

② 단위 : psu(실용 염분 단위), ‰(퍼밀)

③ 전 세계의 해수 평균 염분 : 약 35psu

④ 증발량과 강수량, 담수 유입량, 해빙과 결빙에 의해 염분이 변한다.

　㉠ **염분이 낮음** : 강수량 > 증발량, 담수 유입이 많음, 해빙

　㉡ **염분이 높음** : 강수량 < 증발량, 담수 유입이 적음, 결빙

✏️ 친절한 선생님

| 연습 1 |

염분이 30psu인 바닷물이 있다.

㉠ 바닷물 1kg 속에 들어 있는 전체 염류의 양은?

㉡ 바닷물 2kg 속에 들어 있는 전체 염류의 양은?

㉢ 바닷물 500g 속에 들어 있는 전체 염류의 양은?

| 풀이 |

염분은 바닷물 1kg에 녹아 있는 염류의 총량을 g수로 나타낸 것이다.

㉠ 30psu는 바닷물 1kg에 녹아 있는 염류의 총량은 30g이라는 의미이다.

　　　　　　　　　　　　　　　　　　　　　　　　　　　정답 30g

㉡ 바닷물 1kg에 30g의 염류가 녹아 있으므로 바닷물의 양이 2배가 되면 녹아 있는 염류의 양도 2배가 된다. 　　　　　　　　　　**정답 60g**

㉢ 바닷물 1kg에 30g의 염류가 녹아 있으므로 바닷물의 양이 0.5배가 되면 녹아 있는 염류의 양도 0.5배가 된다. 　　　　　　　　**정답 15g**

| 연습 2 |

바닷물 200g을 증발시켜서 얻은 염류의 총량이 4g이다. 이 바다의 염분은?

| 풀이 1 |

1kg에 녹아 있는 염류의 총량을 g수로 나타낸 것이 염분이므로

$200g : 4g = 1000g : x$가 된다. 따라서 염분은 20psu이다.

| 풀이 2 |

염분 $= \dfrac{염류의\ 양(g)}{해수의\ 양(g)} \times 1000$이므로 염분 $= \dfrac{4g}{200g} \times 1000 = 20psu$이다.

(3) 염분비 일정 법칙

　① 전 세계 여러 바다에서 염분은 다르지만 해수 중에 녹아 있는 염류들 사이의 비율은 염분과 관계없이 항상 일정하다.

　② 염분비 일정 법칙이 성립하는 이유 : 해수는 오랜 세월 동안 끊임 없이 순환하며 골고루 섞이기 때문이다.

🔍 **빈출 유형 100점 돋보기**

그림은 어느 해수에 녹아 있는 염류의 성분비를 나타낸 것이다. (가)에 해당하는 염류는?

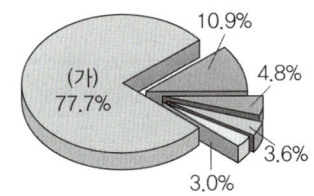

① 황산 칼슘　　　　　　② 염화 나트륨
③ 염화 마그네슘　　　　④ 황산 마그네슘

해설

염류는 해수에 녹아 있는 물질로 염류 중 가장 많은 양을 차지하는 것은 짠맛을 내는 염화 나트륨이다. 두 번째로 많은 것은 쓴맛을 내는 염화 마그네슘이다.

정답 ②

🔍 **빈출 유형 100점 돋보기**

염분이 35psu인 해수 2kg에 녹아 있는 염류의 총량은?

① 50g　　　　　　　　② 60g
③ 70g　　　　　　　　④ 80g

해설

| 풀이 1 |

염분 $= \dfrac{\text{염류의 양(g)}}{\text{해수의 양(g)}} \times 1000$이다.

따라서 $35\text{psu} = \dfrac{\text{염류 총량(g)}}{2000\text{g}} \times 1000$이므로 염류 총량$=70$g이다.

| 풀이 2 |

35psu는 해수 1kg 속의 염류 총량이 35g임을 의미한다. 따라서 해수가 2kg으로 2배 늘어나면 염류 총량도 2배 증가한다. 그러므로 35g × 2 = 70g이다.

정답 ③

02 해수의 순환

1 해류

1. 해류

(1) 해류

일정한 방향으로 지속적으로 흐르는 해수의 흐름을 말한다.

(2) 난류와 한류

구분	난류	한류
수온	높다.	낮다.
이동 방향	저위도 → 고위도	고위도 → 저위도
염분	높다.	낮다.
영양 염류, 산소	적다.	많다.

2. 우리나라 주변 해류

(1) 우리나라 주변 해류

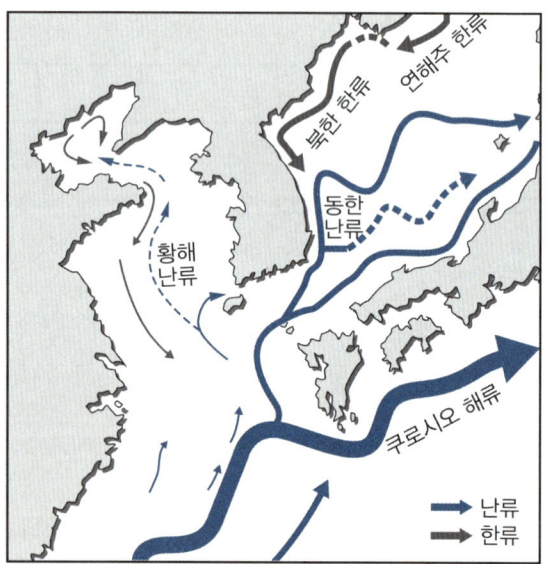

① 난류

　㉠ **쿠로시오 해류** : 동한 난류와 황해 난류의 근원이다.

　㉡ **동한 난류, 황해 난류** : 각각 동해안과 황해안으로 흘러가는
　난류이다.

② 한류

　㉠ **연해주 한류** : 동해안을 따라 남쪽으로 흐르는 해류로 우리
　나라 북한 한류의 근원이다.

　㉡ **북한 한류** : 동해안을 따라 흐르는 한류이다.

(2) 조경 수역

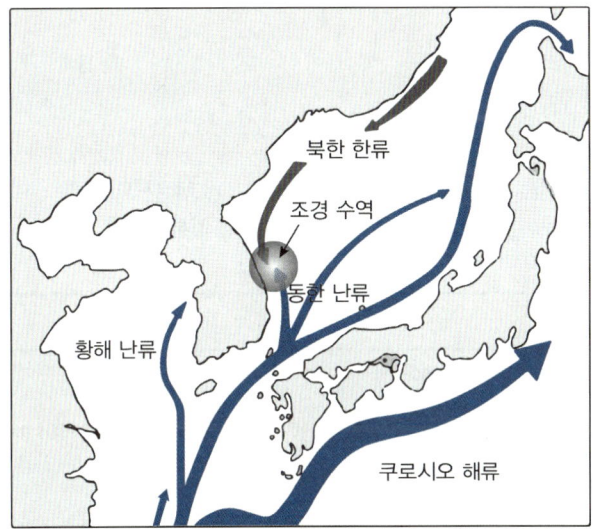

① 조경 수역 : 한류와 난류가 만나는 곳을 말한다.

② 우리나라의 조경 수역

　㉠ 북한 한류와 동한 난류가 만나 조경 수역을 형성한다.

　㉡ 난류의 세력이 강한 여름에는 북상하고, 한류의 세력이 강한
　겨울에는 남하한다.

그림은 우리나라 주변의 해류를 나타낸 것이다. 해류 A~D 중 고위도에서 저위도로 흐르는 한류에 해당하는 것은?

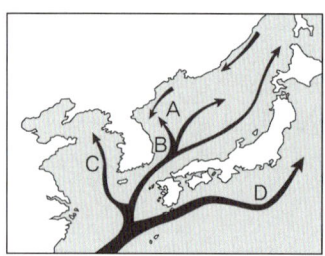

① A   ② B
③ C   ④ D

해설

A : 북한 한류, B : 동한 난류, C : 황해 난류, D : 쿠로시오 해류

한류는 수온이 낮은 고위도에서 저위도로 흐르는 해류로, 북한 한류가 우리나라 주변에 흐르는 한류이다.   **정답 ①**

그림의 우리나라 주변 바다 A~D 중 난류와 한류가 만나 조경 수역이 만들어질 수 있는 곳은?

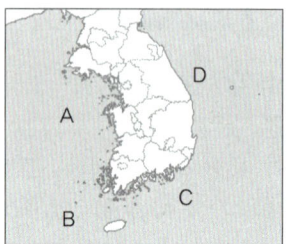

① A   ② B
③ C   ④ D

해설

조경 수역이란 한류와 난류가 만나는 곳으로 우리나라는 동해에서 동한 난류와 북한 한류가 만나 조경 수역이 형성된다.   **정답 ④**

2 조석

1. 조석

(1) 조석

① 해수면의 높이가 하루에 두 번씩 높아졌다 낮아지는 현상이다.

② 밀물과 썰물

 ㉠ 밀물 : 먼 바다에서 해안으로 해수가 밀려오는 것을 말한다.

  ➜ 해수면의 높이가 높아진다.

 ㉡ 썰물 : 해수가 해안에서 먼 바다로 빠져나가는 것을 말한다.

  ➜ 해수면의 높이가 낮아진다.

(2) 하루 동안 해수면의 높이 변화

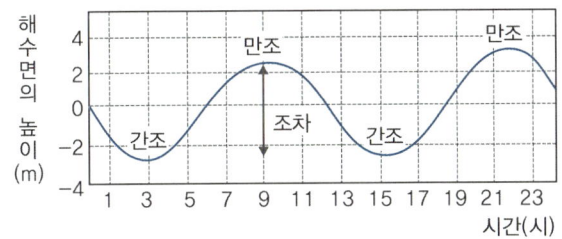

① 만조 : 밀물로 해수면의 높이가 가장 높아진 때를 말한다.

② 간조 : 썰물로 해수면의 높이가 가장 낮아진 때를 말한다.

③ 조차 : 만조와 간조 때의 해수면의 높이차를 말한다.

④ 사리 : 한 달 중 조차가 가장 클 때를 말한다.

⑤ 조금 : 한 달 중 조차가 가장 작을 때를 말한다.

⑥ 조석 주기 : 만조에서 다음 만조 또는 간조에서 다음 간조까지의 시간으로 약 12시간 25분이다.

⑦ 조류 : 주기적으로 바뀌는 해수의 흐름으로 밀물과 썰물에 의한 흐름을 말한다.

2. 조석 현상 이용

고기잡이배, 바다 갈라짐 행사, 갯벌 체험 등

❯ **해류와 조류의 비교**
- 해류 : 일 년 내내 같은 방향으로 일정하게 흐르는 바닷물의 흐름
- 조류 : 일정한 주기를 가지고 변하는 바닷물의 흐름

❯ **한 달 동안 해수면의 높이 변화**

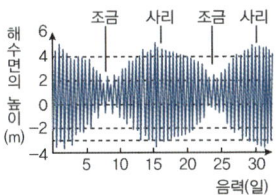

한 달 중 조차가 가장 크게 나타나는 시기를 사리, 가장 작게 나타나는 시기를 조금이라고 하는데, 사리와 조금은 한 달에 약 두 번씩 생긴다.

적중예상문제

정답 및 해설 26p

01 다음 설명에 해당하는 수권을 구성하는 물은 무엇인가?

> • 수권에서 가장 많은 양을 차지한다.
> • 염화 나트륨이 많이 녹아 있어 짠맛이 난다.

① 빙하　　　　　② 하천수
③ 해수　　　　　④ 지하수

02 그림은 해수의 층상 구조를 나타낸 것이다.

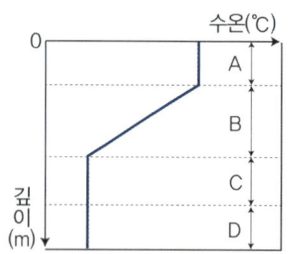

A~D 중 아래쪽으로 갈수록 수온이 낮아지는 층의 기호와 이름이 바르게 연결된 것은?

① A − 혼합층
② B − 수온 약층
③ C − 수온 약층
④ D − 심해층

03 해수 2kg 속에 녹아 있는 염류의 총량이 80g일 때, 이 바다의 염분은?

① 20psu　　　　② 40psu
③ 60psu　　　　④ 80psu

04 다음은 무엇에 관한 설명인가?

> 전 세계 여러 바다에서 염분은 다르지만 해수 중에 녹아 있는 염류들 사이의 비율은 염분과 관계없이 항상 일정하다.

① 옴의 법칙
② 에너지 보존 법칙
③ 염분비 일정 법칙
④ 보일 법칙

05 다음 중 염분이 높아지는 경우에 해당하는 것은?

① 강물의 유입량이 증가한다.
② 증발량이 증가한다.
③ 강수량이 증가한다.
④ 빙하가 녹는다.

06 다음은 난류와 한류의 비교이다. 옳지 <u>않은</u> 것은?

	구분	난류	한류
①	수온	높다.	낮다.
②	이동 방향	저위도→고위도	고위도→저위도
③	염분	낮다.	높다.
④	예	동한 난류	북한 한류

07 그림은 우리나라 주변의 해류를 나타낸 것이다.

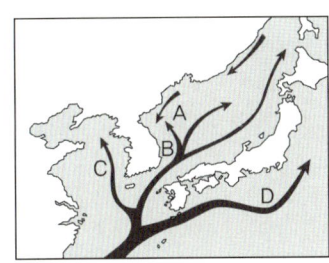

A~D에 대한 설명으로 옳지 <u>않은</u> 것은?

① A의 수온은 낮다.

② B는 고위도에서 저위도로 흐른다.

③ C는 D에서 갈라져 나왔다.

④ D는 쿠로시오 해류이다.

08 그림은 하루 동안 해수면의 높이 변화를 나타낸 것이다.

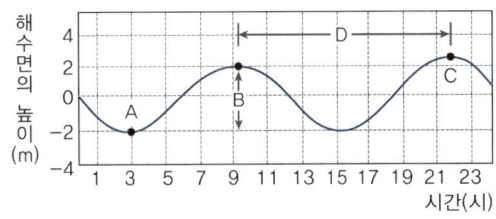

A~D 중 해수면의 높이가 가장 낮아진 때인 간조에 해당하는 것은?

① A   ② B

③ C   ④ D

EBS 교육방송교재

중졸 검정고시 과학

PART

04

기권과 날씨

01 기권과 복사 평형

02 대기 중의 물

03 날씨의 변화

- 기권의 층상 구조별 특징 및 명칭을 기억할 수 있다.
- 복사 평형 및 온실 효과, 지구 온난화의 개념을 이해한다.
- 대기 중 수증기와 구름 생성 원리를 이해한다.
- 강수 원리를 구분하고, 기압의 의미와 바람 형성을 파악한다.
- 기단과 전선의 의미를 알고 우리나라에 적용할 수 있다.

01 기권과 복사 평형

1 기권

1. 기권

(1) 기권의 조성

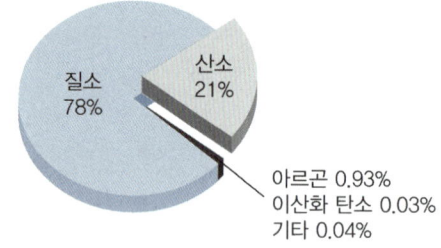

① 기권 : 지구를 둘러싸고 있는 대기가 분포하는 영역을 말한다.
② 대기의 조성 및 분포
    ㉠ 대기는 지표에서 높이 1000km까지 분포하고 높이 올라갈수록 희박해진다.
    ㉡ 대기는 질소가 가장 많고 생물의 호흡에 이용되는 산소가 두 번째로 많다.

(2) 기권의 기온 분포
높이 올라갈수록 기온이 낮아진다.

2. 기권의 층상 구조

(1) 기권의 층상 구조
높이에 따른 기온 변화를 기준으로 4개 층으로 구분한다.

(2) 층상 구조별 특징

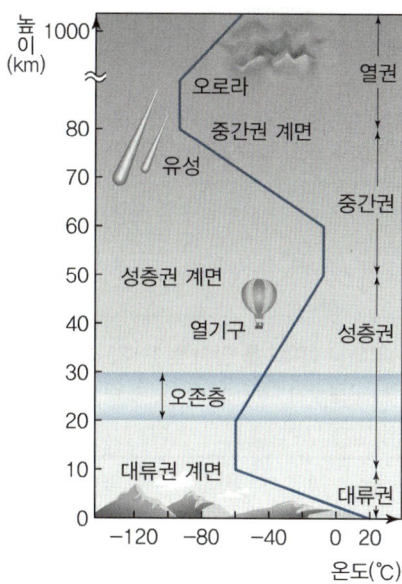

▲ 기권의 층상 구조

오로라
태양에서 방출된 전기를 띤 입자
가 지구 대기로 들어오면서 지구
대기 입자들과 충돌하여 빛을 내
는 현상으로 주로 고위도 지방에
서 나타난다.

유성
외권에서 지구로 들어오는 물질이
대기와의 마찰로 타면서 빛을 내
는 것이다.

구분	기온 변화	대류 현상	특징
열권	상승	없음	• 공기가 매우 희박함. • 낮과 밤의 온도 차이가 매우 큼. • 고위도에서는 오로라가 나타나고 인공위성의 궤도로 이용
중간권	하강	있음	• 수증기가 거의 없어 기상 현상은 나타나지 않음. • 유성이 관측되기도 함.
성층권	상승	없음	• 오존층이 자외선을 흡수함. • 대기가 매우 안정함. • 장거리 비행기 항로로 이용됨.
대류권	하강	있음	• 대류 현상과 기상 현상이 있음. • 대부분의 공기가 모여 있음.

대류 현상
따뜻한 공기가 찬 공기보다 아래에
있을 때 찬 공기는 아래로, 따뜻한
공기는 위로 이동하는 공기의 움직
임을 대류 현상이라고 한다.

다음 설명에 해당하는 대기권의 층은?

- 높이 올라갈수록 기온이 올라가며, 공기가 매우 희박하다.
- 고위도 지방에서는 오로라가 발생하기도 한다.

① 대류권   ② 성층권
③ 중간권   ④ 열권

해설

열권은 위로 갈수록 태양 에너지를 많이 받기 때문에 기온이 높아지고 공기가 희박하다. 고위도 지역에서 오로라가 나타나기도 하며, 열권은 인공위성의 궤도로 이용되기도 한다.   정답 ④

다음 중 성층권의 특징으로 옳은 것은?

① 오존층이 존재한다.
② 공기의 대류가 활발하게 일어난다.
③ 높이 올라갈수록 기온이 낮아진다.
④ 비가 내리는 기상 현상이 나타난다.

해설

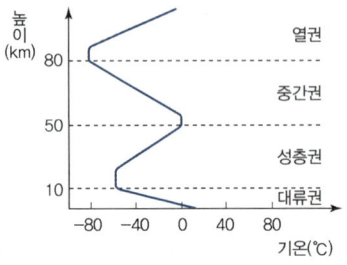

성층권은 위로 올라갈수록 기온이 높아져 대류 현상이 일어나지 않아 안정한 층으로 비행기의 항로로 이용된다. 오존층이 있어 자외선 흡수가 일어나는 층이다.   정답 ①

오답 피하기

② 대류권과 중간권에서 대류 현상이 나타난다.
③ 대류권과 중간권에서 높이 올라갈수록 기온이 낮아진다.
④ 대류권은 대류 현상과 함께 수증기가 있어 기상 현상이 나타난다.

2 복사 평형

1. 복사 평형

(1) 복사 평형

① **복사** : 열이 물질의 도움을 받지 않고 직접 전달되는 방법이다.

② **복사 에너지** : 물체가 복사 형태로 방출하는 에너지이다.

③ **복사 평형** : 물체가 흡수하는 복사 에너지양과 방출하는 복사 에너지양이 같아 온도가 일정하게 유지되는 상태를 말한다.

(2) 지구의 복사 평형

지구는 흡수하는 태양 복사 에너지양과 지구가 방출하는 지구 복사 에너지양이 같아 복사 평형을 이룬다.

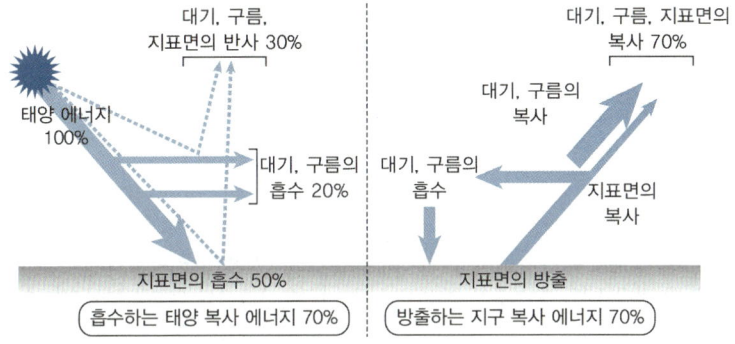

2. 온실 효과와 지구 온난화

(1) 온실 효과

① **온실 기체** : 지구 대기를 이루는 기체 중에서 지구 복사 에너지를 흡수하여 온실 효과를 일으키는 기체로 이산화 탄소, 메테인, 수증기 등이 있다.

② **온실 효과** : 대기 중의 온실 기체가 지구 복사 에너지의 일부를 흡수하였다가 지표로 다시 방출함으로써 지구의 평균 기온이 높게 유지되는 현상이다.

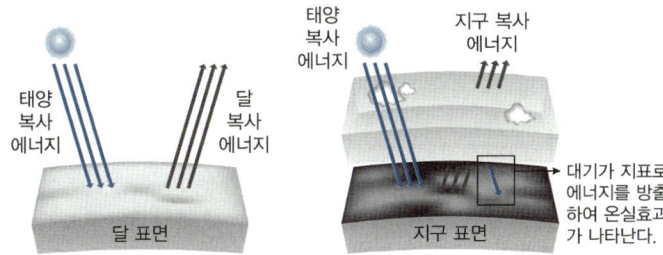

▲ 대기가 없는 달의 복사 평형   ▲ 대기가 있는 지구의 복사 평형

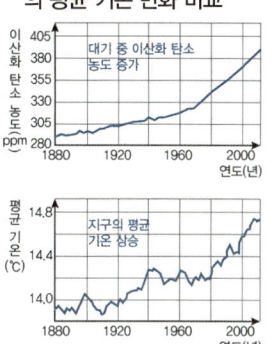

❯ 이산화 탄소 농도 변화와 지구의 평균 기온 변화 비교

대기 중 이산화 탄소의 농도가 높아지면서 지구 평균 기온이 높아졌다.

지구 온난화를 줄이기 위한 방법

- 화석 연료의 사용량을 줄이고, 자원을 재활용하여 이산화 탄소 배출량을 줄인다.
- 식물의 광합성에 이산화 탄소가 사용되므로 삼림을 보존한다.

(2) 지구 온난화

① 대기 중의 온실 기체의 양이 증가하여 온실 효과가 강화되어 지구 평균 기온이 높아지는 현상이다.

② 지구 온난화의 원인 : 인류 산업 활동으로 인한 화석 연료 사용량 증가 ➜ 대기 중 온실 기체 농도 증가

③ 지구 온난화의 영향

㉠ 해수면이 상승하여 육지 면적이 감소한다.

㉡ 기상 이변이 나타나고 생태계의 변화가 생긴다.

빈출 유형 100점 돋보기

다음 설명에 해당하는 것은?

- 지구의 평균 기온이 점점 높아지는 현상이다.
- 이 현상의 주된 원인은 대기 중 온실 기체 양의 증가이다.

① 오로라 ② 단열 변화
③ 대기 대순환 ④ 지구 온난화

해설

지구 온난화는 대기 중의 온실 기체의 양이 증가하여 온실 효과가 강화되어 지구 평균 기온이 높아지는 현상이다.

정답 ④

02 대기 중의 물

1 대기 중의 물

1. 대기 중의 수증기

(1) 포화와 불포화

① 포화 상태 : 어떤 공기가 수증기를 최대로 포함하고 있는 상태를 말한다.

② 불포화 상태 : 공기가 최대로 포함할 수 있는 수증기량보다 적은 양의 수증기를 포함한 상태를 말한다.

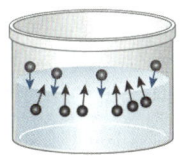

불포화
(증발량>응결량)

포화
(증발량=응결량)

(2) 포화 수증기량

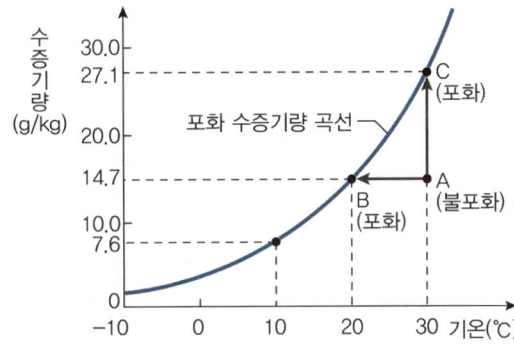

불포화 공기(A)를 포화 상태로 만드는 방법

• 냉각(A → B) : 온도를 20℃로 낮춘다.

• 수증기 공급(A → C) : 1kg당 27.1-14.7=12.4g의 수증기를 공급한다.

응결량

기온이 이슬점보다 낮아지면 가지고 있던 수증기량에서 냉각된 기온의 포화 수증기량을 뺀 만큼 수증기가 응결한다.

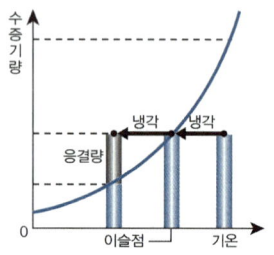

응결량 : 현재 수증기량−냉각된 온도의 포화 수증기량

응결

대기 중의 수증기가 물로 변하는 현상

① 포화 수증기량 : 포화 상태인 공기 1kg에 들어 있는 수증기량을 g으로 나타낸 것이다.
② 기온이 높아지면 포화 수증기량은 증가한다.
③ 기온이 낮아지면 포화 수증기량이 감소하므로 수증기가 물로 응결한다.

2. 이슬점과 상대 습도

(1) 이슬점

① 공기가 포화 상태에 도달하여 공기 중의 수증기가 응결하기 시작할 때의 온도이다.
② 공기 중에 포함된 수증기량이 많을수록 이슬점이 높다.

(2) 상대 습도

$$상대\ 습도(\%) = \frac{현재\ 공기의\ 실제\ 수증기량(g/kg)}{현재\ 기온의\ 포화\ 수증기량(g/kg)} \times 100$$

① 현재 기온에서 공기 포화 수증기량에 대한 실제 포함된 수증기량의 비율을 백분율(%)로 나타낸 것이다.
② 맑은 날 하루 동안 기온과 상대 습도 변화 : 맑은 날 공기 중에 포함된 수증기량이 거의 변하지 않고, 기온이 높아지면 포화 수증기량이 증가하여 기온과 상대 습도 변화는 서로 반대로 나타난다.

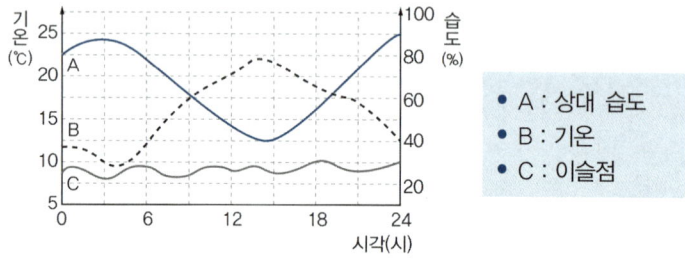

- A : 상대 습도
- B : 기온
- C : 이슬점

빈출 유형 100점 돋보기

그림은 기온에 따른 포화 수증기량을 나타낸 것이다. 기온 A~D 중 포화 수증기량이 가장 적은 것은?

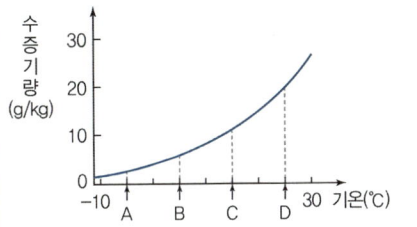

① A
② B
③ C
④ D

해설

포화 수증기량은 포화 상태의 공기 1kg 안에 들어 있는 수증기량(g)으로 기온이 높아질수록 포화 수증기량은 증가한다. 따라서 기온이 가장 낮은 A의 포화 수증기량이 가장 적다.

정답 ①

 빈출 유형 100점 돋보기

그림은 맑은 날 하루 동안 기온, 상대 습도, 이슬점의 변화를 나타낸 것이다. 이에 대한 설명으로 옳은 것은?

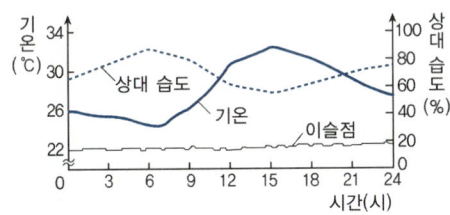

① 기온은 6시보다 15시에 높다.
② 15시에 이슬점은 기온보다 높다.
③ 상대 습도는 6시보다 15시에 높다.
④ 기온이 높아지면 상대 습도가 높아진다.

해설

기온은 15시가 6시보다 높다.

정답 ①

오답 피하기

② 15시의 기온이 가장 높고 이슬점은 기온보다 낮은 온도로 하루 종일 변화가 거의 없다.
③ 상대 습도가 가장 높은 시간이 6시이고, 가장 낮은 시간이 15시이다.
④ 기온과 상대 습도 그래프는 반대로 나타남을 통해 기온이 높아지면 상대 습도가 낮아짐을 확인할 수 있다.

2 구름과 강수

1. 구름

(1) 구름의 생성

공기가 상승하면 단열 팽창이 일어나 공기의 온도가 낮아진다. 공기가 냉각되어 이슬점에 도달하면 수증기가 응결하면서 구름이 생성된다.

● 단열 팽창
공기가 외부에서 열을 공급받지 않고 부피가 팽창하는 현상으로, 단열 팽창이 일어나면 기온이 낮아진다.

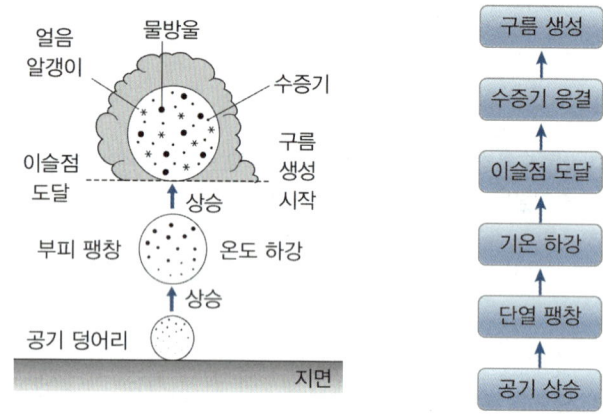

(2) 구름이 생성되는 경우

● 구름의 모양

적운형 구름   층운형 구름

- 적운형 구름 : 공기 덩어리가 강하게 상승할 때 생성되는 구름으로 위로 솟아오르는 모양이다.
- 층운형 구름 : 공기 덩어리가 약하게 상승할 때 생성되는 구름으로 옆으로 퍼지는 모양이다.

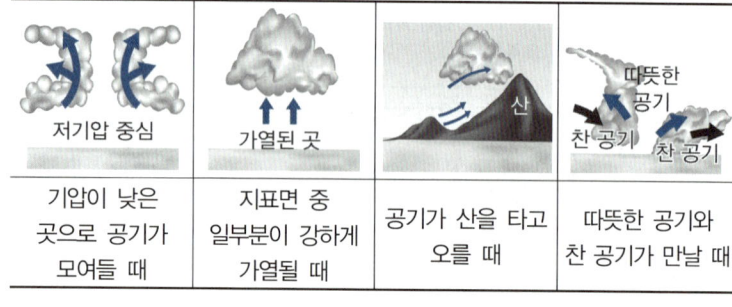

기압이 낮은 곳으로 공기가 모여들 때	지표면 중 일부분이 강하게 가열될 때	공기가 산을 타고 오를 때	따뜻한 공기와 찬 공기가 만날 때

2. 강수

(1) 빙정설

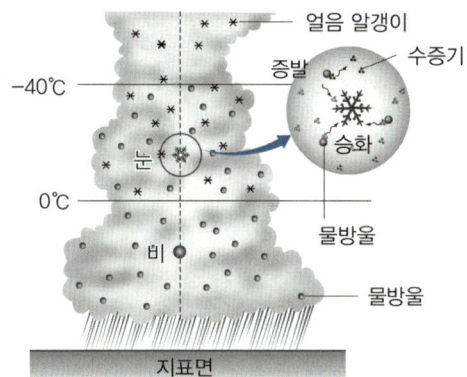

① 중위도나 고위도 지방에서의 강수 이론이다.
② 물방울에서 증발한 수증기가 얼음 알갱이에 달라붙어 얼음 알
갱이가 성장한다.
→ 성장한 얼음 알갱이가 떨어지면 눈, 떨어지는 과정에 녹으면
비가 된다.

(2) 병합설

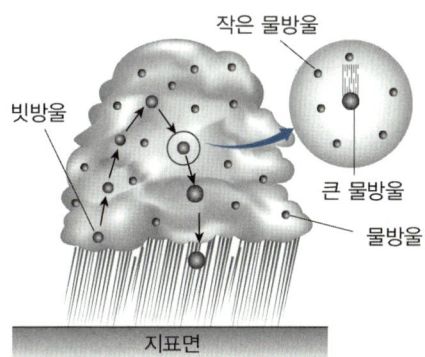

① 저위도 지방에서의 강수 이론이다.
② 크고 작은 물방울들이 서로 충돌하여 만들어진 큰 물방울이
떨어져 비가 된다.

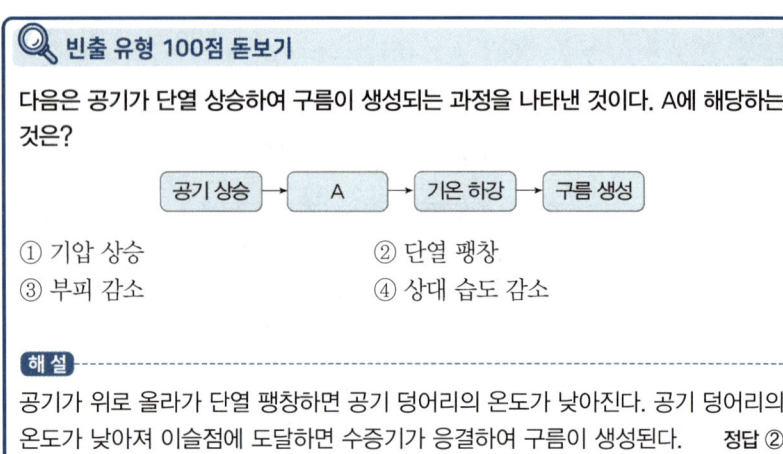

빈출 유형 100점 돋보기

다음은 공기가 단열 상승하여 구름이 생성되는 과정을 나타낸 것이다. A에 해당하는 것은?

공기 상승 → A → 기온 하강 → 구름 생성

① 기압 상승   ② 단열 팽창
③ 부피 감소   ④ 상대 습도 감소

해설

공기가 위로 올라가 단열 팽창하면 공기 덩어리의 온도가 낮아진다. 공기 덩어리의 온도가 낮아져 이슬점에 도달하면 수증기가 응결하여 구름이 생성된다.   **정답** ②

03 날씨의 변화

1 기압과 바람

1. 기압

(1) 기압

공기가 단위 넓이에 작용하는 힘으로 모든 방향으로 작용한다.

(2) 토리첼리의 실험

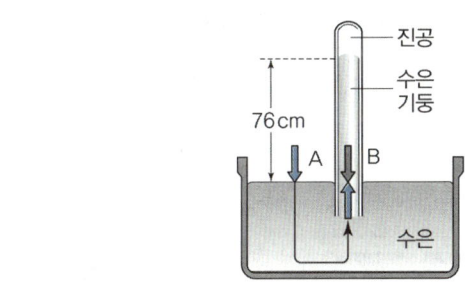

수은이 담긴 수조에 수은을 가득 채운 유리관을 거꾸로 세우면 유리관 속의 수은 기둥이 내려오다가 수은 기둥의 높이가 약 76cm일 때 멈춘다.

→ 수은 면에 작용하는 기압(A)과 유리관 속 수은 기둥의 압력(B)이 같아졌기 때문

① 1기압＝76cmHg＝약 1013hPa(헥토 파스칼)

② 수은 기둥의 높이는 유리관의 굵기나 기울기와 관계없이 일정하다.

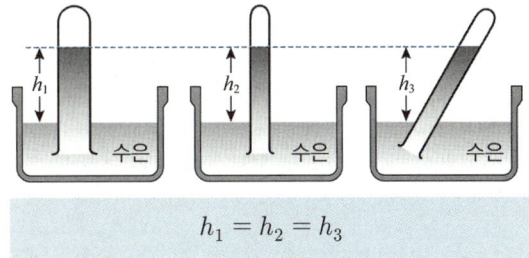

$$h_1 = h_2 = h_3$$

③ 기압은 높이 올라갈수록 급격히 낮아지고, 공기는 끊임없이 움직이므로 측정하는 장소와 시각에 따라서 달라진다.

> ❯ 기압이 모든 방향으로 작용하기 때문에 나타나는 현상
> ● 컵을 뒤집어도 물이 쏟아지지 않는다.
> ● 페트병에 뜨거운 물을 조금 넣고 뚜껑을 닫아 얼음물에 넣으면 페트병이 모든 방향으로 찌그러진다.

2. 바람

기압 차이로 인해 이동하는 공기의 수평 방향의 흐름

(1) 바람의 발생

① 지표면의 온도 차이가 생기면 기압 차이가 생겨 바람이 분다.

② 바람이 부는 방향 : 기압이 높은 곳에서 낮은 곳으로 바람이 분다.

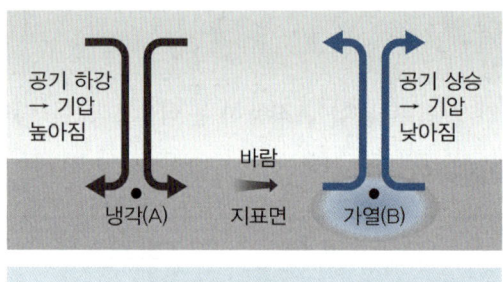

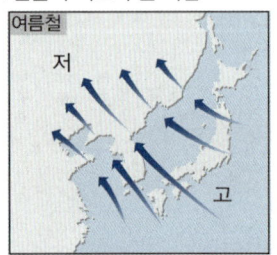

○ 계절풍

1년을 주기로 부는 바람

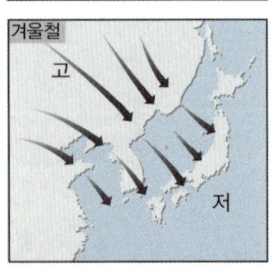

구분	남동 계절풍	북서 계절풍
계절	여름철	겨울철
기압	대륙<해양	대륙>해양

(2) 해륙풍

하루를 주기로 해안에서 부는 바람

해풍

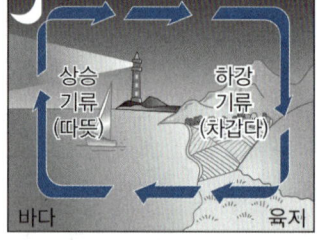
육풍

구분	해풍	육풍
시간	낮	밤
기온	육지>바다	육지<바다
기압	육지<바다	육지>바다
바람 방향	바다 → 육지	육지 → 바다

2 기단과 전선

1. 기단

(1) 기단

같은 장소에 오랫동안 머물러 기온과 습도 등의 성질이 비슷한 큰 공기 덩어리이다.

발생 장소	고위도	저위도	대륙	해양
기단 성질	한랭	온난	건조	다습

(2) 우리나라 주변의 기단

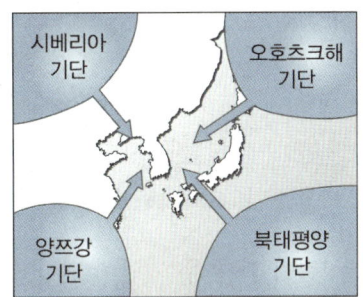

기단	성질	영향을 주는 계절
시베리아 기단	한랭 건조	겨울
양쯔강 기단	온난 건조	봄, 가을
오호츠크해 기단	한랭 다습	초여름
북태평양 기단	고온 다습	여름

🔍 **빈출 유형 100점 돋보기**

그림은 기단을 기온과 습도에 따라 분류한 것이다. A~D 중 고온 다습한 북태평양 기단이 속한 것은?

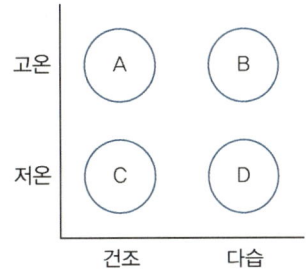

① A   ② B   ③ C   ④ D

제4편

2. 전선

(1) 전선과 전선면

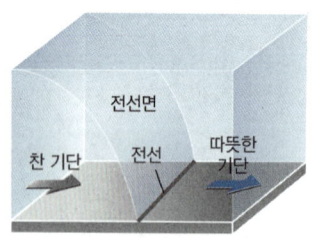

① 전선면 : 성질이 다른 두 기단이 만나 생기는 경계면을 말한다.
② 전선 : 전선면이 지표면과 만나는 경계선이다.

(2) 전선의 종류

① 한랭 전선(▲▲▲) : 찬 공기가 이동하여 따뜻한 공기 아래로 파고들 때 형성된다.
② 온난 전선(●●●) : 따뜻한 공기가 이동하여 찬 공기 위로 타고 올라갈 때 형성된다.
③ 폐색 전선(▲▲●▲) : 빠르기가 빠른 한랭 전선이 온난 전선을 따라잡아 겹쳐지면서 형성된다.
④ 정체 전선(●▲●▼) : 두 기단의 세력이 비슷하여 한 곳에 오랫동안 머무르며 형성되는 전선으로 장마 전선은 정체 전선의 한 종류이다.

❯ 장마 전선

정체 전선의 한 종류로 우리나라는 북태평양 기단의 확장으로 초여름에 형성된다.

(3) 한랭 전선과 온난 전선의 비교

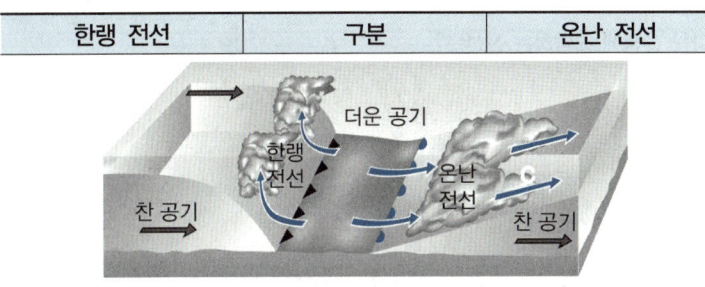

한랭 전선	구분	온난 전선
급하다.	전선면의 기울기	완만하다.
적운형	형성되는 구름	층운형
전선 뒤쪽 좁은 지역	강수 구역	전선 앞쪽 넓은 지역
소나기성 비	강수 형태	지속적인 비, 약한 비, 이슬비
빠르다.	이동 속도	느리다.
낮아진다.	통과 후 기온	높아진다.

🔍 빈출 유형 100점 돋보기

다음 설명에 해당하는 전선은?

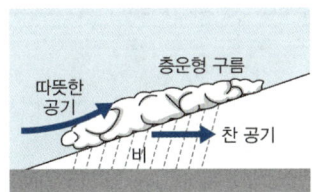

- 따뜻한 공기가 찬 공기를 타고 올라갈 때 만들어진다.
- 이 전선이 지나가면 기온이 상승한다.

① 온난 전선 ② 정체 전선
③ 폐색 전선 ④ 한랭 전선

해 설
온난 전선은 따뜻한 공기가 찬 공기를 타고 올라가며 만들어진다. 온난 전선이 통과하면 기온이 높아진다. 온난 전선은 전선면의 기울기가 완만하고, 층운형 구름이 잘 생기며, 전선의 앞쪽 넓은 지역에 지속적인 비가 내린다. **정답 ①**

제4편

다음 설명에 해당하는 전선은?

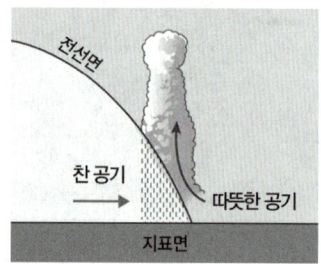

- 찬 공기가 이동하여 따뜻한 공기를 밀어 올린다.
- 이 전선이 통과하면 기온이 낮아진다.

① 온난 전선 ② 정체 전선
③ 한랭 전선 ④ 폐색 전선

해설

한랭 전선은 찬 공기가 따뜻한 공기를 파고들며 형성되는 것으로 공기가 빠르게 올라가며 적운형 구름이 만들어진다. 한랭 전선이 통과하면 기온이 낮아지며, 한랭 전선의 뒤쪽 좁은 지역에 소나기성 비가 내린다. **정답 ③**

3 기압과 날씨

1. 기압

(1) 고기압과 저기압

고기압	저기압
주위보다 기압이 높은 곳	주위보다 기압이 낮은 곳
공기 하강 ➜ 구름 소멸	공기 상승 ➜ 구름 생성
날씨 맑음	날씨 흐리거나 비
바람이 시계 방향으로 불어 나간다. (북반구)	바람이 시계 반대 방향으로 불어 들어간다.(북반구)

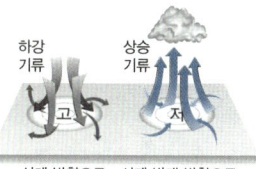

> 고기압과 저기압에서 공기의 이동(북반구)

시계 방향으로 불어 나간다.
[고기압]

시계 반대 방향으로 불어 들어간다.
[저기압]

제 4 편

(2) 온대 저기압

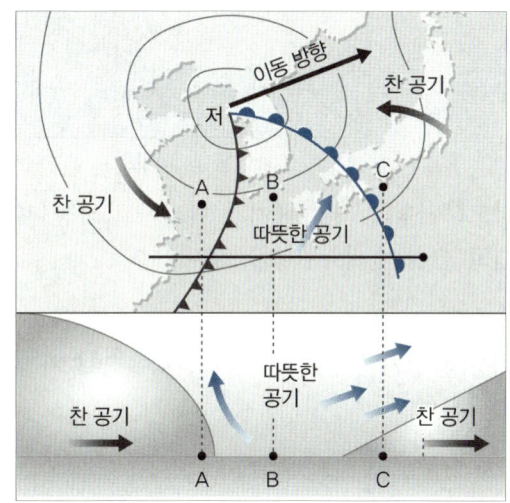

① 온대 지방에서 생성되는 저기압으로 전선을 포함한다.

② 편서풍의 영향으로 서에서 동으로 이동한다.

구분	A	B	C
기온	낮다.	높다.	낮다.
날씨	소나기성 비	맑음	지속적인 비 (약한 비)

> 편서풍

위도 30°~60° 사이 중위도 지방에서 부는 바람으로 서쪽에서 동쪽으로 분다.

2. 우리나라 계절별 날씨

(1) 봄

   ① 이동성 고기압과 저기압이 지나가 변덕스러운 날씨가 나타난다.

   ② 건조한 날씨, 황사, 꽃샘추위

(2) 여름

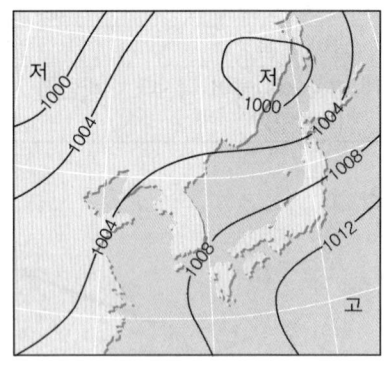

여름철 일기도

   ① 남고북저형의 기압 배치가 나타나고 남동 계절풍이 분다.

   ② 덥고 습한 날씨, 무더위, 열대야

(3) 가을

   ① 이동성 고기압이 자주 지나가 맑은 날씨가 자주 나타난다.

   ② 첫서리

(4) 겨울

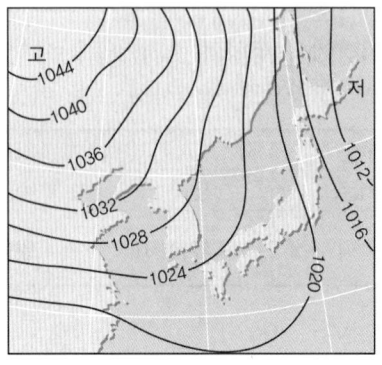

겨울철 일기도

   ① 서고동저형의 기압 배치가 나타나고 북서 계절풍이 분다.

   ② 춥고 건조한 날씨, 한파, 폭설

🔍 **빈출 유형 100점 돋보기**

그림은 어느 날 A~D 지역의 온대 저기압 단면을 나타낸 것이다. A~D 중 층운형 구름이 하늘을 덮고 있는 지역은?

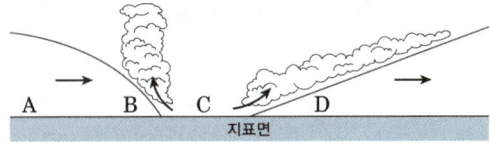

① A
② B
③ C
④ D

해설

층운형 구름은 온난 전선에 의해 형성된다. 층운형 구름이 하늘을 덮고 있는 지역 D는 지속적인 비가 내린다. **정답 ④**

오답 피하기

② 지역 B는 한랭 전선에 의해 적운형 구름이 형성되고 좁은 지역에 소나기성 비가 내린다.
③ 지역 C는 기온이 높고 날씨가 맑다.

🔍 **빈출 유형 100점 돋보기**

다음 설명에 해당하는 우리나라의 계절은?

- 시베리아 기단의 영향으로 춥고 건조하다.
- 서고동저형의 기압 배치가 주로 나타난다.

① 봄
② 여름
③ 가을
④ 겨울

해설

겨울은 시베리아 기단의 영향을 받아 서고동저형의 기압 배치가 나타나고 북서 계절풍이 분다. 겨울에는 한파와 폭설이 나타난다. **정답 ④**

PART 04 적중예상문제

정답 및 해설 27p

01 그림은 기권의 조성을 나타낸 것이다.

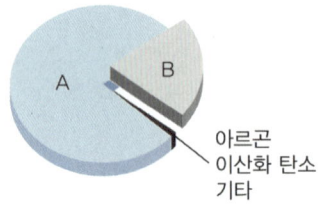

아르곤
이산화 탄소
기타

A와 B 중 생물의 호흡에 이용되는 기체의 기호와 이름이 바르게 연결된 것은?

① A - 질소   ② A - 산소
③ B - 질소   ④ B - 산소

02 그림은 기권의 높이에 따른 기온 변화를 나타낸 것이다.

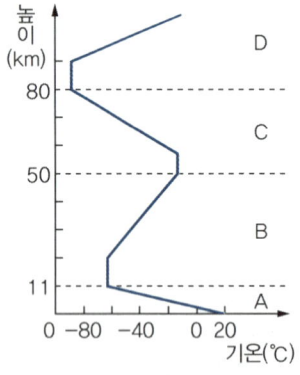

D층에 대한 설명으로 옳은 것은?

① 구름이나 비 등의 기상 현상이 나타난다.
② 공기의 대류가 활발하게 일어난다.
③ 공기가 매우 희박하다.
④ 오존층이 존재하여 자외선을 흡수한다.

03 다음 설명에 해당하는 것은?

- 물체가 흡수하는 복사 에너지양과 방출하는 복사 에너지양이 같은 상태이다.
- 온도가 일정한 상태를 유지한다.

① 지구 온난화
② 단열 팽창
③ 복사 평형
④ 온실 기체

04 그림은 대기가 있는 지구의 복사 평형을 나타낸 것이다.

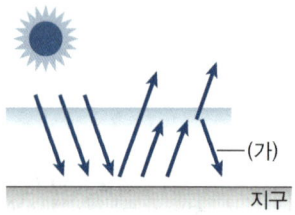

(가)
지구

(가)를 일으키는 기체의 양이 증가할 때 지구에서의 변화로 옳지 <u>않은</u> 것은?

① 지구 온난화가 일어난다.
② 온실 효과가 감소한다.
③ 저지대 침수가 일어난다.
④ 빙하가 녹는다.

05 그래프는 기온에 따른 포화 수증기량을 나타낸 것이다.

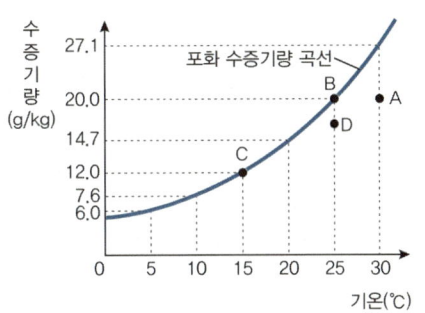

A~D 중 포화 수증기량이 가장 큰 것은?

① A
② B
③ C
④ D

06 그림은 맑은 날 하루 동안의 상대 습도, 기온, 이슬점 변화를 나타낸 것이다.

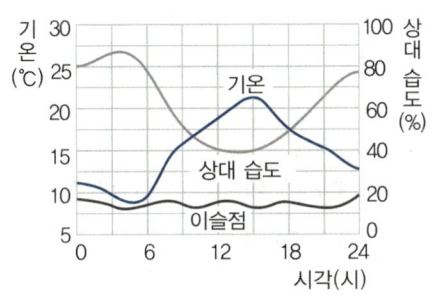

이에 대한 설명으로 옳은 것은?

① 상대 습도는 14시에 가장 높다.
② 이슬점과 상대 습도의 변화는 반대로 나타난다.
③ 하루 중 포화 수증기량의 변화는 거의 없다.
④ 기온이 낮아지면 상대 습도가 높아진다.

07 다음은 구름의 생성 과정을 나타낸 것이다.

> 공기 상승 → 단열 팽창 → 온도 하강 → 이슬점 도달 → 수증기 응결

제시된 상황 중 구름이 생성되는 경우는?

① 지표의 일부분이 강하게 냉각될 때
② 공기가 산을 타고 내려갈 때
③ 하강 기류가 생길 때
④ 찬 공기와 따뜻한 공기가 만날 때

08 그림과 같은 강수 이론을 무엇이라고 하는가?

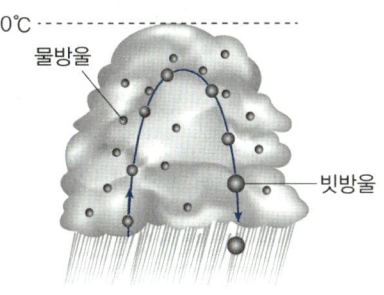

① 혼합설
② 빙정설
③ 병합설
④ 증발설

09 그림은 수은 기둥을 이용하여 기압을 측정하는 모습을 나타낸 것이다.

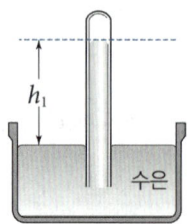

수은 기둥의 높이(h_1)가 각기 다른 지역 A~D 중 기압이 가장 높은 곳은?

	구분	수은 기둥의 높이(h_1)
①	A	75
②	B	76
③	C	77
④	D	78

10 그림은 어느 해안가 지역에서 부는 바람의 모습을 나타낸 것이다.

이에 대한 설명으로 옳지 <u>않은</u> 것은?

① 낮에 부는 바람이다.
② 바다에서 육지로 부는 해풍이다
③ 기압은 바다 쪽이 육지 쪽보다 높다.
④ 기온은 바다 쪽이 육지 쪽보다 높다.

11 그림 (가)는 기단을 기온과 습도에 따라 분류한 그래프이고, (나)는 우리나라 주변의 기단을 나타낸 것이다.

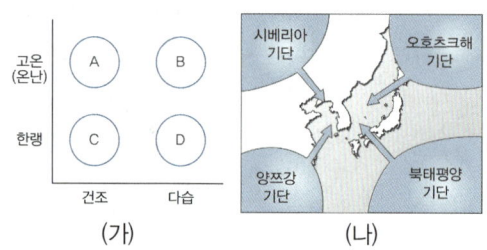

A~D의 특징에 따른 각 기단의 이름이 바르게 연결된 것은?

① A – 시베리아 기단
② B – 북태평양 기단
③ C – 오호츠크해 기단
④ D – 양쯔강 기단

12 다음 설명에 해당하는 전선의 기호는?

> • 두 기단의 세력이 비슷하여 한 곳에 오랫동안 머무르며 형성되는 전선이다.
> • 장마 전선이 대표적이다.

①
②
③
④

13 그림은 우리나라를 통과하는 온대 저기압을 나타낸 것이다.

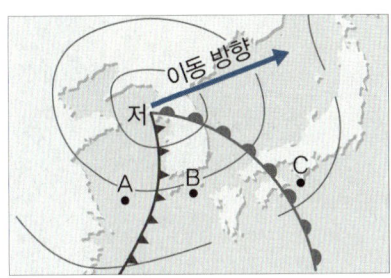

A, B, C 세 지점에 대한 설명으로 옳지 <u>않은</u> 것은?

① A 지점은 기온이 가장 높다.

② B 지점의 날씨는 맑다.

③ C 지점은 층운형 구름이 생긴다.

④ C 지점의 기온은 시간이 지나면서 상승할 것이다.

14 그림은 시베리아 기단의 영향을 받는 계절의 일기도를 나타낸 것이다.

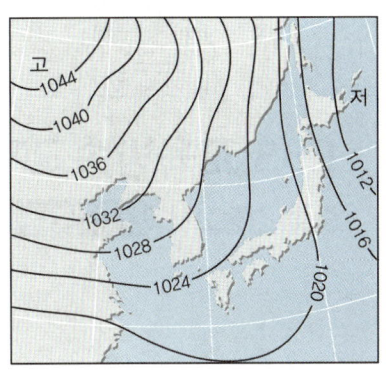

이 계절의 특징으로 옳은 것은?

① 열대야가 나타난다.

② 꽃샘추위가 있다.

③ 첫서리가 나타난다.

④ 폭설이 내린다.

EBS 교육방송교재

중졸 검정고시 **과학**

별과 우주

01 별

02 우주

- 연주 시차와 별의 거리 관계를 안다.
- 별의 거리와 별의 밝기 관계, 별의 색과 표면 온도의 관계를 파악할 수 있다.
- 별의 밝기를 등급으로 구분할 수 있다.
- 우리은하의 특징 및 은하수의 의미를 파악한다.
- 성단과 성운의 의미를 구분하고, 성단과 성운의 종류 및 특징을 설명할 수 있다.
- 우주 팽창 및 대폭발 우주론의 의미를 이해한다.

01 별

1 별의 거리

1. 시차와 연주 시차

(1) 시차

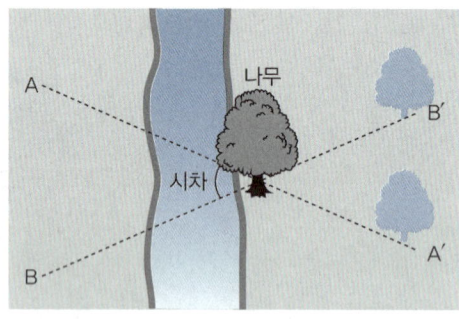

관측자가 서로 다른 지점(A, B)에서 같은 물체를 바라볼 때 두 관측 지점과 물체가 이루는 각을 시차라고 한다.

(2) 연주 시차

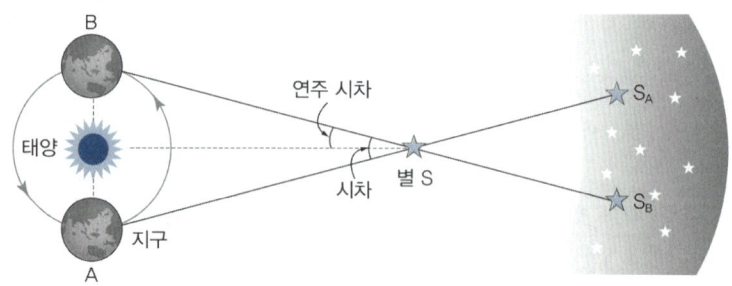

① 지구에서 별을 6개월 간격으로 관측했을 때 나타나는 시차의 절반을 연주 시차라고 한다.
② 연주 시차는 지구 공전의 증거이다.

❷ 시차와 거리
시차와 거리는 반비례 관계이다. 따라서 어떤 물체의 시차를 측정하면 거리를 알 수 있다.

2. 별의 거리

(1) 연주 시차와 별의 거리

① 연주 시차는 별까지의 거리에 반비례한다.

→ 지구와 거리가 가까운 별의 연주 시차는 크고, 거리가 먼 별의 연주 시차는 작다.

$$별까지의\ 거리(pc) = \frac{1}{연주\ 시차('')}$$

- 연주 시차 단위 : ''(초)　　• 거리 단위 : pc(파섹)

② 매우 멀리 있는 별들은 연주 시차가 매우 작아서 측정하기 어렵다.

(2) 별의 거리와 밝기

① 별의 밝기에 영향을 주는 요인

㉠ 별이 방출하는 에너지양 : 별까지의 거리가 같을 때 에너지를 많이 방출하는 별일수록 밝게 보인다.

㉡ 별의 거리 : 방출하는 에너지양이 같은 별이라면 지구로부터 거리가 더 가까운 별이 더 밝게 보인다.

② 거리에 따른 별의 밝기 변화 : 별의 밝기는 별까지의 거리의 제곱에 반비례한다.

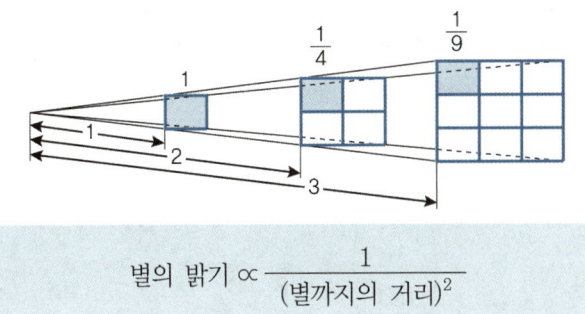

$$별의\ 밝기 \propto \frac{1}{(별까지의\ 거리)^2}$$

> **도(°), 분('), 초('')의 관계**
>
> $$1°(도) = 60'(분) = 3600''(초)$$
>
> 1''(초)는 1°(도)를 3600등분한 것이다.

> **거리 단위**
> - 1AU(천문 단위) : 태양과 지구 사이의 평균 거리
> - 1LY(광년) : 빛이 1년 동안 가는 거리
> - 1pc(파섹) : 연주 시차가 1''인 별까지의 거리
>
> $$1pc(파섹) = 약\ 3.26LY(광년)$$

제4편

그림은 별 A, B의 연주 시차를 나타낸 것이다. 별 A까지의 거리가 10pc일 때 별 B까지의 거리는?

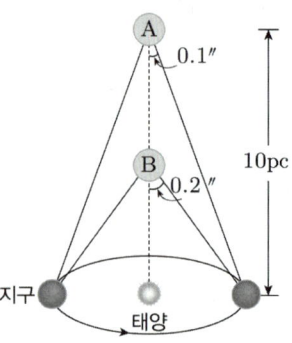

① 1pc ② 5pc
③ 10pc ④ 20pc

해설 --------------------------------

연주 시차는 별까지의 거리에 반비례한다.

별까지의 거리(pc) $= \dfrac{1}{\text{연주 시차}(\prime\prime)} = \dfrac{1}{0.2\prime\prime} = 5\text{pc}$이다. 정답 ②

그림은 지구에서 관측한 별 S의 연주 시차를 나타낸 것이다. 별 A~D 중 연주 시차가 가장 큰 별은?

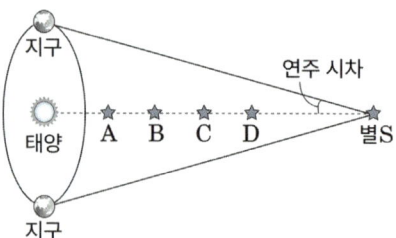

① A ② B
③ C ④ D

해설 --------------------------------

연주 시차는 별까지의 거리에 반비례한다. 따라서 거리가 가장 가까운 별 A의 연주 시차가 가장 크다. 정답 ①

2 별의 밝기와 색

1. 별의 밝기

(1) 별의 등급

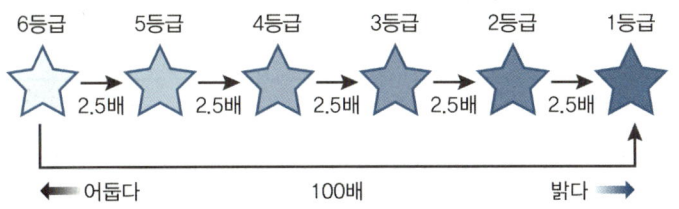

| 6등급 | 5등급 | 4등급 | 3등급 | 2등급 | 1등급 |

2.5배 → 2.5배 → 2.5배 → 2.5배 → 2.5배

← 어둡다   100배   밝다 →

● 등급 간 별의 밝기 차

등급 차	밝기 차
1	2.5
2	$2.5^2(≒6.3)$배
3	$2.5^3(≒16)$배
4	$2.5^4(≒40)$배
5	$2.5^5(≒100)$배

① 별의 밝기는 등급으로 나타낸다.
② 밝은 별일수록 등급이 작고, 어두운 별일수록 등급이 크다.
③ 1등급 간 밝기 차이는 2.5배 밝기 차가 난다.
　예 1등급 별은 2등급 별보다 2.5배 밝다.

(2) 겉보기 등급과 절대 등급

구분	겉보기 등급	절대 등급
의미	관측자에게 보이는 별의 밝기를 상대적으로 비교하여 나타낸 등급이다.	별이 지구로부터 10pc의 거리에 있다고 가정할 때의 등급이다.
특징	별의 실제 밝기를 비교할 수 없다.	별의 실제 밝기를 비교할 수 있다.

(3) 별의 거리와 등급

(겉보기 등급 − 절대 등급) 값이 작을수록 가까이 있는 별이다.

10pc보다 가까이 있는 별	겉보기 등급 − 절대 등급 < 0	겉보기 등급 < 절대 등급
10pc 거리에 있는 별	겉보기 등급 − 절대 등급 = 0	겉보기 등급 = 절대 등급
10pc보다 멀리 있는 별	겉보기 등급 − 절대 등급 > 0	겉보기 등급 > 절대 등급

2. 별의 색

(1) 물체의 색과 온도

빛을 내는 물체는 표면 온도에 따라 색이 달라진다.

(2) 별의 표면 온도와 별의 색

별의 표면 온도가 낮을수록 붉은색을 띠고, 높을수록 파란색을 띤다.

◐ **태양의 표면 온도**
태양은 표면 온도가 약 6000K로
노란색 별이다.

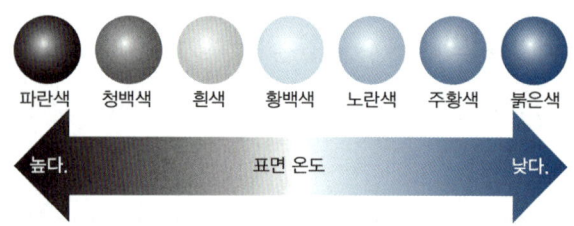

표는 별의 겉보기 등급을 나타낸 것이다. 지구에서 맨눈으로 보았을 때 가장 밝은
별은?

별	겉보기 등급
데네브	1.3
베텔게우스	0.5
리겔	0.1
시리우스	−1.5

① 리겔   ② 데네브
③ 시리우스   ④ 베텔게우스

해설

겉보기 등급은 별의 보이는 밝기로 겉보기 등급이 작을수록 밝게 보이는 별이다.

정답 ③

표는 우리은하에 속한 별 A~D의 색깔을 나타낸 것이다. 다음 중 표면 온도가 가장
높은 별은?

별	A	B	C	D
색깔	파란색	흰색	노란색	붉은색

① A   ② B   ③ C   ④ D

해설

별의 표면 온도는 별의 색과 관련되어 있다. 별의 온도가 높으면 파란색, 온도가 낮으면
붉은색을 나타낸다.

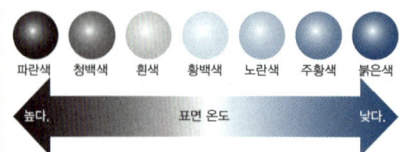

정답 ①

02 우주

1 우리은하

1. 우리은하

(1) 우리은하의 모양과 크기

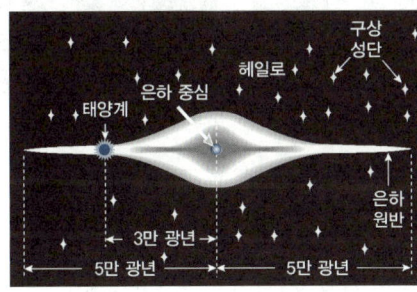

옆에서 본 모습　　　　위에서 본 모습

① 우리은하 : 태양계가 속해 있는 은하를 말한다.

② 옆에서 본 모양 : 중심부가 부풀어 있는 원반 모양이다.

③ 위에서 본 모양 : 막대 형태의 중심부 끝에 소용돌이치는 나선 모양의 팔이 감겨 있다.

④ 태양계 위치 : 은하 중심에서 8500pc(약 3만 광년) 떨어진 나선 팔에 위치한다.

(2) 은하수

① 우리 은하가 띠 모양으로 보이는 것을 말한다.

② 여름철에 궁수자리 방향을 바라볼 때 가장 뚜렷하게 보이고 겨울에는 희미하게 보인다.

> **❯ 은하수**
> - 남반구와 북반구 어느 지역에 서나 관측 가능하다.
> - 겨울철보다 여름철에 더 넓고 밝게 보인다.
> - 은하수의 가운데 부분이 검게 보이는 까닭은 성간 물질이 뒤에서 오는 별빛을 가리기 때문이다.

2. 성단, 성운

(1) 성단

별들이 모여 이루고 있는 집단을 말한다.

구분	구상 성단	산개 성단
모습	공 모양으로 빽빽하게 모여 있다.	비교적 엉성하게 모여 있다.
별의 개수	수만 ~ 수십만 개	수십 ~ 수만 개
별의 나이	많다.	적다.
별의 색, 표면 온도	붉은색, 저온	파란색, 고온
위치	은하 중심부, 헤일로	우리은하 나선팔

(2) 성운

성간 물질이 모여 구름처럼 보이는 것을 말한다.
① 방출 성운 : 성간 물질이 주변의 별빛을 흡수하여 가열되면서 스스로 빛을 내는 것을 말한다.
② 반사 성운 : 성간 물질이 주변의 별빛을 반사하여 밝게 보이는 것이다.
③ 암흑 성운 : 성간 물질이 뒤쪽의 별빛을 가로막거나 빛을 흡수하여 어둡게 보이는 것이다.

예 말머리 성운

말머리 성운

◆ 성간 물질
별과 별 사이의 공간에 분포하는 기체와 먼지를 말한다.

● 방출 성운의 형성 원리

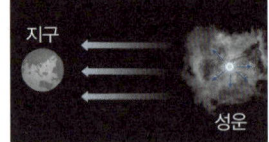

● 반사 성운의 형성 원리

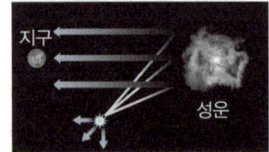

● 암흑 성운의 형성 원리

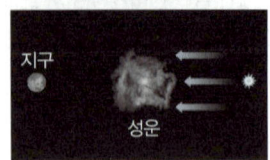

빈출 유형 100점 돋보기

그림 (가)는 우리은하를 옆에서 본 모습을, 그림 (나)는 우리은하를 위에서 본 모습을
나타낸 것이다. A~D 중 태양계의 위치는?

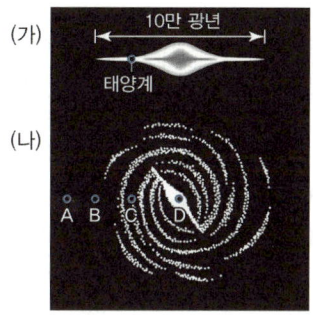

① A   ② B
③ C   ④ D

 해설

우리은하는 옆에서 보면 중심부가 볼록한 납작한 원반 모양이고, 위에서 보면 가운데
막대 모양 구조가 있고 끝에 나선팔이 휘감고 있는 모양이다. 태양계는 나선팔에 위치
한다.   정답 ③

 빈출 유형 100점 돋보기

그림의 A처럼 뒤쪽에서 오는 별빛을 가려서 어둡게 보이는 천체는?

① 구상 성단   ② 반사 성운
③ 산개 성단   ④ 암흑 성운

 해설

성운은 성간 물질이 모여 구름처럼 보이는 것으로, 암흑 성운은 성간 물질이 뒤에서
오는 별빛을 막아 어둡게 보이는 것이다.   정답 ④

1. 대폭발 우주론

(1) 외부 은하

① 우리은하 밖에 분포하는 은하를 말한다.

② 모양에 따라 타원 은하, 나선 은하(정상 나선 은하, 막대 나선 은하), 불규칙 은하로 구분한다.

(2) 우주 팽창

우주가 팽창함에 따라 은하들이 멀어지고 있다.

> ● 은하의 모양에 따른 분류

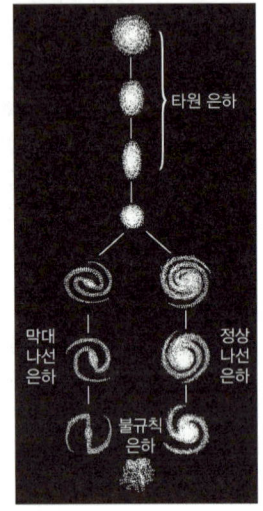

> ✏ **친절한 선생님**   우주 팽창 실험
>
>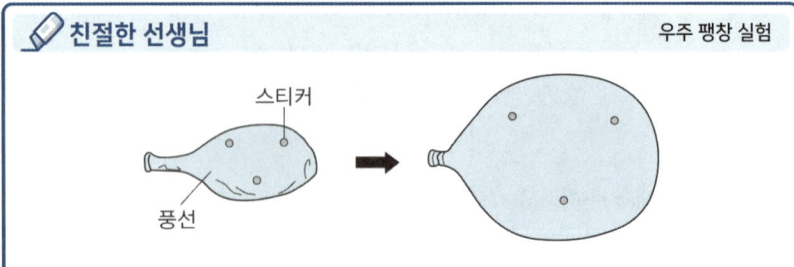
>
> • 스티커 : 은하, 풍선 표면 : 우주
> • 풍선 표면이 팽창함에 따라 스티커 사이의 거리는 서로 멀어진다.
> ➜ 우주가 팽창하면서 은하 사이 거리가 멀어진다.
> • 스티커 사이의 거리가 멀수록 더 많이 멀어진다.
> ➜ 멀리 있는 은하일수록 더 빨리 멀어진다.

(3) 대폭발 우주론

약 138억 년 전 매우 뜨겁고 밀도가 큰 한 점이 폭발 후 계속 팽창하여 지금과 같은 우주가 만들어졌다는 이론이다.

2. 우주 탐사

(1) 우주 탐사

우주를 탐색하고 조사하는 활동을 말한다.

(2) 우주 탐사 방법

① 망원경을 이용한 관측

② 인공위성을 이용한 우주 탐사

③ 우주 탐사선을 이용한 우주 탐사

> ● 대폭발 우주론
> 먼 과거에 모든 물질과 에너지가 모인 한 점에서 대폭발로 시작된 우주가 점점 팽창하여 현재의 우주가 되었다는 이론
>
>

(3) 우주 탐사의 의의

   ① 우주와 천체에 대한 지식으로 지구를 더 잘 이해할 수 있게 되었다.

   ② 우주와 관련된 새로운 직업이 생겨나고, 다양한 기술 및 학문의 발달이 일어난다.

   ③ 우주 탐사를 위해 개발된 기술이 생활에 적용될 수 있다.

     예 정수기, 안경테, 화재경보기, 전자레인지, GPS

🔍 빈출 유형 100점 돋보기

다음 설명에 해당하는 은하는?

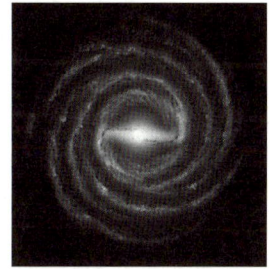

- 막대 모양 구조와 나선팔이 있다.
- 우리은하가 이에 속한다.

① 타원 은하   ② 불규칙 은하

③ 막대 나선 은하   ④ 정상 나선 은하

해설

은하는 모양에 따라 타원 은하, 나선 은하, 불규칙 은하로 구분되고 나선팔이 있는 나선 은하는 중심부에 막대 모양 구조가 있으면 막대 나선 은하, 막대 모양 구조가 없으면 정상 나선 은하라고 부른다. 우리은하는 중심부에 막대 모양 구조가 있는 막대 나선 은하에 속한다.

                                                    정답 ③

❯ **스푸트니크 1호**
1957년에 발사된 최초의 인공위성

❯ **아폴로 11호**
인류가 최초로 달 착륙에 성공

❯ **우주 쓰레기**
우주 탐사 과정에서 생긴 우주 쓰레기는 매우 빠른 속도로 지구 주위를 떠돌고 있기 때문에 인공위성이나 우주 탐사선, 우주 정거장 등에 치명적인 피해를 줄 수 있다.

제4편

01 다음은 별 A~D의 연주 시차를 나타낸 것이다. 지구에서 가장 가까운 별은?

	구분	연주 시차(")
①	A	0.1
②	B	0.4
③	C	0.2
④	D	0.5

02 다음은 연주 시차와 별까지의 거리의 관계를 나타낸 것이다.

$$별까지의\ 거리(pc) = \frac{1}{연주\ 시차(")}$$

별의 연주 시차가 0.2"인 별까지의 거리(pc)는 얼마인가?

① 5pc   ② 10pc

③ 15pc   ④ 20pc

03 그림은 별의 밝기와 거리와의 관계를 나타낸 것이다.

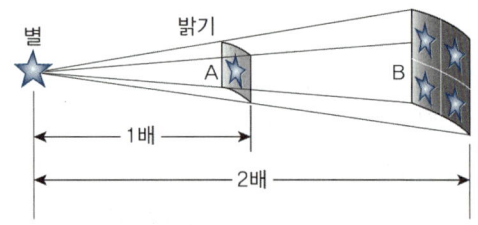

A 지점과 B 지점의 같은 면적당 별의 밝기를 바르게 비교한 것은?

① A가 B보다 2배 더 밝다.

② B가 A보다 2배 더 밝다.

③ A가 B보다 4배 더 밝다.

④ B가 A보다 4배 더 밝다.

04 다음은 별 A~D의 겉보기 등급과 절대 등급을 나타낸 것이다.

구분	겉보기 등급	절대 등급
A	1	1
B	−1	2
C	4	−5
D	2	4

별 A~D 중 맨눈으로 보았을 때 가장 밝게 보이는 별은?

① A   ② B

③ C   ④ D

05 그림은 지구와 거리가 다른 별 A~D를 나타낸 것이다.

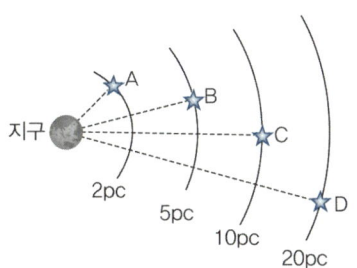

A~D 중 별의 겉보기 등급과 절대 등급이 같은 별은?

① A

② B

③ C

④ D

06 다음 중 별의 색에 대한 설명으로 옳은 것은?

① 별의 거리가 가까울수록 파란색을 띤다.

② 별의 절대 등급이 작을수록 붉은색을 띤다.

③ 별의 겉보기 등급이 클수록 흰색을 띤다.

④ 별의 표면 온도가 낮을수록 붉은색을 띤다.

07 그림 (가)와 (나)는 우리은하를 위에서 본 모습과 옆에서 본 모습이다.

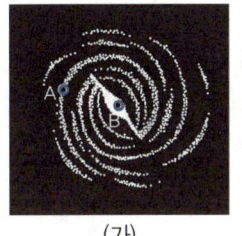 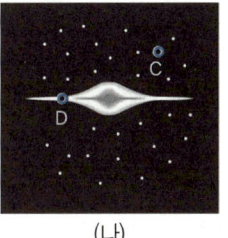

(가)   (나)

A~D 중 태양계의 위치가 바르게 묶인 것은?

① (가) − A, (나) − C

② (가) − A, (나) − D

③ (가) − B, (나) − C

④ (가) − B, (나) − D

08 다음 설명에 해당하는 것은?

- 별들이 공 모양으로 빽빽하게 모여 있다.
- 붉은색을 띤다.
- 나이가 많고 저온의 별들이 모여 있다.

① 구상 성단

② 암흑 성운

③ 방출 성운

④ 반사 성운

09 그림은 우주 팽창을 이해하기 위해 풍선에 스티커를 붙여놓고 풍선의 크기를 크게 만드는 실험 과정이다.

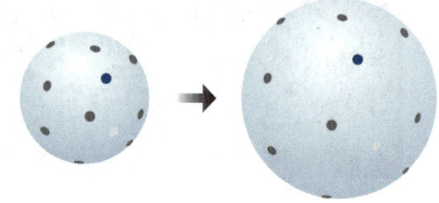

이 실험에 대한 설명으로 옳지 <u>않은</u> 것은?

① 풍선 표면은 우주에 해당한다.
② 풍선 표면의 스티커는 은하에 해당한다.
③ 풍선이 커질수록 풍선의 스티커 사이의 거리는 점점 멀어진다.
④ 우주가 팽창할수록 은하 사이의 거리가 가까워짐을 알 수 있다.

10 다음은 무엇에 관한 설명인가?

> 과거에 모든 물질과 에너지가 모인 한 점에서 대폭발로 시작된 우주가 점점 팽창하여 현재의 우주가 되었다는 이론이다.

① 대폭발 우주론
② 우주 탐사
③ 우주 쓰레기
④ 막대 나선 은하

제5편

2025년 기출문제

01 제1회 기출문제

02 제2회 기출문제

과학

2025년 제1회 기출문제

정답 및 해설 p. 30

01 지구에서 측정한 물체의 질량이 3kg이다. 이 물체를 달에서 측정하였을 때의 질량은?

① 0.5kg   ② 1kg

③ 3kg   ④ 6kg

02 다음 설명에서 ㉠에 공통으로 들어갈 빛의 색은?

> • 영상 장치에서 쓰는 빛의 삼원색으로 ㉠ , 초록색, 파란색이 있다.
> • ㉠ 과 초록색 빛을 합성하면 노란색 빛이 된다.

① 흰색   ② 빨간색

③ 자홍색   ④ 청록색

03 그림은 전지, 스위치, 동일한 전구 (가), (나)로 구성한 회로이다. 스위치를 닫았을 때, 이 회로에 대한 설명으로 옳은 것은?

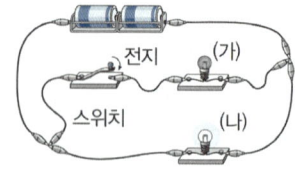

① (가)에 불이 켜진다.

② (나)에 불이 꺼진다.

③ (나)의 밝기는 더 밝아진다.

④ (가)와 (나)는 직렬연결이다.

04 그림은 온도가 다른 두 물체 A, B를 접촉시켜 놓았을 때, 시간에 따른 온도 변화를 나타낸 것이다. 이에 대한 설명으로 옳은 것은? (단, 외부와의 열 출입은 없다.)

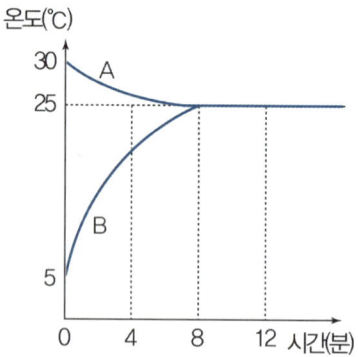

① 열평형 온도는 30℃이다.

② 12분일 때 A와 B의 온도는 같다.

③ 열평형에 도달할 때까지 걸린 시간은 4분이다.

④ 4~8분 사이에 A를 구성하는 입자의 운동은 점점 빨라진다.

05 그림은 수평면에서 일정한 속력으로 움직이는 물체의 위치를 1초 간격으로 나타낸 것이다. 이 물체의 속력은?

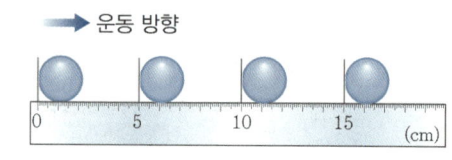

① 5cm/s   ② 10cm/s

③ 15cm/s   ④ 20cm/s

06 그림은 A지점에서 자유 낙하시킨 공이 B지점을 지나는 모습을 나타낸 것이다. A지점에서의 역학적 에너지가 15J이었다면 B지점에서의 역학적 에너지는? (단, 공기 저항은 무시한다.)

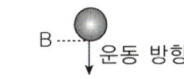

① 0J   ② 5J

③ 10J   ④ 15J

07 표는 어떤 기체의 압력에 따른 부피 변화를 나타낸 것이다. ㉠에 해당하는 것은? (단, 온도는 일정하다.)

압력(기압)	1	2	4
부피(mL)	40	㉠	10

① 10   ② 20

③ 30   ④ 40

08 그림은 1기압에서 얼음의 가열 시간에 따른 온도 변화를 나타낸 것이다. 온도 A에서 일어나는 물질의 상태 변화는?

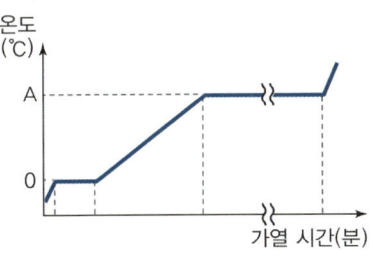

① 기화   ② 승화

③ 융해   ④ 응고

09 그림은 큰 공 1개와 작은 공 4개를 이용하여 분자 모형을 나타낸 것이다. 이 모형으로 표현하고자 한 물질의 화학식은?

① CH_4 ② CO_2

③ H_2O ④ NH_3

10 그림은 물과 식용유를 분리하기 위한 실험 장치를 나타낸 것이다. 물과 식용유를 분리하기 위해 이용한 물질의 특성은?

식용유
물

① 밀도   ② 끓는점

③ 어는점   ④ 용해도

11 그림은 구리와 산소가 반응하여 산화 구리(Ⅱ)가 생성될 때의 질량 관계를 나타낸 것이다. 산화 구리(Ⅱ)를 구성하는 구리와 산소의 질량비는?

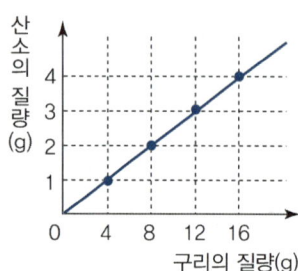

	구리		산소
①	1	:	4
②	2	:	3
③	3	:	2
④	4	:	1

12 그림은 수증기(H_2O)를 생성하는 반응의 부피 모형을 나타낸 것이다. 수소 기체 2L와 산소 기체 1L가 모두 반응할 때, 생성되는 수증기의 부피는? (단, 온도와 압력은 일정하다.)

① 1L ② 2L
③ 3L ④ 4L

13 그림은 생물을 5가지 계로 분류하여 나타낸 것이다. 다음 중 균계에 속하는 생물은?

① 버섯 ② 아메바
③ 진달래 ④ 코끼리

14 그림은 식물의 잎에서 일어나는 광합성 과정을 나타낸 것이다. ㉠에 해당하는 기체는?

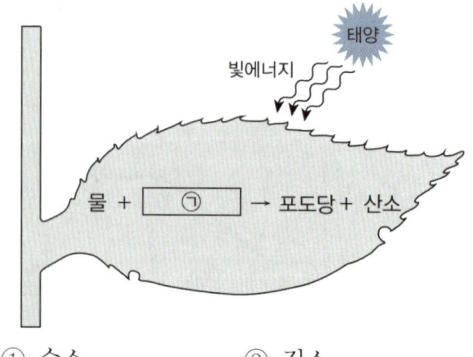

① 수소 ② 질소
③ 암모니아 ④ 이산화 탄소

15 그림은 사람 귀의 구조를 나타낸 것이다. A~D 중 다음 설명에 해당하는 것은?

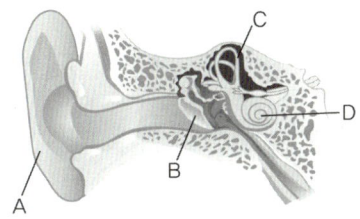

> • 세 개의 반고리관으로 이루어져 있다.
> • 몸의 회전에 대한 자극을 받아들인다.

① A   ② B
③ C   ④ D

16 무조건 반사의 예에 해당하는 것은?

① 큰 소리를 듣고 손으로 귀를 막는다.
② 건널목에서 빨간 신호등을 보고 멈춘다.
③ 날아오는 공을 보고 야구 방망이로 친다.
④ 무릎을 고무망치로 치면 저절로 다리가 들린다.

17 다음은 동물의 체세포 분열 과정의 일부에 대한 설명이다. 이에 해당하는 시기는?

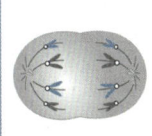

> • 염색체가 두 가닥으로 분리된다.
> • 분리된 염색 분체가 양쪽 끝으로 이동한다.

① 간기   ② 전기
③ 중기   ④ 후기

18 그림은 순종의 둥근 완두와 순종의 주름진 완두를 교배하여 자손 1대를 얻은 결과를 나타낸 것이다. ㉠과 ㉡의 유전자형으로 옳게 짝지어진 것은? (단, R은 r에 대해 우성이다.)

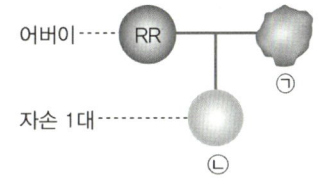

	㉠	㉡			㉠	㉡
①	RR	RR		②	r	RR
③	rr	Rr		④	rr	rr

19 다음 설명에 해당하는 우리 몸의 기관계는?

> • 위, 소장, 대장 등의 기관으로 구성된다.
> • 크기가 큰 영양소를 작은 영양소로 분해한다.

① 배설계   ② 소화계
③ 순환계   ④ 호흡계

20 다음 암석의 공통점은?

> 규암, 대리암, 편마암

① 화석이 포함되어 있다.
② 마그마가 식어서 만들어졌다.
③ 열과 압력을 받아 성질이 변하였다.
④ 퇴적물이 다져지고 굳어져서 만들어졌다.

21 다음 설명에 해당하는 행성은?

> • 목성형 행성이며, 태양계 행성 중 두 번째로 크다.
> • 암석과 얼음으로 된 뚜렷한 고리가 있다.

① 수성 ② 지구
③ 화성 ④ 토성

22 표는 별 A~D의 색깔을 나타낸 것이다. 표면 온도가 가장 낮은 별은?

별	A	B	C	D
색깔	청백색	노란색	백색	붉은색

① A ② B
③ C ④ D

23 그림은 기권의 층상 구조를 나타낸 것이다. 구간 A~D 중 다음 설명에 해당하는 것은?

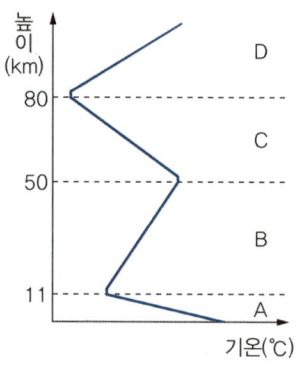

> • 높이 올라갈수록 기온이 낮아진다.
> • 수증기가 거의 없어 기상 현상은 발생하지 않는다.

① A ② B
③ C ④ D

24 그림은 기온에 따른 포화 수증기량 곡선을 나타낸 것이다. 공기 A~D 중 상대 습도가 가장 높은 것은?

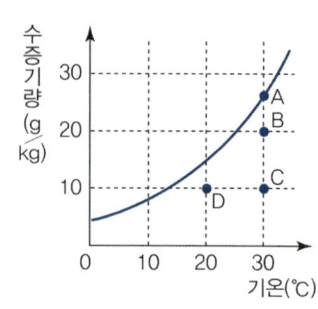

① A ② B
③ C ④ D

25 그림은 지구에서 6개월 간격으로 별 S를 관측한 모습을 나타낸 것이다. 별 S의 연주 시차는?

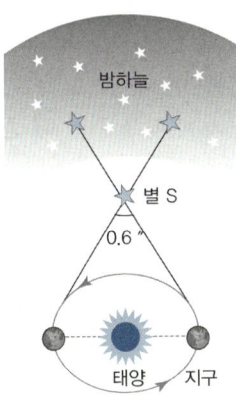

① 0.1″
② 0.2″
③ 0.3″
④ 0.6″

01 그림과 같이 수평면에서 물체를 밀어 움직일 때, 물체의 바닥면에 작용하는 마찰력의 방향은?

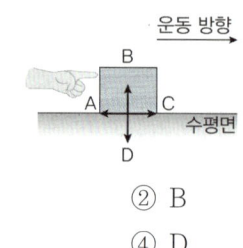

① A   ② B
③ C   ④ D

02 다음 설명에 해당하는 것은?

- 물체의 실제 크기보다 상의 크기가 작고, 넓은 범위를 볼 수 있다.
- 굽은 도로의 안전 거울로 사용된다.

① 볼록 거울   ② 오목 거울
③ 볼록 렌즈   ④ 오목 렌즈

03 그림은 전압이 3V인 전지를 이용하여 구성한 전기 회로를 나타낸 것이다. 전구 ㉠에 걸리는 전압이 3V일 때, 전구 ㉡에 걸리는 전압(V)은?

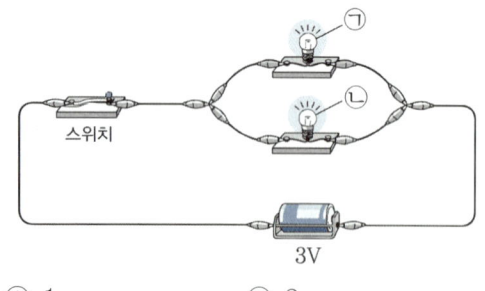

① 1   ② 2
③ 3   ④ 4

04 구리 공을 가열하였더니 부피가 커졌다. 다음 중 구리 공의 부피가 커질 때 증가한 것은?

① 구리 입자의 수
② 구리 공의 밀도
③ 구리 입자의 질량
④ 구리 입자 사이의 거리

05 그래프는 일정한 속력으로 운동하는 물체의 시간에 따른 속력을 나타낸 것이다. 0~5초 동안 물체가 이동한 거리(m)는?

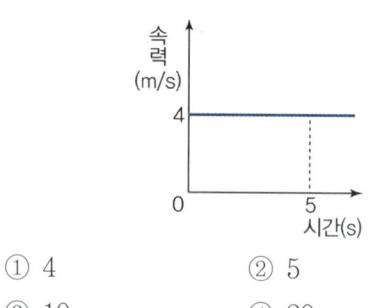

① 4   ② 5
③ 10   ④ 20

06 다음 설명에서 ㉠에 해당하는 에너지는?

물체의 위치 에너지와 ㉠ 의 합을 역학적 에너지라고 한다.

① 빛에너지   ② 열에너지
③ 운동 에너지   ④ 전기 에너지

07 다음 설명에서 ㉠에 해당하는 현상은?

> 향수병의 뚜껑을 열어 두면 향수 입자가 멀리 퍼진다. 그 이유는 향수 입자가 스스로 운동하여 공기 중으로 ┃ ㉠ ┃하기 때문이다.

① 액화   ② 융해
③ 응고   ④ 확산

08 그림은 물질의 상태 변화를 나타낸 것이다. A~D 중 물이 끓어서 수증기가 되는 과정은?

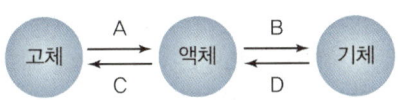

① A   ② B
③ C   ④ D

09 그림은 메테인 분자(CH_4) 모형을 나타낸 것이다. 메테인 분자 1개를 구성하는 수소 원자의 개수는?

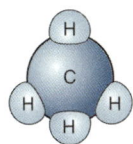

① 1개   ② 2개
③ 3개   ④ 4개

10 그림은 컵에 식용유와 물을 넣은 모습을 나타낸 것이다. 식용유가 물 위에 뜨는 이유는?

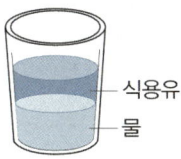

① 식용유의 밀도가 물보다 작기 때문이다.
② 식용유의 비열이 물보다 작기 때문이다.
③ 식용유의 어는점이 물보다 낮기 때문이다.
④ 식용유의 끓는점이 물보다 높기 때문이다.

11 그림은 수소(H_2)와 질소(N_2)가 반응하여 암모니아(NH_3)를 생성하는 과정을 나타낸 것이다. 다음 중 이와 같은 화학 반응이 일어날 때 달라지는 것은?

① 원자의 개수   ② 원자의 배열
③ 원자의 종류   ④ 원자의 질량

12 다음 설명에 해당하는 법칙은?

> 화학 반응이 일어날 때 반응 물질의 총 질량과 생성 물질의 총 질량은 항상 같다.

① 보일 법칙
② 기체 반응 법칙
③ 질량 보존 법칙
④ 일정 성분비 법칙

13 다음 설명에 해당하는 생물계는?

> • 참새, 개구리, 호랑이가 포함된다.
> • 먹이를 섭취하여 양분을 얻는 생물 무리이다.

① 균계   ② 동물계
③ 식물계   ④ 원생생물계

14 그림은 식물의 잎에서 일어나는 광합성 과정을 나타낸 것이다. 광합성 결과 생성된 기체 ㉠은?

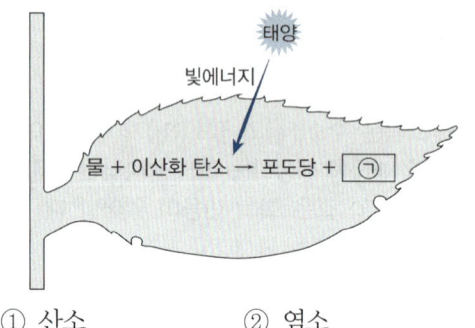

① 산소   ② 염소
③ 질소   ④ 헬륨

15 다음 중 사람의 호흡계에 속하지 <u>않는</u> 기관은?

① 위   ② 코
③ 폐   ④ 기관지

16 다음 설명에 해당하는 것은?

> • 산소를 운반한다.
> • 붉은색을 띠는 헤모글로빈이 들어 있다.

① 백혈구   ② 적혈구
③ 혈소판   ④ 암모니아

17 사람 눈의 구조 중 동공의 크기를 변화시켜 눈으로 들어오는 빛의 양을 조절하는 것은?

① 고막   ② 홍채
③ 수정체   ④ 달팽이관

18 다음 설명에 해당하는 것은?

> • 혈당량 감소에 관여하는 호르몬이다.
> • 내분비샘 중 이자에서 분비된다.

① 인슐린   ② 쓸개즙
③ 아밀레이스   ④ 에스트로젠

19 그림은 어느 집안의 ABO식 혈액형 가계도를 유전자형으로 나타낸 것이다. ㉠에 해당하는 유전자형은? (단, 돌연변이는 없다.)

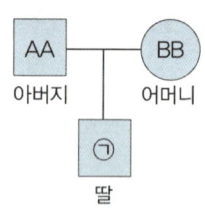

① AA   ② AB
③ BB   ④ BO

20 다음 설명에 해당하는 암석은?

> • 마그마가 천천히 식어서 굳어진 것이다.
> • 주로 밝은색 광물로 구성되어 있다.

① 사암   ② 역암
③ 현무암   ④ 화강암

21 다음 설명에서 ㉠에 해당하는 광물은?

> [㉠]은 자성이 있어 쇠못이나 클립과 같은 작은 쇠붙이가 달라붙는 성질이 있다.

① 금 ② 석영
③ 방해석 ④ 자철석

22 다음 설명에 해당하는 태양계 행성은?

> • 태양과 가장 가까운 거리에 있다.
> • 대기가 거의 없어 표면에 운석 구덩이가 많다.

① 금성 ② 목성
③ 수성 ④ 화성

23 다음 중 지구의 수권에서 가장 큰 부피를 차지하는 것은?

① 빙하 ② 해수
③ 지하수 ④ 하천수와 호수

24 그림은 우리나라의 날씨에 영향을 주는 기단을 나타낸 것이다. 다음 중 시베리아 기단의 성질에 해당하는 것은?

① 고온 다습 ② 온난 건조
③ 한랭 건조 ④ 한랭 다습

25 다음 설명에 해당하는 우리은하의 구성 천체는?

> • 수만에서 수십만 개의 별들이 공 모양으로 빽빽하게 모여 있다.
> • 붉은색을 띠는 저온의 별이 많다.

① 구상 성단 ② 산개 성단
③ 반사 성운 ④ 방출 성운

memo

EBS
교육방송교재

검스타트
검정고시
중졸 과학

2026
최신판

정답 및 해설

과학   정답 및 해설

제1편 물리

PART 01 여러 가지 힘

적중예상문제									p.13~14
01	②	02	①	03	④	04	③	05	②
06	③	07	②	08	①	09	①	10	①

01 정답 ②
중력은 지구가 물체를 잡아당기는 힘으로 지구 중심 방향으로 작용한다. 중력의 크기는 물체의 질량이 클수록, 지구 중심에 가까울수록 크다.
중력에 의해 고드름이 아래로 자란다.

<u>오답피하기</u>
① 계단 끝에 거친 띠를 붙인다. ➡ 마찰력을 크게 하여 미끄러지지 않게 한다.
③ 열기구가 하늘로 떠오른다. ➡ 부력에 의해 물체가 위로 떠오른다.
④ 나침반을 통해 방향을 찾을 수 있다. ➡ 나침반은 자기력을 이용한다.

02 정답 ①
탄성력은 변형이 일어난 물체가 원래 모양으로 되돌아가려는 힘으로 힘의 방향은 원래 모양으로 되돌아가는 방향이고, 탄성력의 크기는 가해진 힘의 크기와 같다.

03 정답 ④
일상생활에서 안전이나 편리함을 위해 마찰력의 크기를 크거나 작게 하여 이용한다.
자전거 체인에 윤활유를 뿌려주면 마찰력의 크기가 작아져 잘 회전한다.

<u>오답피하기</u>
마찰력을 크게 하여 미끄러짐을 방지하거나 악기의 소리를 내는 데 이용할 수 있다.
① 체조 선수가 손에 송진 가루를 묻혀 미끄러지지 않게 한다.
② 등산화 바닥을 울퉁불퉁하게 만들면 접촉면이 거칠어져 마찰력 크기가 커진다.
③ 바이올린, 첼로와 같이 활을 문질러 소리를 내는 악기는 마찰력을 크게 하여 소리를 낸다.

04 정답 ③
나무 도막을 잡아당겨도 움직이지 않는 이유는 나무 도막에 마찰력이 작용하기 때문이다. 따라서 나무 도막이 움직이기 시작할 때 측정한 용수철저울의 눈금으로 마찰력의 크기를 비교할 수 있다. 마찰력의 크기는 물체의 무게가 무거울수록, 접촉면이 거칠수록 크기 때문에 접촉면이 거친 사포 위에 2개의 나무 도막이 올려진 경우 마찰력이 가장 크다.

05 정답 ②
힘을 가한 물체가 움직이지 않는 것은 마찰력 때문이다. 이때 마찰력의 크기는 물체에 가해진 힘의 크기와 같은 10N이고, 마찰력의 방향은 끌어당긴 힘의 방향인 오른쪽과 반대인 왼쪽이다.

06 정답 ③
용수철이 늘어난 길이는 용수철에 매단 물체의 무게에 비례한다. 따라서 추의 무게가 10N일 때 늘어난 길이가 2cm이므로 추의 무게가 100N으로 10배 증가하면 늘어난 길이도 10배 증가하여 2cm×10=20cm가 된다.

07 정답 ②

질량은 물체의 고유한 양으로 장소에 따라 변하지 않는다. 달에서 측정한 사과와 수평을 이룬 추의 질량이 100g이므로 사과의 질량은 100g이고 이 값은 지구에서도 100g으로 같다. 따라서 지구에서 사과와 수평을 이루기 위한 추의 질량은 100g이다.

08 정답 ①

중력은 지구 중심 방향으로 작용하기 때문에 물체는 중력을 받아 지구 중심 방향인 A방향으로 낙하한다.

09 정답 ①

'부력의 크기 = 공기 중에서 용수철저울의 눈금 − 물 속에서 용수철저울의 눈금'이므로
부력의 크기 = 15N − 8N = 7N이다.

10 정답 ①

부력의 크기는 기체나 액체 속에 잠긴 물체의 부피에 비례한다. 따라서 부력은 잠긴 물체의 부피가 클수록 크고 부피가 가장 큰 물체는 A이므로 A에 작용하는 부력이 가장 크다.

PART 02 빛과 파동

적중예상문제
p.30~31

01	①	02	④	03	④	04	③	05	④
06	②	07	③	08	③	09	③	10	④

01 정답 ①

광원은 스스로 빛을 내는 물체로 태양, 전등, 촛불, 번개, 반딧불이 등이 해당한다.

오답 피하기

달, 거울, 종이는 스스로 빛을 내지 않아 광원이 있어야 볼 수 있다.

02 정답 ④

빛은 합성할수록 밝아진다. 빛의 삼원색인 빨간색, 초록색, 파란색을 모두 합하면 흰색이 된다.

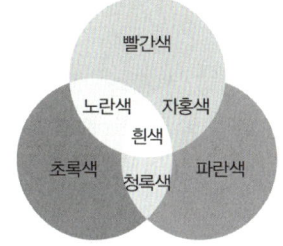

오답 피하기

① 빨간색 + 초록색 = 노란색
② 파란색 + 초록색 = 청록색
③ 빨간색 + 파란색 = 자홍색

03 정답 ④

렌즈는 빛의 굴절을 이용한 도구이다.

오답 피하기

① 전광판과 같은 영상 장치는 빨간색, 초록색, 파란색 빛을 내는 점인 화소로 이루어져 있으며, 각 화소에서 삼원색의 빛을 적절하게 합성하여 다양한 색의 영상을 만든다.
② 점묘화는 물감을 섞지 않고 원색의 작은 점을 찍어 그린 그림이다.
③ 무대 조명은 다양한 빛을 합성하여 무대를 다채롭게 만드는 데 이용된다.

04 정답 ③

A : 입사각, B : 반사각
법선은 거울 면과 수직인 가상의 선이다. 입사각(A)은 입사되는 빛과 법선이 이루는 각으로 $90° - 50° = 40°$이다. 빛이 반사할 때 입사각과 반사각의 크기는 같으므로 반사각의 크기는 입사각과 같은 $40°$이고 반사 광선과 법선이 이루는 각이 반사각이므로 B가 반사각에 해당한다.

05 정답 ④

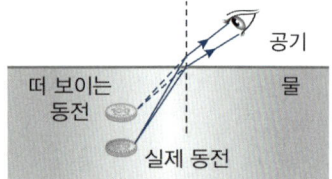

컵 속에 보이지 않던 동전에 물을 부으면 빛의 굴절에 의해 동전이 떠올라 보이기 때문에 보이지 않던 동전이 보인다.

06 정답 ②

평면거울은 물체와 대칭인 상이 생기므로 과학 이 대칭 된 한도 모습의 상이 생긴다.

07 정답 ③

오목 거울은 평행하게 들어오는 빛을 한 점에 모으고, 볼록 거울은 평행하게 들어오는 빛을 퍼지게 한다.

08 정답 ③

파동은 한 곳에서 생긴 진동이 주위로 퍼져 나가는 현상을 말한다.

09 정답 ③

A – 진폭, B – 파장, C – 골
골은 매질의 위치가 가장 낮은 곳이다.

10 정답 ④

소리의 세기는 파동의 진폭에 따라 달라진다. 진폭이 클수록 큰 소리가 발생하므로 진폭이 가장 큰 (라)의 소리가 가장 크다.

PART 03 전기와 자기

적중예상문제 p.51~53

01	02	03	04	05
①	③	①	④	②

06	07	08	09	10
①	①	③	②	②

11	12			
②	①			

01 정답 ①

전기력은 전하를 띤 물체 사이에 작용하는 힘으로 다른 전하를 띤 물체 사이에서 서로 끌어당기는 힘인 인력이 작용하여 물체 사이 거리가 가까워지고, 같은 전하를 띤 물체 사이에서 서로 밀어내는 힘인 척력이 작용하여 물체 사이 거리가 멀어진다.
물체 A와 B는 서로 밀어내므로 같은 전하를 띤다.
물체 B와 C는 서로 잡아당기므로 다른 전하를 띤다.
물체 C와 D는 서로 밀어내므로 같은 전하를 띤다.
따라서 A와 B, C와 D가 같은 전하를 띠고, A와 C, A와 D, B와 C가 서로 다른 전하를 띤다.

02 정답 ③

정전기 유도에 의해 전자는 금속 막대 B부분의 전자의 일부가 A부분으로 이동한다.

① · ② (+)대전체와 가까운 A부분은 대전체와 다른
전하인 (−)전하, 대전체와 먼 B부분은 대전체와
같은 전하인 (+)전하로 대전된다.
④ 대전체와 A부분은 서로 다른 전하를 띠므로 인력이
작용한다.

03 정답 ①
정전기 유도에 의해 (−)대전체와 가까운 금속판은 (+),
(−)대전체와 먼 금속박은 (−)로 대전되고, 전자가 금속
판에서 금속박으로 이동하여 금속박은 벌어진다.

04 정답 ④
전자는 전지의 (−)극에서 (+)극으로 이동한다. 그림 속
전자의 이동은 A → B이므로 A는 전지의 (−)극, B는
전지의 (+)극에 연결되어 있다.

05 정답 ②
전류계의 전기 기호는 ─Ⓐ─이고, 전압계의 전기 기호는
─Ⓥ─이다.

06 정답 ①
전류계의 눈금은 연결한 (−)단자에 해당하는 눈금을 읽는
다. (−)단자가 5A에 연결되어 있으므로 전기 회로에 흐르
는 전류의 세기는 3A임을 알 수 있다.

저항$(R) = \dfrac{전압(V)}{전류(I)}$이므로 전기 회로에 연결된 전구의

저항은 $\dfrac{3V}{3A} = 1\Omega$이다.

07 정답 ①
저항을 직렬 연결하면 직렬 연결된 저항에 흐르는 전류의
세기는 모두 같다.

| 더 알아보기 |

전체 전류$(I) = \dfrac{전체\ 전압(V)}{전체\ 저항(R)} = \dfrac{9V}{9\Omega} = 1A$이다.

08 정답 ③

저항$(R) = \dfrac{전압(V)}{전류(I)} = \dfrac{10V}{2A} = 5\Omega$이다.

09 정답 ②
병렬로 연결된 각 저항의 전압은 모두 같다. 따라서 10Ω에
걸리는 전압이 20V일 때 20Ω에 걸리는 전압의 크기도
20V로 같다.

10 정답 ②
자기력선은 자기장의 모습을 선으로 나타낸 것으로 항상
N극에서 나와서 S극으로 들어간다. 그림은 (가)와 (나)
로 모두 자기장이 들어가고 있으므로 (가)와 (나) 모두
S극이다.

11 정답 ②
전류가 흐르는 도선이 자기장 속에 있을 때 오른손의 엄지
손가락과 네 손가락이 수직이 되도록 손을 편 후 엄지손가
락을 전류의 방향(D), 네 손가락을 자기장의 방향(A)으로
향하게 할 때 손바닥이 향하는 방향이 도선이 받는 힘(B)의
방향이다.

12 정답 ①
전동기는 자석 사이에 있는 코일에 전류가 흐를 때 코일이
힘을 받아 회전하는 장치이다. 세탁기, 선풍기, 전기 자동
차, 엘리베이터, 에스컬레이터 등은 전동기를 이용한다.

② 온도계 : 액체의 열팽창을 이용하여 온도를 측정
한다.
③ 나침반 : 자기력을 이용하여 방위를 알 수 있다.
④ 바이메탈 : 고체의 열팽창을 이용한다.

PART 04 열과 우리 생활

적중예상문제
p.66~67

01	④	02	③	03	②	04	①	05	④
06	③	07	④	08	③	09	②	10	④

01 정답 ④
절대 온도 = 섭씨온도 + 273이므로
절대 온도 = 100℃ + 273 = 373K가 된다.

02 정답 ③
ㄴ. 2분은 열평형에 도달하기 전으로 물체 A의 온도가 물체 B의 온도보다 높다. 온도가 높은 물체가 입자 운동이 더 활발하므로 물체 A의 입자 운동이 물체 B보다 더 활발하다.
ㄷ. 열평형 상태는 서로 접촉한 두 물체의 온도가 같아져 두 물체의 온도가 더 이상 변하지 않는 상태를 말한다. 물체 A와 B의 온도가 같아진 시간은 8분이다.

> **오답피하기**
> ㄱ. 열은 온도가 높은 물체 A에서 온도가 낮은 물체 B로 이동하는 에너지이다.

03 정답 ②
입자 운동은 물질을 이루는 입자의 움직임으로 온도가 높을수록 입자 운동이 활발하다. 따라서 입자 운동이 더 활발한 (나)의 온도가 (가)보다 높다.

> **오답피하기**
> ① (나)가 (가)보다 입자 운동이 더 활발하다.
> ③ 열은 온도가 높은 물체에서 낮은 물체로 이동하는 에너지이므로 (가)와 (나)를 접촉하면 (나) → (가)로 열이 이동한다. 따라서 (나)가 열을 잃어버린다.
> ④ (가)와 (나)를 접촉하면 (나)는 열을 잃어버려 온도가 낮아지므로 (나)의 입자 운동은 느려진다.

04 정답 ①
뜨거운 공기는 위쪽으로, 차가운 공기는 아래쪽으로 이동하면서 열이 전달되는 대류를 고려하여 냉방기는 위쪽에, 난방기는 아래에 설치하는 것이 효과적이다.

> **오답피하기**
> ② 복사 : 물질의 도움 없이 직접 열이 전달되는 방법이다.
> ③ 단열 : 열의 이동을 차단하는 방법이다.
> ④ 반사 : 빛이나 전파 등이 진행하다 물체의 표면에 부딪혀 되돌아가는 현상이다.

05 정답 ④
'열량 = 비열 × 질량 × 온도 변화'이므로
열량 = 1kcal/(kg · ℃) × 10kg × 5℃ = 50kcal이다.

06 정답 ③
'열량 = 비열 × 질량 × 온도 변화'이므로
$$온도 변화량 = \frac{열량}{비열 × 질량}$$
$$= \frac{100kcal}{1kcal/(kg · ℃) × 2kg} = 50℃이다.$$

07 정답 ④
같은 질량의 물질에 같은 양의 열을 가하면 비열이 큰 물질이 온도 변화가 작다. 온도 변화는 A>B>C>D이므로 비열은 A<B<C<D가 된다.

08 정답 ③
비열은 물질 1kg의 온도를 1℃ 변화시키는 데 필요한 열량으로 비열이 클수록 온도 변화가 작다.
• 물은 비열이 커서 온도 변화가 작으므로 찜질 팩에 넣어 준다.
• 육지와 바다의 비열 차이로 낮에는 바다에서 육지로 바람이 부는 해풍, 밤에는 육지에서 바다로 바람이 부는 육풍이 분다.

09 정답 ②

열팽창은 온도에 따라 물체의 길이, 부피가 변하는 현상으로 온도가 높아지면 입자의 운동이 활발해지므로 입자들 사이의 거리가 멀어져 입자들이 차지하는 공간이 늘어나기 때문에 발생한다.

오답피하기

① 비열 : 물질 1kg의 온도를 1℃ 변화시키는 데 필요한 열량을 말한다.
③ 화학 변화 : 원자의 배열 변화로 인해 기존과 다른 새로운 성질을 가진 물질이 생성되는 변화를 말한다.
④ 온도 : 물체의 뜨겁고 차가운 정도를 수치로 나타낸 것을 말한다.

10 정답 ④

자동차의 열을 식히는 데 이용되는 냉각수는 비열이 커서 온도 변화가 작은 물을 사용한다.

오답피하기

① 다리나 철로 레일의 이음매 부분에 틈을 두어 열팽창에 의해 휘어지거나 뒤틀리는 것을 막는다.
② 온도계는 유리관 속 알코올의 열팽창을 이용하여 온도를 측정한다.
③ 바이메탈은 열팽창 정도가 다른 두 금속을 붙여 만들어놓은 장치로 온도가 변하면 한쪽으로 휘어지는 성질을 이용하여 자동 온도 조절 장치에 이용할 수 있다.

PART 05 운동과 에너지

적중예상문제

p.81~83

01	②	02	①	03	①	04	②	05	③
06	④	07	③	08	④	09	④	10	①
11	②	12	④						

01 정답 ②

평균 속력은 $\dfrac{\text{전체 이동 거리}}{\text{걸린 시간}}$ 으로 계산할 수 있다.

따라서 $\dfrac{20m}{5초} = 4m/s$가 축구공의 평균 속력이 된다.

02 정답 ①

1초당 이동하는 거리가 일정하므로 (가)와 (나) 모두 등속 운동이다.

오답피하기

② (나)는 등속 운동을 하고 있다.
③ (가)보다 (나)가 1초 동안 이동하는 거리가 더 크므로 (나)의 평균 속력이 더 빠르다.
④ (가)는 (나)보다 1초당 이동하는 거리가 더 짧다.

03 정답 ①

시간에 따른 속력 그래프가 시간 축에 나란한 직선 형태의 그래프는 등속 운동하는 물체를 나타낸다.

오답피하기

ㄴ. 시간−속력 그래프에서 아랫부분의 넓이는 이동 거리를 의미한다. 따라서 4초 동안 이동한 거리는 20m/s × 4초 = 80m이다.
ㄷ. 떨어지는 빗방울은 점점 빠르기가 빨라지는 운동에 해당한다.

04 정답 ②

무빙워크, 에스컬레이터, 스키장의 리프트는 등속 운동하는 물체이다. 등속 운동하는 물체의 시간-속력 그래프는 시간 축에 나란한 직선 모양으로 나타낸다.

05 정답 ③

자유 낙하 운동은 공기 저항이 없을 때 물체가 중력만 받으면서 아래 방향으로 떨어지는 운동이다. 자유 낙하 운동 시 물체에는 중력만 작용하여 물체의 크기나 질량에 관계없이 동시에 낙하한다.

06 정답 ④

같은 높이에서 동시에 자유 낙하하는 물체는 질량에 관계없이 지면에 동시에 도달한다.

07 정답 ③

물체에 20N의 힘을 작용하여 힘의 방향으로 4m 이동시켰다. 따라서 한 일의 양은 20N × 4m = 80J이다.

08 정답 ④

과학에서의 일은 물체에 힘이 작용하여 물체가 힘의 방향으로 이동한 경우를 말한다. 길 안내판을 들고 서 있는 경우 이동 거리가 없으므로 과학에서의 한 일은 0이다.

09 정답 ④

위치 에너지는 물체의 질량과 높이가 클수록 크므로 '질량 ×높이' 값이 가장 큰 (라)의 중력에 의한 위치 에너지가 가장 크다.

10 정답 ①

물체의 질량이 일정할 때 위치 에너지는 물체의 높이에 비례한다.

11 정답 ②

물체를 들어 올리는 일을 해주면 물체는 일을 받아 위치 에너지가 증가한다.

오답 피하기

① 공의 높이가 낮아지면 위치 에너지는 감소한다.
③ · ④ 질량과 높이의 변화가 없으므로 위치 에너지는 변하지 않는다.

12 정답 ④

운동 에너지 $= \frac{1}{2} \times$ 질량(kg) $\times$ (속력(m/s))^{2}이므로

수레의 운동 에너지 $= \frac{1}{2} \times 2\text{kg} \times (10\text{m/s})^2 = 100\text{J}$이다.

PART 06 에너지 전환과 보존

적중예상문제
p.95~97

01	③	02	①	03	②	04	④	05	③
06	④	07	①	08	②	09	④	10	③

01 정답 ③

A → B로 이동하면서 운동 에너지가 위치 에너지로 전환되어 위치 에너지는 증가한다.

오답 피하기

① 가장 높이가 낮은 A, D의 운동 에너지가 가장 크다.
② 공기의 저항을 무시했으므로 역학적 에너지가 보존되어 역학적 에너지 크기는 A=B=O=C=D이다.
④ C→D로 가면서 위치 에너지가 운동 에너지로 전환되어 운동 에너지는 증가한다.

02 정답 ①

공기 저항과 마찰을 무시하면 역학적 에너지가 보존되므로 모든 지점의 역학적 에너지 크기는 같다.

03 정답 ②

A에서 B로 갈 때 위치 에너지가 운동 에너지로 전환되고
B에서 C로 갈 때 운동 에너지가 위치 에너지로 전환되므로
운동 에너지가 가장 큰 B 지점에서 속력이 가장 빠르다.

04 정답 ④

공기 저항이나 마찰이 없을 때 역학적 에너지는 일정하게
보존되므로 역학적 에너지는 항상 100J로 같다.

05 정답 ③

> **오답 피하기**
>
> ① 화학 에너지 : 음식물이나 화석 연료 등에 저장된
> 에너지
> ② 전기 에너지 : 전하를 띤 입자가 흐르면서 공급하는
> 에너지
> ④ 운동 에너지 : 운동하는 물체가 가지고 있는 에너지

06 정답 ④

에너지는 한 종류로만 존재하는 것이 아니라, 한 종류의
에너지에서 다른 종류의 에너지로 끊임없이 변한다. 이를
에너지 전환이라고 하고 에너지 전환 과정에서 총량이
일정하게 보존되는 것을 에너지 보존 법칙이라고 한다.

> **오답 피하기**
>
> ① 역학적 에너지 보존 법칙은 공기 저항이나 마찰이
> 없을 때 위치 에너지와 운동 에너지의 합이 일정한
> 것을 의미한다.
> ② 보일 법칙은 온도가 일정할 때 기체의 부피와 압력
> 이 반비례함을 나타낸다.
> ③ 샤를 법칙은 압력이 일정할 때 기체의 종류에 상관
> 없이 기체의 온도가 높아지면 기체의 부피가 일정한
> 비율로 증가함을 나타낸다.

07 정답 ①

전자기 유도는 코일 단면을 통과하는 자기장의 변화가
생기면 코일에 전류가 흐르는 현상을 말한다. 전자기 유도
로 흐르는 전류를 유도 전류라고 한다.

> **오답 피하기**
>
> ② 에너지 전환 : 한 형태의 에너지가 다른 형태의 에너
> 지로 바뀌는 것을 말한다.
> ③ 옴의 법칙 : 전류의 세기는 전압에 비례하고 전기
> 저항에 반비례한다.
> ④ 단열 팽창 : 외부 에너지 공급 없이 기체의 부피가
> 팽창하는 것을 말한다.

08 정답 ②

선풍기는 전기 에너지를 이용하여 전동기를 회전시켜
바람을 얻는다.

> **오답 피하기**
>
> ① 세탁기 : 전기 에너지 → 운동 에너지
> ③ 발전기 : 운동 에너지 → 전기 에너지
> ④ 텔레비전 : 전기 에너지 → 빛에너지, 소리 에너지

09 정답 ④

'전력량 = 소비 전력 × 시간'이다. 모든 전기 기구의 사용
시간은 1시간으로 같으므로 소비 전력이 큰 제품이 1시간
동안 사용한 전력량도 가장 크다.

10 정답 ③

'전력량 = 소비 전력 × 시간'이므로 200Wh = 50W ×
사용 시간이다. 따라서 전기 제품의 사용 시간은 4시간이다.

제2편 화학

PART 01 기체의 성질

적중예상문제

p.113~114

01	②	02	①	03	④	04	③	05	②
06	③	07	④	08	④	09	③	10	②

01 정답 ②
증발은 액체 표면에서 액체가 기체로 변해 공기 중으로 날아가는 현상으로 온도가 높을수록, 바람이 강할수록, 습도가 낮을수록, 표면적이 넓을수록 잘 일어난다.

02 정답 ①
아세톤이 증발하여 공기 중으로 날아가므로 전자저울에서 측정된 아세톤의 질량이 점점 감소한다.

03 정답 ④
확산은 기체나 액체 속보다 진공 상태에서 더 잘 일어난다.

04 정답 ③
확산은 입자 운동에 의한 현상으로 입자 운동이 활발할수록 확산이 더 빠르게 일어난다.

> **오답피하기**
> 따뜻한 물에서 잉크가 더 빠르게 퍼지는 현상을 통해 온도가 높을수록 확산이 활발하게 일어남을 확인할 수 있다.

05 정답 ②
온도가 일정할 때 기체의 부피는 압력에 반비례하고, 압력과 부피를 곱한 값이 일정하다. 압력과 부피를 곱한 값이 60으로 일정하므로 (   )=20이다.

06 정답 ③
온도가 일정할 때 '압력 × 부피' 값이 일정하므로,

1기압 × 60mL = 2기압 × xmL이므로 $x = 30$이다.

07 정답 ④
풍선이 하늘 위로 올라가면 압력이 감소하면서 부피가 커지다가 터진다. 이는 압력과 부피가 반비례하는 보일 법칙으로 설명할 수 있다.

> **오답피하기**
> ① 물이 열에너지를 흡수하여 상태 변화하였다.
> ② 증발 현상이다.
> ③ 확산 현상이다.

08 정답 ④
샤를 법칙은 기체의 종류에 관계없이 모든 기체는 압력이 일정할 때 온도가 높아지면 일정한 비율로 증가함을 설명하는 이론이다.

09 정답 ③
압력이 일정할 때 기체의 온도가 높아지면 기체 부피는 일정하게 증가한다.

> **오답피하기**
> ① · ② 입자 수의 변화는 없다.
> ④ 온도가 낮아지면 기체 부피는 일정하게 감소한다.

10 정답 ②
구멍이 나지 않은 찌그러진 탁구공을 뜨거운 물에 넣으면 탁구공 내부 기체 입자의 운동이 활발해지면서 기체 입자 사이의 거리가 멀어지고 탁구공의 부피가 커지며 찌그러진 탁구공은 점점 펴진다.

> **오답피하기**
> ① 입자의 크기는 변하지 않는다.
> ③ 입자 사이 거리가 멀어진다.
> ④ 구멍이 나지 않았기 때문에 입자의 개수는 변하지 않는다.

PART 02 물질의 상태 변화

01 정답 ②

고체는 모양과 부피가 일정하고 흐르는 성질이 없다. 고체를 이루는 입자 배열은 매우 규칙적이다.

② 얼음(고체)

오답피하기

① 헬륨(기체) ③ 알코올(액체) ④ 주스(액체)

02 정답 ③

A : 승화(고체 → 기체), B : 액화, C : 융해, D : 응고

제시된 현상은 모두 고체가 액체로 변하는 융해에 해당한다.

03 정답 ④

액체 에탄올이 기체 에탄올로 기화하면서 입자 사이의 거리가 멀어져 비닐봉지가 부풀어 올랐고 뜨거운 물에 의해 온도가 높아졌으므로 입자 운동은 활발해진다.

오답피하기

ㄱ. 밀봉된 비닐봉지 속에서 상태 변화가 일어났으므로 에탄올 입자의 개수는 변하지 않는다.

ㄴ. 상태 변화가 일어날 때 입자의 종류, 크기는 변하지 않는다.

04 정답 ①

• 열에너지 흡수 : 고체 → 기체 승화(A), 융해(C), 기화(E)

• 열에너지 방출 : 기체 → 고체 승화(B), 응고(D), 액화(F)

05 정답 ④

(가) 기체, (나) 고체, (다) 액체

추운 겨울 실내로 들어갔을 때 안경이 뿌옇게 흐려지는 현상은 차가운 표면에 수증기가 닿아 물방울로 변하는 액화 현상이다. 액화는 기체(가)가 액체(다)로 상태 변화하는 과정이다.

06 정답 ②

(가) 고체, (나) 고체 + 액체, (다) 액체,

(라) 고체 + 액체, (마) 고체

(나) 고체가 열에너지를 흡수하여 융해하는 구간으로 고체와 액체 상태가 존재하며 이때 일정한 온도를 녹는점이라고 한다.

(라) 액체가 열에너지를 방출하며 응고하는 구간으로 고체와 액체 상태가 존재하며 이때 일정한 온도를 어는점이라고 한다.

07 정답 ④

액체 파라핀이 고체로 응고하면서 방출하는 응고열에 의해 온찜질을 할 수 있다.

08 정답 ③

열에너지를 흡수하는 상태 변화가 일어나면 주변의 온도가 낮아진다.

아이스크림 포장에 드라이아이스를 함께 넣어주면 드라이아이스의 승화열 흡수로 인해 주변의 온도가 낮아져 아이스크림이 잘 녹지 않는다.

오답피하기

열에너지를 방출하는 상태 변화가 일어나면 주변의 온도가 높아진다.

① 얼음집 안쪽에 뿌린 물이 응고하면서 방출한 응고열에 의해 얼음집 내부의 온도가 높아진다.

② 수증기가 얼음으로 승화하면서 방출한 승화열로 눈이 올 때 날씨가 포근하다.

④ 물이 응고하면서 방출한 응고열에 의해 오렌지 나무가 얼어서 입는 피해를 줄일 수 있다.

09 정답 ④

액체가 기체로 상태 변화(기화)할 때 일정하게 유지되는 온도를 끓는점(㉠)이라고 한다.

> **오답 피하기**
> ① **녹는점** : 고체가 액체로 상태 변화(융해)할 때 일정하게 유지되는 온도
> ② **발화점** : 물질이 연소하기 위해 필요한 최소한의 온도
> ③ **어는점** : 액체가 고체로 상태 변화(응고)할 때 일정하게 유지되는 온도

10 정답 ③

드라이아이스는 고체 → 기체로 승화가 일어나므로 입자 사이의 거리가 매우 멀어진다.

> **오답 피하기**
> ① 액체보다 기체의 입자 배열이 불규칙하므로 기화가 일어나면 입자 배열은 매우 불규칙해진다.
> ② 열에너지 흡수가 일어나면 주변의 온도는 낮아진다.
> ④ 냉장고와 에어컨은 기화열 흡수에 의해 주변의 온도가 낮아지는 것을 이용한다.

PART 03 물질의 구성

적중예상문제
p.141~142

01	④	02	①	03	②	04	①	05	①
06	②	07	④	08	③	09	③	10	③

01 정답 ④

원소는 물질을 이루는 기본 성분으로 더 이상 다른 물질로 분해되지 않는다. 원소의 종류에 따라 성질이 다르다.

> **오답 피하기**
> ① **원자** : 물질을 이루는 기본 입자
> ② **분자** : 물질의 성질을 지닌 가장 작은 입자
> ③ **화합물** : 두 가지 이상의 원소가 모여 이루어진 하나의 물질

02 정답 ①

불꽃 반응 색이 비슷한 원소들도 선 스펙트럼으로 구별할 수 있다. 원소의 종류에 따라 선의 색깔, 위치, 개수, 굵기가 다르게 나타난다.

03 정답 ②

> **오답 피하기**
> ① 탄소의 원소 기호는 C, 칼슘의 원소 기호는 Ca이다.
> ③ 산소의 원소 기호는 O, 수소의 원소 기호는 H이다.
> ④ 염소의 원소 기호는 Cl, 탄소의 원소 기호는 C이다.

04 정답 ①

과산화 수소 분자는 수소(H) 원자 2개와 산소(O) 원자 2개로 이루어져 있다. 분자를 이루는 원자의 개수는 원소 기호 뒤 작은 글자로 표시한다.(1은 생략)

② H_2O : 수소(H) 원자 2개와 산소(O) 원자 1개로 구성된 물 분자이다.
③ CO_2 : 탄소(C) 원자 1개와 산소(O) 원자 2개로 구성된 이산화 탄소 분자이다.
④ NH_3 : 질소(N) 원자 1개와 수소(H) 원자 3개로 구성된 암모니아 분자이다.

05 정답 ①
원자가 전자를 잃으면 (+)전하를 띠는 양이온이 된다. 이때 전자를 1개 잃어버리면 +1의 양이온이 된다.

② Ca^{2+}(칼슘 이온) : 전자를 2개 잃어 형성된 양이온이다.
③ Al^{3+}(알루미늄 이온) : 전자를 3개 잃어 형성된 양이온이다.
④ Cl^-(염화 이온) : 전자를 1개 얻어 형성된 음이온이다.

06 정답 ②
양이온은 원소 이름 뒤에 '이온'을 붙이고, 음이온은 원소 이름 뒤에 '~화 이온'을 붙인다. 단, '소'로 끝나는 원소의 경우 '소'는 생략한다.
② O^{2-} : 산화 이온

① Ca^{2+} : 칼슘 이온
③ Cl^- : 염화 이온
④ Na^+ : 나트륨 이온

07 정답 ④
이온 결합 물질은 양이온의 전하량과 음이온의 전하량의 합이 0이 되게 결합하여 화합물을 형성한다.
알루미늄 이온(Al^{3+})은 +3가의 양이온이고, 산화 이온(O^{2-})은 −2가의 음이온이므로 전체 전하량이 0이 되기

위해서는 $(+3) \times 2 + (-2) \times 3 = 0$이 된다. 따라서 알루미늄 이온($Al^{3+}$)은 2개, 산화 이온($O^{2-}$)은 3개가 필요하다.

08 정답 ③
CO_2는 이산화 탄소 분자식으로 이산화 탄소 1분자는 탄소 원자 1개, 산소 원자 2개로 이루어져 있다. 분자식 앞에 쓰인 숫자 3은 이산화 탄소 분자 수를 의미한다.

09 정답 ③
원자가 전자를 1개 얻어서 형성되는 이온은 −1가의 음이온이다. 염화 은(AgCl)을 형성하는 이온은 은 이온(Ag^+)과 염화 이온(Cl^-)이다.

10 정답 ③
염화 나트륨(NaCl) 수용액과 질산 은($AgNO_3$) 수용액을 혼합하면 은 이온(Ag^+)과 염화 이온(Cl^-)이 반응하여 흰색 앙금인 염화 은(AgCl)이 생성되고, 나트륨 이온(Na^+)과 질산 이온(NO_3^-)은 앙금 생성 반응에 참여하지 않으므로 수용액에 녹아 있다. 양쪽에 전극을 걸어주면 양이온인 나트륨 이온(Na^+)은 (−)극, 음이온인 질산 이온(NO_3^-)은 (+)극으로 이동한다.

① 혼합 용액에 앙금을 형성하지 않고 남아 있는 나트륨 이온(Na^+)과 질산 이온(NO_3^-)에 의해 전류가 흐른다.
② 앙금은 전하를 띠지 않으므로 전극으로 이동하지 않는다.
④ 염화 은은 앙금이므로 전극으로 이동하지 않는다.

적중예상문제
p.157~158

| 01 | ③ | 02 | ③ | 03 | ③ | 04 | ② | 05 | ② |
| 06 | ④ | 07 | ① | 08 | ② | 09 | ② | 10 | ④ |

01 정답 ③
순물질은 한 가지 물질로만 이루어진 물질로 물질의 특성이 일정하다.
③ 소금(순물질)

오답피하기
① 암석(불균일 혼합물)
② 식초(균일 혼합물)
④ 설탕물(균일 혼합물)

02 정답 ③
물질의 특성은 그 물질만이 가진 고유한 특성으로 물질의 특성을 통해 물질을 구별할 수 있다. 물질의 특성은 겉보기 성질(색깔, 맛, 냄새, 굳기 등), 밀도, 용해도, 끓는점, 녹는점, 어는점 등이 있다.
③ 질량은 물질의 특성이 아니다.

03 정답 ③
끓는점은 물질의 특성이므로 같은 종류의 물질은 끓는점이 같다.

오답피하기
① 액체 물질이 끓는 동안 일정하게 유지되는 온도 A는 끓는점이다.
②·④ 끓는점은 물질의 양이나 불꽃의 세기와 관계없이 같은 물질이면 일정하다.

04 정답 ②
물질은 녹는점보다 낮은 온도에서는 고체, 녹는점과 끓는점 사이의 온도에서는 액체, 끓는점보다 높은 온도에서는 기체 상태로 존재한다.

05 정답 ②
기체의 용해도는 온도가 낮을수록, 압력이 높을수록 증가한다. 탐구 결과를 통해 온도가 낮은 얼음물이 기체 용해도가 크기 때문에 기포가 적게 발생했음을 알 수 있다.

06 정답 ④
밀도는 물질의 질량을 부피로 나눈 값으로 밀도가 큰 물질은 아래로 가라앉고, 밀도가 작은 물질은 위로 뜬다. 따라서 실린더에 넣으면 밀도가 큰 액체 D가 가장 아래쪽에 위치한다.

물질	A	B	C	D
질량(g)	2	1	1	4
부피(mL)	1	2	4	1
밀도(g/mL)	2	0.5	0.25	4

07 정답 ①
밀도가 두 물질의 중간 정도이며, 두 물질을 모두 녹이지 않는 액체에 고체 혼합물을 넣으면 액체보다 밀도가 작은 물질은 액체 위에 뜨고, 액체보다 밀도가 큰 물질은 아래로 가라앉으므로 고체 혼합물을 분리할 수 있다. 신선한 달걀은 소금물보다 밀도가 커서 아래로 가라앉고, 오래된 달걀은 소금물보다 밀도가 작아 위로 떠올라 구분할 수 있다.

08 정답 ②
증류는 서로 잘 섞이는 액체 혼합물을 가열하여 끓는점이 낮은 액체가 먼저 끓어 나오면 그 기체를 따로 냉각하여 얻는 방법이다.

① 크로마토그래피 : 혼합물을 이루는 성분 물질이 용매를 따라 이동하는 속도 차를 이용하여 혼합물을 분리하는 방법이다.

③ 재결정 : 소량의 불순물이 섞여 있는 고체 물질을 온도가 높은 용매에 녹인 다음, 용액의 온도를 낮추거나 용매를 증발시켜 순수한 고체 물질을 얻는 방법이다.

④ 거름 : 어떤 용매에 잘 녹는 성분과 잘 녹지 않는 성분이 섞인 경우, 혼합물을 용매에 녹인 후 거름 장치로 걸러 혼합물을 분리하는 방법이다.

09 정답 ②

크로마토그래피는 혼합물을 이루는 성분 물질이 용매를 따라 이동하는 속도 차를 이용하여 혼합물을 분리하는 방법으로 색소 분리나 운동선수의 도핑 테스트 등에 이용할 수 있다.

① 거름 장치 : 용해도를 이용하여 혼합물을 분리한다.

③ 소줏고리 : 끓는점 차를 이용하여 혼합물을 분리한다.

④ 분별 깔때기 : 밀도를 이용하여 혼합물을 분리한다.

10 정답 ④

A, B, C는 성분 물질이 한 가지가 나왔으므로 순물질, D는 성분 물질이 두 가지로 분리되었으므로 혼합물이라고 할 수 있다.

PART 05 화학 반응의 규칙과 에너지 변화

적중예상문제
p.170~171

01	①	02	③	03	④	04	③	05	②
06	①	07	①	08	②	09	④	10	③

01 정답 ①

물이 수소와 산소로 나뉘면서 물질의 성질이 달라지는 변화는 화학 변화로 종이가 타는 연소 반응, 음식물의 부패, 사과의 갈변 등이 해당한다.

물질의 모양이나 상태가 변하는 것은 물리 변화이다.

② 종이가 찢어졌다. ➜ 모양 변화

③ 나무를 깎아 인형을 만들었다. ➜ 모양 변화

④ 얼음이 녹아 물이 되었다. ➜ 상태 변화

02 정답 ③

메테인(CH_4)이 산소(O_2)와 반응하여 이산화 탄소(CO_2)와 물(H_2O)을 생성하는 화학 반응식이므로 ㉠에 해당하는 물질은 산소(O_2), ㉡에 해당하는 물질은 CO_2이다.

① 반응 물질은 메테인(CH_4)과 산소(O_2) 2가지이다.

② ㉠에 해당하는 물질은 산소(O_2)이다.

④ 연소 반응은 화학 변화이다.

03 정답 ④

질소 1분자와 수소 3분자가 반응해 암모니아 2분자가 생성되었으므로 화학 반응식의 계수비는 1 : 3 : 2가 되고, 화학식 앞에 계수를 써준다. 단, 계수가 1인 경우는 생략한다.

04 정답 ③

질량 보존 법칙에 의해 '반응 물질의 총 질량 = 생성 물질의 총 질량'이므로 6+4 = ㉠, ㉠ = 10이다.

05 정답 ②

탄산 칼슘과 묽은 염산이 반응하면 이산화 탄소 기체가 발생한다. 이때 발생한 기체는 뚜껑이 닫힌 경우 빠져나가지 못하므로 반응 전후 질량이 같고((가)=(나)), 뚜껑이 열린 경우 기체가 빠져나가기 때문에 측정된 질량은 감소하여 (다)의 질량은 줄어든다.

06 정답 ①

일정 성분비 법칙은 화합물을 구성하는 성분 원소 사이에는 일정한 질량비가 성립하는 것으로 혼합물에서는 성립하지 않고, 화합물에서만 성립한다.

07 정답 ①

| 풀이 1 | 질량 보존 법칙 활용

반응 전 물질의 전체 질량과 반응 후 물질의 전체 질량은 일정하다. 따라서 구리 8g+산소 ( )=산화 구리(Ⅱ) 10g, ( )=2g으로 계산할 수 있다.

| 풀이 2 | 일정 성분비 법칙 활용

구리 4g과 산소 1g이 모두 반응하여 산화 구리(Ⅱ) 5g을 생성했으므로 구리 : 산소 : 산화 구리(Ⅱ)의 질량비는 4 : 1 : 5이다. 구리의 양이 4g에서 8g으로 2배로 늘어나면 필요한 산소의 질량도 2배로 증가하여 2g이 필요하다.

08 정답 ②

온도와 압력이 일정할 때 반응하는 기체와 생성되는 기체 사이에는 일정한 부피비가 성립한다. 수소 기체와 산소 기체가 반응하여 수증기가 생성될 때 부피비는 수소 기체 : 산소 기체 : 수증기 = 2 : 1 : 2이므로 수증기 20L를 얻기 위해 수소 기체 20L, 산소 10L가 필요하다.

09 정답 ④

열에너지를 흡수하는 반응이 일어날 때 주위의 온도는 낮아진다.

10 정답 ③

열에너지 방출이 일어나면 주위의 온도가 높아진다. 냉찜질 팩은 열에너지를 흡수하여 주변의 온도가 낮아지는 원리를 이용한다.

> **오답 피하기**
>
> 화석 연료의 연소, 철 가루 손난로, 발열 도시락은 모두 열에너지가 방출되어 주변의 온도가 높아진다.

제3편 생명과학

PART 01 생물의 다양성

적중예상문제
p.184~186

01	②	02	④	03	①	04	②	05	③
06	①	07	②	08	①	09	③	10	③

01 정답 ②
생물 다양성은 일정 지역 내에 서식하는 생물의 다양한 정도를 말한다.
- **생태계 다양성** : 일정한 지역에 서식지가 다양하게 존재하는 정도
- **종 다양성** : 일정한 지역에서 살아가는 생물의 다양한 정도
- **유전적 다양성** : 같은 종에 속하는 생물 간에 크기, 생김새 등의 특징이 다르게 나타나는 정도

> **오답 피하기**
> ① **먹이 사슬** : 생물들 사이에 먹고 먹히는 관계를 사슬로 나타낸 것
> ③ **원생생물계** : 핵막이 있는 생물 중 식물계, 균계, 동물계에 속하지 않는 생물 무리
> ④ **균사** : 대부분의 균계를 이루는 실 형태의 구조물

02 정답 ④
추운 곳에 사는 북극여우는 귀가 작고 몸집이 커서 열의 손실을 줄일 수 있고, 더운 곳에 사는 사막여우는 귀가 크고 몸집이 작아 몸의 열을 방출하기 쉽다. 여우의 생김새가 달라지게 된 것은 서로 다른 온도에 적응한 결과이다.

03 정답 ①
자연 상태에서 짝짓기하여 생식 능력이 있는 자손을 낳을 수 있는 무리를 종이라고 한다. 종은 생물을 분류할 때 가장 기본이 되는 단위이다.

04 정답 ②
생물 분류 단계의 가장 작은 단위는 종이고, 가장 큰 단위는 계이다.

> 종 < 속 < 과 < 목 < 강 < 문 < 계

05 정답 ③
원핵생물계는 핵막이 없어 핵이 없고 원생생물계, 식물계, 균계, 동물계는 모두 핵(막)이 있다.

06 정답 ①
균계는 스스로 양분을 합성하지 못해 다른 동물의 사체나 배설물을 분해하여 양분을 얻는 생물로 핵막과 세포벽이 있다. 버섯, 곰팡이, 효모는 균계에 속하는 생물이다.

07 정답 ②
생물 자원이란 생물로부터 얻을 수 있는 다양한 자원을 말한다. 생태 통로는 단편화된 서식지를 연결하기 위한 것으로 생물 다양성 감소를 줄이기 위한 노력에 해당한다.

> **오답 피하기**
> ① **의복의 원료** : 면섬유(목화), 비단(누에고치) 등 의복의 원료를 얻을 수 있다.
> ③ **관광 자원** : 휴양림, 올레길과 같은 다양한 관광 자원을 얻을 수 있다.
> ④ **의약품의 원료** : 푸른곰팡이(항생제), 주목(항암제), 버드나무(진통제) 등 의약품의 원료를 얻을 수 있다.

08 정답 ①
먹이 사슬이 단순한 (가)지역이 (나)지역보다 생물 다양성이 낮아 한 생물이 사라지면 다른 생물도 멸종될 가능성이 높다.

09 정답 ③
뉴트리아는 대표적인 외래종이다. 외래종 유입으로 인해 고유종 먹이나 서식지 변화가 생겨 생태계 평형을 파괴할 수 있으므로 생물 다양성 감소의 원인이 된다.

10 정답 ③

생물 다양성 협약은 생물 다양성 보전을 목적으로 체결한 국제 협약이다.

PART 02 식물과 에너지

적중예상문제
p.198~200

01	③	02	③	03	②	04	①	05	②
06	③	07	①	08	③	09	②	10	②

01 정답 ③

식물이 빛에너지를 이용하여 물과 이산화 탄소로 양분을 만드는 과정을 광합성이라고 한다.

02 정답 ③

빛의 세기와 이산화 탄소의 농도가 충분할 때 온도가 높아질수록 광합성량이 증가하다가 온도가 어느 한계 이상이 되면 광합성량이 급격히 감소한다.

03 정답 ②

전등과 수조 사이의 거리가 가까워질수록 빛의 세기가 세어지므로 광합성량이 증가하여 기포 수가 증가한다.

> **오답피하기**
> ① 전등과 수조 사이의 거리가 가까워지면 광합성량이 증가한다.
> ③ 온도가 낮아지면 광합성량은 감소한다.
> ④ 빛의 세기가 변하는 장치이므로 빛의 유무에 따른 광합성은 확인할 수 없다.

04 정답 ①

식물의 광합성은 엽록체가 있는 세포에서 일어난다. 표피 조직을 이루는 표피 세포에는 엽록체가 없어 광합성이 일어나지 않고, 울타리 조직, 해면 조직과 공변세포에는 엽록체가 있어 광합성이 가능하다.

05 정답 ②

A : 공변세포, B : 기공

기공은 2개의 공변세포(A)가 모여 이루어진다.

06 정답 ③

증산 작용은 식물의 잎의 기공을 통해 일어나므로 잎이 있는 (가)에서 증산 작용이 활발하게 일어난다.

> **오답피하기**
> ① 증산 작용은 식물의 잎의 기공을 통해 일어나므로 잎이 있는 (가)에서 증산 작용이 활발하게 일어난다.
> ② (가)는 증산 작용을 많이 했으므로 남아 있는 물의 양이 적다.
> ④ (나)는 잎이 없어 증산 작용이 일어나지 않아 줄어든 물의 양은 (가)가 더 많다.

07 정답 ①

호흡은 산소를 이용하여 양분을 분해하고 생명 활동에 필요한 에너지를 얻는 과정을 말한다.

08 정답 ③

호흡은 빛의 유무와 상관없이 항상 일어난다.

09 정답 ②

이산화 탄소는 석회수를 뿌옇게 흐려지게 만든다.

> **오답피하기**
> ① 호흡의 결과 생성되는 기체(A)는 이산화 탄소이다.
> ③ 푸른색 염화 코발트 종이를 붉게 만드는 것은 물의 특징이다.
> ④ 꺼져가는 향불을 잘 타오르게 만드는 기체는 산소이다.

10 정답 ②

빛이 강한 낮에는 광합성량이 호흡량보다 더 많기 때문에 이산화 탄소 기체가 흡수되고 산소 기체가 방출된다.

PART 03 동물과 에너지

적중예상문제
p.220~222

01	③	02	②	03	②	04	③	05	③
06	②	07	②	08	①	09	③	10	②
11	②	12	①	13	③				

01 정답 ③

동물체에는 연관된 기능을 수행하는 기관이 모여 있는 기관계가 있고, 식물체에는 여러 조직이 모여 몸 전체에서 공통의 기능을 하는 단계인 조직계가 있다. 기관계로 소화계, 순환계, 호흡계, 배설계 등이 있다.

02 정답 ②

에너지원으로 쓰이는 영양소는 탄수화물, 단백질, 지방으로 이를 3대 영양소라고 한다. 이 중 단백질은 근육, 머리카락, 호르몬, 효소 등 주로 몸을 구성하는 데 쓰이면서 몸의 기능 조절에 관여한다.

> **오답피하기**
> 물, 무기 염류, 바이타민은 부영양소로 에너지원은 아니지만 몸을 구성하거나 몸의 기능을 조절한다.

03 정답 ②

아이오딘-아이오딘화 칼륨을 떨어뜨렸을 때 청람색으로 변화가 일어나는 영양소는 녹말이다.

04 정답 ③

소화는 영양소가 세포막을 통과해 흡수될 수 있게 작게 분해하는 과정을 말한다.

> **오답피하기**
> ① 영양소를 조직 세포로 운반한다. ➔ 순환
> ② 노폐물을 몸 밖으로 내보낸다. ➔ 배설
> ④ 영양소를 분해하여 에너지를 생성한다. ➔ 호흡

05 정답 ③

A : 간, B : 위, C : 소장, D : 대장
소장에서 탄수화물, 단백질, 지방의 화학적 소화가 모두 일어나고 마무리되어 융털을 통해 영양소의 흡수가 일어난다.

06 정답 ②

A : 혈소판, B : 백혈구, C : 혈장, D : 적혈구
백혈구(B)는 모양이 일정하지 않고 핵이 있다. 식균 작용을 한다.

> **오답피하기**
> ① **혈소판(A)** : 혈구 중 크기가 가장 작고 혈액 응고 작용을 한다.
> ③ **혈장(C)** : 대부분 물로 이루어져 있고 영양소, 이산화 탄소, 노폐물 등을 운반한다. 혈액의 55%를 차지한다.
> ④ **적혈구(D)** : 가운데가 오목한 원반형으로 붉은색을 띠고 산소 운반을 한다.

07 정답 ②

A : 우심방, B : 우심실, C : 좌심방, D : 좌심실

08 정답 ①

A : 동맥, B : 모세 혈관, C : 정맥
심장에서 나온 혈액은 동맥(A) → 모세 혈관(B) → 정맥(C) 순서로 흐른다.

09 정답 ③

A : 기관, B : 흉강, C : 폐, D : 가로막
폐에는 근육이 없어 가로막과 갈비뼈의 상하 운동을 통해 기체 출입이 일어난다. 우리 몸의 가로막(D)이 내려가면서 흉강(B)의 부피가 커지고 흉강 내부 압력이 감소하여 외부 공기가 기관(A)을 통해 들어와 폐(C)가 부풀어 오르는 들숨 상황을 실험 장치로 비유하여 설명할 수 있다.

10 정답 ②

폐는 작은 공기주머니인 폐포로 되어 있다. 폐포는 표면적을 넓혀 기체 교환 효율을 높인다.

11 정답 ②

숨을 들이마시는 들숨이 일어날 때 갈비뼈는 위로 올라가고, 가로막은 아래로 내려간다. 이 과정에서 흉강의 부피가 커지고 흉강 내부 압력이 감소하면서 흉강 속 폐의 부피가 커지고 폐의 압력이 작아져 공기가 외부에서 폐 속으로 들어온다.

12 정답 ①

A : 사구체, B : 보먼주머니, C : 세뇨관, D : 모세 혈관
사구체의 높은 압력으로 물, 포도당, 요소와 같은 물질이 사구체를 감싸고 있는 보먼주머니로 빠져나오는 여과가 일어나고 세뇨관을 따라 물질이 이동하는 과정에서 세뇨관과 모세 혈관 사이에서 재흡수와 분비가 일어난다.

13 정답 ③

(가) 호흡계, (나) 소화계, (다) 순환계, (라) 배설계
세포 호흡에는 여러 기관계가 유기적으로 관여한다.

PART 04 자극과 반응

적중예상문제 p.239~241

01	②	02	③	03	③	04	③	05	②
06	②	07	③	08	④	09	③	10	①
11	④	12	③						

01 정답 ②

동공의 크기를 조절하여 눈으로 들어오는 빛의 양을 조절하는 부분은 홍채(B)이다.

오답피하기
① A – 섬모체 : 물체의 거리에 따라 수정체의 두께를 조절한다.
③ C – 망막 : 물체의 상이 맺히는 곳으로 시각 세포가 있다.
④ D – 수정체 : 각막을 통해 들어온 빛이 굴절하는 곳이다.

02 정답 ③

평형 감각을 담당하는 구조는 반고리관(회전)과 전정 기관(기울어짐)이다.
C–전정 기관 : 평형 감각을 담당하는 구조로 몸이 기울어짐을 감지한다.

오답피하기
① A–고막 : 최초로 진동하는 귓속의 얇은 막이다.
② B–귓속뼈 : 고막 진동을 증폭시켜준다.
④ D–달팽이관 : 청각 세포가 있어 청각 신경으로 소리 자극을 전달한다.

03 정답 ③

매운맛은 피부 감각으로 감각점 중 통점이 자극으로 받아들인 감각이다. 혀에서 느끼는 기본 맛은 단맛, 짠맛, 신맛, 쓴맛, 감칠맛이다.

04 정답 ③
피부 감각은 감각점을 통해 자극을 받아들여 감각 신경으로 전달되어 뇌에서 감지한다.
• 감각점 수 : 통점 > 압점 > 촉점 > 냉점 > 온점이다.
③ 통점 : 아픔을 받아들인다.

오답피하기
① 촉점 : 접촉을 받아들인다.
② 압점 : 누르는 압력을 받아들인다.
④ 온점 : 따뜻함을 받아들인다.

05 정답 ②
가장 예민한 감각으로 쉽게 피로해지므로 같은 냄새를 오래 맡으면 그 냄새를 잘 느끼지 못한다.

오답피하기
① 후각은 코에서 기체 상태의 물질을 자극으로 받아들여 냄새를 맡을 수 있다.
③ 몸의 회전을 느끼는 부분은 귀의 반고리관이다.

06 정답 ②
뉴런은 신경계를 구성하는 기본 세포를 말한다.

07 정답 ③
A : 대뇌, B : 간뇌, C : 중간뇌, D : 소뇌
중간뇌는 눈의 움직임, 홍채 변화를 통한 동공 크기 조절에 관여한다.

오답피하기
① 대뇌는 뇌의 대부분을 차지하며 표면에 주름이 많고 좌우 두 개의 반구로 구분된다. 판단, 기억, 언어 등 복잡한 정신 활동을 담당한다.
② 간뇌는 체온, 혈당량 등이 일정하게 유지되도록 조절한다.
④ 소뇌는 근육 운동을 조절하고, 몸의 자세를 바로잡거나 균형을 유지한다.

08 정답 ④
A는 중추 신경계로 뇌와 척수가 속하고 뇌와 척수는 연합 신경으로 이루어져 있다. B는 말초 신경계로 감각 신경과 운동 신경으로 이루어져 있다.

09 정답 ③
뜨거운 냄비에 손이 닿자마자 손이 움츠러드는 것은 반응 중추가 척수인 무조건 반사이다.

자극 ➡ 감각 기관 ➡ 감각 신경 ➡ 척수 ➡ 운동 신경 ➡ 반응 기관 ➡ 반응

무릎 반사도 척수가 중추인 무조건 반사에 해당한다.

오답피하기
①·②·④ 모두 대뇌가 반응의 중추인 의식적인 반응으로 대뇌의 판단 과정으로 반응이 일어난다.

10 정답 ①
호르몬은 내분비샘에서 만들어져 특정 세포나 기관으로 신호를 전달하여 몸의 기능을 조절하는 물질로, 적은 양으로 몸의 기능을 조절한다.

11 정답 ④
이자(D)는 혈당량을 낮추는 인슐린과 혈당량을 높이는 글루카곤을 생성하는 내분비샘이다.

오답피하기
① 뇌하수체(A) : 생장 호르몬, 갑상샘 자극 호르몬, 항이뇨 호르몬을 분비한다.
② 갑상샘(B) : 세포 호흡을 촉진하는 티록신을 분비한다.
③ 부신(C) : 혈당량을 높이는 아드레날린을 분비한다.

12 정답 ③

체온이 낮아지면 일정한 체온을 유지하기 위해 열 발생량을 증가시키고, 열 방출량을 줄인다. 열 발생량을 증가시키기 위해 티록신 분비가 증가하여 세포 호흡이 촉진되고 근육 떨림이 증가한다. 빠져나가는 열 방출량을 줄이기 위해 피부 근처 혈관이 수축되어 혈류량이 감소한다.

PART 05 생식과 유전

적중예상문제

p.258~259

01	③	02	③	03	②	04	③	05	①
06	③	07	①	08	②	09	②	10	③
11	①								

01 정답 ③

모양과 크기가 같은 한 쌍의 염색체는 상동 염색체라고 한다. 상동 염색체를 이루는 염색체는 부모로부터 각각 하나씩 물려받는다.

02 정답 ③

(가) 전기, (나) 말기, (다) 후기, (라) 중기
체세포 분열 순서는 (가) → (라) → (다) → (나)이다.
중기에는 염색체가 세포 중앙에 배열하고, 후기에 염색분체가 양극으로 이동한다.

03 정답 ②

감수 1분열 중기는 염색체 수가 감소하기 전으로 감수 1분열을 거치면 염색체 수가 절반으로 줄어든다. 감수 1분열 중기에서 염색체 수가 4개이므로 생식세포 분열 결과 생긴 딸세포의 염색체 수는 2개이다.

04 정답 ③

(다) → (라) 과정에서 상동 염색체가 분리되어 염색체 수가 반으로 감소한다.

05 정답 ①

정자는 정소에서 생식세포 분열을 통해 만들어진 생식세포이다. 염색체 수는 체세포의 절반인 23개를 가지고 있고 꼬리가 있어 운동성이 있다. 양분은 거의 가지고 있지 않다.

06 정답 ③

생식세포가 만들어질 때 유전자 쌍이 분리되어 서로 다른 생식세포로 나뉘어 들어가는 분리 법칙에 의해 (가)는 둥근 완두로부터 R, 주름진 완두로부터 r을 받아 Rr의 유전자형을 갖는다. 따라서 (가)는 잡종이고 우열의 원리에 의해 우성이 표현되어 표현형은 둥글다.

07 정답 ①

순종의 황색 완두와 녹색 완두를 교배하여 얻은 잡종 1대의 표현형이 황색인 것을 통해 황색이 녹색에 대해 우성임을 알 수 있다. 잡종 2대 자손의 유전자형은 YY, Yy, yy이고 우열의 원리에 의해 YY와 Yy는 황색, yy는 녹색이므로 황색 완두 : 녹색 완두의 표현형의 비는 3 : 1이다.

따라서 녹색 완두는 400개 중 $\frac{1}{4}$인 100개이다.

08 정답 ②

사람은 자손 수가 적어 통계 자료를 얻기 어렵다.

09 정답 ②

딸이 O형이 나왔으므로 아버지와 어머니는 모두 O를 가지고 있다. 따라서 아버지의 유전자형은 AO, 어머니의 유전자형은 BO이다.

10 정답 ③

색맹과 혈우병은 모두 형질을 나타내는 유전자가 성염색체에 있는 반성 유전으로 열성으로 유전된다. 혈우병은 혈액 응고가 잘 되지 않는 유전 형질이고, 색맹은 색깔을 잘 구별하지 못하는 형질의 유전이다.

11 정답 ①

딸은 아버지와 어머니로부터 각각 X 염색체를 물려받는다. 아버지는 정상 유전자를 딸에게 물려주기 때문에 딸은 색맹이 나타나지 않는다. 이때 딸은 색맹 유전자를 가지고 있는 보인자이다.

제4편 지구과학

PART 01 지권의 변화

적중예상문제
p.280~282

01	②	02	④	03	①	04	④	05	③
06	④	07	①	08	④	09	②	10	②
11	②	12	③	13	③	14	②		

01 정답 ②

지권은 토양과 암석으로 이루어진 지각과 지구 내부 영역을 포함한다. 지권은 수권이나 기권보다 큰 부피를 차지하고 생명체에게 필요한 물질과 서식지를 공급한다.

> **오답 피하기**
> ① **외권** : 기권 바깥의 우주 공간으로 태양, 별, 은하 등이 해당한다.
> ③ **기권** : 지구를 둘러싸고 있는 공기층으로 주로 질소와 산소로 이루어져 있다.
> ④ **생물권** : 지구에 살고 있는 모든 생명체로 지권, 수권, 기권에 걸쳐 분포한다.

02 정답 ④

(가) 바람(기권)에 의해 씨앗(생물권)이 날아간다.
(나) 화산 폭발(지권)로 분출된 화산재에 의해 기온(기권)이 내려간다.
(가)는 기권과 생물권, (나)는 지권과 기권의 상호 작용으로 일어나는 현상으로 기권이 모두 관여한다.

03 정답 ①

지구 내부의 깊은 곳까지 조사하는 데 가장 효과적인 방법은 지진파 분석이다. 지진파는 지구 내부의 구성 물질이나 상태에 따라 빠르기와 방향이 변하여 지구 내부 구조를 이해하는 데 효과적이다.

04 정답 ④

A : 지각, B : 맨틀, C : 외핵, D : 내핵
내핵(D)은 온도, 압력, 밀도가 가장 높으며, 주로 철과 니켈로 이루어져 있다.

05 정답 ③

ㄱ. A : 대륙 지각, B : 해양 지각, C : 맨틀
ㄷ. 맨틀은 고체 상태이다.

> **오답 피하기**
> ㄴ. 대륙 지각(A)이 해양 지각(B)보다 두껍다.

06 정답 ④

마그마가 지표로 분출된 후 빠르게 식어서 알갱이의 크기가 매우 작고 어두운 색을 띠는 암석은 현무암이다.

> **오답 피하기**
> ① **셰일** : 주로 알갱이 크기가 작은 진흙이 퇴적되어 형성된 퇴적암이다.
> ② **편마암** : 화강암이나 셰일이 열과 압력에 의해 변성 과정을 받아 형성된 변성암이다.
> ③ **사암** : 주로 모래가 퇴적되어 만들어진 퇴적암이다.

07 정답 ①

압력에 의해 생긴 압력과 수직 방향의 줄무늬를 엽리라고 한다.

> **오답피하기**
> ② **화석** : 과거 생물의 유해나 흔적으로 퇴적암에서 볼 수 있는 특징이다.
> ③ **층리** : 서로 다른 퇴적물에 의한 줄무늬이다.
> ④ **지층** : 암석이나 토양 등이 쌓여 이룬 땅의 층이다.

08 정답 ④

변성암은 암석이 높은 열과 압력을 받아 성질이 변한 암석이다.

09 정답 ②

조흔색은 광물을 한 번 구운 도자기판인 조흔판에 그었을 때 나타나는 광물 가루 색을 말한다. 금, 황동석, 황철석은 색은 노란색이지만 조흔색이 달라 구분할 수 있다.

구분	황동석	황철석	금
색	노란색	노란색	노란색
조흔색	녹흑색	검은색	노란색

> **오답피하기**
> ① **색** : 광물 고유의 겉보기 색을 말한다.
> ③ **자성** : 광물이 쇠붙이를 끌어당기는 성질이다.
> ④ **염산 반응** : 광물에 염산을 떨어뜨렸을 때 거품이 발생하는 반응이다.

10 정답 ②

토양의 생성 순서는 D − C − A − B로 D의 암석이 풍화되어 만들어진 C가 더 잘게 부서져서 식물이 자랄 수 있는 A(토양)가 만들어진다. 이후 지표 부근의 토양에서 물에 녹은 물질이 아래로 내려와 B가 생성된다.

11 정답 ②

대륙 이동설은 과거에 한 덩어리였던 거대한 대륙 판게아(가)가 이동하여 현재와 같은 대륙 분포를 이루게 되었다는 학설이다.

12 정답 ③

진도는 지진이 일어났을 때 땅이 흔들린 정도나 피해 정도를 나타낸 값으로 지층의 단단한 정도나 지진이 발생한 지점과의 거리 등에 따라 달라지는 값이다.

> **오답피하기**
> ① **지진대** : 지진이 활발하게 일어나는 지역으로 판의 경계와 대체로 일치한다.
> ② **규모** : 지진이 발생한 지점에서 방출되는 에너지양으로 지진 발생 지점으로부터의 거리 등에 관계없이 일정하다.
> ④ **진동** : 진동은 떨림을 뜻하는 표현으로 지진의 세기를 나타내는 값이 아니다.

13 정답 ③

A : 대륙 지각, B : 상부 맨틀, C : 해양판, D : 맨틀
판은 지각과 맨틀의 상부를 포함한 단단한 암석층이다. 해양판은 해양 지각을 포함한 판이다.

14 정답 ②

지진 발생 지역과 화산 활동 지역은 판의 경계와 거의 일치한다.

PART 02 태양계

01	④	02	②	03	①	04	②	05	③
06	②	07	④	08	②	09	④	10	①

01 정답 ④
(가) 북쪽 하늘, (나) 남쪽 하늘, (다) 서쪽 하늘,
(라) 동쪽 하늘
북반구 중위도에 위치한 우리나라에서 별을 관측하면
동쪽 하늘은 오른쪽 위로 비스듬히 떠오르는 모습으로
보인다.

02 정답 ②
태양과 별의 연주 운동, 계절별 별자리 변화는 지구 공전에
의한 현상이다.

오답피하기

낮과 밤, 태양, 달과 같은 천체가 동에서 떠서 서쪽으로
지는 일주 운동은 지구 자전에 의한 현상이다.

03 정답 ①
별의 일주 운동은 지구 자전에 의한 운동으로 지구 자전이
1시간에 15°씩 서→동으로 일어나므로 별의 일주 운동은
1시간에 15°씩 동→서로 일어난다.

04 정답 ②
상현달은 음력 7~8일경 18시 무렵 남쪽 하늘에서 볼 수
있는 달로 오른쪽 반달로 보인다.

05 정답 ③
달은 스스로 빛을 내지 않고 태양 빛이 반사되어 보인다.
달이 지구 주위를 공전하기 때문에 달의 위상이 달라진다.

06 정답 ②
일식은 태양이 달에 가려져 태양의 전체 또는 일부가 보이
지 않는 현상으로 태양−달−지구 순서로 일직선상에 놓
일 때 일어난다.

07 정답 ④
(가) 지구형 행성, (나) 목성형 행성
지구형 행성은 목성형 행성보다 질량, 반지름이 작고 위성
은 없거나 수가 적다. 하지만 기체로 되어 있는 목성형
행성에 비해 암석으로 이루어진 표면에 의해 평균 밀도는
더 크다.

08 정답 ②
외행성은 공전 궤도가 지구 바깥쪽인 행성으로 화성, 목
성, 토성, 천왕성, 해왕성이 해당한다. 화성은 표면에 물이
흐른 흔적이 있고 표면은 붉은색 산화 철 성분의 토양이
있다. 양극에 드라이아이스와 얼음으로 된 극관이 있고
계절의 변화가 있어 여름에는 극관의 크기가 작아진다.

09 정답 ④
코로나는 광구 바깥쪽 청백색(진주색)의 넓은 가스층으로
태양 활동이 활발할 때 더 커진다.

오답피하기

① 플레어 : 많은 양의 물질과 에너지가 방출되는 폭발
　현상이다.
② 흑점 : 주변보다 온도가 2000℃ 정도 낮아 어둡게
　보이는 부분이다.
③ 쌀알 무늬 : 태양 표면에 쌀알을 뿌려놓은 것처럼
　보이는 무늬로 광구 아래 대류 현상에 의해 발생
　한다.

10 정답 ①
태양 활동이 활발할 때 태양에서는 흑점 수가 증가하고
코로나의 크기가 커지고 밝아진다.

오답 피하기

② · ③ 태양 활동에 의해 지구 자전이나 공전에 변화가 생기지 않는다.

④ 지구에서 오로라가 더 자주 일어나고 오로라가 발생하는 지역이 넓어진다.

PART 03 수권과 해수의 순환

적중예상문제
p.316~317

01	③	02	②	03	②	04	③	05	②
06	③	07	②	08	①				

01 정답 ③
지구상에 분포하는 물인 수권 중 가장 많은 양을 차지하는 해수는 많은 염류가 녹아 있다. 염류 중 염화 나트륨이 많이 녹아 있어 짠맛이 난다.

02 정답 ②
수온 약층(B)은 아래쪽으로 갈수록 수온이 낮아지므로 대류가 일어나지 않아 위아래로 섞이기 어렵다.

오답 피하기

① 혼합층(A)은 수온이 높고, 바람에 의해 혼합되어 깊이에 따른 수온 변화가 거의 없다.

③ · ④ 심해층(C, D)은 태양 에너지가 도달하지 못하여 수온이 낮고 위도나 계절 및 깊이에 따른 수온의 변화가 거의 없다.

03 정답 ②
| 풀이 1 |
염분은 해수 1kg에 녹아 있는 염류의 총량을 g수로 나타낸 것이다. 해수 2kg 속 염류의 총량이 80g이므로 해수 1kg에 녹아 있는 염류의 총량은 40g이다. 따라서 염분은

40psu이다.

| 풀이 2 |
염분 = $\dfrac{\text{염류의 양(g)}}{\text{해수의 양(g)}} \times 1000$이므로

염분 = $\dfrac{80g}{2000g} \times 1000 = 40psu$이다.

04 정답 ③
해수는 오랜 세월 동안 끊임없이 순환하며 골고루 섞이기 때문에 여러 바다마다 염분은 다르지만 염류들 사이의 비율은 같다. 이를 염분비 일정 법칙이라고 한다.

오답 피하기

① 옴의 법칙 : 전류의 세기는 전압에 비례하고 전기 저항에 반비례한다.

② 에너지 보존 법칙 : 에너지 전환이 일어날 때 에너지 총량은 보존된다.

④ 보일 법칙 : 온도가 일정할 때 기체의 압력과 부피는 반비례 관계이다.

05 정답 ②
염분은 강수량보다 증발량이 많을 때, 강물과 같은 담수 유입이 적을 때, 결빙이 일어날 때 높다.

06 정답 ③
저위도에서 고위도로 흐르는 난류는 수온과 염분이 높고 영양 염류와 산소가 적은 해류로 우리나라 주변에 흐르는 난류는 동한 난류, 황해 난류, 쿠로시오 해류가 있다.

07 정답 ②
A : 북한 한류, B : 동한 난류, C : 황해 난류,
D : 쿠로시오 해류
동한 난류는 저위도에서 고위도로 흐르는 해류이다.

08 정답 ①
A : 간조, B : 조차, C : 만조, D : 조석 주기
간조는 썰물로 해수면의 높이가 가장 낮아진 때를 말한다.

② 조차 : 만조와 간조 때의 해수면의 높이차를 말한다.
③ 만조 : 밀물로 해수면의 높이가 가장 높아진 때를 말한다.
④ 조석 주기 : 만조에서 다음 만조 또는 간조에서 다음 간조까지의 시간으로 약 12시간 25분이다.

PART 04 기권과 날씨

적중예상문제
p.340~343

01	④	02	③	03	③	04	②	05	①
06	④	07	④	08	③	09	④	10	④
11	②	12	④	13	①	14	④		

01 정답 ④
지구를 둘러싸고 있는 공기층인 기권의 조성 중 78%는 질소(A), 21%는 산소(B)가 차지한다. 생물의 호흡에 이용되는 기체는 산소(B)이다.

02 정답 ③
열권(D)은 공기가 매우 희박하여 낮과 밤의 기온차가 크다.

오답피하기
① 기상 현상은 대류권(A)에서 일어난다.
② 대류 현상이 일어나는 층은 대류권(A)과 중간권(C)이다.
④ 성층권(B)에 오존층이 있어 자외선 흡수가 일어난다.

03 정답 ③
복사는 열이 물질의 도움을 받지 않고 직접 전달되는 방법으로 물체가 복사 형태로 흡수하는 에너지양과 방출하는 에너지양이 같아 온도가 일정한 상태를 복사 평형 상태라고 한다.

04 정답 ②
(가)는 대기 중 온실 기체가 지구 복사 에너지를 일부 흡수, 지표로 재방출하는 온실 효과가 일어나는 과정으로, 온실 효과가 강화되면 지구의 평균 기온이 높아지는 지구 온난화가 일어난다. 지구 온난화로 빙하가 녹고 해수면이 상승하여 해안 저지대 침수가 일어난다.

05 정답 ①
포화 수증기량은 포화 상태인 공기 1kg에 들어 있는 수증기량을 g으로 나타낸 것으로 기온이 높아지면 포화 수증기량은 증가한다. 기온이 높은 A의 포화 수증기량이 가장 많고 B와 D는 기온이 같으므로 포화 수증기량은 같다. 기온이 낮은 C의 포화 수증기량이 가장 적다.

06 정답 ④
기온과 상대 습도 그래프는 반대로 나타나므로 기온이 낮아지면 상대 습도는 높아진다.

오답피하기
① 상대 습도는 14시경에 가장 낮다.
② 이슬점은 하루 동안 거의 변화가 없고 기온과 상대 습도의 변화는 반대로 나타난다.
③ 포화 수증기량은 기온에 따라 변하므로 기온의 변화에 따라 포화 수증기량도 변한다.

07 정답 ④
구름이 생성되기 위해서는 공기 상승이 있어야 한다. 찬 공기와 따뜻한 공기가 만나면 가벼운 따뜻한 공기가 위로 올라가면서 구름이 생성된다.

오답피하기
① 공기가 냉각되면 공기가 아래로 내려가 구름이 생성되지 않는다.

08 정답 ③

크고 작은 물방울들이 서로 충돌하여 만들어진 큰 물방울이 떨어져 비가 되는 이론을 병합설이라고 한다. 병합설은 저위도 지방에서의 강수 이론이다.

09 정답 ④

수은 면에 작용하는 기압이 클수록 수은 기둥의 높이가 높다. 따라서 수은 기둥의 높이가 높은 D 지역의 기압이 가장 높다.

10 정답 ④

바다에서 육지로 바람이 부는 해풍은 낮에 부는 바람이다. 바람은 기압이 높은 쪽에서 낮은 쪽으로 불기 때문에 바다 쪽 기압이 육지 쪽 기압보다 높다. 기온은 육지 쪽이 바다 쪽보다 높다.

11 정답 ②

A는 온난 건조한 양쯔강 기단, B는 고온 다습한 북태평양 기단, C는 한랭 건조한 시베리아 기단, D는 한랭 다습한 오호츠크해 기단이다.

12 정답 ④

정체 전선은 비슷한 세력의 기단이 한 장소에 오랜 시간 머무르면서 형성되는 전선이다. 우리나라는 초여름에 오호츠크해 기단과 북태평양 기단에 의해 정체 전선의 한 종류인 장마 전선이 형성된다.

◤◥◤◥◤◥ : 정체 전선

13 정답 ①

A 지점은 한랭 전선의 뒤쪽으로 기온이 낮고 좁은 지역에 소나기성 비가 내린다.

14 정답 ④

시베리아 기단의 영향을 받아 춥고 건조한 날씨를 갖는 계절은 겨울이다. 겨울은 서고동저형의 기압 배치가 나타나고 한파와 폭설이 대표적인 특징이다.

PART 05 별과 우주

적중예상문제   p.356~358

01	④	02	①	03	③	04	②	05	③
06	④	07	②	08	①	09	④	10	①

01 정답 ④

연주 시차는 별까지의 거리에 반비례하므로 지구에서 가장 가까운 별의 연주 시차가 가장 크다.

02 정답 ①

별까지의 거리(pc) $= \dfrac{1}{\text{연주 시차}('')}$ 이므로

별까지의 거리 $= \dfrac{1}{0.2''} = \dfrac{10}{2} = 5\,\text{pc}$이다.

03 정답 ③
별의 밝기는 별까지의 거리의 제곱에 반비례한다. 거리가 2배 멀어지면 밝기는 $\frac{1}{4}$로 어두워진다. 따라서 A가 B보다 4배 더 밝고, B는 A에 비해 $\frac{1}{4}$배 어둡다.

04 정답 ②
겉보기 등급은 맨눈으로 보았을 때 별의 밝기로 별의 겉보기 등급이 작을수록 밝게 보이는 별이다.

05 정답 ③
지구로부터 거리가 10pc에 있는 별은 겉보기 등급과 절대 등급이 같다. 따라서 별 C의 겉보기 등급과 절대 등급은 같다.
지구로부터 거리가 10pc보다 가까이 있는 별 A, B는 겉보기 등급이 절대 등급보다 작고, 지구로부터 거리가 10pc보다 멀리 있는 별 D는 겉보기 등급이 절대 등급보다 더 크다.

06 정답 ④
별의 색은 표면 온도가 낮을수록 붉은색을 띠고, 높을수록 파란색을 띤다.

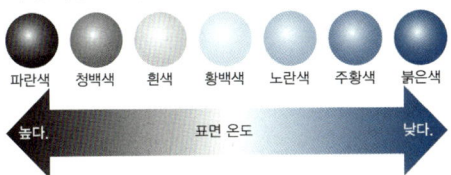

07 정답 ②
태양계는 우리은하 중심에서 약 8500pc(3만 광년) 떨어진 나선팔에 위치한다.

08 정답 ①
성단은 별들이 모여 이루고 있는 집단으로, 구상 성단은 나이가 많고 저온의 붉은 별이 공 모양으로 빽빽하게 모여 이루어진 것을 말한다.

오답피하기
성운은 성간 물질이 모여 구름처럼 보이는 것이다.

09 정답 ④
풍선의 팽창 실험을 통해 우주가 팽창할수록 은하 사이의 거리가 멀어짐을 알 수 있다.

10 정답 ①
대폭발 우주론(빅뱅 우주론)은 과거 물질과 에너지가 모인 한 점에서 대폭발이 일어난 후 우주가 점점 팽창하여 현재와 같은 우주가 되었다는 이론이다.

오답피하기
② 우주 탐사 : 우주에 대한 이해나 호기심을 충족하기 위해 우주를 연구하는 것을 말한다.
③ 우주 쓰레기 : 우주 탐사 과정에서 생긴 쓰레기로 매우 빠른 속도로 지구 주위를 돌고 있어 큰 피해를 줄 수 있다.
④ 막대 나선 은하 : 막대 모양의 중심부 양 끝에서 나선팔이 뻗어나간 은하로 우리은하가 막대 나선 은하에 속한다.

제5편 2025년 기출문제

2025년 제1회

p.360~365

01	③	02	②	03	①	04	②	05	①
06	④	07	②	08	①	09	①	10	①
11	④	12	②	13	①	14	④	15	③
16	④	17	④	18	③	19	②	20	③
21	④	22	④	23	③	24	①	25	③

01 정답 ③
질량은 물체가 가지는 고유한 양으로 측정 장소에 따라 변하지 않는다.

02 정답 ②
빛의 삼원색은 빨간색, 초록색, 파란색이다. 서로 다른 두 가지 이상의 빛이 합쳐져 다른 색의 빛으로 보이는 현상을 빛의 합성이라고 한다. 빨간색과 초록색 빛을 합성하면 노란색 빛이 된다.

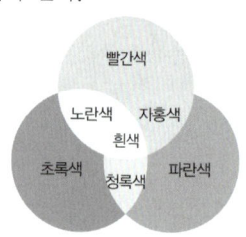

- 빨간색 + 초록색 ⇨ 노란색
- 빨간색 + 파란색 ⇨ 자홍색
- 파란색 + 초록색 ⇨ 청록색
- 빨간색 + 초록색 + 파란색 ⇨ 흰색

03 정답 ①
스위치를 닫기 전에는 전구 (나)에는 불이 켜져 있고 스위치를 닫으면 전구 (가)와 (나)는 병렬연결된다. 병렬연결된 전구 (가)는 전구 (나)와 같은 크기의 전압이 걸려 전류가 흐르고 불이 켜진다. 스위치를 닫기 전과 후 전구 (나)에 걸리는 전압은 변화가 없으므로 밝기 또한 변화가 없다.

04 정답 ②
온도가 다른 두 물체가 접촉하면, 온도가 높은 물체에서 낮은 물체로 열이 이동하여 두 물체의 온도가 같아지는 열평형에 도달한다. 열평형에 도달하기 전인 0~8분 사이에는 A는 열을 잃어 온도가 낮아지고 입자 운동은 둔해진다. B는 열을 얻어 온도가 높아지고 입자 운동이 활발해진다. 열평형 도달 시각인 8분 이후 A와 B의 온도는 25℃로 같고 입자 운동 정도도 같다.

05 정답 ①
속력은 단위 시간 당 이동한 거리를 말한다. 물체는 1초간 5cm를 이동했으므로 5cm/s다.

$$속력 = \frac{이동\ 거리}{시간} = \frac{5\text{cm}}{1\text{s}} = 5\text{cm/s}이다.$$

06 정답 ④
공기 저항을 무시할 때 자유 낙하하는 물체의 역학적 에너지는 보존된다.

07 정답 ②
온도가 일정할 때 일정량의 기체의 부피는 압력에 반비례하는데 이를 보일 법칙이라고 한다. 압력과 부피의 곱은 일정하므로 1기압×40mL＝2기압 × ㉠mL이다.
따라서 ㉠＝20이다.

08 정답 ①
1기압에서 얼음을 가열하면 녹는점 0℃에서 융해가 일어나고 끓는점(A) 100℃에서 기화가 일어난다. 녹는점이란 고체가 액체가 될 때 일정하게 유지되는 온도이고, 끓는점이란 액체가 기체가 될 때 일정하게 유지되는 온도이다.

09 정답 ①
분자를 구성하는 입자의 개수는 큰 공 1개 : 작은 공 4개로 1 : 4의 원자 개수비로 이루어진 물질의 화학식을 찾으면 ① CH_4이다.

CH₄	메테인	C : H = 1 : 4
CO₂	이산화 탄소	C : O = 1 : 2
H₂O	물	H : O = 2 : 1
NH₃	암모니아	N : H = 1 : 3

10 정답 ①

실험 장치는 분별 깔때기로 밀도가 달라 서로 섞이지 않는 다른 액체 혼합물을 분리할 때 사용한다. 분별 깔때기 내에서 밀도가 큰 액체는 아래쪽, 밀도가 작은 액체는 위쪽에 위치한다.

11 정답 ④

일정 성분비 법칙은 화합물을 구성하는 원소들 사이에는 일정한 질량비가 있다는 화학 법칙이다. 그래프를 통해 구리와 산소의 질량비가 4 : 1임을 알 수 있다.

12 정답 ②

일정한 온도와 압력에서 기체가 반응하여 새로운 기체를 생성할 때 각 기체의 부피 사이에는 간단한 정수비가 성립한다. 수소 : 산소 : 수증기 = 2 : 1 : 2의 부피비가 성립하므로, 수소 기체 2L와 산소 기체 1L를 모두 사용하면 수증기가 2L 생성된다.

13 정답 ①

균계에 속하는 생물은 핵이 있고, 스스로 양분을 만들 수 없으므로, 죽은 생물이나 배설물을 분해하여 양분을 얻는다. 균계에 속하는 생물로 버섯, 곰팡이, 효모가 있다.

> **오답 피하기**
>
> 아메바는 원생생물계, 진달래는 식물계, 코끼리는 동물계에 속한다.

14 정답 ④

광합성은 식물이 빛에너지를 이용하여 물과 이산화 탄소(㉠)를 원료로 양분을 만드는 작용이다.

15 정답 ③

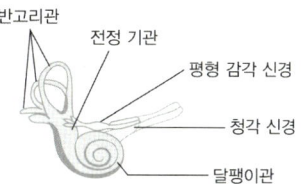

반고리관은 3개의 고리가 서로 직각으로 연결되어 있고, 림프액이 들어 있어 몸의 회전 자극을 받아들인다.

16 정답 ④

무조건 반사는 대뇌가 관여하지 않아 자신의 의지와 관계없이 일어나는 무의식적인 반응이다. 무릎을 고무 망치로 치면 저절로 다리가 들리는 무릎반사가 대표적이다.

> **오답 피하기**
>
> 큰소리에 귀를 막거나, 신호를 보고 신호등을 건너는 행동, 날아오는 공을 보고 방망이로 치는 것은 모두 대뇌가 중추가 되는 의식적인 반응이다.

17 정답 ④

체세포 분열 과정 중 염색 분체가 분리되어 양쪽으로 이동하는 과정은 후기에 해당한다.

간기	분열기			
	전기	중기	후기	말기
유전 물질 2배 복제	핵막이 사라지고 염색체가 나타남.	• 염색체가 세포 중앙에 배열 • 염색체를 관찰하기 좋은 시기	염색 분체가 분리되어 양쪽 끝으로 이동	염색체가 풀어지고 핵막이 생김.

18 정답 ③

순종은 대립유전자 구성이 동일한 것을 말한다. 어버이의 순종 둥근 완두의 유전자형이 RR이므로 순종 주름진 완두의 유전자형(㉠)은 rr이고, 자손(㉡)은 부모에게 R과 r을 각각 하나씩 받아 Rr의 유전자형을 갖는다.

19 정답 ②

영양소를 흡수할 수 있는 크기로 분해하는 과정을 소화라고 하고, 소화계는 음식물의 소화와 흡수에 관여하는 기관들의 모임이다. 입, 식도, 위, 소장, 대장, 항문, 간, 이자, 쓸개 등이 해당한다.

20 정답 ③

변성암은 암석이 높은 열과 압력을 받아 성질이 변한 암석으로 규암, 대리암, 편마암 등이 해당한다.

> **오답피하기**
>
> ①·④ 화석을 발견할 수 있고, 퇴적물이 다져지고 굳어진 암석은 퇴적암이다. 역암, 사암, 셰일, 석회암 등이 해당한다.
> ② 마그마가 식어 형성된 암석은 화성암이다. 현무암, 화강암, 유문암 등이 해당한다.

21 정답 ④

토성은 목성형 행성에 속하는 행성으로 얼음과 암석으로 된 뚜렷한 고리가 있고, 목성 다음으로 크기가 크다.

22 정답 ④

별의 표면 온도가 낮을수록 붉은색을 띠고, 높을수록 파란색을 띤다.

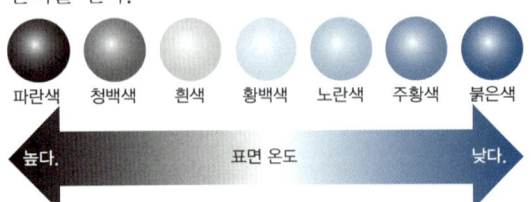

23 정답 ③

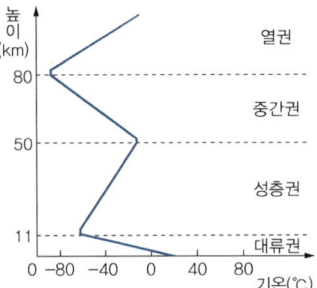

기권은 높이에 따른 기온 변화로 4개 층으로 구분된다. 높이 올라갈수록 기온이 낮아지는 층은 대류권과 중간권이고 중간권은 수증기가 거의 없어 기상현상이 나타나지 않는다.

24 정답 ①

상대 습도(%)

$$= \frac{\text{현재 공기의 실제 수증기량(g/kg)}}{\text{현재 기온의 포화 수증기량(g/kg)}} \times 100$$

포화 수증기는 포화 상태인 공기 1kg에 들어 있는 수증기량을 g으로 나타낸 것으로, 포화 수증기량 곡선 위의 지점은 포화 상태이고 상대 습도는 100%이다. A는 포화 상태이고 B, C, D는 불포화 상태이므로 포화상태인 A의 습도가 가장 높다.

25 정답 ③

지구에서 별을 6개월 간격으로 관측했을 때 나타나는 시차의 절반을 연주 시차라고 한다.

별의 시차가 0.6″이므로 연주 시차는 0.3″다.

2025년 제2회

p.366~369

01	①	02	①	03	③	04	④	05	④
06	③	07	④	08	②	09	④	10	①
11	②	12	③	13	②	14	①	15	①
16	②	17	②	18	①	19	②	20	④
21	④	22	③	23	②	24	③	25	①

01 정답 ①
마찰력은 접촉면에서 물체의 운동을 방해하는 힘으로 물체의 운동 방향과 반대 방향으로 작용한다.

02 정답 ①
볼록 거울은 나란하게 들어간 빛을 퍼뜨리는 성질이 있어 자동차 측면 거울이나 도로의 안전 거울과 같이 넓은 범위를 보는 데 이용한다. 항상 실제 물체보다 작고 바로 선 모습의 상이 생긴다.

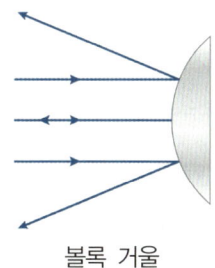

볼록 거울

03 정답 ③
전기 회로에 병렬로 연결된 전구의 경우 같은 크기의 전압이 걸린다. 따라서 ㉠ 전구에 걸린 전압이 3V인 경우 ㉡ 전구에 걸리는 전압도 3V로 같다.

04 정답 ④
공을 가열하면 공을 구성하는 입자의 운동이 활발해지면서 입자 사이의 거리가 멀어져 부피가 커지게 된다. 이처럼 온도에 따라 물체의 길이, 부피가 변하는 것을 열팽창이라고 한다. 열팽창이 일어날 때 입자의 운동, 입자 사이의 거리는 변하지만, 물체를 이루는 입자의 개수, 입자의 질량은 변하지 않는다. 더불어 구리라는 물질의 종류가 변하지 않았으므로 밀도도 변하지 않는다.

05 정답 ④
속력−시간 그래프에서 아랫부분의 넓이는 이동거리를 의미하므로, 4m/s × 5초 = 20m이다.

06 정답 ③
물체가 가진 위치 에너지와 운동 에너지의 합을 역학적 에너지라고 한다.

> 역학적 에너지 = 위치 에너지+운동 에너지

07 정답 ④
확산은 물질을 이루는 입자들이 스스로 운동하여 모든 방향으로 퍼져 나가는 현상이다.
- 예 • 물에 잉크를 떨어뜨리면 물 전체에 골고루 퍼진다.
  - 방 안에 향수병을 열어 놓으면 방 전체에서 향수 냄새가 난다.
  - 냉면에 식초를 떨어뜨리면 국물 전체에서 신맛이 난다.

08 정답 ②
A : 융해, B : 기화, C : 응고, D : 액화
액체 상태의 물이 기체 상태의 수증기로 상태 변화하는 과정은 B이다.

09 정답 ④
분자 모형은 분자를 구성하는 원자의 종류와 수, 배열 상태를 나타낸 모형이다.
분자 모형을 통해 메테인 분자 1개는 탄소(C) 원자 1개와 수소(H) 원자 4개로 이루어져 있음을 확인할 수 있다.

10 정답 ①
밀도가 다르고 서로 섞이지 않는 액체를 혼합한 경우 밀도가 작은 액체가 위, 밀도가 큰 액체가 아래에 위치하게 된다. 식용유와 물을 컵에 넣자 식용유가 물 위에 뜨는 것은 식용유가 물보다 밀도가 작기 때문이다.

11 정답 ②

암모니아 생성은 화학 변화로, 화학 변화는 원자의 배열이 달라지면서 반응 물질과 성질이 다른 새로운 물질이 생성된다. 화학 변화가 일어나는 과정에서 원자의 종류, 개수, 질량, 크기 등은 변하지 않는다.

12 정답 ③

화학 반응이 일어날 때 반응 물질의 총 질량과 생성 물질의 총 질량이 같은 것을 질량 보존 법칙이라고 하고 이는 물리 변화, 화학 변화 모두 적용된다.

오답피하기

① 보일 법칙 : 일정한 온도에서 기체의 부피와 압력은 반비례 관계이다.
② 기체 반응 법칙 : 일정한 온도와 압력에서 기체가 반응하여 새로운 기체를 생성할 때 각 기체의 부피 사이에는 간단한 정수비가 성립한다.
④ 일정 성분비 법칙 : 화합물을 구성하는 성분 원소 사이에는 일정한 질량비가 성립한다.

13 정답 ②

동물계는 핵이 있고 스스로 양분을 만들지 못하므로 먹이를 섭취하여 양분을 얻는다. 또한, 세포벽이 없고 기관이 발달했으며 참새, 개구리, 호랑이가 포함된다.

14 정답 ①

광합성은 식물이 빛에너지를 이용하여 물과 이산화 탄소를 원료로 포도당과 산소(㉠)를 만드는 작용이다.

15 정답 ①

호흡계는 산소와 이산화 탄소의 기체 교환이 이루어지는 데 관여하는 기관들의 모임으로, 호흡계에 속하는 기관은 코, 기관, 기관지, 폐가 있다.

오답피하기

위는 소화계에 속한다.

16 정답 ②

적혈구는 가운데가 오목한 원반 모양으로 헤모글로빈이 들어있어 붉게 보인다. 산소를 운반하는 역할을 한다.

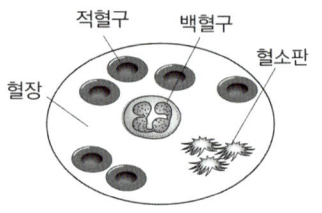

17 정답 ②

홍채는 동공의 크기를 조절하여 눈으로 들어오는 빛의 양을 조절한다.

밝을 때	어두울 때
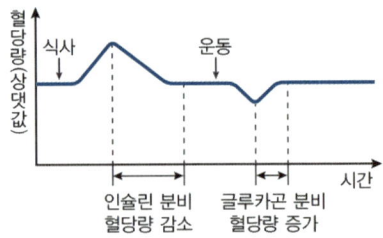	
홍채 확장 → 동공 축소	홍채 축소 → 동공 확대
눈으로 들어오는 빛의 양 감소	눈으로 들어오는 빛의 양 증가

18 정답 ①

이자는 호르몬을 분비하는 내분비샘으로 인슐린과 글루카곤을 분비한다. 인슐린은 혈당량을 낮추고, 글루카곤은 혈당량을 높인다.

② **쓸개즙** : 지방의 소화를 돕는 소화액으로 간에서 생성된다.

③ **아밀레이스** : 녹말을 엿당으로 소화시키는 소화효소이다.

④ **에스트로젠** : 난소에서 분비되는 여성의 2차 성징에 관여하는 호르몬이다.

19 정답 ②

아버지의 유전자형은 AA로 딸에게 A만 줄 수 있고, 어머니의 유전자형은 BB로 딸에게 B만 줄 수 있다. 따라서 딸의 혈액형 유전자형은 AB만 가능하다.

20 정답 ④

마그마가 천천히 식어 굳어진 암석 중 밝은색을 띠는 암석으로 화강암이 있다.

오답피하기

① **사암** : 퇴적암으로 주로 모래가 퇴적되어 형성된다.
② **역암** : 퇴적암으로 주로 자갈이 퇴적되어 형성된다.
③ **현무암** : 용암이 빠르게 식어 굳어진 암석으로 어두운 색을 띤다.

21 정답 ④

자성은 쇠붙이를 끌어당기는 성질로, 자철석은 자성을 가지고 있어 쇠못이나 클립이 달라붙는다.

22 정답 ③

수성은 태양과 가장 가까운 거리의 행성으로 대기가 거의 없어 풍화, 침식 작용이 거의 일어나지 않아 운석 구덩이가 많다.

23 정답 ②

수권은 지구 표면에서 물이 분포하는 영역을 말한다. 수권에서 가장 많은 양을 차지하는 것은 해수이고, 육지의 물 중 가장 많은 것은 빙하이다.

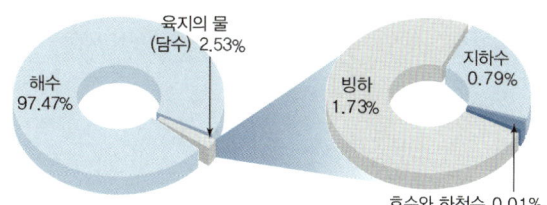

24 정답 ③

기단은 같은 장소에 오랫동안 머물러 기온과 습도 등의 성질이 비슷한 큰 공기 덩어리로, 발생 장소에 따라 성질이 다르다.

발생 장소	고위도	저위도	대륙	해양
기단 성질	한랭	온난	건조	다습

시베리아 기단은 고위도 대륙에서 형성되었으므로 한랭 건조한 특징을 갖는다.

오답피하기

① **고온 다습** : 북태평양 기단
② **온난 건조** : 양쯔강 기단
④ **한랭 다습** : 오호츠크해 기단

25 정답 ①

구상 성단은 수만에서 수십만 개의 별들이 공 모양으로 빽빽하게 모여 있다. 구성하는 별의 나이는 많고 온도는 낮아 붉은색을 띤다.